Paolo Veronese, Sua Vita E Sue Opere - Primary Source Edition

Pietro Caliari

PAOLO VERONESE

SUA VITA E SUE OPERE

STUDI STORICO-ESTETICI

DI

PIETRO CALIARI

Con 14 tavole fotozincografiche

ROMA

FORZANI E C., TIPOGRAFI DEL SENATO, EDITORI

PALAZZO MADAMA

1888

PAOLO VERONESE

SUA VITA E SUE OPERE

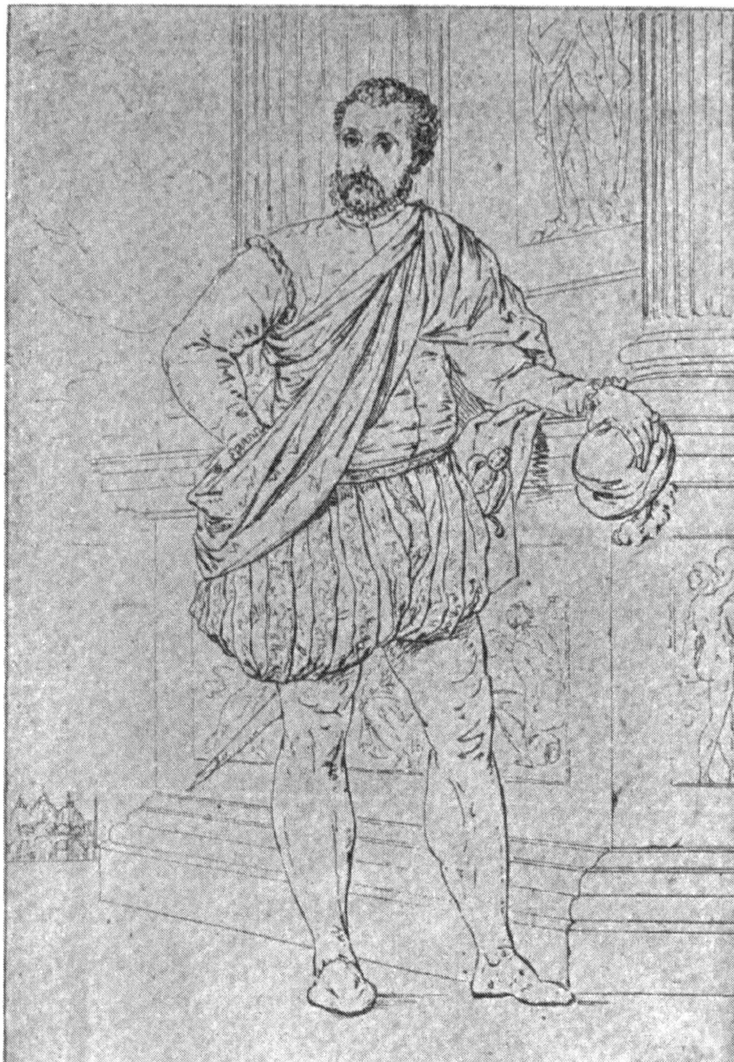

V. Turati Milano

Celeberrimi Pictoris PAVLI CALIARI Veronensis effigiem a se ipso depictam, et jamdiu in aedibus CC: Moscardi Veronae asservatam, nunc vero a D^no^ Prijor nobili Anglicano emptam quingentis nummis aureis mense Aprilis an: 1802 Xaverius a Rosa ex archetypo sibi expinxit, et Patriae servavit, ac Arti.

Gaet. Zancon disegnò e incise

PAOLO VERONESE

SUA VITA E SUE OPERE

STUDI STORICO-ESTETICI

DI

PIETRO CALIARI

ROMA
FORZANI E C., TIPOGRAFI DEL SENATO, EDITORI
PALAZZO MADAMA

1888

ALLA VENERATA MEMORIA

DEL MIO AVO PAOLO

E DI MIO ZIO GIOVANNI

NON IGNOBILI PITTORI

CHE COLLE OPERE LORO ATTESTARONO

COME DOPO TRECENTO ANNI

RIFLUIVA ANCORA

IL SUCCHIO DELL'ARTE

NELL'ANTICO ALBERO DELLA FAMIGLIA

Ardua cosa è, ai dì nostri, lo scrivere un libro di storia, e specialmente di storia, che abbia qualche intendimento estetico; ma un forte, istintivo amore dell'arte e un vivissimo desiderio di onorare le glorie nostre e di mettere, in qualche modo, in una maggiore evidenza il nome di Paolo, vinse in me il timore della mala riuscita. Gravi difficoltà, continui ostacoli mi traversarono il cammino; ciononondimeno superai tutto coraggiosamente, ed ora godo di poter dire che, nel dare alle stampe questo mio nuovo libro, veggo il più bel compenso alle mie lunghe ricerche, alle mie fatiche, a' miei viaggi, alle mie non piccole spese. Del merito intrinseco diranno gli altri. Se però non ho fatto opéra del tutto disutile, devo, sin d'ora, far manifesta al pubblico la mia gratitudine a quei pochi, ma eletti amici, che non mi furono avari nè di eccitamenti, nè di libri, nè di conforti. Fra questi egregi mi è carissimo segnalare il cav. *Ettore Righi,* il signor *Carlo Cetti,* il conte *Carlo Cipolla,* il prof. *Emilio Vogel,* il cav. *Augusto Caperle* e il comm. *Augusto Conti.*

Verona, aprile 1888.

PIETRO CALIARI

Capitolo I.

Nascita — Della sua famiglia — Primi studi — Progressi — Primi lavori in Verona — Va alla Soranza col Zelotti — Il Sant'Antonio abate per Mantova — Fa la copia d'una Madonna di Raffaello — Freschi a Fanzuolo — Pitture a Thiene — È invitato a Venezia — La Trasfigurazione per Montagnana — Dipinge il soffitto di San Sebastiano a Venezia.

(1528-1555).

In Verona, sulla riva sinistra dell'Adige, e precisamente nella contrada di San Paolo di Campo Marzo, che si dovrebbe dire una aiuola benedetta dai più vivi sorrisi dell'arte, [1] sortiva Paolo i suoi natali, nel 1528, [2] da popolana famiglia, che non ancor possedeva

[1] Nella stessa contrada nacquero i pittori *Francesco, Girolamo* e *Callisto Dai Libri*, e *Paolo Morando, detto il Cavazzola*, e *Paolo, Giambattista, Orazio* e *Chiara Farinati;* e, nella attigua di San Vitale, i pittori *Domenico* e *Francesco Morone;* e, in quella, lì pure vicina, dell' Isolo di sotto, a San Tommaso, gli architetti *Bartolommeo, Giovanni, Matteo* e *Michele Sammicheli.*

[2] Nelle vacchette d'*Anagrafi* del 1529 *contratæ Sancti Pauli*, da me compulsate negli Archivi comunali e nell'Ufficio degli estimi di Verona, leggesi:

Piero spezapreda		*50*
Lussia sua m.		*47*
Gabriel suo fiolo		*25*
Catharina sua m.		*30*
Malgarita		*11*
Zuanfrancesco		*9*
Antonio	*fioli*	*7*
Laura		*6*
Paulo		*1*

il nome del casato o lo confondeva con quello della professione ereditaria.[1]

I suoi vecchi esercitavano tutti l'arte del *lapicida,* o, come allora volgarmente si diceva, dello *spezzapreda.* Suo avo era Piero di Gabriele, detto Michelotto,[2] e lavorò nella chiesa di San Nazzaro, nella cappella di San Biagio:[3] sua nonna si chiamava Lucia, sua madre Caterina, suo padre Gabriele. Ebbe tre sorelle e quattro fratelli. Prima di lui videro la luce Margherita, Francesco, Antonio e Laura; dopo di lui Cassandra, Benedetto e Giovanni Battista.[4]

[1] Il cognome *Caliari* non risulta dagli antichi registri, e al nome di battesimo leggesi congiunto quello soltanto della professione.

[2] In una vacchetta d'*Anagrafi de Sancto Paulo,* anno 1514, esistente nell'Ufficio degli estimi antichi, trovasi:

Petrus q. Gabrielis lapicida deto Mechoto		. . . . .	*40*
Lucia ejus uxor	*ann.*	. . . . .	*36*
Gabriel filius	*ann.*	. . . . .	*17*

Un'altra poi alla paternità e al nomignolo di Pietro aggiunge *de Bisson,* il che mi farebbe supporre che fosse discendente da quell'*Antonio de Bisson tajapreda* (registrato nel 1443) e da quel *Polo de Bisson,* pur *tajapreda,* registrato nel 1468, nel *Quaderno de la fabricha de mōs. San Bernardino ale fornase* che si conserva nell'Archivio comunale.

[3] Così nell'antico *Registro della Confraternita di San Biagio a' Santi Nazaro e Celso,* dove, a pag. 45, leggesi anche questo:

1533. Dadi d Gabriel fiol f. m°. Pier spezapiera adi 7 marzo lire nove soldi 9.

[4] Ecco l'*Albero genealogico* da me compilato, esaminando le varie schede d'*Anagrafi:*

Piero q. Gabriel detto Mechoto de Bisson
n. 1474
con
Lucia
n. 1478

Gabriel
n. 1497
con
Caterina
n. 1499

Margherita	*Francesco*	*Antonio*	*Laura*	*Paolo*	*Cassandra*	*Benedetto*	*Gio. Battista*
n. 1518	n. 1520	n. 1522	n. 1523	n. 1528	n. 1534	n. 1537	n. 1539

Modesto sì, ma non ispregiato scultore,[1] suo padre avrebbe voluto avviarlo nella sua carriera, e perciò lo tenne molto esercitato, nei primi anni, a disegnare a lume di lucerna e a far modelli di cera o di creta[2] e a lavorare in terra cotta.[3] Ma l'animo di Paolo era inclinato alla pittura, perchè il suo ingegno era, come scrisse il Ridolfi,[4] dotato di quelle parti che si ricercano nel buon pittore; laonde mal si poteva acconciare nella bottega paterna, e sollecitò i suoi genitori a metterlo a fare il *garzonato*[5] sotto la disciplina di uno di quei tanti maestri che rendevano allora gloriosa, anche in Verona, l'arte di Giotto e di Raffaello. Fu

[1] Sono opere sue il parapetto dell'altare di San Biagio nella chiesa dei Santi Nazaro e Celso e la statua, che porta l'avello dell'acqua benedetta, a destra di chi entra, nella chiesa di Santa Anastasia.

[2] Rosini, *Storia della pittura italiana,* vol. V, pag. 343; Ridolfi, *Vita di P. Caliari,* Venetia, 1646, presso Marco Leni, pag. 51.

[3] Pietro Mariette scriveva da Parigi, il 28 luglio 1772, a Tommaso Temanza:

Ho collocato .... nel mio gabinetto un pezzo, che, a parer mio, è senza prezzo. Questo è un modello in terra, ben conosciuto di mano di Paolo Veronese, che, come sapete, ha lavorato in iscoltura prima di maneggiare il pennello. Il soggetto è Venere, accompagnata da Adone, che parte per la caccia, e bisogna che abbia piaciuto all'autore, perchè lo dipinse.

Vedi Giov. Bottari e Ticozzi, *Lettere pittoriche,* vol. VIII, pag. 433.

[4] Ridolfi, op. cit., pag. 5.

[5] A ben comprendere che cosa fosse il *garzonato,* secondo le *Mariegole,* giova citare quello che ne dice il Molmenti nella sua *Storia di Venezia* (pag. 214):

Il reggimento aristocratico dello Stato si rifletteva nell'ordinamento di queste associazioni, in cui dominava una specie di aristocrazia, quella dei MAESTRI *(capi mistri), i figli dei quali avevano speciali privilegi, come quelli di non essere tenuti al tirocinio di* GARZONI, *alle fatiche di lavorante, alla prova di maestro. Non era un'aristocrazia chiusa, ma sempre viva e rinnovellantesi sempre, come osserva il Sagredo, giacchè ogni* GARZONE *sapeva che, compiuto il tirocinio, diveniva lavorante, e, dopo il servizio di lavorante, subita una prova, diventava maestro e legava ai propri figli il privilegio di poter diventare maestri senza prova. Non si potevano accettare* GARZONI *prima che avessero compiti i dodici anni; il* GARZONATO *durava da cinque a sette anni; da due a tre la condizione di lavorante, e questo, dopo l'esame, era ricevuto maestro, ed acquistava il diritto di aprir bottega.*

esaudita la sua volontà e, a dieci anni, mentre suo fratello Francesco applicavasi alla professione di *spezzapreda* e suo fratello Antonio a quella di ricamatore, egli dedicavasi alla pittura [1] e, a quattordici, lo si vedeva già nella scuola del celebre Antonio Badile, [2] in qualità di *discepolo* o *garzone.* [3] Ebbe da questi una sapien'e istruzione e imparò come a riescire veramente prodigiosi nell'arte gli è mestieri unire all'ingegno lo studio profondo e apprendere dove i sommi maestri apprendevano, cioè alla scuola della natura; imparò che una cosa è studiar la natura, un'altra è imitarla in modo servile, e che l'arte, nei suoi prodotti, non deve

[1] Nelle vacchette d'*Anagrafi* del 16 aprile 1541 *de S. Paulo,* esistenti negli Archivi comunali e nell'Ufficio degli estimi antichi, leggesi, con qualche evidente anacronismo:

Gabriel SPEZAPREDA *de Pero*		45
Catherina muier		45
Francesco SPEZAPREDA		20
Antonio RECHAMADOR		16
Paulo DEPENTOR		10
Benedetto		4
Zuan Baptista	*fioli*	2
Margarita		22
Laura		14
Cassandra		7

[2] Forse il paggio dipinto da questo maestro nella pala di San Nazaro rappresenta Paolo giovinetto. Infatti il Badile la fece a 27 anni, e il Caliari ne aveva allora circa quindici.

[3] Nella vacchetta d'*Anagrafi* del 2 maggio 1541 *de S. Cecilia* trovasi scritto:

Antonius Badilus pictor q. Hieronymi	20
Paulus ejus discipulus seu garzonus	14
Margarita ancilla	26

E questo è pure confermato dalla nota che trovasi nel *Registro dei matrim. dal 1565 al 1595 e dei morti dal 1529 al 1575* della soppressa parrocchia di Santa Cecilia, ora esistente nell'Archivio di Santa Anastasia, il quale reca queste parole:

Magister Antonius Badilus pictor q. m. Jeronimi ann.	16
Paulus ejus discipulus	14
Margarita ancilla	26

imitare strettamente la natura, ma togliere da essa gli elementi di una natura nuova e idealizzata; imparò a disprezzare certe paurose pedanterie del passato e a dare alla pittura un'aria veramente sublime, per farla ammirare nel più bel fascino dell'eleganza, nella più ardita spigliatezza del disegno, nella più gaia freschezza e morbidezza delle tinte.

Studiò le tavole del Badile, ammirò quelle del Cavazzola, specialmente nella sveltezza delle figure e nella squisita vivacità delle teste e nel girar dei panni e nel dare a' dipinti quel grazioso insieme e quello sfondo argentino che in lui pure erano così caratteristici. [1]

E del suo genio diede Paolo, non molto guari, i più bei segni. Avendo egli preso con tanto amore e così presto il pennello in mano ed essendo animato dalla più costante volontà, com'è naturale, svegliò precocemente le sue straordinarie potenze psichiche [2] e le rese attive e produttrici, e, pur da giovanetto, fece parlare bellamente di sè fra i suoi concittadini. A San Fermo Maggiore, per commissione della nobilissima famiglia dei Lazise, [3] eseguì una piccola pala, rappresentante LA MADONNA SEDUTA SOPRA UN PIEDESTALLO CON DUE ANGELI CHE LA CORTEGGIANO E SUONANO, E, DA BASSO, SAN GIOVANNI BATTISTA, GINOCCHIONI, E SAN LODOVICO VESCOVO, E, PIÙ SOTTO, I RITRATTI DEL DIVOTO ORDINATORE DEL DIPINTO E DI SUA MOGLIE. [4] In San Bernardino, dirimpetto al

[1] C. BERNASCONI, *Studi sulla pittura,* Verona, 1864, pag. 324.

[2] Antonio Canova (come ne fa menzione il MISSIRINI nella sua *Vita,* vol. II, cap. IX, pag. 85):

....consigliava ai giovani dipintori di prendere presto il pennello in mano: dalla quale pratica ne nacquero tanti uomini valenti nella scuola veneziana; e avrebbe voluto che anche le accademie del nudo si dipingessero talora, e nel dipingerle non si dimenticasse che quel corpo è vivo, e perciò si cercasse infondere la vita nel dipinto.

[3] Così il DAL POZZO, *Vite dei pittori,* pag. 235, e così il LANCENI, *Divert. pittorico,* parte I, pag. 75.

[4] Il BERNASCONI (op. cit.) aggiunge, a pag. 325:

Sebbene sia grandemente guasta, tuttavia dovrebbe esser tenuta in miglior conto che non appare. Nella galleria degli Uffici in Firenze se ne vede il modello.

Lazzaro del maestro suo, fece, nella cappella Torri, NOSTRO SIGNORE, CHE RISANA LA SUOCERA DI SAN PIETRO;[1] e, nella sagristia della chiesa dei padri Cappuccini, a Santa Croce, dipinse LA SS. TRINITÀ;[2] e, nella chiesa parrocchiale di Santa Felicita, all'altar destro, raffigurò a fresco IL SALVATORE, E, SOTTO, UN SACERDOTE IN ATTO DI ALZAR L'OSTIA SACRATA;[3] ed a fresco pure, sopra una casa posta sulla via della Binastrova, fece DUE FIGURE di bella macchia, che diedero argomento al Sammicheli di presagire le sue future grandezze,[4] e di fargli esclamare: *Bravo! continua, e riuscirai ottimo artista.*

[1] Questa pala, come afferma il DAL POZZO (op. cit., pagg. 221-22), fu rubata e portata a Vienna, *per ribalderia dei custodi che vi diedero mano.* SAVERIO DALLA ROSA, al cominciare di questo secolo, nel *Registro del Catastico,* esistente nella Biblioteca comunale, a pag. 17, dice:

Il quadro della Suocera di S. Pietro risanata dal Salvatore è copia tratta dall'originale che eravi un tempo di mano di Paolo Caliari.

Pare però che ai tempi di Napoleone I questa pala sia stata portata in Francia. Infatti il LANDON (*Ann. du Musée;* Paris, 1811, II collect., tom. II, pag. 111) così la descrive:

Alla vista del disegno di questo quadro si sente qualche fatica a persuadersi che sia della mano del maestro al quale è attribuito, e alcuni saranno, senza dubbio, tentati di prenderlo per uno di quei pasticci, ovvero imitazioni che molti pittori di varie scuole si sono più di una volta dati a fare, sia per loro divertimento, sia per ingannare gli amatori. In realtà, è difficile riconoscere in questo quadro la maniera di Paolo Veronese; e già non è che in certe parti, e innanzi tutto nel tono locale di due o tre figure, che si trova il colorito e il tocco di questo pittore. Senza meno egli avrà cercato di mutare, o piuttosto di nobilitare il suo stile, per dare della correttezza al disegno, della dignità ai suoi caratteri. Checchè ne sia, non può essere considerato come uno schizzo; perchè è toccato con molta accuratezza; vi si trova del pari un po' di secchezza, relativamente alle opere di mezzana proporzione, che sono in generale riconosciute della mano di Paolo Veronese.

[2] SAVERIO DALLA ROSA, op. cit., pag. 27.

[3] Id., op. cit., pag. 49, dove nota:

....è opera pregevole a fresco, che si crede delle prime di Paolo Caliari.

[4] C. RIDOLFI, op. cit., pag. 5. Ma questi due affreschi devono essere scomparsi colla demolizione di molte case di Binastrova, fatta dopo la terribile inondazione del 17 settembre 1882.

Nè queste erano solo parole. Il valentuomo aveva allora costruito, presso a Castelfranco, una magnifica villa per la famiglia Soranzo, detta villa Soranza,[1] e ai ricchi proprietari suggerì di giovarsi del suo giovane concittadino (da lui amato come un figliuolo) per fregiarne la loggia e le sale e le camere di graziose pitture.[2] E Paolo, lieto di sottrarsi per poco alle acerbe punture dell'invidia, che cominciava ad assalirlo, vi si recò nel 1551, in compagnia di Battista Zelotti, e dipinse sulla loggia di quel palazzo delle colonne e dei paesi e le STAGIONI e dei fanciulli, con frutti diversi in mano. Nelle mezzelune, ritrasse MARTE E VENERE, GIOVE E GIUNONE, MERCURIO E PALLADE con altre deità; e popolò la vôlta di fanciulli in vari scompartimenti; e, ne' capi, sopra a dei balaustri, pose due figure a sedere, una delle quali con giubbone e berretta all'antica, in cui dicono che Paolo ritraesse se medesimo, in atto di leggere, e vi fece anche due naturalissimi cani. Nel mezzo del soffitto della sala, finse UN CIELO DI DEI, e, nel girar della vôlta, effigiò varie figure, e, ne' muri, trattò a chiaroscuro delle istorie e dei sacrificî, e, qua e là, sopra le porte, collocò delle immagini muliebri. In una delle camere, dipinse, in guisa di tribuna, una naturalissima vite con degli augellini, e, negli archi, fece delle teste che sembravan di bronzo. Nelle pareti poi rappresentò ALESSANDRO CHE TAGLIA IL NODO GORDIANO, E LE DONNE DI DARIO DINANZI AL MEDESIMO ALESSANDRO, atteggiato in modo da ordinare che sieno servite come regine. In un'altra camera pitturò, sopra le porte, LE VIRTÙ, e, qua e là, altre figure a chiaroscuro.[3]

[1] SAMMICHELI, *Opere d'architettura.*

[2] VASARI, *Vite,* Le Monnier, vol. XI, pag. 134.

[3] Di questa villa stupenda, che appartenne prima ai Soranzi, poi ai Morosini, ultimamente ai Barbaro, adesso non rimane pietra sopra pietra. Per buona fortuna, però, al cominciare di questo secolo, il nobil veneto Filippo Balbi ne trasportò, con ammirabile maestria, dal muro su tela, oltre a cento affreschi, in modo da conservare costante la loro durata, e, come avverte il CICOGNA (*Iscrizioni veneziane,* vol. III, pag. 19), nel *Giornale Patavino,*

In questo frattempo il card. Ercole Gonzaga,[1] avendo fatto riedificare internamente la cattedrale di Mantova, con disegno di Giulio Romano, pensava a decorarla di splendide pitture. E, a tal uopo, volse lo sguardo a Verona e, nella primavera del 1552, invitò, con Battista Dal Moro e Domenico Riccio, detto il Brusasorci, e Paolo Farinati, anche il nostro Paolo,[2] il quale contava appena i ventiquattro anni. Per accenderli di nobile gara, a ciascuno fu allogato a dipingere a scelta un vario soggetto: a Paolo toccò quello di SANT'ANTONIO ABATE, soggetto facile in apparenza, ma difficile per chi non voglia cadere nel volgare. Egli tuttavia non era tale da spaurirsene, ed anzi, in breve tempo, quanto gli altri, condusse a termine la sua ancona[3] e in modo

tomo XLIX della serie intera e tomo XVIII della serie seconda, numero 35, settembre e ottobre 1818, a pagg. 188 e segg., si è posto l'elenco di quelle che furono poi trasportate e vendute in Inghilterra. Due ne donò il Balbi alla chiesa di San Liberale di Castelfranco, e furono collocate in quella sagrestia colle seguenti onorarie epigrafi. Sotto la figura della *Giustizia* (per la quale all'arcip. Camavitto venne fatta l'offerta di lire 20,000) è scritto:

Virtutum æternitatis temporisque iconas | quas in ædibus Barbarorum ad Superantiam | Paull. Calliari Veron. parieti adpinxerat | tectorio avulsas linoque impositas | Phil. Balbi P. V. novo artificio ab interitu vindicavit.

Sotto la *Temperanza* leggesi:

Vicentio Ballico Can. Turcellano archipresbytero | Joanne Savorgnano Novello Fr. Trevisano Med. Phy. | Sebastiano Guidottio I. V. D. Templi hujus Curatoribus | anno MDCCCXVIII | ex dono N. V. Philippi Balbi.

Un altro dipinto, ch'era pure in quel palazzo, lo donò al Seminario patriarcale di Venezia, e rappresenta una donna sdraiata, che regge una lapide su cui è scritto: *Virtus* | *et* | *Gloria* e al disotto il nome del pittore *Paulus* e l'epoca MDXXXXXI e stava sopra la porta, che dal corridoio superiore mette nell'andito del refettorio.

[1] Fratello di Federico e figlio di Gianfrancesco, nato nel 1505, vescovo di Mantova nel 1520, cardinale nel 1527, presidente del Concilio di Trento nel 1561, morto nel 1563.

[2] RIDOLFI, op. cit., pag. 5; BERNASCONI, op. cit., pag. 326.

[3] Com'era stato loro fissato, i nostri artisti eseguirono entro l'anno le loro pitture, ma poi ebbero a lagnarsi perchè si tardò a ritirarle e a pa-

siffatto da lasciare a molta distanza i suoi valenti competitori.[1] Il santo abate venne da lui rappresentato in atto di essere percosso col bastone da un demonio e schernito, nel tempo stesso, da un altro demonio, sotto forma di femmina; ma nel suo lavoro trasfuse tanta armonia, tanta forza, tanta espressione e tanto gusto, da renderla meravigliosa e degnissima della più scelta galleria del mondo.[2]

Paolo esultò, ma non inorgoglì del riportato trionfo, e, reduce

garlę. È curioso anzi il documento da me scovato, a questo proposito, in Mantova, nell'Archivio storico Gonzaga (EN., XLI, n. 2):

Al Cardinal Ercole Gonzaga.
Mons.or R.mo et Ill.mo

Essendo già finito l'ano che l'ancone che ci furono date a dipingere per nome de V. S. | R.ma et Ill.ma sono finite et no essendo mai comparso alcuno per levarle, ne manco | per dirci quello ne habbiamo a fare, cosa che ci rende grandiss.o sospetto che quella | habbi havuta mala relatione della servitù nra, et maggiormete che mentre si fac | evano dette ancone no era mai settimana che no venissero o messi o lettere soleci | tandoci per parte sua. Onde preghiamo V. S. R.ma et Ill.ma si per levarci questo sospet | to, com'anche per levar le nre fatiche fuor di qualche periculo in che le potrebbon | facilmente incorrere stando per il più alla descrettione de Garzoni, che quella vog | lia ordinar che le siano mandate a tuor acciò che levate di tal periculo ancor noi | possiamo valersi di quelli puochi danari che ci avanzano et cu questo tutti insie | me dun volere si offeriamo a servitij de V. S. R.ma et Ill.ma alla quale humilmente | basciandole le mani si racc.mo *Di Xrona il di XI di marzo del LIIJ.*

de V. S. R.ma et Ill.ma

humilissimi servitori
battista del moro
Paulo spezapda
Dnico Brusasorzi
Jouan paul Farinato.

[1] RIDOLFI, op. cit., pag. 5; ZANANDREIS, *Vite dei pittori* (ms., esistente nella Biblioteca comunale), pag. 264.

[2] L'ARRIGHI *(Mantova e sua provincia)* a pag. 395 scrive:

Il quadro stupendo di Paolo Veronese, che ha per soggetto la tentazione di Sant'Antonio, ch'era nella sala del Capitolo, venne trasportato a Parigi nell'anno 1797.

Dalla *Guida in Francia* del RICHARD (1876) rilevasi che ora si trova nel Museo di Caen.

da Mantova, [1] non disdegnò di rimettersi a studiare le opere dei sublimi artisti, e fece, per commissione dell'illustre famiglia Canossa, una copia del famoso quadro della *Natività* di Raffaello, che esisteva nella stessa casa; [2] e la condusse con tanto e sì fine magistero da pareggiarla all'originale. [3]

[1] Nel 1553 era ancora a Verona. Ecco infatti quello che si legge, fra i soliti anacronismi, nella vacchetta d'*Anagrafi contratæ S. Pauli* dello stesso anno 1553, esistente nell'Ufficio degli estimi antichi:

Gabriel spezapreda q. Pero da Bisso		*60*
Catharina sua dona		*50*
Paulo	*fioli*	*20*
Benedeto	*fioli*	*19*
Cassandra	*fioli*	*19*
Batista	*fioli*	*12*
Andrea suo nevodo		*8*
Dnego suo garzon		*16*
Francesco suo fiolo d. Gabriele		*26*
Catharina sua dona		*24*
Perin	*fioli de sudito Francesco*	*6*
Hieronimo	*fioli de sudito Francesco*	*1*

[2] Secondo il Vasari (*Vite;* Milano, tip. de' Classici, 1810, vol. III, pagine 78–79) questo quadro, che era molto pregiato e per un magnifico effetto d'aurora e per la figura di Sant'Anna, fu lasciato per fidecommisso da monsignor Lodovico vescovo di Bayeux alla sua famiglia, a patto che non venisse mai nè donato, nè venduto; ma invece fu alienato da Galeazzo Canossa al duca di Mantova Vincenzo Gonzaga, per ricompensa del marchesato di Calliano, e quindi da Carlo Gonzaga duca di Mantova fu venduto, nel 1628, al re d'Inghilterra Carlo I; e, dopo la morte di questo monarca, fu comperato a Londra da D. Alonso de Cardenas ambasciatore di Spagna, e pretendesi che fosse allora pagato all'incirca 75,000 franchi. A questo riguardo G. Orti Manara (*Intorno alla vita ed alle gesta del conte Lodovico di Canossa;* Verona, tip. Antonelli, 1845, pagg. 54-59) soggiunge:

Il suddetto quadro è detto la Sacra famiglia della Perla. *Non ha esso una tale denominazione, come spesso addiviene in forza di un oggetto che in lui si rimarchi; ma proviene dall'essere Filippo IV re di Spagna rimaso siffattamente preso d'ammirazione nel contemplare quel dipinto, che vuolsi esclamasse: Questa è la mia perla. Il dipinto surricordato, di cui parecchie copie veggonsi qui in Verona fatte dai nostri dipintori, è allogato nella sagrestia di San Lorenzo dello Escuriale. Fu inciso da Gio. Battista del Moro, da Battista Franco, dal Vorstermann, e messo in litografia a tratti dall'Armand.*

[3] Venne, senza dubbio, fatta eseguire per darla, come regalo di nozze,

Passò quindi coll'amico Zelotti a Fanzuolo, sul Trivigiano,[1] dove Andrea Palladio aveva eretto, per Leonardo Emo, un sontuoso palazzo con grandiosa scalea, che porta a maestosa loggia, adorna di quattro colonne doriche e due lunghi portici ai fianchi.[2] Non è a dire se quel delizioso soggiorno ispirasse il nostro pittore. L'aere limpido, terso, purissimo che là respirava, e i verdi tappeti delle intonse praterie, olezzanti di fieno e balenanti di luce, su cui pascolavano le mandrie, e i campi rigogliosi di cereali, che là si estendeano a perdita d'occhio, e i ruscelli perenni, tratti dalla Piave, che, con allegro mormorio, là conduceano le loro acque argentine a mollemente addormentarsi in ampie peschiere ed in cheti laghetti, e i filari delle viti, che pareano inseguirsi in una ridda immensa, e le lunghe cedraie in fiore e i boschetti di aranci e di sempreverdi, col loro poetico aspetto, coi loro pollini e coi loro fremiti amorosi, scaldavano e ingentilivano più che mai la sua fantasia. Raffigurò sulla porta della loggia LA DEA CERERE in mezzo a dei rurali strumenti, che simboleggiavano il lavoro dei campi e la speranza di ubertose messi; e, da un lato, dipinse GIOVE, CHE, SOTTO LE SEMBIANZE DI DIANA, RAGIONA CON CALLISTO, di cui era appunto innamorato il Tonante, e, dall'altro lato, rappresentò CALLISTO PERCOSSA DA GIUNONE,

alla marchesa Violante di Canossa, figlia di Galeazzo, figlio di Baccarino (che era fratello di monsignor Lodovico), quando sposò il conte Federigo di Sarego, padre del famoso Lodovico. Ma la copia che ora si trova presso la famiglia Canossa è quella fatta da Paolo? Io ne feci indagini e il gentile marchese Ottavio così mi scrisse:

Circa alla copia ch'io possiedo, posso assicurare che ornava la Cappella domestica del palazzo Sarego a San Sebastiano e che la contessa Eleonora vedova del conte Federico di Sarego l'avea passata al signor Comerio di Milano, ove io potei ricuperarla.

E questo mi fa credere che sia essa appunto quella che fu eseguita dalla mano del Veronese.

[1] RIDOLFI, op. cit, pag. 6.

[2] SEMENZI, *Treviso e sua provincia;* ZANELLA, *Vita del Palladio,* pag. 41.

già fatta consapevole de' suoi amori clandestini con Giove. In una delle camere, tratteggiò, in trè scompartimenti, LA FAVOLA DI ADONE; in un camerino, delineò, in quattro spazi, QUELLA DELLA NINFA IO;[1] in un'altra stanza, effigiò LA PITTURA, LA SCULTURA e LE ARTI LIBERALI.[2] Migliori di tutti però gli riuscirono gli affreschi della sala, rappresentanti due fatti romani, ch'ei dipinse negli spazi lasciati liberi dagli ornamenti, i quali consistono in una finta architettura corintia, con colonne scannellate e figure gigantesche imitanti il bronzo e significanti LA TERRA, L'ACQUA, L'ARIA ed IL FUOCO.[3] Uno dei fatti ritrae SCIPIONE AFRICANO CHE ACCORDA UNA SCHIAVA BELLISSIMA AL SUO SPOSO, il quale, in compagnia del vecchio padre, offrivagli un vaso ripieno di monete d'oro per il riscatto, ed anzi al dono della libertà unisce quello delle monete, per costituirgliene la dote. La maschia figura del vincitore di Zama è nel mezzo in abito di guerriero, la bella schiava è alla sua destra, ed alla sua sinistra v'è lo sposo ed il padre, i quali, presi dalla più viva riconoscenza, cadono a' suoi piedi. L'altro fatto, che è della medesima grandezza e gli fa riscontro, rappresenta LA MORTE DI VIRGINIA. La trucidata fan-

[1] L. CRICO, *Lettere*, pag. 140; A. CACCIANIGA, *Provincia di Treviso*, pagg. 362-63.

[2] C. BERNASCONI (op. cit, pagg. 326-27) sostiene che uno di questi affreschi fu portato a Verona, ma potrebbe confondere Fanzuolo con la Soranza. Ecco quello che dice:

Un dipinto rappresentante la Musica fu trasportato sopra tela, ed ora sta nella Pinacoteca dello stesso Museo, donatole dal conservatore dello stesso Museo; degli altri tre non se ne conosce la fine. La Musica è simboleggiata da cinque figure, tre donne ed un uomo con barba, tutte in atto di sonare, e dal genio dell'arte figurato da un bambino nudo. È dipinto di tal leggerezza e delicatezza, che sembra miniatura.

[3] L. CRICO (op. cit., pagg. 146-47) dice:

Credesi che il pittore abbia inteso di rappresentare in esse figure i quattro elementi, cioè: la terra, l'acqua, l'aria e il fuoco. La terra nella figura di Cibele, ch'è nella nicchia d'accosto alle finestre, e vedesi la dea colla turrita fronte e con un leone appiedi; l'acqua nella figura di Nettuno, che vedesi col tridente in mano, in altero aspetto ed in atto di comandare ai venti; l'aria nella figura di Giunone, che sorge alteramente rimpetto a Nettuno, col diletto pavone a' suoi piedi che dispiega l'occhiuta coda. Da ultimo il foco nella figura di Giove, che tiene nella destra la viva fiamma del fulmine.

ciulla la si vede giacere al suolo, coperta del pallore di morte e con un'ampia ferita nel seno, da cui sgorga il sangue. L'aia di Virginia sta colle braccia tese in atto di dolore e pietosamente la guarda. Il feroce decemviro, dall'alto seggio, mira lo strazio della bellissima vergine, e il padre è in sulle mosse per fuggire, col ferro ancora insanguinato fra mano. [1]

Poichè ebbe Paolo segnalato così nobilmente il suo valore nelle pitture a fresco, nelle quali, a detta del Buonarroti, il bravo pittore si distingue e il mediocre si perde a motivo della rapidità e sicurezza onde vanno eseguite, altri gentiluomini s'invogliarono d'avere istoriate dal suo pennello le loro case. Ed eccolo, in compagnia del fido amico Zelotti, che, tutto brio ed eleganza, si reca a Thiene nel sontuoso maniero del Collaterale, [2] dove sempre sorride una splendida corte, e dove abitano Giambattista e Francesco Porto, [3] che sono reputati i più cospicui e magnifici cavalieri della Marca Trivigiana. [4] Egli deve far viemmeglio brillare quello sfarzo principesco collo splendore del suo genio. Che fa egli? Non si giova punto del tempo, che è pur uno dei più grandi ausiliari delle opere d'arte: si veste d'una specie di blusa, fa preparare sollecitamente le malte, improvvisa delle impalcature, vi sale, fra i muratori, mentre il garzonetto Antonio Fasolo [5] gli porge le pentole dei colori. Considera, immagina, crea. Aiutato dal suo bravo collega Battista, dipinge a fresco, con dei colpi che non ammettono pentimento nè ritocco, il camerone terreno. E qua ritrae SERSE, SEDUTO, A CUI TRIBUTANO DONI I POPOLI DELLA

[1] L. CRICO, op. cit., pagg. 145-46.

[2] È titolo d'un magistrato. Il BEMBO (*Storia veneziana*, pag. 482, della traduzione del 1747) chiama questo ufficio *collaterato*, e lo definisce:

> *....magistrato, il quale tiene i libri e conti della milizia; ne' quali libri i nomi di coloro che a soldo della Repubblica sono, si scrivono, e, rivedendosi le compagnie dei soldati, o pure pigliandosene di nuove, e pruova e rifiuta chi egli vuole.*

[3] Giambattista padre e Francesco figlio, morto addì 19 dicembre 1554.

[4] CABIANCA e LAMPERTICO, *Vicenza e sua provincia*, pag. 976.

[5] RIDOLFI, op. cit., pag. 6.

GRECIA, e sapientemente vi tratteggia uno schiavo, che, curvo, presenta un vaso al re, e bellissimo vi fa il guerriero che sta a destra di lui, e assai spiccata la figura d'uomo che gli sta innanzi. Là ritrae la storia di MASSINISSA CHE DELIBERA DI FAR SUA SPOSA SOFONISBA PER SOTTRARLA AL TRIONFO, e assai bene disegna il cavallo su cui sta. il principe, e formosissime fa le donne variamente atteggiate. Da quest'altra parte, ritrae la storia di MUZIO SCEVOLA CHE SI ABBRUCIA LA MANO PER PUNIRLA D'AVER UCCISO IL SEGRETARIO, INVECE DEL LUCUMONE PORSENNA, ed eseguisce, con vera maestria, le teste del vecchio, del sacerdote, di Porsenna e di un soldato barbuto. Da quell'altra parte, ritrae la storia del CONVITO DI CLEOPATRA E DI MARCANTONIO, e fa stupendo il tipo del protagonista. E poi, intorno al camino, effigia VULCANO e VENERE, e, sulle porte, fa dei graziosissimi putti, che sorreggono dei festoni di frutta e che splendono di singolare bellezza. Nella gran sala, dipinge a tempra, in molti scompartimenti, divisi da fregi e figure a chiaroscuro, degli uomini e delle donne che giuocano ad una tavola, e un convito di cavalieri e di dame, e una caccia, e un ballo, e, nella cornice, cartelline, bambocci e festoni. E quelle figure, che hanno il sorriso sulle labbra, i raggi dell'aurora sul fronte e il cielo negli occhi, quelle figure non sono, no, capricciose e ideali, ma tutte studiate dal vero. Sono ritratti di contadini e contadine, fatti lì per lì, alla brava: sono ritratti dei committenti e dei membri della loro famiglia, sono i ritratti dei loro amici o aderenti, sono il ritratto del suo collega e il suo medesimo.[1]

[1] Quando, nel settembre 1885, feci una escursione artistica nel Vicentino e nel Trivigiano, mi condussi anche a Thiene. Volli vedere i dipinti di Paolo e dal gentilissimo conte Guardino Colleoni Porto fui introdotto nel camerone, che è tuttavia assai ben conservato, e ascesi poi nella sala, che oggi è tramutata in pinacoteca. Che vandalismo! Vidi che le pareti erano state, già da tempo addietro, imbiancate, e che solo, qua e là, sotto qualche quadro si conservavano dei vestigi delle tempre del Veronese. Però mi consolai alquanto, allorchè tra essi ne vidi uno, che rappresenta Paolo, in piedi,

Terminati, con gran lode, questi lavori, il Zelotti passò a Vicenza per dipingervi le sale del Monte di Pietà, e Paolo si recò invece a Venezia, [1] perchè invitatovi dal p. Bernardo Torlioni, priore dei Gerolimini a San Sebastiano, che era persona d'alto rilievo e suo amorevole compatriota. [2] Gli fu allogato, in concorrenza di Jacopo Tintoretto, [3] il soffitto della sagrestia, ed egli ideò di ritrarvi LA CORONAZIONE DELLA VERGINE con gli Evangelisti intorno, tracciandovi, come scrive il Gauthier, [4] delle irradiazioni, degli effluvi, degli scintillamenti d'una luce, che non ha mai esistito che sulla sua tavolozza. In mezzo a quell'atmosfera d'oro e d'argento in fusione, che traversa i capelli di Cristo, dipinse, come natante per l'aere, una Maria d'una beltà sì celestialmente umana, che ti fa battere il cuore, facendoti pur curvare la testa.

S'egli però conduceva a compimento nel 10 novembre del 1555 il soffitto di San Sebastiano, [5] ad altri importanti lavori, nel tempo

in bell'aspetto, con barba, che, da un balcone, mostra la sua città, di cui apparisce in prospettiva quella parte della riva destra dell'Adige che comincia da Santa Anastasia e va fino al Ponte delle Navi.

[1] RIDOLFI, op. cit., pagg. 6-7.

[2] Ecco ciò che dice di lui il CICOGNA (op. cit., vol. IV, pag. 212):

Fra Bernardo da Verona era della famiglia de' Torlioni. Fino dal 1539 era stato da Paolo III eletto vicario generale, mentre erano in grande agitazione le cose della Congregazione.... Non ottenne, nè volle ottenere la suprema dignità dell'ordine. Fu accettissimo allo stesso sommo pontefice, e a' cardinali Giampietro Caraffa, Jacopo Sadoleto e Reginaldo Polo.... Dopo aver retto per 23 anni, con moltissima lode, questo cenobio di S. Sebastiano tanto nelle cose spirituali, che nelle temporali, e aver promosso l'ornamento della chiesa esteriore, nella facciata sotto di lui eretta, e l'ornamento altresì dell'interior chiesa col pennello del celeberrimo Veronese, morì pianto da' cittadini e da' fratelli suoi nella età più che ottuagenaria il 24 agosto 1572 in Venezia.... Il ritratto del p. Bernardo Torlioni è espresso in quel San Francesco che vedesi nella pala del Caliari sull'altar maggiore di questa chiesa.

(Archivio, processo 11, n. 1).

[3] VASARI, op. cit., vol. 11, pag. 335.

[4] *Voyage en Italie;* Paris, 1879, pagg. 265-66.

[5] Il CICOGNA, op. cit. (vol. IV, pag. 149, nota prima), dice che in un de' quadri rotondi del soffitto vi sono due puttini che tengono un libro, su cui è scritto: *MDLV die X m. Novembris,* epoca in cui l'opera venne finita.

stesso, accudiva, e fra questi alla pala della TRASFIGURAZIONE per la chiesa di Santa Maria di Montagnana, per la quale avea stretto il contratto, fino dal 3 giugno, [1] coi Cattaveri [2] di quella

[8] Nell'Archivio parrocchiale di Montagnana si conserva ancora il seguente prezioso documento, di cui mi venne data copia dall'egregio arciprete don Giuseppe Zoppero:

Cornedull intus et extra mœnia.

Scritto del' accordo del' altar grando in S. Maria di Montagnana adì 3 Zugno 1555 fuori di Montagnana nel palazzo del Mag. Miss. Francesco Pisani.

Havendosi a dipingier una palla dell'altar grando nella Pieve di S. Maria di Montagnana et essendo alli massari e proveditori di quella stata data informatione delle qualità di Mis. Paulo Caliaro Veronese habitante in Venetia qual disse haver veduto e diligentemente considerato essa palla, imperò per interpositione del Magn. Miss. Francesco Pisani le infrascritte parti sono rimase in accordo ut infra, imperoch. esso Mis. Paulo nella presentia di M. Rocco Barcotto interveniente come Massaro della fabrica di essa Chiesa et similmente con la presentia di Mis. Alessandro Fiorian e di Mis. Andrea Spacian e S. Hieronimo Corradin Hon. deputati della Sp. Comunita ha tolto sopra se il carico di pinger detta Palla sive Ancona pingendole una Trasfiguratione di Christo con quelle figure che più si converranno per bellezza et ornamento di essa Palla et in quella adoperar colori finissimi et spedirla tutto ad ogni suo interesse parlando delle cose che si ricercano alla pittura e quella dar fornita per Nadal acciò la si possi metter suso obligandosi in quel tempo a venir a Montagnana perchè la si possi più agiatamente metter suso, et all'incontro esso M. Rocco et altri prenominati facendo per se et successori si obbligano dar e pagar ad esso Mis. Paulo per l'opera sua et altre spese per lui fossero fatte pertinenti alla Pittura di essa Palla Scudi d'oro, in oro netto, cento e trenta in tre rate uguali, delle quali tre rate esso Mis. Paulo alla presentia di me infrascritto e testimoni confessò aver avuto e R.° D. 43 et uno terzo per la prima rata dal Magn. Miss. Francesco Pisani prenominato per nome di essa fabrica, la seconda Rata veramente promettono i predetti dar et pagar a esso Mis. Paulo a Nadal prossimo 1555 principiata che sarà l'opera, l'ultimo terzo veramente dar debbano a Nadal del 56 fornita che sia detta Palla obligando l'una e l'altra parte per i nomi come di sopra per osservation di quanto in questo si contiene tutti i suoi beni presenti e futuri al qual anche si sottoscriveranno i predetti nominati.

Presente Mis. Jacomo beccaro del Magn. Mis. bortolomio e Mis. Anzolo Fachin q.m Mis. Antonio et Jo. Jacomo barisello etc. e mi rocho barchotto son contento quanto sopra scrito facendo come masaro da ditta Fabricha.

E mi Matio cechin come proveditore della Fabricha laudo ut supra.

Io Alexandro Florian, catavere afermo quanto e oltrascrito.

Io Andrea Spacian catav. afermo quanto e oltrascrito.

Io Girolamo Coredin cataver afermo quanto è dito.

Et io Paullo veronese mi chontento di obligarmi et mi obligo di quanto e sopra schrito.

[9] I *Cattaveri* o *Cataveri*, secondo il REZASCO (*Dizionario del linguaggio italiano storico ed amministrativo*, pagg. 176-77), erano magistrati di Ve-

comunità, nel palazzo del magnifico messer Francesco Pisani,[1] a interposizione del quale avea assunto quell'incarico; pala ch'egli poi eseguì superbamente, rappresentando Cristo, trasfigurato sul Monte Tabor, in mezzo a Mosè ed Elia, che dà a' suoi più cari un saggio di quella beatitudine, che non si merca che col patire.[2]

Ma gli affreschi della piccola sagrestia di San Sebastiano piacquero tanto che il padre Bernardo, nel 1° dicembre del 1555, gli diè anche il còmpito di dipingere tre quadri pel soffitto di quella chiesa.[3] E nel primo, che è ovale, vi fece ESTER, CHE, TUTTA VEZZI E LEGGIADRIA, È CONDOTTA DALLE ANCELLE AL RE ASSUERO, e le sta accanto lo zio Mardocheo, avvertendola di tener celata la sua nascita. Nel secondo, colorì la INCORONAZIONE DI ESTER e vi sfoggiò una grandezza ed un'opulenza di toni impareggiabili; e le perle, i raggi, i velluti, i broccati d'oro scintillano, fremono, riflettono e si dirompono in pieghe luminose. Nel terzo, che è ovale, come il primo, ritrasse MARDOCHEO, IL QUALE,

nezia, Vicenza, Padova, Cittadella e di altre comunità, che aveano l'ufficio di conservare e rivendicare i beni pubblici, come suona già il nome di *catta averi*.

[1] Giusta le *Genealogie* del Barbaro, come osserva il CICOGNA (op. cit., vol. IV, pagg. 408-9, nota), era figlio di Giovanni, e fu quello che allogò al Palladio, nel 1565, la costruzione del palazzo di Montagnana, nel quale si accoglieva spesso il fiore degli artisti e dei letterati veneti, e che morì nel 1567, compianto universalmente. Il Maganza scrisse anzi in quella occasione alcuni epitaffi in dialetto, che sono riportati dal ZANELLA, *Vita d'Andrea Palladio*, pag. 39.

[2] RIDOLFI, op. cit., pagg. 22-23.

[3] Nell'Archivio di Stato di Venezia esistono i seguenti documenti, che sono il *Contratto del p. Torlioni* e le *Ricevute di Paolo*:

1555. Adi p.° Decembrio in Venetia, nel nostro Monastero de S.to Sebastian. — Notum sit come io fra Bernardo di Torlioni de Verona, et prior del Monastero de S. Sebastiano, sum convenuto da cordo cum messer Paolo da Verona pittore, ditto se obbliga a dipengere li tri quadri principali che é di mezzo al soffitto della Giesia de S. Sebastian, che va a figure, et oltra le octo marche che va da le bande et li quatro tundi et tute le chiozole che li andara et fara di bisogno a tute sue spese de colori de tute le sorte, secundo li conventra, et fini et ogni cosa a olio et noi li diamo la tella

SOPRA GENEROSO CAVALLO, VIEN CONDOTTO DA AMANO PER LA CITTÀ ED È ACCLAMATO COME AMICO DEL RE.[1] Nei vani minori, poi, dipinse, in compagnia di suo fratello Benedetto e di un Antonio (forse il Fasolo, suo discepolo), dei balaustri e dei fanciulli e dei festoni e delle figure di VIRTÙ, a chiaroscuro e a terretta gialla.[2]

e telari, et per pretio de ditta oppera li damo ducati n.o cento et cinquanta a L. 6 soldi 4 per ducato, videlizet Duc. 150, et ne promette che saremo serviti satisfati et contenti, et in fede de ciò, esso messer Paulo se sotto scrivera.

Et io fra Bernardo sopra scritto ho scritto lo presente de mia man propria.

E io Paulo pitō veronese mi obigio anon manchar di quāto il R.do don Bernardo asopra schrito.

+ dil 1556 adi 11 zenaro.

Rec.i io paulo pitō Veronese a bon in Conto dil sofito dàl R.do pdre prior di S.to Bastiano numero duchati diece a lire sie et soldi quatro per duchato.

io paulo pitor ricevi dal reverendo padre prior achonto dilla sua oppera ali 7 di aprilli ducati 60 a se lire e soldi quatro per ducha in tuto duchati 60.

adi 17 mazo R.vi mi paulo pitor achonto di la opera di San bastiano da R.do prior D. trenta doro venetiani.

adi 15 lugio io paulo ebe dal padre priorro di S.no Bastiano D. diece a bonn conto val schudi 10 venetani.

Recevi mi paullo dal reverendo padre prior di S. Bastiano a bon chonto dilla sua opera D. venetiani numero 12.

R.vi mi paulo dal sudeto R.do padre di S. Bastiano venetiani numero 12.

adi 28 7etembre
recevi mi paulo a bon conto dal R.do pertoro di S. bastiano ducati diese a Lire sei et soldi quatro per ducato va datti.

Di mano del priore:

adi 19 8brio have messer Paulo da Verona pitor a bon conto ducati N.o 30 val L. 186. s. 0.

adi ultimo 8brio, have il ditto per compitto pagamento de tutta lopera Duc. n.o 30 val L. 186 s. 0.

Io paulo pitor ho receputo dal R.do padre prior di Sa. Bastian li sopra ditti danari per intregio pagiamento dla pitura che ho fato nel deto sofito.

[1] ZANETTI, *Pittura veneziana;* Venezia, 1792, tom. I, pagg. 227-28; RIDOLFI, op. cit., pagg. 7-8.

[2] *Venezia e le sue lagune,* vol. II, parte II, pag. 196.

E quando tutte queste pitture vennero scoperte, si fece per Venezia come una festa, e il popolo accorreva numeroso ad ammirarle, [1] e, d'ogni parte, gli venivano applausi e commissioni, e Tiziano medesimo, incontrandolo sulla pubblica piazza di San Marco, lo abbracciava colla più grande effusione dell'anima, e gli diceva: *Tu sei, o Paolo, il decoro della pittura veneta!* [2]

[1] Ridolfi, op. cit, pag. 8.

[2] Un bellissimo quadro del Zona rappresenta l'incontro dei due grandi artisti.

Capitolo II.

S'innamora di Venezia — Suo ritorno a Verona e suoi lavori — Si stabilisce in Venezia — Pitture della Libreria Nicena — Primi suoi lavori nel palazzo ducale — Facciata di casa Nani alla Giudecca e freschi nel palazzo Trevisani a Murano — Altre pitture in San Sebastiano — L'Accademia della Fama.

(1555-1558).

Egli comprese pienamente che Venezia dovea essere la sua seconda patria, il teatro vero della sua gloria. Gli si aperse un nuovo orizzonte ad un tratto. Quei palazzi, che sorgeano dall'onda, come isolette artistiche ricamate dal genio, quei leggieri balconi gotici, quelle finestre arabe, quelle bianche ed eleganti facciate pur mo' erette dal Sansovino, dal Sammicheli, da Pietro Lombardo e dal Palladio, quelle lucenti cupole d'oro, che si staccavano sull'oltremare del cielo, quelle chiese bizantine, moresche, ogivali, dalle tinte di rosa e di pèsca, dalle sveltissime bifore e dai rosoni istoriati, quei soffitti pavesati di mosaici, quelle pareti rivestite di statue e di bassirilievi gli destarono nell'animo un senso di sublime ebrietà, anzi un vero entusiasmo. Vide, che appunto quello era il naturale suo ambiente. Vide che quella moltitudine diversa e strana, che formicolava sempre per le calli e per le piazze e sui moli e sui ponti, e quei gentiluomini dai collari candidi e dalle cappe di seta, ricamate d'oro, e quegli abbronzati e seminudi barcaiuoli, e quei guerrieri e quelle belle e robuste donne del popolo, dagli occhioni neri o turchini, e quei dogi, dal manto di porpora e di ermellino, e quei senatori, dalle tuniche rosse e nere, e quelle gentili dame bionde e scollate e sfarzose, che parean tante regine, doveano essere i suoi modelli, i suoi tipi prediletti. Vide che quei Turchi, quegli Armeni, quei Greci, quegli Schiavoni, quei Barbareschi, tutti, insomma, quei mercanti, che facevano brillare al sole le loro stoffe di taffetà, i loro scialli variopinti, i loro pesanti camelotti, i loro turbanti, le loro scimitarre, le loro armi incrostate di turchesi e di smeraldi, erano come venuti apposta per farsi dipingere dal suo pennello.[1]

Ciononddimeno, prima di piantare stabile dimora nella città dei dogi,[2] torna alla sua bella Verona e vi si ferma per qualche mese, dando prova di un'operosità e fecondità straordinaria, ed eseguisce quadri ed affreschi e conduce a termine anche dei lavori già incominciati e interrotti. Per i padri di Santa Maria della Vittoria fa un DEPOSTO DI CROCE,[3] e vi ritrae Giuseppe d'Arimatea e Nicodemo e qualche fido discepolo e le sante donne, che hanno seguìto il tristo convoglio, e la Vergine, che, prima di lasciare la spoglia del Figlio, vuole riposarla un istante sui suoi ginocchi. Ella gli tiene la mano e volge verso il cielo due pupille, dove si vede pinto il dolore; una delle pie donne sostiene, nelle sue braccia, questa Madre quasi svenuta. Santa Maddalena, vestita di ricchi abiti, bacia i piedi del Salvatore; e si scorge, in lontananza, il Calvario e la città di Gerusalemme, e, sul dinanzi del quadro, evvi la corona di spine, tinta di sangue. La composizione gli riesce piena di sentimento e di calore, e tutte le espressioni sono vere e toccanti; ma quella poi della Vergine è sublime. Che se le forme di Cristo sono troppo gra-

[1] BLANC, *Paul Veronèse*, pag. 4; ALEARDI, *Sull'ingegno di P. Caliari*, pag. 13.

[2] Come risulta dalle vacchette d'*Anagrafi* esistenti negli Archivi comunali, nel 1555 e nel 1557, il suo nome era tuttavia registrato fra quelli degli abitanti della contrada di San Paolo.

[3] RIDOLFI, op. cit., pag. 26; DAL POZZO, op. cit., pag. 253.

cili e il cielo e lo sfondo del quadro sembrano abbozzati e l'esecuzione non è molto accurata, gli è a dire che anche quella sprezzatura, quella specie di negligenza giova al sentimento. Il tocco vi è leggiero, il colorito magnifico, i panneggiamenti sono piegati con naturalezza. [1] Dipinge inoltre, nel vescovado, la prima camera terrena, a man destra, entrando nel portico; e, in cinque scompartimenti, vi fa un ECCE HOMO, una MADDALENA, un SAN GIROLAMO, un SAN PIETRO ed un SAN GIOVANNI. [2] Sopra la casa dei Derelitti, ritrae CRISTO CHE SIEDE CON DUE ORFANELLE APPRESSO, e, sopra un'altra casa, a Santo Stefano, sotto il Terraglio, effigia NOSTRA DONNA CON ALCUNI SANTI, e, sul capitello della strada che conduce a San Leonardo, figura I PASTORI CHE ADORANO IL DIVIN BAMBINO. [3] Davanti a una casa, in Chiavica, colorisce LA VERGINE COL BAMBINO E SAN GIOVANNI; [4] e, nella casa Contarini, [5] in piazza Erbe, istoria tutta quanta una sala. [6] Per la camera dell'abate dei monaci Neri di San Nazaro, eseguisce ad olio IL PRESEPIO DI CRISTO, [7] poi dipinge a fresco il chiostro, [8]

[1] C. P. LANDON, *Ann. du Musée;* Paris, 1805, tom. IX, pag. 105.

[2] DAL POZZO, op. cit., pag. 267.

[3] Id., op. cit., pag. 277.

[4] Era sopra la casa detta del *Pistore,* ora casa Zoppi, ma, nel cominciare di questo secolo, andò miseramente distrutta.

[5] Era un negoziante veneziano stabilito a Verona.

[6] BERNASCONI, op. cit., pag. 326.

[7] Il RIDOLFI (op. cit, pag. 26) dice che a' suoi tempi (1646) era a Roma presso il principe Lodovisio, per averlo dato quei frati ad un cardinale di quella casa.

[8] Nel primo chiostro, sopra la porta, che dà adito al secondo, v'era, fino al principio di questo secolo, una testa dipinta da Paolo, a fresco, rarissima e bella, che rappresentava San Paolo, e nella quale dicesi che abbia effigiato se stesso. Il signor Carlo Cetti, egregio raccoglitore d'opere d'arte, ne possiede una copia fatta a matita da Saverio Dalla Rosa nel 1763, sotto la quale, per mano del Dalla Rosa, è scritto:

X. a Rosa del an. 1763. Pittura a fresco del celebre Paolo Callari Veronese rappresentante S. Paolo Aplo, nella testa del quale lasciate avea il Pittore le traccie di sua fisonomia, che esisteva nel frontispizio della porta che dal primo dava l'ingresso al

indi il refettorio e vi fa un recinto di vaga architettura con due colonne d'ogni parte intrecciate di vitalbe, che sostengono un maestoso frontispizio e, tra quelle, pone delle piccaglie di festoni appesi a teschi d'animali, e, sopra i cantonali, pennelleggia delle figure bizzarre, [1] e nel mezzo lascia libero il campo per collocarvi, un giorno, il primo dei suoi grandi miracoli di arte, LA CENA DI SIMONE LEBBROSO. Fa in appresso IL RITRATTO DI PACE GUARIENTI. [2] Che bella figura! Egli è in piedi nella sua armatura di acciaio, rigata di fettucce nere e fregiata d'oro. Il suo elmo, screziato dalle ingegnose fioriture del bulino, le sue manopole, la sua lancia sono a fianco di lui. È un uomo di azione, valente e gaio, benchè già vecchio. La sua barba è brizzolata; ma le sue guancie hanno le tinte un po' vinose dei costumi gagliardi. La sua pompa militare e la sua espressione semplice sono d'accordo: tutto si trova in quel ritratto un tale uomo qual è, dentro e fuori. In quest'arte, dice il Taine, [3] il Veronese, come Van Dick, arriva al momento finale, quando la foga e la energia primitiva cominciano a temperarsi al soffio dell'agiatezza e dignità mondana.

Ma l'aquila dovea spiegare il suo volo. Il giorno della partenza di Paolo è venuto. Egli è nello studio del Badile, seduto, nell'ora del roseo tramonto, davanti ad un quadro testè cominciato, ma che non sa terminare. Ha il volto più pallido del consueto, ha il cuore commosso e intenerito, perchè deve abbandonare per sempre la sua cara Verona. Lo assale una tempesta di affetti. Pensa che, anche rimanendo nel pomerio della sua terra natale, potria vivere non obliato, potria dare largo svolgimento al suo genio, potria rendersi immortale. Pensa che tra

secondo chiostro nel monastero de' Monaci Benedettini a S. S. Nazaro e Celso in Verona, e la quale fu barbaramente distrutta nel 1817 il 15 maggio.

[1] RIDOLFI, op. cit., pagg. 13-14.

[2] Questo quadro, che ora si ammira nel Museo di Verona, porta la data del 1556.

[3] *Voyage en Italie*, vol. II, pagg. 394-96.

le varie scuole artistiche, onde va celebrata l'Italia, è pur gloriosa quella veronese;[1] e che egli potria conservarne le tradizioni, facendo brillare, nella storia della pittura, quasi dentro a una pleiade sfavillante, il suo nome, allato ai nomi dell'Altichieri, del Turrone, di Jacopo Avanzi, del Pisanello, di Stefano da Zevio, del Benaglio, di Liberale, di Domenico e Francesco Morone, di Francesco Bonsignori, di Girolamo dai Libri, di Niccolò Giolfino, di Paolo Morando Cavazzola, di Francesco e Giovanni Caroto e di Francesco Torbido.[2] Pensa che l'aspetto delle graziose tavole di questi grandi, e la vicinanza del suo esimio maestro Antonio Badile e quella di Battista Dal Moro e di Paolo Farinati e di Domenico Brusasorci potriano servirgli di nobile e fortissima emulazione. Pensa che vi lascia delle persone sommamente dilette; ma, nonpertanto, si sente costretto da una forza ineluttabile a dare un addio alle materne sponde dell'Adige e recarsi sulle lagune. Venezia, ch'era allora la Circe d'Europa, lo trascinava. E parte, e la sua anima, per così dire, s'allarga in mezzo a quel turbinìo di arti e ricchezze, si affina, s'informa alla nuova natura, che la circonda, e s'imbeve dell'olimpica serenità che spira dal fiorire dei commerci e delle libere istituzioni; e già sfavilla tutta di estri gentili davanti al fasto dei convegni patrizi e alla schietta gaiezza delle feste popolari. Diventa egli più splendido, più potente, più aristocratico. Il suo profondo sentimento della natura si fa più vivo. Nulla distrae la sua attenzione dalle glorie che il cielo ed il mare presentano mattino e sera. Libero, all'aria aperta, tra il firmamento e l'oceano, comprende lo spazio e s'inebria ai profumi delle alighe e alle

[1] BERNASCONI, op. cit., pagg. 200 e seguenti; IVAN LERMOLIEFF (Giovanni Marinelli), *Le opere dei maestri italiani;* Bologna, Zanichelli, 1886, pagg. 404-5.

[2] Di taluno di questi artisti, ossia di *Stefano da Zevio,* di *Domenico* e *Francesco Morone,* di *Paolo Cavazzola,* di *Girolamo dai Libri* (come pure dello stesso *Paolo Veronese*) io ho stampato delle *Biografie* nella *Protomoteca Veronese* di GIULIO SARTORI.

folate dei cloruri marini, e, abbandonandosi ai primi impeti della speranza, immagina pitture quasi infinite nella loro immensità. La luce, il calore, l'aria, lo spazio, ecco il substrato, ecco le condizioni elementari della sua tecnica. Gli piacciono le caste fantasie di Giovanni Bellini, ma assai meglio il verismo di suo fratello Gentile; gli piacciono i dotti disegni del Mantegna, ma vieppiù s'innamora del Carpaccio, che, fiero, immaginoso, drammatico, è, si può dire, il suo precursore, [1] e meglio degli altri ha intuìto, a parer suo, il fine dell'arte. Fra i coloristi, vagheggia il Giorgione, che primo nelle tele infuse il sangue della vita e, sotto la luce, fe' palpitare le carni e fremere i bei corpi ricchi di giovinezza e salute. Vede le stampe del Durero e di Luca di Leyda, e comprende la grammatica e la poesia di quei disegni, che ritraggono con fedeltà scrupolosa ogni sorta d'oggetti e la figura umana, sia pur brutta e volgare. [2] Gusta quelle bellezze, che sono incomprensibili ai profani ed anche a molti artisti, e le studia con assidua diligenza, per non dire con religiosità, e sempre più si rende capace di cogliere i mille aspetti della vita reale. Ritrae, colla penna e colla matita, quei segni, quegli scorci, quelle piegature; [3] e perfino imita del Durero anche la sigla, colla quale impronta i suoi nuovi lavori. [4]

Frattanto, il Sansovino avea posto termine a quella sala che i Procuratori di sopra aveano stanziato di erigere, sino dal 1536, per collocarvi i preziosi codici e i libri, che, dalla generosità del Petrarca, del cardinal Bessarione e di Girolamo e Leandro Grimani, erano stati largiti a pubblico uso. [5] E la vôlta di questa sala, che (splendido trionfo dell'arte veneta) [6] fu detta appunto

[1] ALEARDI, op. cit., pag. 10.

[2] G. DUPLESSIS, *Meraviglie dell'incisione,* parte IV, cap. II.

[3] RIDOLFI, op. cit., pag. 51.

[4] È un monogramma che ha qualcosa della medesima forma.

[5] G. CAPPELLETTI, *Storia della Repubblica di Venezia,* vol. VIII, pag. 353.

[6] JOHN ADDINGTON SYMONDS, *Il Rinascimento in Italia,* Le Monnier, 1879, pag. 76.

quella della Libreria Nicena, era stata divisa in vari scompartimenti per gli affreschi che vi si doveano quanto prima dipingere. Ora i Procuratori proposero che al Sansovino stesso e a Tiziano fosse affidata la nomina degli artisti, che avrebbero dovuto condurre a compimento quella importante decorazione,[1] a patto però che l'opera di ciascun pittore non dovesse essere rimunerata con una somma maggiore di ducati 60, ma con la promessa di una catena d'oro, come premio d'onore, per quel pittore che avesse superato tutti gli altri nella esecuzione del proprio dipinto. Mettendo da banda il Tintoretto, verso il quale l'Accademia era assai poco propensa, Tiziano ed il suo collega chiamarono il Salviati, Battista Zelotti, il Fratina, Giulio Romano, il Franco, Andrea Schiavone e il nostro Paolo.[2] A lui furono assegnati tre tondi per la vôlta verso il campanile. Nel primo, dipinse LA MUSICA, ossia tre bellissime giovani, una delle quali, che è la più avvenente, suona un lirone da gamba, guardando a basso il manico dello strumento e stando in attitudine di porgere orecchio attentissimo al suono; e delle altre due, l'una tocca un liuto, e la seconda canta a libro. E con esse è un Cupido senz'ali (dimostrando che dalla musica nasce amore, oppure che amore è sempre in compagnia della musica) e un Pane, dio dei pastori, con certi flauti di scorza d'alberi, quasi voti, a

[1] VASARI, op. cit., vol. XI, pagg. 137-38; RIDOLFI, op. cit., pag. 13.

[2] Il BLANC (*Hist des peintres - École. Vénét.*, pag. 4), in una nota della vita di Giuseppe Porta, detto *Salviati*, dice:

Io cercando più chiare notizie di questi nomi, m'abbattei in un conto di spese fatto dall'Ecc. Procuratia di sopra, in occasione appunto della Libreria, nel 14 febbraio 1556, in cui si annoverano i pittori che dipinsero il soffitto, e gli accordi nel modo che segue:

Per Iseppo Salviati, duc. 40. (Il conto del 23 settembre rettifica questa cifra in quella di 60 ducati).

Paulo da Verona, duc. 40 — duc. 60.

Battista (Zelotti) *da Verona, duc. 40.*

Zuane de Mio, duc. 40. (Si crede che possa essere il Fratina).

Julio Lizini, duc. 40. (Era Giulio Romano).

Battista di Franchi (Franco), *duc. 40.*

Andrea Schiavone, duc. 40.

lui consacrati.[1] Nel secondo, fece due belle figure, simboleggianti LA GEOMETRIA e L'ARITMETICA. Nel terzo, pitturò L'ONORE, che nasce dagli studi delle varie discipline, collocato sopra un piedistallo, a cui stanno innanzi dei filosofi, degli storici e dei poeti, che gli offrono ghirlande di fiori, di edera e di lauro.[2] Sopra la porta, delineò poi leggiadramente DUE VIRTÙ, e, in faccia ad essa, DUE FILOSOFI.[3] Finita l'opera, nell'autunno del 1556, dopo essere state ben considerate le pitture di detti quadri, dagli stessi suoi compagni fu apertamente convenuto che il maggior merito fosse di Paolo per il suo dipinto della MUSICA, e perciò egli ebbe l'alto onore di vedersi porre al collo dalle mani stesse del suo commosso ed ammirato Vecellio la proposta collana d'oro.[4]

Volendosi in questo mentre rinnovare alcune delle vecchie pitture del palazzo ducale, parte furono allogate ad Orazio, figlio di Tiziano, parte al Tintoretto e taluna anche al Veronese. Per la sala del Gran Consiglio ei dipinse allora, in un quadro assai vasto e lodato dal Vasari,[5] FEDERICO BARBAROSSA, CHE RICONOSCE PER PASTORE SUPREMO DELLA CHIESA IL PAPA OTTAVIANO, con molti personaggi che lo corteggiano, vestiti in belle guise; e vi ritrasse al naturale Luigi Mocenigo, che fu doge, Agostino Barbarigo, che morì a Lepanto, e Marcantonio Grimani e Antonio Cappello e Girolamo Contarini e Lorenzo Giustiniani, procuratori di San Marco, e l'abate Francesco Loredano e Niccolò Zeno ed altri.[6] Quindi, sopra ai finestroni, fece IL TEMPO, LA

[1] VASARI, op. cit., vol. XI. pagg. 137-38.

[2] RIDOLFI, op. cit, pagg. 11-13.

[3] GIANN. MOSCHINI, *Nuova Guida di Venezia*, pag. 102.

[4] Il RIDOLFI (op. cit., pag. 13) aggiunge anche, che questa preziosa reliquia dell'avo fu poi conservata lungamente presso gli eredi.

[5] VASARI, op. cit., vol. XI, pagg. 136-37.

[6] Come nota il RIDOLFI (op. cit., pagg. 10-11), portava questa scritta:

Alexandrum III Pont. Max. rite creatum, et Octavianum vitio factum Imp. Feder. Ticinum evocavit. Alex. dicto ejus audiens non fuit. Itaque Federicus id ægre ferens, Octavianum, qui ad se ijt Pont. declaravit, ac veneratus est.

FEDE, LA PAZIENZA e L'UNIONE con fasci di verghe in mano, alludendo alla conservazione della Repubblica, alla carità e alla religione nutrita dai cittadini. Nella camera dei capi del Consiglio dei Dieci, effigiò, sotto al soffitto, UN ANGELO CHE SCACCIA I VIZI, figurati in vari sessi, ed ALCUNE VIRTÙ SUPPLICANTI, CHE HANNO VICINA LA FIGURA DEL TEMPO, CHE LE ACCOMPAGNA. Nel cielo dell'anticamera, detta la Sala della bussola, ritrasse SAN MARCO CON UNA CORONA D'ORO IN MANO E UN ANGIOLO CHE IL SORREGGE E UN ALTRO CHE TIENE, CON GRAZIOSO ATTEGGIAMENTO, IL LIBRO DEGLI EVANGELI, APPOGGIATO AL LEONE, e, nella parte inferiore, LE VIRTÙ TEOLOGALI, che dipinse con molta freschezza e in iscorci assai difficili. [1] Eseguì poi, all'intorno, in lunghi spazi, dei trionfi romani, a terretta verde e con figure a chiaroscuro.

Pitturò quindi sulla facciata di casa Nani, alla Giudecca, LE FORZE DI ERCOLE, [2] poi si condusse a Murano, nel palazzo di messer Camillo Trevisani, per adornarlo di affreschi, insieme col Zelotti e con Battista Dal Moro, [3] mentre Alessandro Vittoria vi lavorava di plastica e il fregiava, con mirabile gusto, di eleganti statue e di bellissimi stucchi dorati. [4] In una stanza terrena,

[1] ZANETTI, op. cit., tomo I, pag. 246. Questo quadro, portato in Francia nel 1797 (donde non più ritornò), fu posto a decorare il soffitto dell'anticamera della regina, a Versaglia, soffitto già dipinto dal Vignon figlio; e, a tal uopo, sotto Napoleone I, fu ingrandito e fatto ovale, con aggiunte del Gérard.

[2] MARCO BOSCHINI (*La carta del navegar pitoresco;* Venetia, per li Baba, MDCLX, vento III, pag. 193) così ne parla:

Vedela la Zueca quà a premando,
E de Cà Nani el bel Palazzo grando?
Quella xè una fazzada gloriosa!
L'ha fata Paulo; no se puol dir più.
Ghe xè le forze d'Ercole, che apónto
Se vede i sforzi de quel so far pronto
Quando fioriva la so zoventù.

[3] DAL POZZO, op. cit., pag. 68.

[4] T. GAR, nella *Vita di Alessandro Vittoria composta dal conte Benedetto dei Giovanelli, rifusa e accresciuta* (Trento, 1858, pag. 26), dice che appunto vi lavorò nel 1557.

verso il cortile, dipinse egli il soffitto con MOLTE DEITÀ E VARI SIMBOLI. Finse UN FANCIULLINO VOLANTE CHE RECA A GIOVE IL REGIO DIADEMA, LO SCETTRO E DEI GIOIELLI, come a dator di grandezza; ne finse UN ALTRO CHE PORGE AD APOLLO IL PLETTRO, sopra di cui cade una corona di alloro, e UN ALTRO CHE RECA A MARTE UNA BRUNITA CORAZZA, E UN ALTRO ANCORA CHE GLI SOSTIENE IL BRANDO. Effigiò, lì appresso, CINZIA CON LA FACE IN MANO E IL CANE DALLATO, e VENERE, CHE TIENE AMORE IN BRACCIO E UN ALTRO BAMBINO A' PIEDI, e SATURNO CON LE SQUADRE E L'ARCHIPENDOLO E MERCURIO COL GALERO, CON LIBRI E MUSICALI STRUMENTI E COTURNI. Immaginò degli altri angioletti, che portano mitre, liuti e chitarre. Nei quattro vani del fregio, dipinse LA MUSICA, LO STUDIO, L'ASTRONOMIA e LA FORTUNA (che arricchisce di gemme un dormiglione) e due figure, a chiaroscuro, e un busto antico da parere a rilievo. Nell'appartamento di sopra, colorì, nel mezzo della vôlta, VENERE PORTATA PER ARIA DAGLI AMORI, e, nei maggiori scompartimenti, GIOVE e CIBELE e GIUNONE e NETTUNO; e, sopra le porte, SATURNO, GIANO, BACCO ed APOLLO. Nei capi della sala, in due ovali, fece QUATTRO BELLISSIMI AMORI, due, che tentano di rapirsi di mano una fronda di palma, e due altri, che versano dell'acqua di Lete sopra a due fiaccole per ismorzarle. E, sulle pareti, delineò delle piccaglie di frasche e di frutti, e paesi ed istorie, a terretta gialla. Lì, sopra alla porta della loggia vicina, fece DUE ALTRE FIGURE, a chiaroscuro, ed elmi e corazze, e I FATTI D'ALESSANDRO IL MACEDONE, in finto bronzo, mostrando di essere valentissimo in qualunque maniera di dipingere. [1]

[1] RIDOLFI, op. cit., pagg. 28-30; ZANETTI, op. cit., tomo I, pagg. 263-64. A proposito di quei lavori così scriveva il BOSCHINI (op. cit., vento II, pag. 75):

In Casa Trevisana in quel Palazzo,
Dove alberga l'honor, e la Virtù,
Ghe ste Piture a fresco, e sempre più
Se ne fa maravegia, e gran schiamazzo.

Nè l'esecuzione di queste opere gli impediva di accettare le altre commissioni che gli venivano profferte dai padri di San Sebastiano, perchè da autentici documenti [1] risulta ch'egli ricevette anche, addì 31 marzo e addì 8 settembre del 1558, dei denari per l'ornamentazione da lui continuata in quella chiesa col dipingervi maestrevolmente la cappella maggiore, cioè coll'eseguirvi la pala della MADONNA COL BAMBINO E DEGLI ANGELI, E, A' PIEDI, SAN SEBASTIANO LEGATO AD UNA COLONNA E SAN PIETRO E SANTA CATERINA E IL POVERELLO DI CRISTO SAN FRANCESCO (in cui ritrasse il buon padre Bernardo), e col farvi a fresco, nella vôlta, NOSTRA DONNA IN ATTO DI SALIRE IN CIELO, circondata da molti angeli, e, col figurarvi, nella sommità della tribuna, IDDIO PADRE, e, nel giro, sopra a delle balaustrate, DEGLI ANGELI che festeggiano con vari strumenti, e I DOTTORI DELLA CHIESA, negli angoli, e, in due mezzalune, GLI EVANGELISTI, [2] ed eziandio col disegnarvi l'organo. [3]

Quei xè Dei; quei se muove; quei resplende;
Quei ne fa vedar che semo mortali.
Quei xè ben veri muodi artificiali!
Là se vede el valor de chi l'intende!

Che vaga là chi copia el natural,
E veda come hà fato el Veronese:
Che tante lume i xè alla Gloria acese,
Che più del vivo mile volte i val.

Là si se impara a far le positure:
Là se vede in sofito i Dei celesti:
Là se vede da seno i moti, e i gesti;
Che i vaga a imparar là sti grami arsure.

[1] Ecco la copia dei due brevi documenti, tolti dall'Archivio di Stato (*Mani-morte*, convento di San Sebastiano, processi, nn. 7 e 105):

1558 adì ultimo marzo. a S.to bastano dal R.do padre priore recevi mi paulo per dipingier ducati 105 val in tutto du.ti . . . . 105.

adì 8 Setembre recevi dal R.do padre prior de S. Basastiano per compi pagiamento du.ti 5 di tute le piture che vano atorno ala giesia et la faciata.

[2] RIDOLFI, op. cit., pag. 8.

[3] Il CICOGNA (op. cit., vol. IV, pag. 154) reca il seguente *Contratto* di

E la fama di Paolo cresceva; ma fu appunto in quest'epoca che si è istituita a Venezia quell'Accademia della Fama, che ottenne celebrità in ragione affatto inversa della sua durata, cioè che ammalò di anemia e si estinse appena dopo un triennio di vita;[1] e nulla ci assicura che Paolo vi appartenesse. Egli era ben giusto; dappoichè la fama di lui non dovea essere effimera, ma, senza contrasto, immortale.

Domenico Marangon per l'organo di San Sebastiano, in data del 26 ottobre dell'anno 1558:

Promete m. Domenego marangon et si obriga de far il chasamento di l'organo insieme chon il posuol nella giesia d. mis. s. bastian si d. legname chomo eziam di intalgio a tute sue spese giusto la forma del disegno fato per man d. miss paullo ecc. ecc. (per ducati 100 da lire 6 soldi 4) et io Alesandro Vesentin dal palazo organista o fato la presente scrittura d'ordine e volonta de tute doi le parti (cioè anche del p. fra Bernardo priore).

[1] F. Caffi, *Storia della musica;* Venezia, Antonelli, 1854, vol. I, pagg. 168-69.

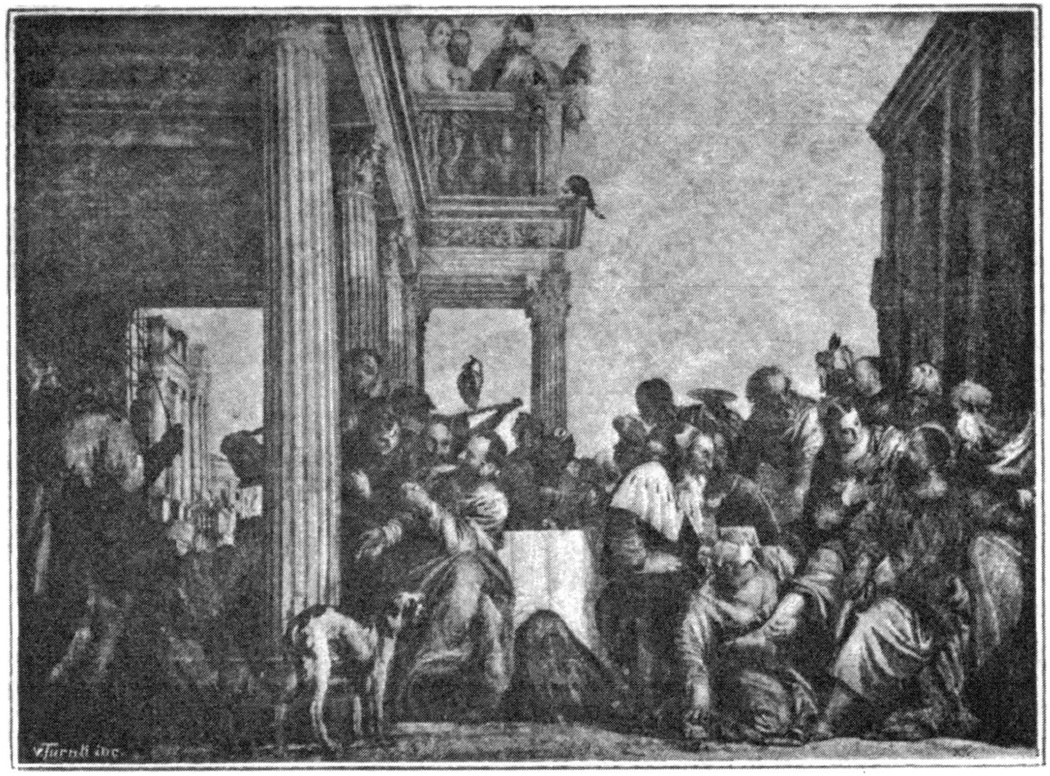

LA MADDALENA

R. Galleria di Torino.

Capitolo III.

Suoi lavori nel 1559 — Sua Eccellenza Grimani lo invita ad andare a Roma — La Cena di Simone lebbroso pei Benedettini di San Nazaro a Verona — Aspirazioni artistiche di Paolo.

(1558-1560).

Che genio gagliardo! Che fantasia proteiforme e che insaziabile bramosia di lavoro! Il cremonese Realdo Colombo, uno dei primi fisici d'Europa, poco prima di morire, fa stampare a Venezia, nel 1559, la sua opera famosa *De re anatomica,* e Paolo ne disegna magnificamente il frontispizio, in cui si vede il Colombo che dissetta un cadavere in mezzo a' suoi discepoli.[1] L'organo di San Sebastiano è finito, ed egli deve dipingervi i portelli, e vi fa, sul davanti, la Presentazione di Cristo al tempio, in cui dimostra più grande eccellenza di stile e più forza di colorito, e dà alla testa di San Simeone una unzione divina, e il Bambino lo presenta con un'audacia di scorcio incantevole; e, nella parte di dentro, dipinge la probatica Piscina, con molti infermi, che attendono la mozione delle acque, là, presso i colonnati d'un porticale, dove la prospettiva è rigorosa, il punto di veduta assai basso, l'effetto magico. Ai lati poi dell'organo, fa, a chiaroscuro, le figure di San Girolamo e di San Francesco, e, sul pulpito, la Nascita di Nostro Signore, e, appresso, delle piccole figure, e,

[1] Robolotti, *Cremona e sua provincia,* pag. 693.

da una banda e dall'altra del sepolcro di Lorenzo Donato, DUE PUTTI, a chiaroscuro, che recano in mano delle faci spente.[1] Occorre qualche altra fattura in quella chiesa? Eccolo a dipingere gli stalli del coro ed a far perfino le parti di verniciante.[2] Alle pitture sacre alterna quindi le pitture profane, e, nella contrada di San Canziano, fa degli affreschi nel porticato del palazzo di messer Francesco Erizzo, fabbricato dal Palladio,[3] e ritrae strutture antiche e paesi, e gareggia, lavorando di plastica, coll'amico Alessandro Vittoria, ed eseguisce anzi a stucco una statua di Marte. E, sulla porta del canale, esteriormente effigia NETTUNO TRIONFANTE sopra una conchiglia, tirata da cavalli marini, con dei tritoni intorno, che portano dei fanali e delle bandiere e delle armi diverse, e suonano delle buccine ritorte; e, per il cielo, volano dei putti con graziose movenze, recando mazzi di freccie e turcassi e turbanti e zagaglie e corone, e la Fama suona intanto la tromba d'oro. Fra le finestre pone, a chiaroscuro, MINERVA e LA PACE, ed, appiedi, LE STAGIONI, simboleggiate da Diana, col cane, per la primavera, da Cerere, colla cornucopia ripiena di frutti e di biade, per l'estate, da Bacco che preme un grappolo d'uva in bocca d'una tigre, per l'autunno, da un vecchio, ravvolto in una schiavina, per il verno. Quindi, ad ornamento delle finestre, delinea dei torsi di corpi, e sopra la porta due schiavi ed altre bizzarrie.[4] Nè qui la foga finisce. I padri della Compagnia di Gesù, a imitazione di quelli di San Sebastiano, pensarono di abbellire la loro chiesa di Santa Maria Assunta, per mano di Paolo.

[1] RIDOLFI, op. cit., pagg. 14-15.

[2] Nell'Archivio di Stato (*Mani-morte,* convento di San Sebastiano, processi, 7, c. 117) leggesi:

In San Bastiano adi pri.mo di aprile 1560.

R. mi paulo da verona pitor da R.do padre priore fra Bernardo de San Bastiano in piu volte per saldo e resto del lorgiano et sedie del suo coro in tuto ducati ducento io dico in tuto d. 200.

[3] Appartenne poi ai Morosini, quindi ai Valmarana; ora è distrutto.

[4] RIDOLFI, op. cit., pag. 30; GAR, op. cit., pagg. 28-29.

Ed egli, nel quadro diviso, sopra la porta d'ingresso, fece L'ANNUNCIAZIONE, con archi sostenuti da colonne ritorte, cinte da serpeggianti vitalbe e preziose cortine. Le vesti dell'arcangelo le pinse in modo che pareano increspate dal soffio di un'aura soave, e formavano, nelle estremità, dei raggiri e delle graziose volute, e le sue ali rifulgeano dei colori dell'iride; e tanto il sembiante di lui quanto quello della Vergine sembravano cosa di paradiso. Nell'altro quadro, verso l'altar maggiore, dipinse LA NATIVITÀ DEL SIGNORE, con bell'ordine e bella macchia di composizione, dove era stupenda la testa della Madonna e perfetto il disegno del puttino; e dove erano ritratti, con molta maestria, dei pastori, un de' quali sedeva sopra un bue (che, muggendo, parea volesse riverire in sua favella il neonato Salvatore) ed un altro che guidava un giumento. Nel mezzo poi del soffitto, immaginò L'ASSUNZIONE, e delineò la Vergine, che ascende, traversando il puro etere, all'empireo, vezzeggiata dagli angeli, adorni di vestiti candidi come piume di cigno o brillanti per la varietà dei colori; e alcuni di essi la sorreggono, ed altri, agitando gli incensieri, profumano di olibani l'aria, ed altri dibattono i vanni dorati, per esprimere il loro tripudio. Intorno al sepolcro, ove riposarono le sacre spoglie di lei, pose gli Apostoli, che sospirano, cogli occhi supini al cielo, con in mano libri e torcie accese. Intorno al sepolcro, tracciò una balaustrata, ed una scala nel mezzo, con sopravi delle figure d'un effetto meraviglioso. Negli spazi minori, compartì, a color verde e rosso, in piccole proporzioni, delle ISTORIE DI MOSÈ, DI GIONA, e di altri dell'antico e nuovo Testamento, e, sul tabernacolo, fecevi anche L'IMMAGINE DEL REDENTORE.[1]

Era giunto frattanto il 1560, e Sua Eccellenza Girolamo Grimani, procuratore di San Marco, di cui Paolo era famigliare, es-

1. RIDOLFI, op. cit., pagg. 15-16. Il ZANETTI (op. cit., tomo I, pag. 254) poi nota che il quadro della *Natività* fu trasportato nella Scuola dei tessitori di seta, alla Misericordia, per antichi titoli di padronanza.

sendo lì per essere oratore al pontefice Pio IV, gli propose di recarsi con lui, per qualche tempo, a Roma. [1] Immaginarsi s'egli accettava la bella profferta! Fece però (prima di mettersi ad un viaggio, allora così lungo) ritorno in Verona a salutare i suoi, e, in breve, dipinse ad olio, pel refettorio di San Nazaro, il celebre quadro della MADDALENA, [2] che poi fu venduto dai Benedettini alla Casa Spinola di Genova per settemila scudi d'argento, e che dal re Carlo Alberto fu acquistato, nel 1825, dai Durazzo per centomila franchi, e che nel 1838 fu da lui donato alla galleria di Torino, ove si conserva. [3] Questa cena, che fu copiata e incisa dal bulino del Volpato [4] e da quello di Girolamo Scotto e di altri, è una delle più portentose tele di Paolo, e per l'armonia del complesso e per la giusta osservazione dei principî dell'ottica, e per la collocazione delle tinte sempre adatte alla importanza del soggetto, cui l'autore far volle più o meno trionfare, come eziandio per la ripartizione dei colori in tutta la sua estensione. L'occhio trova in quel quadro un piacevole riposo, quantunque la sua armonia risulti da un ordine di tinte, non già basse, ma vivide, a cui la nebbia di più di tre secoli non bastò a togliere il primitivo fulgore. Si scorge in esso mantenuto un equilibrio cromatico in una immensa superficie, una industria di colori artifiziosamente vicinanti fra loro, che concorre ad estendere, nella massa, gli opportuni valori, senza che le frequenti antitesi, con cui l'autore accrebbe l'effetto, possano nuocere alla generale armonia. Anzi, certe ardite chiamate, le quali presso alcun altro avrebbero facilmente indotto il disaccordo nell'opera,

[1] RIDOLFI, op. cit., pag. 17. Qualche biografo dice che Paolo andò a Roma nel 1552, ma erroneamente, perchè, in quell'epoca, egli lavorava, senza dubbio, a Thiene.

[2] ZANANDREIS, op. cit., pag. 269.

[3] VASARI, op. cit., vol. XI, pag. 136, nota 1; P. JOANNE, *Italie*, (Paris, 1883, vol. I, pag. 83); R. D'AZEGLIO, *Studi sulle arti del disegno*, vol. II, pagg. 457-58.

[4] *Schola italica Picturæ* (1772), tomo I, pag. 206.

trovansi, nella vasta sfera visuale che comprende quella sua tavola, assorte dai partiti grandiosi che le circuiscono; così che, limitandosi esse a ravvivar soltanto un ordine d'intonazioni meno liete, ne rimane tuttora illesa la consonanza complessiva. A tutti questi pregi egli ne aggiunse, di poi, uno, che agli altri tutti servì di compimento, quello di valersi dei cangianti, prodotti dalle tinte delle sete, affine di riconciliare insieme i toni più opposti, col procacciarsi destramente una disgressione dall'uno all'altro, ovvero per introdurre maggior leggerezza in certe masse più compatte di panneggiamenti.

Figurò dunque LA MADDALENA, ossia la cena di Simone lebbroso, colla Maddalena in atto di ungere i piedi al Salvatore, in faccia a cui sta il medesimo Simone, stupito dell'azione della donna generosa; e, oltre la mensa, fece Giuda, che, con un certo amaro sogghigno, accenna ai circostanti il suo livore per il denaro, secondo lui, gettato nell'acquisto dell'unguento prezioso; e, attorno, vi pitturò dei donzelli con aurei vasi e con vivande, e dei mimi blasonati con delle bertuccie; e, sullo sfondo, vi delineò delle prospettive, che si stendono indietro, con logge ed atrî e colonnati. [1] Ma se tutto l'insieme del quadro è magnifico, se le teste di quelle figure hanno spirito e grazia, se nelle lor carni sembra che circoli il sangue, bellissima soprammodo, per l'aria onesta e dolce del viso, è la bionda Maddalena, come nobile, dignitosa, rivelante una bontà divina è la posa del Redentore, del quale, però, con bizzarra licenza, nascose il braccio sinistro, seppure non fece così apposta per far meglio spiccare la figura della protagonista, sulla quale concentrò la maggior copia di luce. [2]

Io credo che un'opera simile, tanto vistosa, tanto smagliante di colori, tanto piena di freschezza e di vita, dovesse ai volgari parere più un'opera di mago che di artista. Che se egli colpiva, colla creatrice potenza del suo pennello, anche i più profani;

[1] D'AZEGLIO, op. cit., pagg. 449-53.

[2] RIDOLFI, op. cit, pagg. 13-14.

se era predominato, per così dire, dalla mania di Platone, dal demone di Socrate, dal dio interiore di Orazio, dal diavolo addosso del Voltaire, senza pur uscire dai lembi delle lagune, che dovea esser di lui, dopo aver veduto la superba Atene d'Italia, Firenze, e avere studiato in Roma i portenti di altre epoche, e, innanzi tutto, le meraviglie dell'arte greca, e i capolavori del Rinascimento? Egli, già per intuizione, sentiva da un pezzo che l'arte avea bisogno di ritemprarsi nel vero e che la pittura dovea essere una bella e luminosa descrizione del reale; ma volea fare quanto fecero gli antichi maestri, per sorpendere e riprodurre la natura in tutti i suoi atteggiamenti, in tutti i suoi moti, in tutti i suoi palpiti, e creare delle forme proprio viventi ed estetiche. Anelava egli da molto tempo di giungere a quel realismo che non uccide l'arte, ma la ristora alle sorgenti dell'essere: bramava, in una parola, rendere, colla maggiore efficacia e sincerità possibile, tutta la personalità propria e tutto quel mondo d'uomini e d'idee, che egli vedeva co' suoi occhi, e che percepiva colla sua mente, e che gli passava idealizzato, come a tumulto, per l'anima.

Capitolo IV.

Va a Roma — Durata del suo soggiorno in quella metropoli — Ritorna a Venezia — Nuove pitture nel palazzo ducale — Le tre pale in San Francesco della Vigna — Tavole per San Benedetto di Polirone — Altri dipinti nel palazzo ducale — Desidera confondere i suoi rivali — La Cena delle Nozze di Cana — Difetti e pregi di questa Cena — È ammirato da molti principi d'Europa.

(1560-1563).

Partì coll'Ambasciata veneta, ed ebbe agio di soffermarsi nelle principali città. Vide le stupende opere del Da Vinci, con amore considerò le chiarificazioni e gli scorci del Correggio, acquistò le stampe del Parmigianino, perchè gli punse desiderio vivissimo di copiarle, fu estatico davanti alle trascendentali bellezze dei dipinti di Giotto, del Beato Angelico, di Benozzo e di tutti gli altri maestri della scuola mistica di Toscana e dell'Umbria, e si beò di quell' ingenua fragranza; ma, a dir vero, non ne rimase appieno soddisfatto, perchè ci vide bensì qualcosa di delicato, di celestiale e di aereo, ma nulla di umano e di terreno: niente di quella formosità corporea, che, per lui, era uno degli scopi supremi dell'arte: niente di quel naturalismo e di quel realismo ch'egli voleva nelle figure, nei paesi e nelle prospettive. Quando però gli fu dato di contemplare le Madonne di Raffaello, così ideali e così vere, e gli affreschi delle loggie vaticane e la *Trasfigurazione*, e le terribili concezioni di Michelangelo, e vide la campagna di Roma (così deserta e così po-

polata d'idee), e osservò i venerandi suoi monumenti e i tesori dell'arte greca ivi raccolti, si conobbe trasferito in un'atmosfera intellettuale del tutto nuova. [1] Ebbe piena coscienza di se medesimo. Il più squisito sentimento della natura e dell'arte pervadeva oggimai e ricercava le sue intime fibre. Se nol disse, potea dire certamente a se stesso, come un giorno il Correggio: *Sono grande artista anch'io!*

Non ci è dato precisare quanto venisse protratto il suo soggiorno nella città eterna; ciononpertanto dalla assoluta mancanza di documenti (che, dal 1560 fino al cadere del 1561, [2] attestino qualche singolare lavoro da lui eseguito, in quel torno, fra noi) hassi ad argomentare che vi stesse circa due anni, non già in ozio, perchè non v'era fatica, per diuturna e grave che fosse, ch'egli non affrontasse con lieto animo, [3] bensì a lavorare indefesso, per acquistar gradi di maggior perfezione, [4] e completare affatto la sua sana costituzione psicologica.

Allorquando tornò a Venezia, egli vi giunse adunque accompagnato dalla Musa del Risorgimento, e coll'anima conscia delle proprie forze e piena di quella potenza, che il Galilei chiamava la divinità dell'Ariosto. Aveva appunto, come il ferrarese Omero, più sensibilità che sentimento: possedeva più impressioni ed emozioni che passioni. Il suo genio, nudrito dall'ossigeno, anzi dall'ozono della Rinascenza, sgombro d'ogni preoccupazione, esuberante di fantasie, allegro nella produzione, viveva soprattutto al di fuori. Si espandeva nel mondo reale, per immedesimarsi con quello, e riflettere (come avea già fissato), con un brio sempre giovanile e col più vago lume di poesia, quello sfarzo che gli brillava continuo dinanzi, nelle feste religiose e nelle cerimonie civili, nei costumi, nelle case e nelle chiese,

[1] Ridolfi, op. cit., pag. 17.

[2] Non conosco che il *Ritratto di Bonuccio Moscardo,* che or vedesi nel Museo di Verona, il quale porti la data del 1561.

[3] Zanandreis, op. cit., pag. 263.

[4] Ridolfi, op. cit., pag. 17.

nelle armature del soldato e nelle vesti del cittadino, nelle pompe guerresche e nei pubblici spettacoli. E i suoi colleghi lo festeggiavano, Tiziano l'amava e l'ammirava, e si studiava di imitarlo, benchè ei si fosse molto avanti negli anni.[1] Lo s'invitava ai convegni, alle danze, alle serenate, sotto le tremule stelle, lunghesso i maestosi canali fosforescenti, ed egli vi si conduceva con animo gaio, e pigliava parte attiva a pubblici e privati concerti, insieme col famoso maestro Zarlino e col Tintoretto e col Bassano e collo stesso Vecellio, già espertissimi dilettanti di musica.[2] I patrizi andavano a gara per averlo di spesso nei loro superbi palazzi; e appunto alle mense dei Nani, dei Grimani, dei Pisani, dei Morosini, dei Concina, dei Giustiniani, dei Badoeri e dei Barbaro egli potè formarsi un pieno concetto di quella veneziana grandezza, che, con uno stile fascinatore, dovea di poi eternare sulle nuove sue tele sacre e profane.

Il Consiglio dei Dieci lo onorava delle sue commissioni. Durante la sua assenza, nella sala del palazzo ducale, detta del Consiglio dei Dieci, furono pitturate parecchie cose dal Zelotti; e monsignor Bazzacco, amicissimo e ammiratore di Paolo, avea dipinto in due vani *Mercurio e la Pace,* e *Nettuno col tridente, seduto sopra un caval marino.* Ora a Paolo fu allogato l'ovale maggiore. Ed egli, con una disposizione sapiente e con un effetto vero, e, al tempo stesso, poetico e luminoso, vi fece GIOVE CHE FULMINA LA RIBELLIONE, IL FALSARIO, IL TRADIMENTO ED ALTRI DELITTI, che veniano puniti da quel gravissimo Magistrato;[3] e li rappresentò in atto di cader giù in fuga, rovinosamente, spaventati dal Re degli Dei, che, appoggiato ad un'aquila, li guarda cogli occhi foschi come il nembo, e, implacabile, li vien fulminando; e, fra essi, vi delineò un angelo dalla crespa capi-

[1] Moltissimi dipinti della sua ultima maniera hanno del paolesco.

[2] A. F. RIO, *Poesia cristiana,* cap. X.

[3] RIDOLFI, op. cit., pag. 17.

gliatura e dalle ali di piuma, che reca i decreti di quel Consiglio. Le figure erano d'una proporzione colossale, il disegno vigoroso, l'arte degli scorci portata al suo più alto grado. Nel Giove ritrasse felicemente il Laocoonte del Belvedere, ed in un'altra figura la testa chiamata comunemente di Alessandro, o, come altri dicono, d'una delle Amazzoni. [1]

Sopra il Tribunale pinse UNA NOBILE MATRONA, CON CEPPI E CATENE ROTTE IN MANO, accennando l'autorità dello stesso Magistrato nel conferire le grazie ed il castigo, la quale mira un gruppo di deità, per dinotare il patrocinio celeste verso i principi giusti e magnanimi. In un altro vano, fece VENEZIA, ALLA QUALE GIUNONE VERSA IN SENO DELL'ORO, DEI GIOIELLI, DELLE CORONE E IL CORNO DUCALE, in segno del supremo onore. In un altro, ancora, fece UNA BELLA GIOVANE COL DIADEMA IN TESTA, CON LE MANI AL PETTO, CHE GUARDA, CON MOLTA MODESTIA, ALL'INGIÙ, ED UN VECCHIO VESTITO ALL'ORIENTALE, CON DELLE BENDE IN CAPO, E CON DELLE SPOGLIE BARBARESCHE, IL QUALE, COLL'ARIA DI UN LEONE AFFATICATO, APPOGGIA IL MENTO SOPRA IL DESTRO BRACCIO, MENTRE GLI CADE IN GIRO LA CANUTA BARBA TRA LE DITA, per voler così significare le diverse condizioni dei popoli, che ricorrono, nelle loro bisogne, a quel Tribunale. E queste due ultime figure vennero sempre tenute tra le più insigni ch'egli facesse. Il celebre Jacopo Palma soleva anzi dire che, in questo, Paolo giunse al maggior segno della squisitezza, e che in esse fece una vera fusione dell'arte antica colla sua più nobile maniera. Intorno all'ovale, poi, tracciò

[1] Anche questo dipinto fu portato a Parigi nel 1797, e, secondo il JOANNE (*Italie;* Paris, 1883, pagg. 521-22) e il BOTH DE TAUZIA (*Musée de Louvre;* Paris, 1885, parte I, pag. 77), dopo il 1810, fu stupidamente diviso in tre gruppi e collocato nella stanza da letto di Luigi XIV a Versaglia; ma, nel 1859, ne fu levato, ed ora si trova al Louvre, dove io potei ammirarlo, nell'autunno 1886, ridotto alle primitive proporzioni, e, direi anche (per quanto mi è dato supporlo), restituito alla primitiva bellezza.

QUATTRO FIGURE, a chiaroscuro, simboleggianti il Dominio, e altri bellissimi nudi.[1]

Mentre, in questo frattempo (ossia nel 1562), Alessandro Vittoria conduceva in bronzo ed in marmo alcune statue per San Francesco della Vigna,[2] venne a Paolo dato pure l'incarico di eseguire per la medesima chiesa tre pale. La prima la fece per la cappella de' Giustiniani, presso il pulpito, rappresentando LA VERGINE, IN ALTO, CON SAN GIUSEPPE E IL PICCOLO BATTISTA, CHE TIENE L'AGNELLINO, E, A BASSO, SANT'ANTONIO ABATE E SANTA CATERINA; ed è una pala, per iscioltezza di modi, gaiezza di tinte, prontezza di mosse, molto stimata. La seconda, non inferiore alla prima, la fece per la cappella dei Badoeri coll'immagine di CRISTO RISORGENTE. La terza la fece per l'altare eretto, a destra, nella sagrestia, dai gentiluomini Giovanni e Girolamo Concina, e vi pitturò LA VERGINE IN MEZZO A DUE ANGELI, CHE SUONANO IL LIUTO, E, DI SOTTO, GINOCCHIONI, SAN GIOVANNI BATTISTA E SAN GIROLAMO, VESTITO DA CARDINALE, CHE LEGGE UN LIBRO TENUTO DA UN FANCIULLO, che sarà probabilmente il ritratto d'un giovinetto di quella nobile casa.[3]

Dette poi di piglio ad altri svariati e singolari lavori. Terminò tre pitture d'altare per la chiesa de' monaci di San Benedetto in Polirone, nel Mantovano: una con SAN NICOLÒ VESCOVO E MOLTE FIGURE, la seconda con LA SS. VERGINE, IL BAMBINO E DUE SANTI EREMITI, e la terza con SAN GIROLAMO, E, IN ARIA, LA MADONNA COL DIVIN FIGLIUOLO, per le quali ebbe in pagamento scudi d'oro centoventitrè, come apparisce dalla scrittura d'accordo fatta nel 23 dicembre 1561, già esistente nel-

[1] RIDOLFI, op. cit., pagg. 17-18; ZANETTI, op. cit., tomo I, pag. 248; TAINE, op. cit, tomo II, pagg. 340-42.

[2] GAR, op. cit., pag. 30.

[3] ZANETTI, op. cit., tomo I, pag. 261. La prima di queste pale si trova nelle stampe di Annibale Caracci, la seconda tra quelle del Chiliano.

l'Archivio d'Ognissanti di Mantova, e dal rogito di pagamento, ch'è in quell'Archivio di Stato. [1]

Seguitò le sue decorazioni nel palazzo ducale; e, nel primo salotto, presso la scala del Collegio, fece un bel quadro con CRISTO NELL'ORTO, simile a quello che pur fece a Venezia in Santa Maria Maggiore. Nell'Anticollegio dipinse il soffitto con

[1] Quanto all'*Accordo,* notato, come osserva il ZANANDREIS (op. cit., pagg. 289-90), in una postilla del Cignaroli, io non ne so nulla. Non l'ho potuto rinvenire, ma solo, nell'Archivio di Stato a Mantova, tra i *Registri del monastero di San Benedetto di Polirone,* nel codice 457, pag. 47, mi fu dato trovare il *Rogito del pagamento,* ed è il seguente:

Finis Monasterii Sancti Benedicti a D.no Paulo Veronensi pictore in Venetiis.

In Christi nōie amen, anno dn̄i a nativitate ejusdem millō quingn̄o Sexagm̄o secundo | in dictione quinta, die lune trigesimo m̄s. Martij, tempore Serenissimi principis | et dn̄i dn̄i fer-dinandi divina favente clementia romanorum imperatoris, et semper | augusti. In Mon.rio S.cti Ben.ti de padolyrono Mantuæ diœcesis, et in camera sub | titulo Dn̄i Michaelis in dromitorio ipsius mon.ij pn̄tibus m̄ro Bartholomeo f. q. | m.ri philippi de bertolotis in virullis S.cti Ben.cti pr̄i teste, qui ad delationem | mei not.ij inf̄i e manu sua propria tactis corporalr̄ scripturis ad sancta dei | evangelia iuravit se bene cognoscere ōes, et singulos infrōs secum testes | et partes contrahentes inferius nominatas, ac de ipsis ōibus et singulis | plenam et claram habere notitiam, et veram cognitionem m.ro Marco an | tonio f. q. Alexandri Sissæ intaliatore in villa S.cti Ben.ti, et m.ro Petro antonio f. q. Natalis de provillo in virulis de dicto S.cto Ben.to, et dn̄o Hieronimo f. q. dn̄i | Jo: Baptæ plantavineæ de brixia intaliatore nunc comorante in S.to Ben.cto | p.to ōibus testibus notis et idoneis ad infrā ōia, et singula vocatis, adhi | bitis; et rogatis. Ibiq. ven̄. in Christo p. d. Michael de concordia monacus | decanus, syndacus, procurator, et primus cellerarius, ac uti agens nōie | mon.ij S.ti Ben.ti p.ti, et R.di p. d. Andree de Asule dignissimi Abbatis ipsius mon.ij | ac per se, et ejus succ̄. in eodem mon.o in pn̄tia dictor̄ testium, et mei | not.ji infr̄i dedit, solvit actualiter, et cum effectu tradidit, et numeravit dn̄o paulo f. q. dn̄i (Gabrielis) *veronen̄. pictori, et habitatori vene | tiarum pn̄ti, et ad se trahenti scutos nonaginta octo auri, in auro | in tanto auro numerato pro residuo mercedis lucratæ per eum scuīr | centum viginti trium auri in auro in pictura trium anchonarum ad | altaria sancti Nicolai, S.ti Antij et S.ti Hieronimi posits̄ in ecclesia | S.ti Ben.ti pr.ti ex inst.o conventionis, et concordii rogato per me not.m sub | die vigesima septima m̄s decembris anni proxime decursi mill.i quin | gentesimi sexaḡemi primi iuxta stijllum notariorum, non autem secū | dum comunem, usum modo loquendi (nā dictus d. paulus ad instantiam | dicti D. Cell. confessus est se ante stipp. pn̄tis ins.ti habuisse scutos viginti | quinq. in auro ūts, exceptioni n̄o receptæ pecuniæ ōmo renuntians) nec non libras quadraginta octo, et soldos quindecim similiter numeravit eidem pictori pn̄ti, et ad | se trahenti in tot auro, et monetis parvm̄ mantuanorum pro datijs et expen | sis per eum solutis, et factis in conducendo easdem*

LA REGINA DELLE LAGUNE, SEDENTE, E VARIE FIGURE, e alcuni chiaroscuri azzurrini, e, dal lato destro del camino, eseguì, in un piccolo quadro, MOSÈ SALVATO DALLE ACQUE. [1]

Ma, contro il gigante, v'era qualche pigmeo, che s'alzava in punta di piede, per gridargli *raca! raca!* Paolo avea desiderio di repulsare da sè un'accusa, che, specialmente in Venezia, gli moveano gli invidiosi, che, cioè, le sue opere, per troppa vivacità di colore, sembrassero spesso opere più da decoratore e miniatore che d'altro. Voleva e doveva dare una risposta irrepugnabile, con un quadro in cui meglio si svelasse il suo genio taumaturgo. E ne ebbe la propizia occasione.

anchonas ex vene | tiis usque ad mon.m S.ti Ben.ti pr.ti Propterea idem d̄ms. paulus pictor p̄se et h̄rds | suos eidem v̄en. patri D. Michaeli cell.o p̄nti, stippulanti, et recipienti nōie | et vice R̄di p. D. Andreæ de Asula dignissimi Abbatis abt̄is et dicti mon.i | ac pro se, et suis suc̄c. in eo fecit et facit finem ḡnalem remissionem | quietationem, absolutionem, liberationem, et pactum perpet̄m, et irrevocabile | de ulterius aliquid non petendo, nec peti permitendo oc̄cone dictæ suæ | mercedis, et expensam uts.e satisfactæ cassans, et annullans ōes scripturas | tam publicas q̄. privatas, precipue ins.m conventionis, de quo supra fit mentio in | his ōibus, et quibuscumque partibus in quibus dictum mon.m S.ti Ben.ti vel eius R̄di mona | ei apparent, apparerent, aut quovismodo apparere possent debitæ et obbligat. eidem | d̄no paulo pictori dicta de causa liberansq. et absolvens idem d̄nus paulus | sup̄tum patrem cell.m ut s.a stippulantem per aquilianam stippulationem precedentem | et acceptilationem | leḡme interpositam subsequentem et p̄ntem finem, et solutionem | ac ōia prenarata, et in p̄nti inst.o contenta dictus d̄mus paulus pictor per se, et | h̄res suos promissit et promittit dicto ven.o p. d. Michaeli cell.o p̄nti, stippulanti, | et recipienti nōie dicti R̄di Abbatis, et mon.ii ac pro se, et suc̄c. suis | indicto mon.o se perpetuo, et ōi tempore firmam, ac firma, rata et grata | habere, tenere, attendere, et observare, et in aliquo non contrafacere | vel venire per se, vel alium, seu alios aliqua rōne, vel cā, modo, v̄l | ingenio, de jure, vel de facto, in iudicio, vel extra sub pena dupli | dictorm denariorum solutorum solemni stippulatione premissa, qua pena soluta, | vel non, semel, aut pluries, in p̄ns inst.m, ac ōia prenarata sūa undiq. | obtineant roboris firmitatem, cum reffectione, et restitutione oīum, et | singulor. damnor. interesse, et expensam litis, et extra sub obligatione oīum, et | singulorum suor. bonor. mobilium, et immobilium, p̄nsium, et futurorum | promissitque sincere, fideliter, et prorsus inviolabiliter observare, certificat. | prius per me not.m de vi, et importantia p̄ntis clausolæ et ipsam ex dis | positione decreti Ill.mi d̄ni nr̄i habere vim juramenti.

Ego Antonius f. q. d̄ni Jo. Petri de Reonardis Civis Mantuæ publicus Imperialis autoritate notarius, omnibus comissis, licet manu aliena de mei licentia scriptis p̄ns. fui, et rogatus scribere, publice scripsi.

[1] ZANETTI, op. cit., tomo I, pag. 242-45.

Nel convento dei Benedettini di San Giorgio Maggiore era stato, sotto il governo dell'abate Girolamo Scrocchetto, piacentino, compiuto, per opera del Palladio, il cenacolo, o, vogliam dire, il refettorio. Vi si avea speso, per la sola muratura, nientemeno che tredicimila e dodici ducati; ma era lungo novantatrè piedi, alto quarantotto, largo trenta. Il tetto era a vôlto, con attorno un bel cornicione di pietra. Avea otto finestre assai grandi, che l'inondavano di luce, quattro per parte; e, alla destra, vi era un elegante pulpito di marmo veronese, d'onde un monaco (secondo la regola) dovea leggere durante il pranzo. La gran porta era massiccia di bellissimo noce, alta diciannove piedi ed ornata di magnifici bronzi: le tavole, le sedie eran pure tutte di noce a lucido, e maestoso e distinto era il luogo per l'abate e gli altri superiori. [1] Si trattava di porvi un quadro, che corrispondesse a tanta sontuosità. Chi ne dovea essere l'autore? Sino dal 1559, ossia prima che quella sala fosse stata restaurata e ampliata in quel modo, sulla porta, nella parte interna, Paolo vi avea dipinto a fresco DUE ANGELI COL CARTELLO DEL SILENZIO, che tuttavia splendevano di bellezza. [2] S'invitò quindi lui, ed egli ideò, da par suo, una composizione da eseguirsi sopra una tela larga più di venti braccia, in cui fosse improntato veramente il suo valore e il carattere di Venezia. Nel 6 giugno 1562, stipulò con quei padri il contratto della CENA DELLE NOZZE DI CANA, che dovea collocarsi, nel lato dirimpetto all'ingresso, per la festa della Madonna di Settembre del 1563. Nè egli fu lusingato molto dal prezzo, perchè, oltre le

[1] CICOGNA, op. cit., vol. IV, pag. 264; MAGRINI, *Memorie intorno al Palladio*, pag. 48.

[2] Il CICOGNA (op. cit., vol. IV, pag. 330) scrive:

A proposito di questi due angeli, affresco di Paolo, si legge nel VALLE, *cap. 36: «Supra portam majorem ejusdem Refectorii interius, picti erant ab eodem Paulo duo Angeli tenentes silentium, ut in compendio an. 1559, quibus incaute deletis ab ignaris, quod essent Pauli opus, ibidem præsens tabula silentii apposita est a decano Victore Zignone anno circiter 1688.»*

spese di bocca, trecento ducati e una botte di vino non eran certo un largo compenso per un artista come lui, per non dire, che, a' nostri giorni, parrebbe cosa ridicola e incredibile.[1] Ciononpertanto, come osserva l'Aleardi,[2] versò in quella tela tutto

[1] Ecco la copia dell'*Accordo*, che esisteva nel processo n. 10 fra le carte dell'Archivio di San Giorgio Maggiore e che fu pubblicato dal CICOGNA (op. cit., vol. IV, pagg. 233-34):

Adi 6 zugno 1562.

Se dichiara p. il pn̄te scritto come in q.o giorno il p. do Alessandro da bḡomo p̄curator e Jo Dō. Mauritio da bḡomo cell.rio semo rimasj dacordio con m̄s Paulo Caliar da Verona pictor di far uno nr̄o quadro nel refec.rio novo di la largeza ed alteza che se ritrova la fazada, facendola tutta piena, facendo la istoria di la cena del miracolo fatto da Cristo in Cana Galilea, facendo quella quantità de figure che le potra intrar acomodamente et cħ se richiede a talintentione, metendo il detto m̄s. paulo la sua op̄a del pictor et ancor tutte le colorj de qual sorte se sia et coser la tela et ogni altra cosa cħ le possa intrar a tutte soi spesi, Et il monast.rio mettira solum la tela simplizamente et fara far il telaro p. ditto quadro, del resto poi inchiudara la tela a soi spesi et altre manifature cħ le potra intrar et il detto m̄s. paulo sara obigado a metter in ditta op̄a bonj et optimj colorj et nō mancar in niuna cosa dove abia a intrar oltramarin finiss.o et altre colori p̄fetissimi cħ siano aprobatj da ogni perito, et p. sua mercede l'abiamo p̄msso p. detta op̄a duc. trecento vintiquatro da L. 6 s. 4 p. cd.o dandoli detti danarj alla zornada seconda fara bisogno et p. capara le abiamo datto duc. cinquanta, p̄metendo il detto m̄s paulo l'op̄a finita alla festa de la Madona de sep.o 1563 et sopra mercade le abiamo p̄messo una botta de vino condotta in Ven.a da ess. data a sua requisitiō Et il mon.rio le dara le spese di bocca p. el tempo che lavorara a detta op̄a et avera quelle spesi de bocca che se manzara in Refec.rio et in fede de la verita le parte se sotto scriveranno de sua man p̄pria val d. 324.

Et il monast.rio li dara le pontj fatti da lavorar acomodam.te

D. Aliss.ro fu pn̄te et affirmo quāto di sopra si contiene
Io do. Mauritio affirmo quanto ut s.
Et io paullo sopra schrito confirmo quanto ut supra.

(Il carattere dell'*Accordo* è tutto di don Maurizio, e vi sono le firme originali di don Alessandro e di Paolo Caliari).

✠ *Laus Deo adi 6 octobrio 1563 i Venetia*

R.vi mi paulo da Verona pitor p. il quadro grande fato nel refetorio da li R.di padri di S. Zorzo Magior p. lo amotar de d. doro treceto di qual chosi io feci mercato con il R.do Mauricio et questo p. caucion fazea io di mia mā propria p. resto e salldo val d. 300.

Io Paulo pitor sopra schrizi.

(tergo) *Scritto del acordio fatto cō. m̄s. paulo da Verona di far il quadro del refeotorio p. d. 324.*

[2] Op. cit., pagg. 23-24.

il fuoco della sua immaginazione, tutti i tesori della sua tavolozza, tutta la soverchiante energia del suo genio. Fece un lavoro, che è dei più splendidi che siano nel regno dell'arte. La scena è il cortile d'un palazzo, che, di fronte, ha un campanile e, daccanto, dei porticali sostenuti da colonne di marmo, con edifizi staccati, ricchi di fregi, di bassirilievi, di statue: una di quelle scene che niun architetto ebbe mai sognata, che niun re ebbe mai posseduta. Ivi si festeggian le nozze. La mensa ha due rivolte nei capi. È imbandita di vini prelibati, che brillano in nappi d'oro e d'argento, è ricca d'ogni maniera di manicaretti e di frutta. Più di centotrenta figure siedono, parlano, si muovono, girano sotto un bel chiaror carezzevole, sotto la limpida e schietta luce del giorno, inondate, non dall'implacabile sole di Palestina, ma dal soave di Venezia. È l'istante del miracolo: il Cristo è nel mezzo: accanto, è Maria, che lo prega di provvedere del vino e di far palese la sua onnipotenza e carità. Intorno alla mensa non si vedono già, cogli Apostoli, dei lividi e arrapinati seniori d'Israele, ma (gradita sorpresa) il fiore dei principi al pittore contemporanei. Francesco I, in abito cavalleresco, e Carlo V, decorato del Toson d'oro, deposte le ire, posano allo stesso banchetto. Tu puoi parlare col gran sultano di Costantinopoli, Solimano II, che è accompagnato da un principe negro, e puoi parlare colla regina Maria d'Inghilterra, moglie di Arrigo VIII. Il giovine sposo, dalla barba nera, vestito di porpora e d'oro, ardito e bello, è Alfonso d'Avalos, marchese del Vasto; la sposa fresca e beata è Leonora d'Austria. Quella, là poco lunge, ch'è in atto di stuzzicarsi i denti e che ha una testa graziosa e bionda e vezzosamente inclinata, è Vittoria Colonna, la marchesana di Pescara, la nobile poetessa, la platonica fiamma di Michelangelo.[1] Da un altro canto, sono i cardi-

[1] ALEARDI, op. cit., pagg. 23-24; ZANETTI, op. cit., tomo I, pagg. 235-39; G. VALBERT, *Un critique d'art anglais*, nella *Revue des Deux Mondes* (1er octobre 1887).

nali Bernardo Navagero e Carlo di Lorena,[1] e poi frati e altri ecclesiastici (copiati dal vero), la più parte stupiti che il Cristo, invece di tenerli seco a mensa quei principi, non li cacci via di là, per i loro perduti costumi, adoperando quello staffile, col quale, un giorno, avea cacciato i profanatori del tempio. Sul dinanzi, è il più illustre concerto del mondo, composto dei più famosi, se si può dire, musicanti del colore. Ciascuno suona lo stromento che simboleggia la sua qualità. Quell'ottantenne, che tocca il contrabasso, è Tiziano; quel vecchiotto, che soffia nel flauto, è il Bassano; Tintoretto tratta la viola, e lui, il Veronese, vestito in abito bianco di raso, striscia con l'arco il violoncello. Lì, poco discosto, ha suo fratello Benedetto, in giubba di drappo a fiori, che tiene in alto un bicchiere. Numerosissimo servidorame gira di su, di giù, di qua, di là: e vi sono degli scalchi, che presentano vivande, e dei paggi, che mescono dalle idrie di greco lavoro il vino, che spumeggia in virtù del miracolo. Per gli atrii, sulle terrazze, tra le balaustrate e le colonne, osservatori curiosi, che sporgon la testa, e donne, che vengono per vedere e per farsi vedere, e cani e scimmie e moretti.[2] È un popolo di gaudenti, è un portento del Cristo, ma è anche un portento di Paolo.

Certo (continua il citato Aleardi[3]) che nè religione, nè storia, nè costumi, nè convenienza qui ci hanno che vedere. Questi signori hanno sbagliato strada; doveano andare a un ridotto di Venezia e sono capitati a un convito di mal provvisti

[1] Tale è anche l'opinione espressa dal dottor GIOVANNI ROSSI, nella sua *Storia del monastero di San Giorgio Maggiore*, come si può vedere nel CICOGNA (op. cit., vol. IV, pag. 264), dove dice:

Nel 1562, tornato a Venezia il celebre Bernardo Navagero Cardinale, già legato pontificio al concilio di Trento, stimò conveniente di abboccarsi col Cardinale Carlo di Lorena appunto in San Giorgio albergato: e forse che sono questi i due personaggi, i ritratti de' quali fece Paolo nel quadro sopraddetto, come ha indicato lo Zanetti.

[2] ZANETTI e ALEARDI, luoghi citati.

[3] Loco citato.

artigiani di Galilea. Sì, è vero, tutto è falsificato; ma tutto è incantevole. Pigliate questo mago di Verona tal quale vi si dà: non gli richiedete di più. Egli volle parlare agli occhi, e gli occhi restano ammaliati da quella varietà, da quella naturalezza di volti, di vesti, di pose, di movimento, di luce, di vita. Volle presentarvi il più gran numero di figure e perciò tenne alta la linea dell'orizzonte, e già voi assistete veramente a quella festa piena di strepito giocondo; voi vedete, vicine o lontane o perdute nelle indefinite penombre, quelle persone. Voi credete di sentire le armonie di quel concerto di musicanti, e sentite veramente le sovrane armonie di quel concerto di colori. Se si potesse dipingere una delle grandi sinfonie del Rossini, ne uscirebbe qualche cosa di somigliante a questa CENA.

Il successo ottenuto da Paolo per siffatta pittura, come è a credere, fu straordinario, indescrivibile.[1] Don Fortunato Olmo, abate di San Giorgio, dopo averne fatto cenno ed averla altamente encomiata, soggiunge: *E ci basti dire che n'hanno voluto copia diversi principi, tra i quali ci furono i re di Francia e di Spagna; e i principi di Fiandra ne vollero un ritratto, che fu poi, finalmente, ridotto in piccola miniatura da giovane fiammingo.*[2]

[1] Il BOSCHINI (*La Carta,* ecc., vento III, pag. 180 e segg.), dopo averne fatta una descrizione lunga, bella e completa, in cui la chiama *pittura veramente gloriosa,* ed anzi, più che pittura, *magìa che incanta le persone,* soggiunge:

Infinità de Prencipi ha bramà
Sta zogia preciosa fina adesso;
E 'l Re, che reze la Polonia anch'esso
A forza d'oro l'haveria comprà.

La veda se sto quadro xe ala sfera
Del Sol (per no passar dal Sol in sù):
Quaranta mile scudi za ghe fù
Oferti dal Re morto d'Inghiltera.

[2] CICOGNA, op. cit., vol. IV, pag. 330.

CAPITOLO V.

È nella Commissione pei mosaici di San Marco — Dipinge la casa Bellavite — Affreschi e pale in San Sebastiano — SAN MARCO E SAN MARCELLINO e IL MARTIRIO DI SAN SEBASTIANO — Qual sia il migliore di questi due quadri — Motivi di tanti lavori in San Sebastiano.

(1563-1565).

A buon diritto, la sua autorità crebbe sempre più fra i privati e fra il pubblico. E ancora, nello stesso anno 1563, il vediamo pigliar parte, con Tiziano, col Sansovino, col Tintoretto ed altri celebri artisti, ad una Commissione, per esaminare se i mosaici che i fratelli Bianchini eseguivano nella basilica di San Marco fossero lavorati male o dipinti, [1] come ne erano stati incolpati. [2]

[1] Dall'illustre canonico Antonio Pasini ho ricevuto la seguente memoria tratta dagli *Atti della Fabbriceria di San Marco:*

Nell'anno 1563 per esaminar li mosaici dei fratelli Bianchini incolpati di lavorar male e dipinger li mosaici furono giudici:

D. Titianus Vecellius q. D. Gregorii
Jacobus Pistoja q. Francisci
And.ᵉᵃ Sclabonus dictus Medola q. Simeonis
Jac. Tentoretus q. Baptæ
Paulus de Verona q. m. Cabrielis oẽs pictores
et Jacobus Sansovinus prothus Proc.

[2] Il ZANETTI (op. cit., pag. 751) dice, a questo proposito, che Paolo Veronese, principalmente, pare che avesse gran voglia di criticare le figure dei Bianchini, soggiungendo nell'esame: *Io non ho fatto giudizio delle figure, nè della sua bontà, perchè non mi è stà domandà.*

E nell'anno appresso, 1564, il vediamo in Campo San Maurizio, che, dalla parte di San Moisè, dipinge a fresco la facciata del palazzo fondato da Dionisio Bellavite, mercante d'olio e farine; e vediamo eziandio che, a colori, vi fa quattro storie romane, tra cui quella di MARZIO CORIOLANO, CHE, AI PRIEGHI DI VETURIA, SUA MADRE, ACQUETA LO SDEGNO E LEVA L'ASSEDIO DA ROMA. Nella cima, il vediamo dipingervi dei PUTTI CHE SIEDONO SOPRA A FESTONI; e, sotto alle finestre, delle cartelle e dei cammei, e, a chiaroscuro, delinearvi delle figure bizzarre; e, sotto a queste, delle corazze e delle armi. In finto bronzo il vediamo ritrarre poi la immagine della PRUDENZA e MINERVA, con rami d'olivo e gambi di spiche, per dinotare che dai guadagni fatti, coll'industria dell'olio e col commercio del grano, il padrone aveva eretta la casa. [1]

Nel medesimo anno, da quanto pare, tornava in San Sebastiano a farvi altre figure a fresco, in chiaroscuro, e VARIE STORIE DEL MARTIRE TITOLARE, alcune delle quali vennero, in appresso, dipinte ad olio da lui medesimo. Più innanzi, sopra le vôlte, dipingeva GLI APOSTOLI, e, negli angoli della cappella maggiore, operava L'ANNUNCIAZIONE, e, in quelli delle minori vicine, DUE SIBILLE, introducendo ogni figura in mezzo a nobili architetture, decorate da colonne spirali e da molti graziosi ornamenti. [2] Ese-

[1] VASARI, op. cit., vol. XI, pag. 137; RIDOLFI, op. cit., pag. 10; TASSINI (*Curiosità veneziane*, pag. 390), il quale ci offre la seguente notizia:

In Campo San Maurizio, al N. A. 2760, scorgesi un palazzo fondato nel secolo XVI *da un* DIONISIO BELLAVITE FÕ. DI M. POLO, *mercadante d'olio e farine, che commise a Paolo Veronese di dipingergli sul prospetto quattro storie colorate, e due a chiaro oscuro dalla Storia Romana, delle quali oggidì rimangono languide traccie. Sembra che sopra l'area di questo palazzo sorgesse antecedentemente il campanile della chiesa di San Maurizio poichè nelle* CONDIZIONI DELLA DIOCESI DI VENEZIA E DOGADO *presentate nel 1564 ai Soprastanti alle Decime del Clero, ritroviamo che il Bellavite pagava un livello alla chiesa di San Maurizio pel campanile disfatto. Nel palazzo Bellavite, venuto poscia in mano dei Giavarina, dei Sora, d'un marchese Cavriani, degli avvocati Terzi e Cromer e d'altri proprietari, abitò il poeta vernacolo Giorgio Baffo e vi morì nel 1768.*

[2] *Venezia e le sue lagune*, vol. II, parte II, pag. 196.

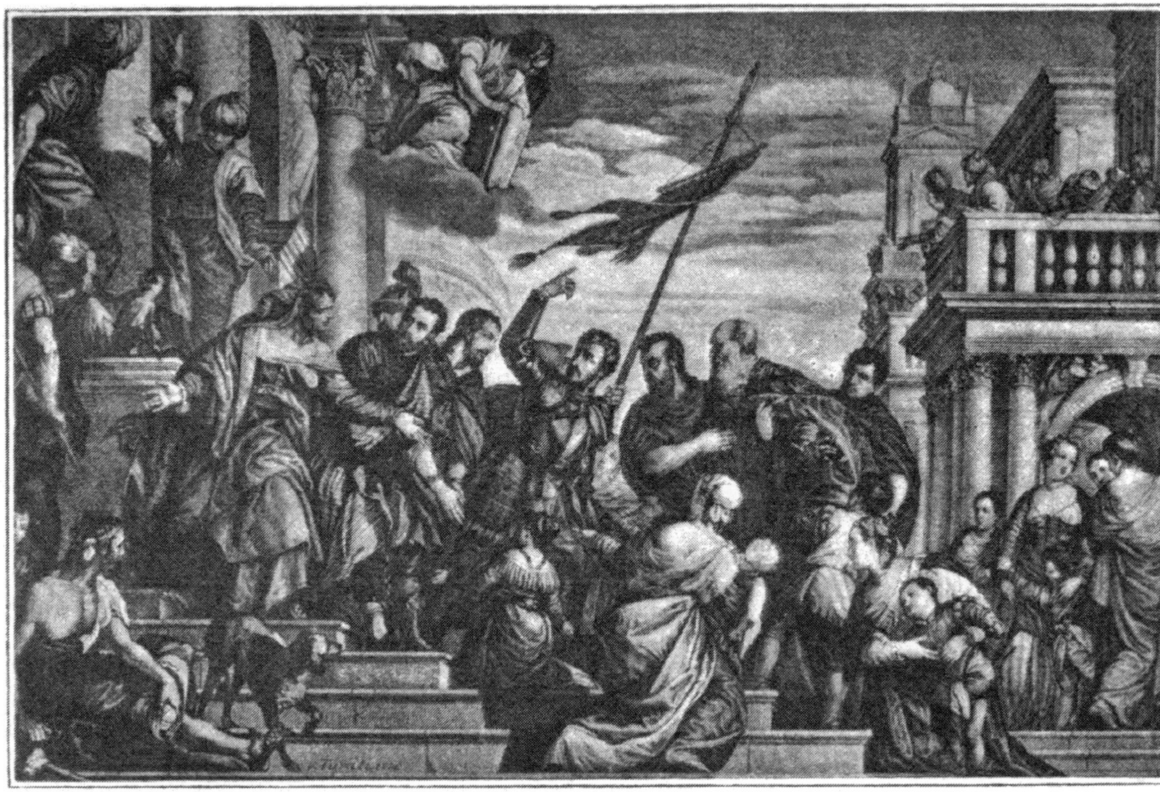

SAN SEBASTIANO, SAN MARCO E SAN MARCELLINO

Chiesa di San Sebastiano a Venezia.

guiva quindi due pale, l'una col SALVATORE AL GIORDANO,[1] l'altra col CRISTO SUL CALVARIO; e, in questa seconda, come rileva il Gauthier,[2] le tre Marie, appiè della croce, si fanno notare per quel magnifico ordine e per quella ampiezza aggraziata che erano famigliari a quel pittore, a cui nessuno era uguale nell'arte di riempire il vuoto. I broccati, i damaschi si svolgono in pieghe opulenti, ondeggiano in fioriture splendide, e il Cristo, dall'alto dell'albero dei dolori, non può ritenere, quasi a dire, un sorriso per la gioia di essere sì bene dipinto, pur nell'angoscia. La Maddalena, adorabilmente bella, ha i suoi grandi occhi inondati di luce e di pianto: una lagrima, ancora sospesa, trema in un canto della sua bocca porporina, come goccia di piova sopra una rosa. L'anno seguente, nel quadretto sopra il pulpito, figurava LA BEATA VERGINE CHE TIENE IL BAMBINO, E SANTA CATERINA CHE SCHERZA E GLI OFFRE UNA COLOMBA e vi aggiungeva IL RITRATTO DI P. MICHELE SPAVENTI veneziano[3] (che è fama che fosse il suo confessore), e, poi, pitturava anche UN GONFALONETTO DA PROCESSIONE, CON ENTRO SAN SEBASTIANO, e, poi ancora, quei due gran quadri, in cui si appalesava non solo insigne maestro, ma padrone della sua grande maniera, cioè LE DUE STORIE DI SAN SEBASTIANO, l'una QUANDO INCORAGGIA AL MARTIRIO I SANTI MARCO E MARCELLINO, l'altra QUANDO È POSTO AI TORMENTI E TENTATO AD ABIURARE AL VANGELO.[4]

Si vedono, nella prima, i due Santi Marco e Marcellino, che, condannati alla morte, scendono le scale del palazzo del prefetto Cromazio, per esser condotti dagli sgherri alle carceri; e, mentre sono seguiti dalla madre disperata e sdegnosa, vengono incontrati da Tranquillo, padre loro, ch'è sostenuto dai servi e che

[1] Il JOANNE (op. cit., pag. 535) ammette che sia stata eseguita nel 1564.

[2] Op. cit., pagg. 263-64. Questo dipinto è alle stampe del Caracci.

[3] Pare che il CICOGNA (op. cit., vol. IV, pag. 231) ritenga che sia, invece, il ritratto del padre Galvani, vicentino, ch'era rettore generale dell'Ordine, contemporaneo al padre Michele Spaventi.

[4] RIDOLFI, op. cit., pag. 19.

caldamente li prega a fuggire la morte. Appiè delle scale stanno genuflesse le mogli, che, supplichevoli, mostrando i loro pargoletti, cercano di vincere la loro costanza magnanima. Nel mezzo, è San Sebastiano, raggiante di sublime entusiasmo, che, con la bandiera in alto, con accento ispirato, li fortifica nella fede. Addita loro un angelo bellissimo, che scende dal cielo col libro della vita in mano, e, aggiungendo alla parola l'eloquenza dell'esempio, li trascina al martirio. Espresse nell'altra San Sebastiano, sotto un gran porticale, retto da colonne corintie, già legato ad una macchina di legno, in atto di ricevere il supplizio, mentre dei sacerdoti pagani tentano di persuaderlo a idolatrare; e fecevi, attorno, una schiera di carnefici, armati di bastoni, e una comitiva di giovani ed eleganti cavalieri, che mirano la sua intrepidezza, e, poi, dei servi, che tengono dei cani, ed altre figure.[1]

Di gran pregio sono ambedue questi quadri, e per l'invenzione e per l'arte e per lo studio con cui furono condotti. Pieni di poesia drammatica, di pittoresca industria sono, in ambedue, i gruppi principali, benchè a seconda della ragione e della verità. Le varie tinte dei panni fanno, in ambedue, bel giuoco nelle masse del lume; eleganti sono, in ambedue, le forme delle figure e graziosi i fondi aerei e le combinazioni di luce e di prospettiva. Ma, secondo il giudizio del Zanetti, del Moschini, del Zanotto, del Gauthier e di altri valenti critici, è preferibile quello ov'è San Sebastiano coi Santi Marco e Marcellino, perchè appunto con esso fe' chiudere la bocca a coloro, i quali credeano che egli non cercasse altro che la bellezza plastica ed esteriore e non pensasse a dipingere l'anima e la vita. Anch'egli seppe trasfondere sui volti, come il Sanzio, il Buonarroti e il Correggio, la espressione dolore: anch'egli seppe ritrarre, nelle contrazioni dei muscoli e dei nervi, la forza dell'eroismo, e vivamente parlare al cuore. In questo quadro, le passioni sono assai svilup-

[1] Ridolfi, op. cit., pagg. 18-19; Zanetti, op. cit., tomo I, pagg. 231-32.

pate. Molto naturale è quel mendico di fianco alla gradinata. Più efficace non può essere lo sguardo che il gentile e forte cavaliere di Cristo getta sulla madre, ad esprimere la sua convinzione profonda, e, a un tempo, il terribile strazio ch'ei sente nell'anima. E il colorito, e il disegno? Qual maraviglioso colore (esclama il Selvatico [1]) e quale disegno in quel gruppo della donna col fanciullo, a destra del riguardante! Quale rassegnazione celeste nei volti dei due Santi, di già radiosi per l'aureola futura! E come son belle, di freschissime carni, le gentili donne sparse per questa tela insigne! Non so che vi sia un secondo dipinto in cui i contrasti dei colori sordi coi brillanti, dei mezzi toni colle tinte vive, siano più armonicamente disposti, nè composizione ove circoli più l'aria, e mostrinsi spartiti, in vari piani, con più arte, senza che l'occhio perda la mirabile unità dell'ordinamento generale. E l'Aleardi [2] soggiunge: Io non conosco tragedia, dove sia più energicamente espressa una tale scena di movimento, d'angoscia, d'entusiasmo.

Cosiffatto lavoro fu sempre oggetto di grande ammirazione. Ne furono tratte, in ogni epoca, delle copie da celebri pittori, e, a' dì nostri, ne fu operata una, della dimensione stessa dell'originale, con molta maestria, dal veneto professore Giuseppe Gallo Lorenzi per la duchessa del Sutherland, ammiratrice vera e vera intelligente delle opere di questo maestro. [3]

Ma qui cade in acconcio di chiarire per bene una cosa. Da taluni, per trovare qualche ragione di una tale prodigiosa abbondanza di lavori del Veronese in San Sebastiano, si sono inventate delle bizzarre storielle, che tuttavia corrono sulle labbra del popolino, e che vennero anche raccolte da dottissimi scrittori, quali sono Carlo Yriarte, [4] Teofilo Gauthier, [5] il Tas-

[1] *Storia estetico-critica,* vol. II, pag. 561.

[2] Op. cit., pagg. 37-38.

[3] *Venezia e le sue lagune,* vol. II, parte II, pag. 197.

[4] *La vie d'un patricien de Venise;* Paris, 1874, pag. 161

[5] Op. cit., pag. 266.

sini [1] ed altri. Reca il primo l'opinione che Paolo, *in un momento burrascoso,* si desse ivi a tanta laboriosità, per isfuggire a qualche suo avversario. Il secondo adduce parecchie versioni della leggenda volgare: primo, che abbia fatto tante cose per una divozione particolare a San Sebastiano; secondo, per ammenda della uccisione d'un rivale, per cui fosse obbligato a nascondersi in codesto luogo d'asilo; terzo, per fuggire la persecuzione di un senatore di cui egli avrebbe esposto la caricatura sopra la piazza di San Marco. [2] Il Tassini dice, anche lui, che, per uno dei predetti motivi vi sia vissuto, alcun tempo, prigione, involontario o volontario. Non vi è però nessun argomento che valga ad affermare alcuna delle citate ipotesi. Paolo, infatti, pitturò, in quel periodo, non solo per i frati di San Sebastiano, ma, come si è detto, qua e là per quasi tutti gli Ordini monastici di Venezia, e per illustri privati e per la Serenissima. Nei conventi, dove lavorava, provvedeva bensì al vitto, non al dormire, perchè, col fratello Benedetto, avea una casa a pigione, e precisamente nel 1565, come risulta da una *notifica del Sestiere di Cannaregio,* abitava a San Felice in casa del magnifico messer Vincenzo Morosini, e pagava ducati 60 di fitto. [3] Dippiù, dagli au-

[1] Op. cit., pag. 572.

[2] Si dice che, avuto egli l'incarico da un cotal senatore di stretta osservanza di fargli il ritratto, l'avesse eseguito a modo e a verso, ma che il taccagno patrizio, bramando che Paolo avesse a diminuire il prezzo richiestogli, trovasse a dire che gli somigliava poco; per cui il Veronese, senza mostrar di scomporsi punto, dichiarava prontamente che non se n'aveva a male e che il quadro l'avrebbe tenuto per sè. Ma il birbaccione, di lì a qualche giorno, piantandogli, col pennello, un bel paio di corna in fronte, lo espose, invece, in un negozio sotto le Procuratie. Tutta la gente, che passava, riconosceva, in quell'imagine, il senatore, e rideva sgangheratamente a vederlo così conciato e servito. *Inde iræ.*

[3] Il CICOGNA (op. cit., vol. IV, pag. 148) reca la seguente notizia:

Dalla filza delle NOTIFICHE DEL SESTIERE DI CANNAREGIO *appartenente a' Dieci Savii sopra le decime, n. 86, apparisce che del 1565 Paolo abitava a San Felice. Vi si legge: « Facultà de Paullo pitor Veronese abita a S. Felise nella casa del magn. mis. Vincenzo Morosini de fito pagia duc. 60 ».* *La* NOTIFICA *appar fatta del 1565, 18 gennaio.*

tografi delle *quietanze* apparisce, evidentemente, ch'egli abbia prestata sempre l'opera sua in San Sebastiano per commissione avuta, e non per titolo di carità o d'altro. [1] No, io non voglio asserire che Paolo sia stato sempre uno stinco di santo; ma dico che non potea Paolo compiere sì bei miracoli d'arte fra i terrori del rimorso, fra le paure della vendetta, fra le minaccie della giustizia, bensì potea compierli sotto il benefico influsso della generosa ed intelligente protezione del suo caro concittadino fra Bernardo Torlioni, con quella pienissima serenità della coscienza, che procede da virtù, e che, come dice il Conti,[2] è costitutiva delle arti, coll'anima assorta nell'estasi di una grande epoptea soggettiva ed oggettiva.

Il cavaliere Giambattista Marogna, d'accordo col canonico Antonio Maria, suo fratello, fondava, appunto in quell'anno 1565, una cappella, nella sua chiesa parrocchiale di San Paolo in Verona. Vecchia conoscenza dovea stringere la nobile famiglia dei Marogna con quella del Caliari, perchè a poca distanza v'era la casa dell'uno e il palazzo degli altri. [3] Paolo giunse in patria, e la pala della cappella venne a lui affidata. Vi fece LA BEATA VERGINE COL BAMBINO, ASSISA SU DI UN'ARA, E I SANTI GIAMBATTISTA ED ANTONIO DI PADOVA COI RITRATTI DEL CAVALIERE GIAMBATTISTA E DEL MONSIGNORE ANTONIO MARIA. La compo-

[1] Ecco la copia d'un'altra *Ricevuta* di Paolo, che si trova in Venezia nell'Archivio di Stato (*Mani-morte,* convento di San Sebastiano, processi, 7, c 117):

adi 16 setembre 1565

io paulo pitor sopra schrito ho fato conto con il R. padre don Bernardo prior in San Bastiano del dar e delo aver fino a questo zono sopra schrito chiamandomi satisfato e contento di quanto infin hora ho per lui hoperà in la sua chiesia et in fede di la verita io paulo sopra schrito ho fato sta schritura de mio pugno.

[2] *Un viaggio in Italia* (1864), pag. 104.

[3] Nel *Registro della Confraternita di San Biagio* (c. r.) si vede che i Caliari st[illegible]o presso il ponte delle Navi e, quindi, in vicinanza dei conti Marogna, nella cui località anche i miei vecchi possedevano, fino al cominciare di questo secolo, due case.

sizione riuscì veramente degna dell'artista. Il genio di lui seppe coglier partito da un argomento arido e per se stesso non suscettibile di unità e di espressione. Vi sono i soliti anacronismi. Il Precursore, per esempio, vi è dipinto in età adulta, mentre che il Divin Figliuolo è ancora bambino. Ma che importa? La sua immagine è tanto bella, che serve a maraviglia per armonizzare la composizione; il nudo vi è disegnato in ottima guisa e le carni sono palpitanti, piene di calore e di vivacità. La figura, che, dopo questa, richiama più l'occhio, ed in cui, anzi, cade il lume principale, è il ritratto intero del canonico, vestito con ampia cotta e pelliccia, dietro al quale avvi il ritratto di Giambattista, suo fratello, in costume del tempo. La massa delle ombre ingegnosamente ingrandita dal Sant'Antonio (e per la tinta grigia dell'abito e per essere mezzo in battimento), produce il doppio effetto di far avvicinare le figure, che sono nel primo piano, e di far allontanare l'architettura, che forma il campo del quadro. La Madonna, col Bambino fra le braccia, è magnifica e per i contorni della fisonomia, che sono mistici, quasi starei per dire, come la orazione e dolci come la speranza, e per la mossa gentile e per quel sorriso, che le infiora le labbra, e per quel colorito vivo e freschissimo, ond'è soffusa le guancie.[1] Il tappeto cremisino coi fiori d'oro, che cade sotto di lei, nel mezzo del piedestallo, forma il più bel gioco d'equilibrio. Niuno potea

[1] Molte copie vennero fatte di questa *Madonna,* ma forse la più bella di tutte è quella che si conserva nel Seminario di Verona, eseguita da mio zio Giovanni Caliari (pittore valente, che fece molti studi sui classici e copie ed imitazioni del Caroto, del Cavazzola, del Bellini, di Tiziano, e il cui capolavoro è, forse, il *Bacco che incorona Arianna* dipinto nel soffitto di casa Lebrecht, già Franco, a San Floriano di Valpolicella), alla memoria del quale fu eretto in Verona, nella chiesa di Santa Maria della Scala, un monumento, colla seguente epigrafe dell'Aleardi:

A Giovanni Caliari - pittore di storia - non indegno dell'arduo nome - da superbia e da invidia nettissimo - candido l'anima - largo il cuore semplice i costumi - La vita mortale nel MDCCII - l'immortale nel MDCCCL incominciò - assunto all'amplesso di Raffaello e alla gloria di Dio.

mostrare certamente meglio di Paolo la magia non solo delle tinte, ma la grand'arte di convertire i colori della tavolozza in qualunque sostanza, e disporli secondo le regole della più esatta e dilettevole armonia; [1] ma sfoggiò allora più che mai questa magia e questa grand'arte, il sapete perchè? Forse perchè allora la più gaia nota della vita gli echeggiava nell'anima.

[1] Zanandreis, op. cit., pagg. 287-88.

Capitolo VI.

Matrimonio di Paolo — Sue pitture nella provincia di Verona — Le due pale di San Giorgio in Braida — Pitture in Brescia — Pitture nelle chiese di Murano — Gesù al Giordano a Latisana.

(1565-1567).

Paolo, quando nel 1565 venne a Verona, era innamorato, anzi era prossimo alle nozze. Una bellissima bionda, dalle forme audaci e giunoniche, l'avea già da parecchio tempo ammaliato. In lei riveriva egli non solo la bontà del cuore e i pregi della mente, ma eziandio una sacra memoria, la memoria del suo benamato maestro. Era dessa Elena Badile, giovane di 23 anni, figlia appunto del celebre Antonio, [1] da lui veduta nascere e pargoleggiare, mentre egli, ragazzetto, moveva i suoi primi passi nel tirocinio dell'arte. Precipuo motivo della sua venuta non era

[1] Nelle vacchette d'*Anagrafi* della parrocchia di Santa Cecilia, da me compulsate negli Archivi comunali e nell'Ufficio degli estimi antichi, in data del 19 dicembre 1544, leggesi:

Antonius Badilus pictor		*26*
D. Valeria uxor q. Francisci Badili		*70*
Laura uxor supra scripti		*28*
Helena	*filii dicti Anto.*	*2*
Jo Hier.	*filii dicti Anto.*	*1*
Margarita ejus nepta		*17*
Barthea ancila		*17*
Laurentius ejus discipulus		*14*
Catherina gastaldia		*42*

dunque la pala dei Marogna, ma la viva brama di congiungersi, con indissolubile nodo, a quella creatura, che già il ricambiava di nobile affetto e che dovea poi essere la sua musa più fida. Ed ecco oggimai il sospirato momento. Splendeva il mattino del 29 aprile 1566, [1] e voi avreste veduto i due fidanzati, con breve ma eletta comitiva, partire dalla casa dei Badile, [2] e condursi alla chiesa di Santa Cecilia, per celebrarvi il loro connubio. Compagni e testimoni dalla parte di Paolo erano due suoi grandi amici pittori, Paolo Farinati [3] e Andrea Schiavone, [4] e compagni e testimoni dalla parte di Elena erano il conte Bernardo Salerno [5] e Lodovico Clementi, [6] che sarà stato forse il suo notaio e procuratore. Da quanto consta, non ebbero luogo nè singolari cerimoniali, nè fastosi apparati. Anche le solite cicale stornellatrici di siffatte occasioni si tacquero. Nessun poeta, da quanto appare, solennizzò quelle nozze; ma esultava allora

[1] In un *Registro* (anno 1565-1595) dell'antica e soppressa parrocchia di Santa Cecilia, in carta di lino, leg. in pergamena, già passato nell'Archivio di Santa Anastasia, trovai la seguente annotazione del giorno degli sponsali e del giorno del matrimonio:

Die 17 aprilis 1566

D̄na (Domina) *Helena q.* (condam) *m̄ri* (magistri) *Antonj de Bailis disp̄osata fuit d̄no Paulo de Caliarijs pictori p̄ntibus* (præsentibus) *m̄ro Andrea pictore et d̄no Lodvico Chiam̄eto de Bra et d̄no B̄nardo* (Bernardo) *Salerno de s. Cecilia et d̄no Paulo Farinato de s. Paulo factis p̄olamis* (proclamationibus) *et s̄rvatis srvandis et hoc fuit ī* (in) *die disp̄osationis 29 ap̄lis 1566.*

[2] Possedevano gli eredi Badile anche la casa in via Pigna, che ora è di proprietà dei conti Guarienti.

[3] Questo illustre pittore (1522-1606) fu amico di Paolo sin dalla sua fanciullezza.

[4] Benchè dalla nota del citato *Registro* non risulti, io penso che sia Andrea Schiavone (1522-1582), di cui Paolo fu amico ed ammiratore.

[5] Nel medesimo *Registro* si trova ch'era figlio di Girolamo e di donna Antilia e che dovea avere 35 anni.

[6] Ho trovato che in quei tempi c'era notaio in Verona un Lodovico Clementi, il quale potea essere il procuratore di Elena, giacchè il padre le era morto il 9 agosto 1560.

nel mondo la primavera. Il diafano cielo rideva d'un candido azzurro, le rondini aveano lasciato i palmizi d'Egitto, e gli allegri gorgheggi delle lodole e dei capineri e delle cinciallegre empivano l'aria limpida e molle. Le violette, nascoste sotto le siepi di biancospino in fiore, inviavano la loro fragranza. Per gli orti suburbani, un gentile favonio scherzava tra i cespugli delle rose e tra le frasche rigogliose delle piante degli aranci, dei limoni e dei mandorli, e facea cadere qua e là delle gocciole di rugiada, che, irradiate dal sole, scendeano come diamanti. I verdi fianchi delle circostanti colline erano smaltati di margherite, e screziati da mormoranti ruscelli argentini, su cui, vestite d'iridi, svolazzavano le farfalle. La universale natura, mentre ogni petto umano si riapriva alla gioia, cantava il più dolce epitalamio al suo grande pittore.

Non è inverosimile che a Verona abbia passato la sua luna di miele, e che, anzi, un desio di quiete, un fascino di spazi verdi e silenti invadesse allora il suo animo. Forse fu allora ch'ei rivide, mano mano, molti paesi della sua provincia. Forse fu allora ch'egli eseguì la pala dell'altar maggiore della chiesa di Ronco, con LA VERGINE IN ALTO E DUE SANTI ABBASSO, [1] e la pala della PENTECOSTE, all'altare dello Spirito Santo, nella chiesa principale di Villa Bartolomea, [2] e quella dell'ASSUNTA, all'altar grande della parrocchia di Cologna.[3] Forse fu allora ch'ei rivisitò

[1] DAL POZZO, op. cit., pag. 312. Anche nella chiesa dei Servi a Venezia avea trattato simile soggetto. Egli fece, infatti, in una pala, *la Regina dei Cieli in alto e San Giovanni ed un Vescovo a basso,* ma, come nota il RIDOLFI (op. cit., pag. 31), fu da sacrilega mano rubata.

[2] DAL POZZO, op. cit., pag. 313.

[3] Nella *Historia Ecclesiastica di Vicenza* di FRANCESCO BARBARANO (Vicenza, 1762, libro VI, pag. 37) leggesi:

L'altar maggiore (di Cologna) *è sopra ogni altro vaghissimo, non tanto per essere formato di bellissimi marmi, quanto per essere in quello una stimatissima pittura di Paolo Caliaro Veronese dell'Assunzione della B. V. qual pittura da persone intendentissime di pitture, anzi possessori de' più esquesiti quadri d'Italia veduta, hanno concordemente stimato che vagli solamente ducati 1000.*

la magnifica Valpantena e, nella villa degli Allegri, dipinse, col Farinati, una stanza terrena e fecevi una graziosa immagine di VENERE. [1] Forse fu allora ch'ei lavorò le due stupende tavole per la chiesa di San Giorgio in Braida, cioè SAN GIORGIO, CHE PREGA PRIMA DI SUBIRE IL MARTIRIO, e L'APOSTOLO SAN BARNABA, CHE RISANA UN INFERMO. [2]

La prima di queste due pitture è un vero inno tragico: è piena d'uomini e di cavalli giù in terra, e di sante immagini su in cielo. Vi è squisitezza di disegno e di colore, e tocco libero e poesia altissima di sentimento e di affetto. Nella figura dell'invitto paladino di Cristo è tutta raccolta la virtù dei contorni, degli aggiunti, della prospettiva. Desso è inginocchiato nel mezzo. Un carnefice lo spogliò della sua corazza, gli denudò il petto, e, armato di gladio, sembra attendere, con impazienza, il momento del suo ufficio. Un altro carnefice colloca il santo nella giusta posizione, che deve avere, per subire il martirio. Un vecchio sacerdote d'Apollo gli mormora all'orecchio delle parole di seduzione, ma egli si mostra insensibile a quegli accenti. Il pallor cadaverico del tentatore contrasta superbamente col volto del morituro, ch'è pieno di fede. Chi trema, no, non è certo la vittima! Parecchi soldati, compagni d'arme di San Giorgio, fra i quali due a cavallo, guardano con alto stupore la rassegnazione del martire, al quale un angelo porta la corona e la palma. Nel cielo si vede la Vergine e il Bambino Gesù, testimoni del coraggio di lui: vicino ad essi sono San Pietro e San Paolo. La Fede, la Speranza e la Carità, distinte per i loro simboli, raccomandano il santo tribuno all'assistenza divina, mentre dei gruppi d'angeli e di cherubini formano un concerto di voci e di strumenti. La figura del santo (come osserva anche il Landon [3]) è

[1] DAL POZZO, op. cit., pag. 310. Il bell'affresco venne distrutto, in quest'ultimo trentennio, dalla pia signora Lucidalba Arvedi, che della sua villa avea fatto una specie di monastero.

[2] RIDOLFI, op. cit., pagg 25-26.

[3] *Ann. du Mus.;* Paris, 1806, tom. 12, pagg. 25-26.

d'un disegno corretto e fino, quella del principale carnefice è d'un grande carattere, e i gruppi superiori sono notevoli per la grazia e la sceltezza delle forme. L'esecuzione n'è ammirabile, perchè niente affaticata, niente tormentata. Tutto è fatto di primo acchito e con una tal dovizia di toni, con una tal copia di sentimento, che non sovente si trova nelle altre opere del Veronese. Ciò che distingue eminentemente questo quadro è poi la semplicità del colore. Paolo vi ha dipinto la luce, e non è così brillante, se non perchè ha ritratta la natura medesima. Le figure si spiccano ricisamente dal fondo vigoroso, e ciò che sembra uno sforzo di forza non è altro che una esattissima imitazione del vero. Anche nella tavola del SAN BARNABA, CHE RISANA UN INFERMO, mostrò di esser capace di cogliere il sommo della espressione. Immaginò il santo Apostolo in un atrio, con davanti un malato, sopra il quale posa il libro dei Vangeli ch'ei legge, e vi assistono uomini e donne, con torcie in mano, che fanno orazione; e poi, all'intorno, distribuì delle altre persone, che conducono infermi al santo, acciò li risani. Ci si vedeva uno studio straordinario del costume, del carattere e delle movenze di ogni figura, ma sul volto di San Barnaba ei trasfuse un vero tesoro di carità, come su quello del malato espresse la più viva gratitudine e la più ardente divozione. [1]

Non è bene accertato, ma forse in quello stesso anno, 1566, prima di andare colla moglie a Venezia, si recò a Brescia, per dipingervi, nella chiesa dei Santi Faustino e Giovita, un bellissimo quadro DEI TITOLARI, CHE COMPARISCONO VISIBILI ALLA DIFESA DELLA CITTÀ, MENTRE È ASSEDIATA E BATTUTA DA NICCOLÒ PICCININO, [2] e, nella chiesa di Sant'Afra, IL MARTIRIO DI SANT'AFRA, che è uno dei suoi capolavori e dei meglio conservati. [3]

[1] BERNASCONI, op. cit., pagg. 332-33. Questa tela portata a Parigi nel 1797 non fece più ritorno in Italia. Secondo il RICHARD, *Guide en France* (1876), dovrebbe ora trovarsi nel Museo di Rouen.

[2] DAL POZZO, op. cit., pag. 94.

[3] L'egregio mons. conte Fè d'Ostiani mi assicurò che dev'essere stata

Ritrasse Paolo, in questa seconda tela, la santa genuflessa in atto di ricevere eroicamente la morte. Appiè del palco, sono i corpi sanguinolenti di altri martirizzati, colle teste già spiccate dal busto, in una delle quali si pretende che il pittore abbia fatto la sua effigie. In alto, si vedono degli angioletti, che volano giù dal cielo con rami di palma e ghirlande. Giusta il giudizio del Ridolfi,[1] il Veronese in questo dipinto si dimostrò non meno valoroso del Tintoretto e del Bassano, che in quella chiesa aveano fatto delle opere insigni. Alcuni critici però trovano che la Santa ha troppo begli abiti per essere sur un patibolo, e che il suo costume da teatro non le si conviene.[2]

Ma, ecco, che nuove ed importanti commissioni lo richiamano sulle lagune; ed egli vi si reca colla diletta consorte. Favorito, indubbiamente, dal patriarca Giovanni Trevisan, già monaco benedettino e abate di San Cipriano a Murano,[3] egli assume di fare molti quadri per le chiese di Murano. Pittura un quadro, con San Girolamo nel deserto, da collocarsi nella chiesa degli Angeli,[4] dove pure eseguisce, sotto il coro, in un compartimento di forma ovale, dei bellissimi Angeli, che suonano vari strumenti.[5] Per una chiesetta vicina, fa, sopra la porta, Sant'Agata visitata da San Pietro nella prigione, e un Angelo che lo precorre con un torchio acceso. Per la chiesa di Sant'Jacopo, dipinge il Salvatore e la moglie di Zebedeo coi due

commessa a Paolo dalla famiglia Martinengo del Barco; ma non ne sapea precisamente l'epoca. Trovando poi nel Zamboni (*Fabbriche di Brescia*, pagine 120-22) che il Palladio si recò a Brescia fra il 1566 e il 1567 per i progetti della nuova cattedrale, argomento che il Veronese, per mezzo del suo amico, abbia assunto quell'incarico nel detto anno.

[1] Ridolfi, op. cit., pag. 28.

[2] M. Valery, *Voyage en Italie;* Bruxelles, 1842, pag. 80.

[3] Cappelletti, op. cit. Uomo d'insigni virtù, governò la chiesa di Venezia dal 1560 al 30 dicembre 1590, in cui morì.

[4] Zanandreis, loc. cit., dove aggiunge che *si crede eseguito nel 1566.*

[5] Zanetti, op. cit., tomo I, pag. 265.

FIGLIUOLI JACOPO E GIOVANNI, PER I QUALI CHIEDE LA DESTRA E LA SINISTRA NEL REGNO DE' CIELI; fa LA VERGINE CHE VISITA LA COGNATA ELISABETTA, e IL REDENTORE CHE RISUSCITA VITTORIOSO DAL MONUMENTO, CINTO DA UNA SCHIERA D'ANGELI IN FESTA, e poi fa le portelle dell'organo colle SPONSALIZIE DI SANTA CATERINA MARTIRE e SANT'JACOPO E SANT'AGOSTINO. [1]

Ci viene ora innanzi l'occasione per rivendicare dall'oblìo un'opera eseguita dal Veronese, e da lui posta, nell'11 giugno 1567, nella chiesa abaziale di Latisana: opera di cui taluno avrebbe dovuto far menzione, ma di cui però non ha parlato nessuno degli storici dell'arte. [2] In quella grossa borgata del Friuli, pittorescamente addossata alla sponda del Tagliamento, conservasi una tela di Paolo, che rappresenta GESÙ CRISTO AL GIORDANO. È alta metri 4.20 e larga metri 2.35 e termina superiormente a semicerchio. A destra del riguardante, campeggia, sul primo piano, la bella figura del Precursore, in atto di versare sul capo di Gesù le mistiche linfe del sacro fiume. Un poco

[1] CICOGNA, op. cit., vol. VI, pag. 903, nota.

[2] Ne ha parlato il dottor ANTONIO FEDER nel *Bollettino di arti, industrie e curiosità veneziane* (anno II, 1878-79, pagg. 47-49) e ne ha recato il seguente irrefragabile documento, che leggesi a carte 89 della seconda parte del *Libro d'istrumenti e testamenti della R.da Chiesa di San Giovanni Batta e Pio Ospitale de' Povari*, che si conserva nell'Archivio della fabbriceria:

Nota come il di sabbato 11 giugno 1567 fu messa sull'altare la Palla nuova di S.to Giovanni nella chiesa di S. Gioni Battista in Sottopovolo, tirata suso integra da molte persone con arteficio di taglie et forza d'huomini; ...... et fatto il Crucifisso esistente in alto del giorno predetto sino al Sabato 12 luglio, et il fabbricatore di essa, et del Crucefisso fu l'industrioso scultore in legno m. Andrea Fosco Faentino habitante in Venetia, il quale tolse Io di esso a fare tutta la predetta opera, come appare per uno scritto esistente nelle mie note, per previo di ducati quattrocento, et egli fece fare la pittura dall'ingienosissimo m. Paulo Veronese habitante anco in Venetia. Ad onore Dei omnipotentis maximi.

Dalle notte del 9 Septe Sig. Antonio Camuccio mio avvo paterno, et pub. Nod. di Latisana esistente nel suo libro de istrum.ti Io Antonio Camuccio pub.o Veneta aut.e Nod.o in Latisana ho copiato in questo giorno 7 nbre 1636 ed in fede mi sono sottoscritto.

Prima del FEDER ne avea fatto cenno G. B. CICONI nella *Storia di Udine e sua provincia*, pag. 443.

più addietro, e, quasi, nel mezzo, scorgesi Gesù, che riceve il battesimo, in atteggiamento di suprema umiltà e coi piedi nell'acqua del Giordano. Lo Spirito Santo, in forma di colomba, circondato da una gloria di piccole teste d'angioletti, di squisita fattura, si libra sul capo del Salvatore. A destra e a sinistra di Gesù e Giovanni, spiccano due alberi largamente disegnati, le cui fronde si consertano e si mescolano nell'alto, lasciando tuttavia, al di sopra, uno spazio quasi circolare, ove, in mezzo a delle nubi iridescenti, si ammira una bellissima testa di vecchio, intesa a significare, secondo la Simbolica dei Cristiani, il Padre Eterno. Al tronco dell'albero di destra, si appoggia un angelo, amorosamente rivolto a Gesù; ed un altro se ne vede, seminascosto dal frondeggio della vetta. Ai piedi dell'albero di sinistra, forma riscontro alle figure di Gesù e del Battista un gruppo d'angeli stupendamente modellati e spiranti la realtà della vita, alcuni in atto di preghiera, altri intenti al sacro rito che si compie.

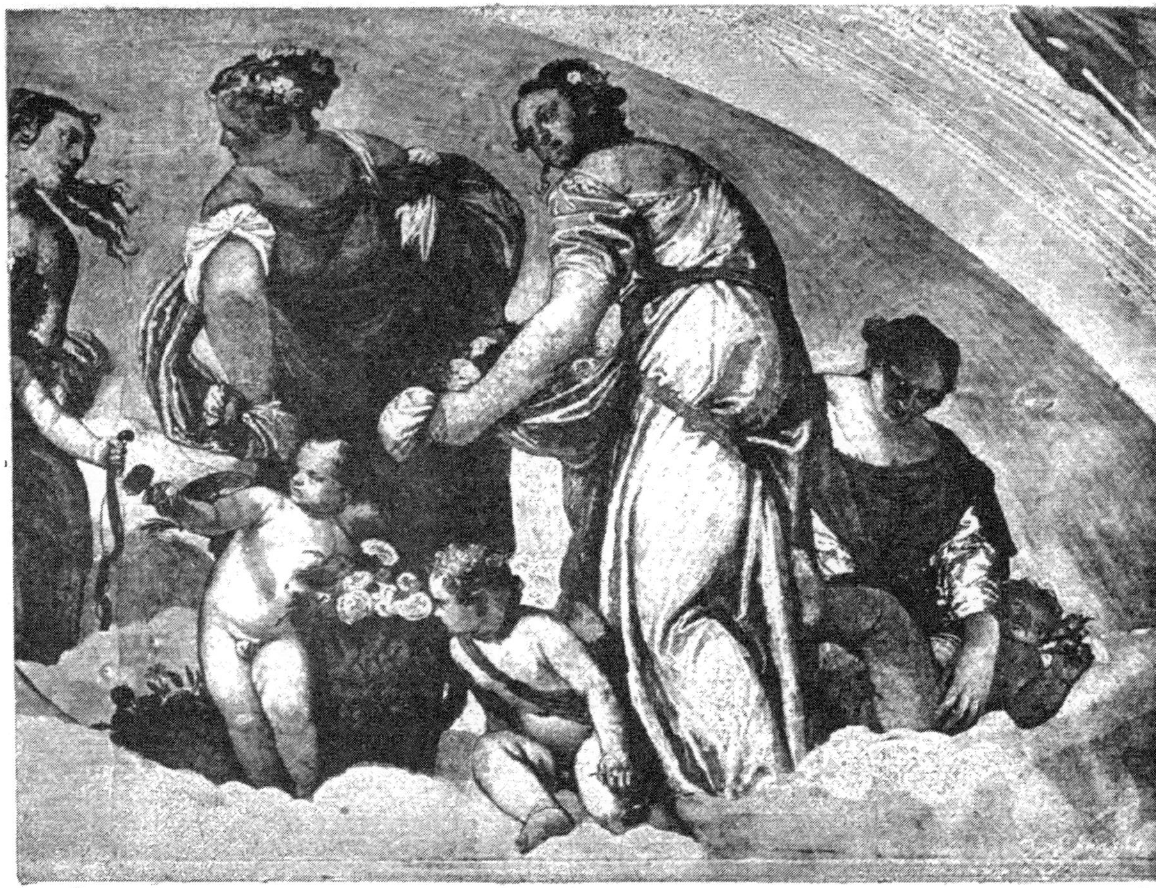

IL CORTEGGIO DI FLORA

VILLA GIACOMELLI A MASER.

Capitolo VII.

Daniele e Marcantonio Barbaro — Ritratto di monsignor Daniele Barbaro — Paolo a Maser — Le otto Suonatrici — Figure nei vani delle porte — La ringhiera — I Quattro Elementi — Piccole figure allegoriche — L'Olimpo — Altri lavori a Maser — Due pale in San Giuseppe di Castello — Freschi per la villa Grimani ad Oriago.

(1567-1570).

Dopo tale e tanta dovizia di opere, la maestosa e bella fronte di Paolo brillava più che mai, circonfusa dall'aureola della gloria. Egli era però destinato a salire ancora più in alto. Un'illustre famiglia doveva contribuire efficacemente ad accrescerne e perennarne il lustro, e questa era la famiglia dei Barbaro, che contava allora due uomini straordinari: Daniele e Marcantonio. Monsignor Daniele, patriarca eletto d'Aquileia, uomo di vasta dottrina sacra e profana, già ambasciatore in Inghilterra al re Edoardo VI, e amico del Bembo, dello Speroni, di Pietro Aretino, di Nicolò Franco, di Torquato Tasso e del cardinale Navagero, d'accordo col fratello Antonio, insigne diplomatico, aveva pur mo' fabbricato sul Trivigiano una villa degna di loro. L'aveva architettata il Palladio, ma doveva fregiarla di stucchi e di statue il Vittoria, e Paolo di pitture. I Barbaro, figli d'una Pisani, [1] ap-

[1] Erano figli di Francesco e di Elena Pisani (come si vede anche nell'Yriarte, op. cit., pag. 12), e mons. Daniele (come nota il Magrini nelle *Memorie intorno a Palladio,* pag. 60) godeva nel 1555 uno dei pingui canonicati della collegiata di Montagnana.

prezzavano il genio di lui sin dal 1556, quand'egli fece la celebre pala per Montagnana. Ebbero però a raddoppiarne la stima allorchè Daniele, artista grande egli medesimo, disegnando il soffitto della sala del Consiglio dei Dieci, si affiatò con lui così di frequente e lo vide dipingere tanti lavori nel palazzo ducale; e allorchè Marcantonio contemplò la CENA DELLE NOZZE DI CANA. Sì l'uno che l'altro conobbero che il Veronese era proprio l'uomo capace di secondare le loro tendenze, d'incarnare i loro ideali, d'improntare, per così dire, sulle pareti e sulle tele, non solo il carattere della loro epoca, ma lo stesso loro carattere individuale, insomma di presentare ai posteri il tipo del magnifico e del patrizio, di cui essi erano la personificazione.

Gli è da credere che agli affreschi abbia preceduto il RITRATTO DEL PATRIARCA che si vede nella sala dell'Iliade a Pitti, e nel Gabinetto dei Veneziani della reale Galleria di Dresda, e che sia stato eseguito da Paolo, in doppio esemplare, nell'inverno antecedente ai suoi lavori di Maser, [1] perchè monsignore vi è dipinto con veste e sopravveste foderata di ermellino; nè egli era tale da farsi dipingere così per mera ambizione, come quei senatori di cui parla tanto argutamente il Manzoni. [2]

Senonchè i rigori della fredda stagione sono trascorsi, la tepida primavera invita all'aperto, e i gentiluomini Barbaro si recano alla villa prediletta, con tutta la loro famiglia, e con gran seguito di staffieri e di paggi. Insieme con loro vi sono nientemeno che tre principi (non di quelli, che, specialmente allora, facean piangere i popoli), tre principi dell'arte. Vi è il Palladio, Alessandro Vittoria, Paolo Veronese. [3] Davanti ai romorosi cocchi dorati, ecco si spalancano i cancelli del paradisiaco, eppur non

[1] Questa induzione mi è suggerita dal pensiero ch'egli è ritratto colla barba e coi baffi grigi, e ch'egli è morto il 12 aprile 1570.

[2] *Promessi Sposi,* cap. VII.

[3] Secondo l'YRIARTE (op. cit., pagg. 168-69), le decorazioni di Maser cominciarono nel 1568.

ancora completo soggiorno. Si smonta, s'imbandisce sollecitamente un lauto banchetto, poi si esce al di fuori. Sua Eccellenza il Patriarca, l'illustratore di Vitruvio, si conduce, col carissimo e valentissimo Andrea, al di sotto di una loggia, e, tutto infervorato, gli manifesta un suo nuovo progetto. Il senatore Marcantonio sceglie, col suo maestro Vittoria, il luogo in cui desidera far sorgere una magnifica grotta. S'avanza intanto la moglie di lui (una dama simpatica e gentilissima della stirpe dei Giustiniani) e, mentre i suoi leggiadri fanciulli Alvise ed Antonio scherzano sull'erbe, e gli altri figli maggiori, Francesco ed Almorò, [1] accompagnati da un candido veltro, la seguono, si mette a girare per i viali del florito e profumato giardino, allato di Paolo. Gli discorre di questo e di quello, e gli fa cento domande; ma l'artista, benchè le si mostri sempre gioviale e garbato, le risponde assai brevemente. Il suo spirito è inquieto, come inquiete sono le sue pupille d'aquila. Guarda i profili di lei, le lievi crespe de' suoi capelli, la superba leggiadria delle sue forme e le sue gemme e il broccato delle sue vesti, e immagina tosto una delle sue deità. Considera ed ammira l'edifizio creato dal suo amico Palladio, e ci vede dentro lo schema d'un quadro che egli popolerà di figure svariate e piene di brio. Osserva, attraverso l'aria che par che sfavilli, i riverberi metallici e le sinuose curve delle vicine colline e delle Alpi Giulie, e il nitido cielo, che si stende al di sopra, e pensa ad un largo sfondo dai bei toni argentini. Nei due bimbi, che ruzzano, intravede due tipi da farne due amorini, due vaghi angioletti. Di qua, di là, di su, di giù, dappertutto, in quella efflorescenza della natura, scorge un nuovo argomento di studio. Il suo genio si trova nel più bel periodo della

[1] Sposato nel 1543 alla figlia di Antonio Giustiniani, il senatore Marcantonio (come nota C. Yriarte, op. cit., pag. 149) avea avuto quattro figli: Francesco, nato nel 1546 e morto patriarca d'Aquileia nel 1616; Almorò, nato nel 1548 e morto nel 1622; Alvise, nato nel 1554 e morto nel 1611; infine, Antonio, nato nel 1565 e morto nel 1630.

incubazione. Dentro nella sua fantasia circola del continuo una danza luminosa di esseri, gli uni più che gli altri voluttuosi, i quali leggiadramente gli sorridono e gli ammiccano, e lo invitano a ritrarre le loro celestiali parvenze nei soffitti delle stanze, nei pennacchi delle vôlte, sulle modanature, e sulle cornici e sui timpani e fra gli stipiti delle porte. Vi è un mondo di numi, di rosee ninfe, di seduttrici sirene, di fauni graziosi, di dee, che amano riflettere i loro sembianti in quelle morbide cadenze di linea, che respirano così la giovinezza e la forza, come pure la grazia e la freschezza, mercè una semplicità e tonalità di colore che appartiene solo a Paolo.

Ed egli coglieva appunto tutta quella miriade d'immagini gioconde, e la distribuiva ammodo per le sale e le camere di quella villa. Nella sala fatta a crociera, figurò, in otto nicchie, frammezzo a pompose e florite architetture, a lieti paesi, a trofei militari, OTTO SUONATRICI, che il Ridolfi e l'Algarotti giudicarono essere le Muse. La prima, che è a destra della porta a ponente, ha in mano la lira. Il suo abito è color violetto scuro, e la sopravvesta rossa, a forti pieghe. Un nastro violaceo le raccoglie, nel mezzo della testa, le bionde treccie. Guarda alla sua dritta, con dolce fisonomia, con due occhioni di fuoco, pieni di giovinezza e sorrisi, e sporge un po' la spalla sinistra, che è nuda, come è nudo anche il braccio destro. Ai piccoli piedi, porta i sandali raccomandati da tenui legaccioli di color viola. La seconda, che è a sinistra della stessa porta, contempla vagamente il cielo, e, colle tonde, nude e valide braccia protese, sostiene un oboe, come per cominciare a darvi fiato. È vestita di verde, con sopravveste dorè, e, in sulle spalle, porta un manto gialletto, a piccole liste. I capelli, poi, rossolionati, raccolti da un verde nastro, le accrescono venustà. La terza, che è rimpetto a questa, e alla destra della porta dipinta, regge, coll'ignudo braccio sinistro, un violino, e, colla diritta, move il plettro. Ha il florente e vivo seno scoperto, biondi i capelli, veste violacea, sopravveste verde, nudi i bei piedi. La quarta, che fiancheggia la stessa porta, verso la finestra, mostra capelli d'oro, collana di perle, ghirlanda di fiori e braccia nude, ed è in atto di toccare la chitarra. Le sue vesti sono screziate di varie tinte, la sua sopravveste è violacea. Ell'è graziosamente fiera della persona, e insiste col poplite sopra un vaso arrovesciato, il cui coperchio presenta dei bucolini. La quinta, che sta a destra della porta aperta verso mattina, ha veste violacea, sopravveste dorè, corsaletto rosso, e, protendendo le morbide e candide braccia, sostiene una tromba. È bionda biondissima, come il lino, e calza leggiadri coturni traforati. La sesta, che è a sinistra della medesima porta, regge con la mano manca un flauto e tien distesa la destra sul petto. Ha la veste violetto chiaro, fermata da una aurea cintura, adorna di graziose testine. La sua sopravveste è di broccato. Piega la faccia, come in atto di meditare, e le sue chiome d'oro sono redimite di fiori. La settima, che sta a diritta della porta chiusa, a mattina, batte il cembalo. Ha i capelli rossi, annodati e intrecciati con fili di perle, il petto seminudo, le scultorie braccia nude e un po' sollevate. La sua veste è colore viola e violaceo il corsaletto e la sopravveste verde. L'ottava, che è collocata a sinistra della stessa porta, ti volge le spalle, e, colla sinistra in alto, sostiene un lungo stromento quadrangolare, mentre ne va toccheggiando, col sapiente agitar della destra, la piccola tastiera. La bella faccia apparisce in profilo. È bionda come l'ambra; ha la veste color cilestrino, la succinta sopravveste color viola, e, con un piede, preme un vaso dal coperchio forato.

Nei bracci stessi della crociera, fra le suonatrici, entro i vani murati delle porte, dipinse DUE FIGURE, con tale effetto di ottica che sembrano vive. Nell'uno, fece un paggio, vestito alla spagnuola, col berretto in mano, che ha la faccia assai gioviale e parlante, come se attendesse i comandi del padrone; nell'altro, ritrasse una bambina di circa sei anni, dai morbidi ricciolini d'oro, dalla faccia rosea, in atto d'uscir dalla porta, che sembra mezza aperta; e, a vederla con quella posa ingenua, con quegli occhietti sgranati, che sprizzano pura letizia, con quel braccio in avanti e l'altro nascosto; a vederla così rigogliosa, così florida e così vezzosa, viene proprio il desiderio di darle un bacio e dirle, con effusione: Addio, addio, bell'amore!

Più avanti, in alto, a sinistra, nel salotto, finse una balaustrata, e in quella effigiò UNA VECCHIA D'UN CARATTERE SINGOLARE, COLLA FACCIA RUGOSA, CON UN PAIO D'OCCHI ACCORTISSIMI, VESTITA DI VERDE, LA QUALE SI VOLGE AD UNA GIOVANE, CHE LE STA DACCOSTO, APPOGGIATA ALLA RINGHIERA; E, COLL' INDICE STESO, MOSTRA SULL'ALTRA BALAUSTRATA, LÀ DIRIMPETTO, UN CACCIATORE, CHE, CON GENTILE BALDANZA, FRENA UN CANE, CHE VORREBBE SLANCIARSI CONTRO UN BEL GIOVINE, IL QUALE STA UN PO' CURVO E LEGGE TRANQUILLAMENTE UN LIBRO DEL TUTTO APERTO. Dicesi che Paolo in quel cacciatore, vestito di rosso e in farsetto alla spagnuola, color cannellino, abbia ritratto se stesso, e che quel giovane dal viso meditabondo, dall'abito dorè carico, a liste, e dalla cappa turchina, sia qualcuno dei figli del Barbaro. Tra la donna dalla vesta di color cilestre e la vecchia fece un cagnolino con lunghe orecchie e un pappagallo, che par che cinguetti, e un giovinetto, che lo guarda con molta attenzione, e dirimpetto una scimmia, che scherza.

Dipinse ivi pure I QUATTRO ELEMENTI. Figurò LA TERRA, in Cibele, che tiene allato due leoni, cui sembra accarezzare. Alla sinistra di essa, delineò una donna di bellissimo aspetto, colla fronte turrita, vestita color oltremare, con sopravveste giallolina e col nudo braccio destro penzoloni, che sorregge dei frutti e delle fronde. A destra di Cibele, figurò L'ACQUA, in un bel vecchio severo, rappresentante Nettuno col tridente in mano, che sta assiso, colle gambe incrocicchiate, ed è quasi tutto nudo, perchè solo è cinto in parte da un drappo verde; e, davvicino ad esso, fece un genio alato, che reca una bella conchiglia marina. Figurò L'ARIA, in Giunone, che tiene un giglio fra le agili dita, e, appresso, ha il pavone e un amorino, che regge per un filo una rondinella svolazzante. La pitturò con abito bianco a fiori, con un velo sulle seminude spalle e sugli avorî del petto, bionda la capigliatura e raccolta elegantissimamente sopra la testa. Figurò da ultimo IL FUOCO, in Vulcano, che ha un fascio di freccie nella sinistra, e un lucido e grosso martello nella destra, mentre Cupido vibra un dardo, temprato alla sua fucina.

Fra gli elementi poi, in quattro scudetti, tracciò, in piccolo, delle altre figure allegoriche, a chiaroscuro. Vi eseguì L'ABBONDANZA, in una donna con quattro mammelle; L'AMORE, in un vispo fanciullo coll'arco in mano e il turcasso appiedi; LA GIOIA, in una donna con un vaso in sul suolo, appoggiata ad un altro vaso di etrusco lavoro e colla cornucopia in mano; LA FORTUNA, in un'altra donna colle ali alle spalle, che ha dallato un vaso con entrovi scettri, corone e monete, e, nella sinistra, porta una ruota.

Oltre di ciò, in una mezzaluna della vòlta, effigiò CERERE e BACCO, numi propizi all'umano consorzio. La prima è nuda e coronata di spighe la fronte, ed ha le spalle rivolte a chi guarda, mentre una graziosa ninfa colloca a lei dappresso un tenero bimbo sopra un cumulo di frumento, appena mietuto. Il secondo è cinto di grappoli d'uva intrecciati di foglie, e si mostra pur nudo e morbidissimo, in atto di pigiare sopra una specie di coppa un grappolo dai chicchi neri e turgidi, d'onde fa sprizzare un bel liquore sanguigno, e, dattorno, ha delle ninfe di lietissimo e superbo sembiante. Nell'altra mezzaluna effigiò VENERE CHE GIACESI MOLLEMENTE SDRAIATA CON DAVVICINO UN VECCHIO NUME, SENZA DUBBIO, VULCANO, il quale tiene nella destra un lungo strumento fabbrile, e sta in atto di vagheggiarla. Ritrasse quindi AMORE, E, DIETRO AD AMORE, UNA NINFA BELLISSIMA, CHE GLI PORGE UNA FARETRA PIENA DI STRALI; e, quindi ancora, IL CORTEGGIO DI FLORA, CON DELLE ALTRE NINFE, dall'anima di fuoco, dagli sguardi seducenti, dalle pose procaci, e DEI GENIETTI, CHE PORTANO FIORI NEI GREMBIULI ALZATI E NEI PANIERI; e, da ultimo poi, UN'ALTRA NINFA, CHE CONDUCE

UN BEL BIMBO, IL QUALE RECA NELLE SUE PICCOLE DITA ANCH'ESSO IL SUO FIORELLINO.

Che se questi ed altri affreschi, per la varietà dei loro festevoli colori e la grazia della loro bellezza, dovrebbero, per così dire, far credere che Paolo possedesse la verga fatata di Armida o di Alcina o che almeno avesse ereditato la fantasia dell'Ariosto, che diremo dell'ottagono dov'è dipinto L'OLIMPO? È una vera risurrezione di Numi! Dintorno, egli ha pitturato LA FASCIA DELLO ZODIACO, coi dodici segni, per indicare che è appunto l'empireo. Nel bel mezzo, vi è una giovine donna, in piena luce, che, assisa sopra un dragone alato, s'innalza sopra le nuvole e simboleggia l'Immortalità. Mercurio la guarda, e, col braccio alzato, sostiene il caduceo. Diana, vestita d'un drappo leggiero e variopinto, s'appoggia ad un candido levriere, che accosta il suo muso alla bellissima faccia della dea, la quale ha, dietro ai suoi lombi stupendi, un altro cane, cui tiene aderente il braccio destro, colle ambrosie dita distese, in atto di carezzarlo. Saturno, sotto il sembiante d'un vegliardo, dalla prolissa barba d'argento, posa la testa sulla mano diritta, e, colla sinistra, mostra la falce, mentre gli nasconde una gamba il bel manto di color rosa scuro. Giove sedente, con veste dorè carico e manto bianco (che gli copre il capo e gli scende sul petto), domina alquanto la scena. Mostra severo il volto; ha la barba nera, e, a fianco, ha l'aquila, la sua ministra fedele. Alla sinistra di Giove, è Marte, che s'appoggia all'asta, e ha l'elmo in testa, e indosso una leggiera armatura, e la clamide verde e la veste color giuggiolino chiaro, e, in parte, rosa. A sinistra di Marte, v'è Apollo, che, colla manca, tiene la lira, e, colla destra, il plettro. A sinistra di Apollo, c'è Venere, che nasconde l'arco e scherza con un amorino, il quale regge una tavoletta.

Dipinse in altri luoghi, con uno spirito di greca finezza, LA MADRE DEGLI AMORI E LA PACE, in mezzo a fregi e stucchi eseguiti dal Vittoria o modellati per ricreazione dal senatore Marcantonio, e dette opera ad alcune storie mitologiche, alternandole capricciosamente alle IMMAGINI DELLA VERGINE, DI SANTA CATERINA E DI SAN GIUSEPPE.[1] Oh! ma che dovrò dire della magnificenza di quei panneggiamenti, di quei broccati, di quei velluti scarlatti, di quelle coppe d'oro e di quei bacini cesellati su cui si rifrange la luce, e di quei vasi di profumi e di quelle perle e di quelle gemme? Che verità in quei fiori, in quelle frutta, in quelle foglie, in quelle spighe! Che ardimento in quegli scorci e in quelle pose! Che severità di modelli! Che armonia di linee! Che pulsare di vita in quelle forme audaci! Che espressione in quelle teste! Che freschezza in quel colorito! Che peregrina vaghezza in tutti quei concetti! Che eco di vera gaiezza, di sicurtà, di robusto equilibrio in tutte quelle produzioni artistiche!

A compiere siffatte meraviglie avrà Paolo consumato il periodo di due anni, durante i quali fece però delle frequenti, e talvolta lunghe, dimore in Venezia, per rivedere la moglie e il figliolino Gabriele,[2] e per eseguire qualche altra commissione, che gli veniva affidata. Lavorò, infatti, allora, per Sua Eccellenza il senatore Girolamo Grimani, procuratore di San Marco (padre di quel Marino che poi fu doge), nella cappella maggiore di San Giuseppe, eretta da lui, la tavola della NASCITA DEL MESSIA, COI PASTORI INTORNO AL PRESEPIO, E CON SAN GIROLAMO (il Santo omonimo dell'ordinatore) E DUE ANGIOLETTI, CHE SCENDONO DAL CIELO, COL CARTELLO, SU CUI È SCRITTO: " GLORIA IN EXCELSIS DEO „; tavola nobilmente pensata, e dipinta con grazia e con

[1] RIDOLFI, op. cit., pagg. 9-10; CRICO, op. cit., pagg. 92-99; CACCIANIGA, op. cit., pagg. 297-305; YRIARTE, op. cit., pagg. 141-171; BLANC, nella *Gazette des Beaux-Arts,* vol. XVII, 2° periodo. Le vive impressioni che ne ricevetti io medesimo giovarono a crescere, anzichè a sminuire il concetto che me n'ero formato sulla lettura di questi critici. Maser è una villa, benchè non grande, veramente principesca!

[2] Era nato nel 1568.

saporitissimo colore, che collocò in quella medesima chiesa dove avea già fatto LA TRASFIGURAZIONE SUL TABOR.[1]

A petizione dello stesso Procuratore, circa in quel tempo, dipinse anche sulle sponde del Brenta, a dodici miglia da Venezia, alcune FAVOLE sulla facciata del delizioso di lui palazzo di Oriago, ed alcune dotte FIGURE sul frontispizio[2] di quello.

[1] ZANETTI, op. cit., tomo I, pag. 261.

[2] RIDOLFI, op. cit., pag. 30.

Capitolo VIII.

Morte di Daniele Barbaro — La Cena per San Sebastiano — L'Adorazione dei Magi per Santa Corona di Vicenza — Commissione di un'altra Cena — Feste a Venezia per la vittoria di Lepanto — La Cena di San Gregorio a Vicenza — Affreschi a Caldogno — Morte di Giannantonio Fasolo — La pala di San Benedetto e altri Santi, che ora è a Pitti.

(1570-1572).

Ma, ecco, mentre gli brilla il cuore per la nascita di Carletto, il suo secondogenito, una grave amarezza il conturba. Addì 12 aprile 1570, nella pienezza della virilità, a cinquantasette anni, muore il patriarca Daniele Barbaro, senza che neppure suo fratello Marcantonio abbia la consolazione di chiudergli gli occhi,[1] perchè lontano d'Italia e occupato in una importantissima missione, quella cioè d'ambasciatore a Costantinopoli. Paolo la sente vivissimamente una tal perdita. La morte gli ha rapito non solo un protettore e un grande mecenate, ma il più generoso amico, che avesse, dopo il padre Bernardo Torlioni.

In quel medesimo anno, ciononpertanto, diè mano ad altri lavori nel convento di San Sebastiano,[2] e ultimò, pel refettorio

[1] Nel cimitero dietro al coro di San Francesco della Vigna giacevano le sue ceneri.

[2] Anche la seguente ricevuta si trova a Venezia nell'Archivio di Stato (*Mani-morte,* Convento di San Sebastiano, processi, 7, c. 117):

adì 8 di otobre 1570

dal sopra nominato D.n Bernardo de Verona mi Paulo infrascritto mi ohimo sosti-

di quei frati, una CENA, minore in merito qualche cosa, ma non in grandezza, al famoso quadro delle NOZZE DI CANA. Rappresentò Paolo in quell'opera IL DIVINO MAESTRO ALLA MENSA DI SIMONE FARISEO, con gran numero di convitati e di astanti, che osservano la pentita Maddalena, la quale, nel tempo di quel banchetto, venne a gittarsi ai piedi del Salvatore, glieli lavò co' suoi balsami e colle sue lagrime, e glieli baciò, ed ottenne perdono. [1] È press'a poco la CENA da lui eseguita per i monaci di San Nazaro a Verona, ma forse è più preziosa di quella e per calore d'espressione e per sapore di tinte e per grassezza di pennello. Le molte figure sono benissimo disposte e variate, e bizzarramente, ma riccamente, vestite. Anche il campo è assai bello. Il convito è apparecchiato su due tavole separate e collocate al di sopra di una terrazza, ornata, da ciascun lato, di ricca architettura. Nostro Signore è seduto a quella sinistra. Davanti a lui sta il siniscalco: a' suoi piedi, la Maddalena, che, dopo averglieli aspersi di preziosi unguenti, glieli rasciuga coi crini. Piena di venustà è la matrona, che sta dappresso a Simone, graziosi i servi, che recano i cibi, ariose le prospettive, ben lumeggiati gli abiti, naturalissimi i cani, e tracciata con solenne maestria la figura di Giuda, che, levato dalla sedia, mira, con occhio torvo, la bella penitente.

fatto e contentto di quanto in fin orra ho auto da far con lui e in fede di cio confeso aver schrito il presente schrito di mia propia mani adi sopra milesmo e zorno.

Et oltro a bon conto per lopera che io ò del suo nelle mani ho R. a conto ducati cinquanta val . . . . L. 50.

[1] RIDOLFI, op. cit., pag. 20; ZANETTI, op. cit., tom. I, pagg. 233-35; LANDON, op. cit., 2ª coll., tom. III, pag. 119; CICOGNA (op. cit., vol. IV, pagg. 150, nota 1), che dice:

Questo quadro tornato a Venezia da Parigi ove era stato trasportato fin dal 1797 cogli altri nostri, ora si vede nella Pinacoteca di Brera in Milano, in luogo dell'altro dello stesso Paolo Veronese rappresentante il Convito dato ai poveri da San Gregorio Magno, che dal Refettorio dei padri della Madonna del Monte di Vicenza era stato portato a Milano, e che fu restituito alla Madonna del Monte col patto che l'Accademia di Venezia compensasse la Pinacoteca di Brera con altro quadro di Paolo che fu appunto il Convito di Simone fariseo ch'era in San Sebastiano.

Da Venezia passò indi a Vicenza, dove dall'illustre famiglia dei Cogoli ebbe l'incarico di fare, per la loro cappella in Santa Corona, la pala dell'ADORAZIONE DEI MAGI.[1] Gli riuscì un dipinto degno di lui. Fecevi i Magi, che, pervenuti in Betlemme, adorano il Messia, già dalla Vergine deposto in un presepio, formato dall'intreccio di rozzi legni, sopra un rovinato edificio. Girano in alto dei leggiadri angioletti. La Madre del Salvatore è d'una bellezza ineffabile: straordinaria è la maestà e magnificenza dei re, come singolari sono i due paggi, che servono il primo di essi. Curioso è il vedere un mulo, che fa capolino da un lato, il quale, sulle bardature, porta lo stemma dei Cogoli.

Come tutte le altre sue opere, anche questa pala ottenne l'ammirazione del pubblico, e i padri Serviti di Monte Berico gli diedero la commissione di eseguire nientemeno che un quadro per il loro refettorio alto circa cinque metri e largo quasi nove; ma la nascita di un terzo figliuolo[2] l'obbligò allora a restituirsi in seno alla famiglia e a darvi mano a Venezia, dove poi si trattenne molto, in causa eziandio delle feste per la vittoria di Lepanto, avvenuta il 7 ottobre di quell'anno.

Grandi infatti e magnifiche furono le allegrezze pubbliche religiose e civili di quei giorni. Con ogni possibile splendidezza, diedesi sfogo ad un giubilo, che eccedeva ogni misura. La musica, per parecchie settimane di seguito, fece i primi onori, e

[1] Una piccola copia, o forse anche l'abbozzo, di questa pala, che già apparteneva ai conti Balzi di Vicenza, si trova adesso in Verona, in casa Tanara Lavelli.

[2] Nel *Codice Cicogna* 3379/8 leggesi il seguente *Atto battesimale,* che mi fu gentilmente trasmesso dall'onor. MUNICIPIO DI VENEZIA:

A. S. Samuel

1571 a dì 8 Settembrio

Horatio et Bortolo figliolo di mes. Paulo di Caliari da Verona Pittor et di M.a Elena iugali sta in Calle de Cà Mocenigo nelle Case di mes. Jaco: Fedrici fo battezzato a di sop. dto. forno compari l'infrascritti Mes. Bernardo Pisenti sta a S. Marco in Campo Rusolo nelle Case di Frati di s. Zorzi maggiore: Comare M.a Angela moglie di Mes. Zambattista dai Remi Cosmografo sta in Ca Dolfin dietro S. Angelo.

Il Pioran.

non soltanto nella cappella ducale, ma in tutte le chiese, nei magnatizi palazzi, nelle case private e sulle piazze e sulle strade medesime, addobbate a trionfo. Il maestro Don Giuseppe Zarlino ed Andrea Gabrieli e Claudio Merulo, celebri organisti, faticarono dappertutto, perchè dappertutto v'erano canti e suoni.[1] I negozianti di panno di Rialto tesero, dal ponte fino alla strada dei gioiellieri, come un firmamento di drappo celeste, sparso di stelle d'oro. Le botteghe, i muri, le panche erano tutte fregiate di preziose tappezzerie. La piazza di Rialto era addobbata di panno scarlatto, con esposizione di quadri, e, in mezzo, sorgeva un'alta piramide d'armi, di spoglie, di trofei tolti ai Turchi. Alle due estremità del ponte, ergevasi un grande arco, cogli stemmi della Repubblica e degli alleati. Davanti alla chiesa di Sant' Jacopo, erasi formato un altare, sul quale furono celebrati gli uffizi divini, perchè il clero della parrocchia, i mercanti di panni, i musicanti della cappella ducale vi si recarono in processione solenne, preceduti da pifferi, trombe e tamburi. Calata la notte, splendida illuminazione rischiarava le tenebre. Infinito numero di candele e di torcie ardeva sopra candelabri d'argento. Dinanzi ad ogni bottega, pendevano, dall'alto, ricchi fanali e lampadari dorati; numerose orchestre allegravano, coi loro concenti, l'immensa turba dei passeggieri; e, affinchè nulla mancasse al gaudio universale, furono anche permesse le maschere. Andavano a gara ne' festeggiamenti anche i mercanti forestieri, specialmente i tedeschi, il cui Fondaco, dipinto da Giorgione e da Tiziano, per tre giorni e tre notti, parve un palazzo incantato, tanto era lo sfoggio delle più ricche stoffe e dei prodotti dei più lontani paesi.[2]

Vivace com'era e così ambizioso delle glorie della sua patria, avrà Paolo, senza dubbio, participato a quella gazzarra europea. Ma il suo pensiero volava spesso a quel monte che

[1] Caffi, op. cit., vol. I, pag. 138-70.

[2] S. Romanin, *Storia docum. di Venezia,* tom. VI, pag. 317.

signoreggiava Vicenza, si posava su quel tempio maestoso consacrato alla Madre di Dio, che spicca arditamente, fra il cobalto del cielo e il verde della lussureggiante vegetazione, colla sua cupola dai bei riflessi adamantini. S'immaginava di mirare, già collocata al suo posto, la gran tela, ch'egli aveva cominciato ad animare col suo pennello, e ne pregustava gli effetti. E fu, anzi, con una cosiffatta voluttà nell'anima, che conduceva presto a termine il famoso BANCHETTO DI SAN GREGORIO MAGNO, nel quale Cristo, in abito di pellegrino, porge, in dono, al pontefice una coppa d'oro. [1] L'azione, da lui immaginata, si svolge sotto una grandiosa loggia composita, che presenta all'occhio quattro colonne isolate, e termina, da ciascuna parte, con un piedritto, che serra magistralmente il quadro. Dagli intercolunnî di questo prospetto si scorgono, di dietro alla loggia, altre quattro colonne isolate. La vôlta di mezzo è leggiadramente ornata; gli intercolunni laterali sono chiusi da balaustrate, e, dinanzi, hanno due gradinate, pure con balaustri, le quali ti portano, da una parte e dall'altra, su di un ripiano, ch'è in continuazione del piano della loggia, dirimpetto all'intercolunnio di mezzo, che resta interamente aperto. Dodici pellegrini sono commensali del pontefice. Le loro svariate vesti indicano le varie loro nazioni. Siedono, di faccia a chi guarda, ad una tavola, che occupa quasi tutta la lunghezza della loggia medesima. San Gregorio è fra essi, proprio nel centro dell'intercolunnio di mezzo. Si notano, qua e là, molti principi invitati a far corteggio. Il pellegrino, che sta a destra del Papa, leva, colle diafane dita, il coperchio della coppa, ed ecco! Egli vien da tutti riconosciuto per il Salvatore, tale e tanto è il fulgore, che s'irradia dalla sua faccia divina. Due cardinali sono assisi a mensa, in su due sedie a bracciuoli, uno per parte, tra l'intercolunnio di mezzo; e quello a destra osserva, con un occhialetto, il Redentore, l'altro sembra esta-

[1] RIDOLFI, op. cit., pag 25; DISCONZI, *Storia del celebre Santuario di M. V. posto sul Monte Berico,* pagg. 252-59.

tico, per l'avvenimento. Più avanti del cardinale, che sta a dritta, evvi un bel giovane in atto di camminare, vestito alla spagnuola, colla vita mezzo rivolta alla mensa, e guarda ilare gli spettatori, tenendo fra le braccia un canino. Intorno ai commensali girano dei servi, chi a mescer vino, chi a somministrare vivande. Sulla gradinata, che è all'intercolunnio a destra dei riguardanti, stanno ascendendo degli altri servi vagamente vestiti, che portano delle pietanze; e il primo, con uno scorcio assai naturale, si volge indietro, quasi voglia ordinar ai compagni che lo seguano. Sul ripiano vi è, da questa banda, Paolo, in abito giallo foggiato alla spagnuola, che graziosamente si appoggia al pilastrino dove termina la balaustrata della scala, e osserva, con istupore, il Celeste Pellegrino. Ha la sopravveste avviluppata e gettata sul pilastro della balaustrata stessa, al di fuori della quale v'è il suo bordone, con sopravi l'epoca della pittura: MDLXXII.[1] Sull'altra gradinata, a sinistra, vi ha un bellissimo gruppo di poveri, composto di due ragazzine, una donna, con un bimbo al collo, e un giovane e un vecchio, ai quali uno dei servi porge del pane. Sull'ultimo scalino, di fronte all'effigie dell'artista, v'è un religioso dei Servi, vecchio, calvo, colla barba e i pochi capelli canuti.[2] A completare la scena, egli tratteggiò anche un gatto soriano, che esce dal di sotto alla mensa, per pigliare colla zampa un osso; e, davanti al pilastro, vicino a sè, collocò il suo fedele cane da caccia, e, dall'altra parte, sopra uno sga-

[1] Nel libro degli *Annali del Convento e notizie storiche sulla chiesa di Monte Berico* (mss.), che si conserva ora nella Biblioteca comunale di Vicenza, lessi la seguente notizia:

1572. Item nel Libro dell'uscita del corr. anno 1572 nel mese di Aprile, si lege: 29 Aprile si sono pagate L. 600 per il Cenacolo del Refettorio così d'accordo conduto in casa, de man de M.r Paulo Veronese, che stanzia in Venezia come da suo scritto etc. (il quale manca) *d. Lire 600.*

[2] Secondo l'opinione espressami dal rev. priore Novella, dovrebb'essere il priore di quel tempo, il padre Damiano Grana veronese.

bello, pose una scimmia legata ad un balaustro, la quale fa un movimento assai grazioso.[1]

Collocata la CENA nel refettorio di Monte Berico, passò Paolo a Caldogno, col Fasolo e con altri suoi discepoli, per far degli affreschi nel palazzo che fu eretto dal Palladio,[2] per commissione di Angelo Caldogno, figlio di Losco.[3] Sotto la vôlta dell'atrio, dipinse GIOVE AD UN CONGRESSO DI NUMI, i quali sono divisi a coppie, e disegnati con gentilezza e dipinti con tale trasparenza di tinte che staccano a meraviglia, e par proprio che l'aria vi giuochi d'intorno. Nei quattro punti esterni della vôlta, giacciono QUATTRO FIGURE DI DONNA, CINTE DI FIORI, CON DEI PUTTINI INFIORATI ANCH'ESSI. La parete destra presenta UNA VEDUTA DI ARCHITETTURA RUSTICA, E, NEL PIANO, VI SONO SEI SUONATORI, TRE UOMINI E TRE DONNE, che hanno dei caratteri assai belli. Più in alto, cioè sopra la veduta, aleggiano tre bimbi stupendi. Fra le figure d'uomo ce ne ha poi una, che suona il violoncello, la quale ricorda per l'appunto il ritratto che Paolo fece

[1] Questo quadro, per ordine del vicerè Eugenio, venne trasportato, nel marzo 1812, alla Galleria di Brera a Milano, ma poi, cangiato Governo, per concessione dell'imperatore Francesco I, fu, nel 10 gennaio 1818, riposto al luogo primitivo, e vi stette fino all'11 giugno 1848; dappoichè in quel giorno nefasto i soldati dell'Austria, entrati nel convento, fecero guasto d'ogni cosa. Invaso il refettorio, stracciarono, con vandalica rabbia, a colpi di baionetta, la magnifica tela, e ne fecero *trentadue pezzi*, che, com'è ben naturale, furono anche dispersi. Grazie però alla solerzia e premurosa ricerca del padre Giannangelo Magnaghi, priore, ritrovaronsi tutti, e dal generale Culoz vennero restituiti. La gran tela rimase in frammenti fino al 1856, allorchè l'imperatore Francesco Giuseppe promise che sarebbe stata restaurata, a sue spese, e restituita al convento di Monte Berico. Il che fu fatto nel 19 maggio 1858, epoca in cui, superbamente aggiustata dal professore Andrea Tagliapietra di Venezia, venne ricollocata nel refettorio, ove tuttora si conserva.

[2] Il MAGRINI, in una *nota* da me rinvenuta fra le sue carte esistenti nella Biblioteca Comunale di Vicenza, ammette che vi sia andato nel 1571.

[3] Sul frontone della facciata leggesi:

Angelus Calidonius Lusci filius MDLXX.

di se stesso nelle NOZZE DI CANA. La parete sinistra offre l'insieme di SEI ALTRE FIGURE, CHE SIEDONO AD UN TAVOLIERE DA GIUOCO, IN MEZZO A SPLENDIDA ARCHITETTURA, E CON SOPRA DEI PUTTINI CHE VOLANO.[1] Dentro nella sala, sui quattro ingressi, dipinse degli SCHIAVI IGNUDI, IN CATENE, dove sfoggiò il suo fare grandioso, la sua profonda intelligenza anatomica, e usò un colorito più che mai succoso. Aiutò quindi i suoi allievi a istoriare le pareti di molte stanze, e, sopra un camino, fece una VENERE CHE ABBRACCIA VULCANO,[2] la quale ha tutto il fascino che poteva uscire dal suo pennello.

Ma qui viene il taglio di rompere una seconda lancia per difesa dell'onore di Paolo. Una terribile accusa gli incombe. Qualche scrittore, fra cui l'architetto Francesco Muttoni, nella illustrazione da lui intrapresa delle opere palladiane nel 1740, ebbe a far credere che, per invidia, egli avesse data nientemeno che la morte al Fasolo, quando si trovava con esso in Caldogno, facendolo precipitare con uno spintone dall'alto dell'armatura.[3] È falso, falsissimo! Una tale infamia è del tutto insussistente, è una cabala da romanzo di pessimo gusto; avvegnachè la storia non ci dà alcun motivo di argomentare che Paolo fosse stato mai, mai, d'animo violento, nè che potesse allora accendersi di gelosia per la bella riuscita del suo amato discepolo. Il Muttoni (come osserva anche giustamente il Magrini[4]) ha scritto colla massima leggerezza, scambiando eziandio erroneamente il sito del funesto caso. Infatti, il Ridolfi,[5] che,

[1] Questi e quelli, che formano l'altro gruppo, sono, si può dire, rimasti intatti, come ho potuto constatare io medesimo, allorchè ho visitato quella villa, ora proprietà dell'egregio conte Ascanio Pagello. Il resto è tutto alterato e corroso.

[2] Ab. FILIPPO DRAGHI, *Intorno agli affreschi di Caldogno;* Vicenza, 1875, pagg. 7-13.

[3] MAGRINI, *Cenni storico-critici sulla vita e sulle opere di Giovanni Antonio Fasolo,* pagg. 17-18.

[4] Loc. cit.

[5] *Maraviglie dell'Arte,* vol. II (ediz. II), pag. 462.

per anteriorità di tempo e per maggior senso critico, era informato delle cose, dice che il Fasolo morì nel 20 agosto 1572, in seguito alla frattura di una coscia che egli si fece, cadendo da un' impalcatura, mentre eseguiva gli affreschi della sala del Podestà di Vicenza. Dippiù: la sua tomba è in città, nella chiesa di San Lorenzo.[1] Che se il Fasolo, come asserisce il Muttoni, fosse rimasto ucciso di colpo, a Caldogno, sarebbe stato sepolto quivi, poichè non ci potea essere, a quei tempi, nè il costume, nè la comodità, nè il capriccio di trasportare il cadavere d'un povero artista da luoghi così discosti. Alle quali ragioni se ne aggiunge una di massimo rilievo, che, cioè, se Paolo fosse stato riconosciuto reo di tanto delitto, i Vicentini non gli avrebbero certo allogato gli ulteriori lavori, ch'egli eseguì, dopo essersi fermato qualche po' di tempo a Venezia, per la nascita della sua carissima Vittoria, che avvenne nel 15 novembre 1572.[2] Difatti, al suo ritorno, dipinse, come è già noto, dei RITRATTI pei conti Porto e pei conti Arnaldi, e fece un MOSÈ SALVATO DALLE ACQUE per la nobile famiglia Negri, e, nella chiesa di San Giuseppe a Zanè, condusse un affresco rappresentante IL PARADISO,[3] e, l'anno appresso, per la chiesa di Santa Croce, in città, ritrasse in un quadro (che porta il millesimo MDLXXIII) CRISTO IN CROCE SORRETTO DAL DIVIN PADRE, CON DI SOPRA LO SPIRITO SANTO E DUE ANGELI FRA LE NUVOLE, E, ABBASSO, SUL PIANO,

[1] Ecco l'epitaffio che vi si legge:

JOANNIS . ANTONII . FASOLII
PICTORIS . EXIMII . HÆREDUM
Q. SUORUM . VIXIT . ANN. XLII
OBIIT X CALEN. SEPT. MDLXXII

[2] Il seguente documento mi venne favorito dall'onor. MUNICIPIO DI VENEZIA, dove fu copiato dal *Codice* 3379/8:

1572 ad i 15 9bre

Vittoria et Ottavia fia di mes. Paolo Caliari Pittor Veronese stantia in calle de Ca Mocenigo in le Case di mes. Jac.o Fedrici, fo battezzato adi sopradicto. fo compare mes. Alvise Concina fo. di mes. Zuanne.

Il Piovan.

[3] MACCÀ, *Storia del territorio vicentino*, tom. XII, parte II, pag. 328.

SAN PIETRO E SAN PAOLO.[1] Alla calunnia propalata dal Muttoni potrà forse aver dato una specie di appiglio un fatto, nel quale però Paolo ebbe a sostenere la parte passiva e non l'attiva, la nobile e non l'ignobile. E il fatto è questo, che, imbattendosi un giorno, in una pubblica strada di Vicenza, col Zelotti, già suo amico e condiscepolo e, allora, suo rivale, venne a forte diverbio con lui, ed anzi nell'impeto della collera da lui fu percosso; senonchè, appurata dai magistrati la cosa, il Zelotti venne allontanato da Vicenza,[2] finchè Paolo vi protrasse il suo soggiorno.

Eseguiva pure, nel 1572, per una nobile famiglia (non è bene chiarito se vicentina o di Venezia), il quadro rappresentante SAN BENEDETTO IN ESTASI CON VARI SANTI, che ora vedesi nella sala dell'Iliade, a Pitti.[3] Vi fece il Santo in una specie di tronco sopra un gradino, ov'è tracciato uno stemma insieme con questa iscrizione: *Ora pro nobis Pater Bened. MDLXXII;* e, a' suoi fianchi, dipinse i due primi discepoli di lui, Mauro e Placido. San Benedetto veste indumenti pontificali e tiene nella mano sinistra il pastorale. Sono genuflesse, in sul davanti, delle sacre vergini, tra le quali Santa Scolastica, avente ai piedi una colomba. Nell'alto, in una specie di gloria, ha immaginato il pittore lo sposalizio di Santa Caterina. È un lavoro anche questo fatto con solenne bravura. Le teste sono di una bellezza straordinaria e sembrano, e saranno forse, ritratti; la ricchezza delle stoffe, il magistero con cui ha saputo accordare le brune vesti delle monache con gli altri colori, la dignità e maestà del protagonista sono cose affatto degne del gran luminare della veneta scuola.[4]

[1] *Elenco dei principali monumenti ed oggetti d'arte esistenti nella provincia di Vicenza,* pag. 4.

[2] CICOGNA, op. cit., vol. IV, pag. 148, n. 1ª; MAGRINI, loc. ult. cit; YRIARTE, op. cit., pag. 161.

[3] E. CHIAVACCI, *Guida della Galleria Pitti* (1881), pag. 97.

[4] P. TANZINI, nella *Illustrazione della Galleria,* stampata dal Bardi nel 1842, vol. IV.

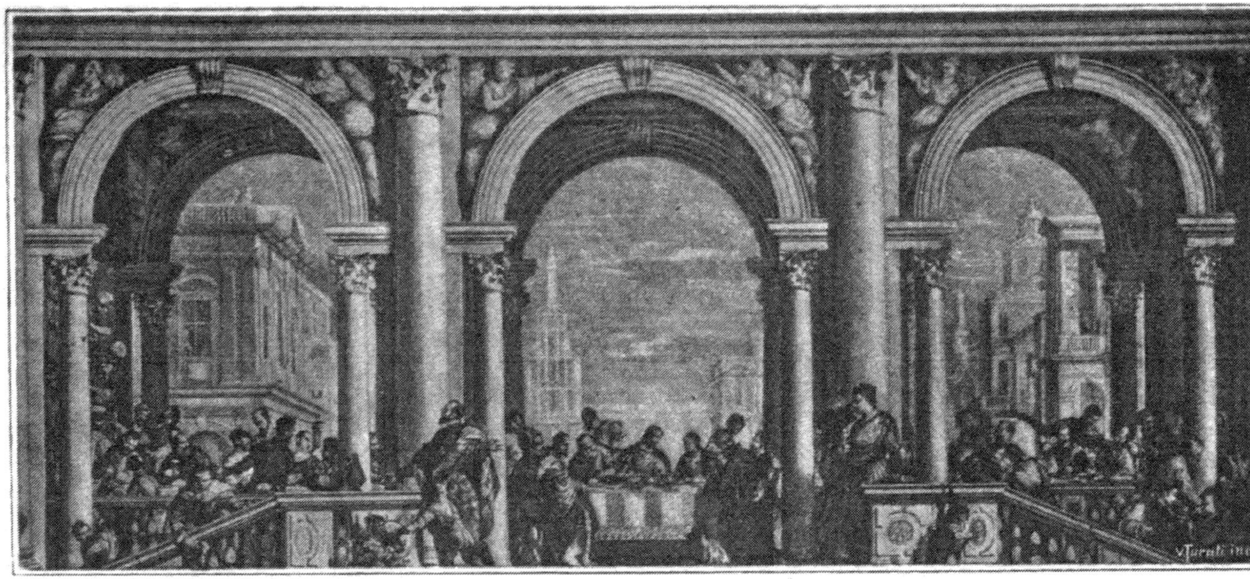

IL CONVITO DI LEVI

R. Accademia di Belle Arti in Venezia.

CAPITOLO IX.

Diffusione del culto di Santa Giustina — Pitture del Tintoretto e di Leonardo Corona per la vittoria di Lepanto — LA VITTORIA DELLE CURZOLARI a Murano — LA CENA DI LEVI — Paolo davanti al Sant'Uffizio — LA CENA DI LEVI com'è al presente — LA FAMIGLIA DI DARIO.

(1572-1573).

La Repubblica, che avea reso tanto grande e temuto il suo nome nella vittoria di Lepanto, desiderava di eternarne la memoria non solo colle pubbliche dimostrazioni, ma, eziandio, coi monumenti dell'arte. Consacrò, a tal uopo, una cappella alla Vergine del Rosario, presso la chiesa di San Giovanni e Paolo, facendola adornare di sculture dal Vittoria e dal Campagna, e di pitture dai Tintoretto, padre e figlio, dal Palma il giovane, da Francesco Bassano e da altri. Fregiò la facciata dell'Arsenale, d'un ingresso trionfale e di alti rilievi, e l'abbellì di una statua di Santa Giustina, per ricordare che di là uscì la flotta, che, nel giorno sacro a quella Martire, vinse, con tanta gloria, l'armata turca. Coniò delle nuove monete, portanti la effigie della Santa, colla iscrizione: *Memor ero tui, Justina virgo.* Ordinò che, ogni anno, il doge e il Senato si recassero in processione al tempio di lei, nel giorno della sua festa; il che fu fatto per la prima volta sotto il doge Lodovico Mocenigo, appunto in quell'anno. [1]

[1] FRANCESCO ZANOTTO, *Pinacoteca dell' I. R. Accademia di Venezia,* vol. II.

Oh! ma il genio di Paolo poteva allora essere trascurato? Quella battaglia, che fu una delle più titaniche, che sieno state combattute sui mari, non doveva essere immortalata dal suo pennello? Dovevano avere questo vanto solamente Jacopo Tintoretto e Leonardo Corona? [1] Col suo creatore pennello, non doveva egli far rivivere quell'eroe, degno dei tempi omerici, che fu Agostino Barbarigo, del quale cresceva il coraggio quanto più minacciosa diveniva la fortuna degli alleati cristiani? Non doveva Paolo ritrarne l'effigie, dopochè v'ebbe quegli lasciata, in tal giorno, così gloriosamente la vita? E l'immagine dell'ammiraglio Sebastiano Venier, che s'avanzava arditissimo, co'suoi galeoni, a compiere lo sterminio delle navi turchesche, non dovea pur essa venir pennelleggiata dal Veronese? Sì, certamente dovea Paolo contribuire, in cento guise, a rendere solenni quelle ricordanze!

Ebbe egli, infatti, a colorire subito una tela, colla VITTORIA DELLE CURZOLARI, per la chiesa di San Pietro Martire a Murano. [2] Figurò la terribile mischia, e, al lato sinistro, delineò le navi turche ravvolte da nodi di fiamme e da negra procella, mentre la flotta degli alleati cristiani le incalza, a forza di remi. In alto, onduleggia il vessillo di San Marco, su cui piove un fulgido raggio, che scende dalle nubi, ove sta la Madre di Dio, fra quattro Beati supplicanti. In mezzo ad essi, vedesi, umilmente atteggiata, la Regina dell'Adria. San Pietro e San Rocco l'additano alla Gran Vergine, mentr'ella prega in compagnia di Santa Giustina e dell'Evangelista San Marco. Alla sinistra parte dei cieli, vi sono due cori di angeli che suonano è cantano. Ecco il complesso di questa tragedia, di questo quadro meraviglioso,

[1] *Venezia e le sue lagune,* vol. II, parte II, pagg. 111 e 114.

[2] Opina il ZANOTTO (op. cit.) che sia stata ordinata quest'opera da Pietro Giustiniano, prior di Messina, che si distinse in quella battaglia, e che possedeva a Murano un amplissimo palazzo, non lungi appunto dal tempio di San Pietro Martire.

che, pur, dopo tre secoli, conserva, colla primitiva freschezza, [1] anche quella forza che vale a scuoterci i nervi e a solcarne il cervello come una scintilla elettrica.

Ora però alle celebrate doti artistiche di Paolo vediamo sposarsi palesemente i suoi pregi morali. Ci viene innanzi, di per sè, una bella occasione per comprovare quanto il Veronese fosse d'animo benevolo, gentile, generoso; nè vogliamo trascurarla. Il 17 luglio 1571, giorno di Sant'Alessio e di Santa Marina, stando aquartierati alcuni Tedeschi, per serbar l'ordine pubblico, nei magazzini, posti sotto il refettorio del convento di San Giovanni e Paolo, ed essendo ubbriachi, destarono, accidentalmente, un incendio, che non si potè spegnere che dopo grave disastro. Le lingue delle fiamme invasero il piano superiore, distrussero il refettorio e gran parte del convento. In quella rovina molti oggetti d'arte andarono a perire, e, fra gli altri, un magnifico *Cenacolo* dipinto da Tiziano. Ai restauri del fabbricato si provvide immediatamente; ma come riparare alla distruzione della famosa *Cena?* Era una cosa impossibile! Il priore del monastero non ci pensava nemmeno, allorchè al padre Andrea Buoni, un buon frate davvero, balenò un'idea, quella cioè di far eseguire una nuova *Cena* da un pittore di grido, e di pagarla co' suoi risparmi e con quel po' di denaro ch' ei potesse raccogliere, limosinando. [2] Detto fatto, si condusse nella contrada di San Samuele, in calle di Ca Mocenigo, picchiò ad una casa, ch'era di proprietà di messer Giacomo Federici, dove appunto allora abitava il Veronese, colla sua famiglia e col fratello Benedetto. Gli espose candidamente la cosa; e Paolo dapprima stette a guardarlo e sorrise, ma poi, alle insistenti preghiere di lui, fu socì intenerito, che (sebbene giudicasse che il padre Andrea gli avrebbe difficilmente fatto avere tanto quanto era necessario per

[1] Esiste ora nell'Accademia di Belle Arti in Venezia, nella sala XIV (Pinacoteca Renier). È alto m. 1.70, largo m. 1.40.

[2] CICOGNA, op. cit., vol. VI, pag. 825.

sopperire alle spesa della tela e dei colori) promise di sobbarcarsi all' impresa. E come disse, così mantenne. Infatti, egli compiva, in pochi mesi, un quadro alto circa sei metri e largo circa tredici, rappresentante la CENA DI LEVI, dove spiegò il fantastico sistema delle altre sue, immaginando maestose logge e sfondi d'un azzurro di turchese, con variati episodi di bei tipi femminili e di paggi eleganti, di cani e di moretti e di grandiose figure abbrunate dal sole, e lusso di sete e di sfarzosi broccati e di damaschi e di velluti e di vasellami d'oro e d'argento; e, per soprappiù, vi pose anche il suo ritratto, quello di Tiziano, e quello del buon monaco, [1] che gli dava in compenso pochissimo, ma a quel pochissimo univa l'alta soddisfazione da fargli collocare, fra il plauso generale, addì 20 aprile 1573, un suo quadro, [2] nel medesimo sito dove era prima un quadro ammiratissimo del glorioso Vecellio. Si accordano infatti il Ridolfi, [3] il Boschini, [4] il Zanetti, [5] il Landon, [6] il Zanotto, [7] il Gauthier [8] nel riconoscere che questa CENA è uno dei più importanti capolavori di Paolo, che in essa egli ha raccolte tutte le forze del suo genio e i più bei frutti de' suoi studi, e che, in una parola, offre assolutamente l'illusione di un diorama.

V' è da aggiungere un' altra osservazione, vale a dire che la si mostra più sobria e meno intralciata di anacronismi e di anatopismi, in confronto degli altri suoi CENACOLI. Giova però rammentare che dessa non uscì tale e quale dallo studio di Paolo,

[1] Sotto l'arco a sinistra, col coltello e la forchetta in mano e la salvietta sulla spalla.

[2] L'epoca vi è segnata sul quadro.

[3] Op. cit., pagg. 20-21.

[4] Il *Cenacolo* di Paolo pel refettorio di San Giovanni e Paolo è descritto e celebrato dal BOSCHINI nell'opera citata (vento V), pag. 349.

[5] Op. cit. (1792), tom. I, pagg. 239-43.

[6] Op cit. (1809), tom. complem., pagg. 49-52.

[7] Op. cit., vol. II.

[8] Op. cit., pag. 221.

e che, anzi, sul primo originale, egli dovette fare dei cangiamenti e dei ritocchi, e non già di suo genio, nè tanto di buon grado. Fu obbligato a farceli, nientemeno che per ordine espresso del Sant' Uffizio. Del Sant' Uffizio? Per l'appunto! Nella libera e repubblicana Venezia, v'era, in quei tempi, come in tutti gli altri Stati d'Europa, il Tribunale della Inquisizione, un Tribunale che si componeva di tre ecclesiastici, delegati da Roma, e di tre laici, eletti dal Governo. Gli ecclesiastici erano, al solito, il nunzio del Papa, il patriarca di Grado e un monaco detto padre inquisitore, e, invece, i laici mutavano, giusta il voler del Senato, e si chiamavano i Tre Savi dell'Eresia; e tanto agli uni che agli altri spettava, fra le altre cose, anche la cura e la conservazione delle opere d'arte e, per così dire, la censura di tutto ciò che toccava la pittura e la scultura. Orbene, Paolo doveva cadere e cadde sotto i riflessi di quel Tribunale. Il giorno di sabato 18 luglio 1573 egli fu costituito davanti al Sant'Uffizio, per subirvi un processo relativamente al quadro della CENA DI LEVI, da lui di fresco eseguito per il refettorio di San Giovanni e Paolo, dov'erano (come fu dichiarato) delle allusioni apparentemente poco riverenti alla Chiesa. Egli vi andò senza mostrare alcuna peritanza. Alle varie dimande rispose imperturbato, rispose sempre colla sua abituale ed avveduta franchezza, benchè talvolta con dei criteri subiettivi e delle teoriche ingenuissimamente formulate, da cui si capisce ch'egli avea pensato più all'effetto estetico, che al significato spirituale. Dettogli, per esempio, ch'egli, invece di dipingervi il suo levriere, avria dovuto farvi la figura della Maddalena, soggiunse che non ve la rappresentò, perch'era persuaso che non la potesse starci bene, per molte ragioni, che avrebbe esposte ad un bisogno. Chiestogli perchè avesse dipinto uno a cui scende (con licenza) il sangue dal naso, dichiarò d'aver voluto fare un servo, che, per qualche accidente, gli fosse venuto appunto il sangue dal naso. Dimandatogli che cosa significassero quei soldati tedeschi, colle alabarde, insieme con quei buffoni (per non dire che ve li avea messi a ricordare ch'erano stati i lanzichenecchi la causa del grave incendio, o per iscopo di esporli alla canzonatura), se la cavò col dire, che i pittori si pigliano la licenza che si pigliano i poeti e i matti, e che avea fatto quei buffoni per ornamento, e quegli alabardieri, uno in atto di bere e l'altro di mangiare, presso una scala smessa, parendogli conveniente che il padron della casa, essendo grande e ricco, dovesse avere così fatti servitori.[1] Cionontpertanto, fu condannato a correggere, a sue spese,

[1] Ecco la copia di quel famoso *Processo Verbale*, secondo che mi venne trascritta e inviata dal Direttore degli Archivi di Stato di Venezia, alla quale aggiunsi però, fra parentesi, qualche variante, che potrebb'essere correzione agli sbagli del copista:

Die sabbati 18 mensis Julii 1573.

Constitutus in Sancto Offitio coram Sacro Tribunali Dominus Paulus Caliarius Veronensis habitator in parochia Sancti Samuelis et interrogatus de nomine et cognomine,

Respondit ut supra.

Interrogatus de professione sua,

Respondit: Io depingo et fazzo delle figure.

Et dictum: Sapete la causa perchè sete constituito?

Respondit: Sig.ri no.

Et dictum: Podete imaginarla?

R. Imaginar mi posso ben.

Et dictum: Dite quel che vi imaginate,

R. Per quello, che mi fu detto dalli Rev.di Padri, cioè il Prior de S. Zuane Polo, del qual non so il nome, il qual mi disse, che l'era stato qui, et che Vostre Signorie Ill.me gli haveva dato commission ch'el dovesse far far la Maddalena in luogo de un Can, et mi ghe risposi, che volentiera haveria fatto quello et altro per honor mio et del quadro; ma che non sentiva che tal figura della Maddalena podesse zazer (parer) *che la stesse bene per molte ragioni, le quali dirò sempre che mi sia dato occasion che le possa dir.*

Et dictum: Che quadro è questo che avete nominato?

R. Questo è un quadro della Cena ultima, che fece Gesù Christo cum li sui Apostoli in ca de Simeon.

Et dictum: Dov'è questo quadro?

R. In refettorio delli frati de S. Zuane polo.

Et dictum: Ello in muro, in taola, o in tela?

R. In tela.

Et dictum: Quanti piedi ello alto?

R. El puol esser 17 piedi.

Et dictum: Quanto ello largo?

R. Da 39 in circa.

Et dictum: A questa Cena del Signor gli havete depento Ministri?

il dipinto entro il termine di tre mesi, sotto la comminatoria d'incorrere, altrimenti, nelle penalità stabilite per i contravventori degli ordini della Santa Inquisizione. Al che, sebbene a malincuore, *pro bono pacis,* annuì, mutando parecchie figure ed altre cancellandole.

Ridusse il quadro a quel modo in cui lo si vede anche adesso. L'azione ha luogo sotto una vastissima loggia d'ordine composito, albeggiante di nitidi marmi, decorata di vistosi fregi sugli

R. Mons.r si.

Et dictum: Dite quanti Ministri, et li effetti che ciascun di loro fanno,

R. El patron dell'albergo Simon: oltra questo ho fatto sotto questa figura un scalco, il qual ho finto chel sia venuto per suo diporto a veder come vanno le cose della tola.

Deinde subiunxit: Ghe sono molte figure, le quali per esser molto che ho messo suso il quadro, non me lo (le) *ricordo.*

Et dictum: Havete depento altre cene che quella?

R. Sig.ri Si.

Et dictum: Quante ne havete depente et in che luogo?

R. Ne fece (feci) *una in Verona alli Rev.di Monaci de S. Lazar* (Nazar), *la qual é nel suo reffettorio.*

Dixit: Ne ho fatto una nel Reffettorio deli Revdi Padri di S. Zorzi qui in Venetia,

Li fu detto: Questa non e cena, ne (et) *si domanda della Çena del Signor.*

R. Ne ho fatto una nel refettorio di (de') *Servi di Venetia, et una nel refettorio di S. Sabastian qui in Venetia. Et ne ho fatto una in Padoa ai Padri della Maddalena et non mi ricordo di haverne fatte de altre.*

Et dictum: In questa Cena, che havete fatto in S. Gioanni Paulo, che significa la pittura di colui che li esse il sangue dal naso?

R. L'ho fatto per un servo, che, per qualche accidente, li possa esser venuto il sangue del naso.

Et dictum: Che significa quelli armati alla Thodesca vestiti con una lambarda per uno in mano?

R. El fa bisogno che dica qui vinti parole!

Et dictum ch'el dica,

R. Nui pittori si pigliamo la licentia che si pigliano i poeti et i matti, et ho fatto quelli dui Alabardieri uno che beve, et l'altro che magna appresso una scala morta, i quali sono messi là, che possino far qualche officio parendomi conveniente che 'l patron della Casa che era grande e richo, secondo che mi e stato detto, dovesse haver tal servitori.

Et dictum: Quel vestito da buffon con il papagalo in pugno, a che effetto l'havete depento in quel telaro?

R. Per ornamento, come si fa.

Et dictum: Alla tavola del Sig.r chi vi sono?

R. Li dodeci apostoli.

Et dictum: Che effetto fa S. Piero, che é il primo?

archi e sulle colonne. Dispose con assai buon gusto le figure, che sono moltissime. Il posto principale della mensa è occupato dal Salvatore, che, all'aria grave e dolce del volto, si manifesta vero figlio di Dio. Levi, pieno di maestà, è seduto alla destra dell'arco di mezzo. Gli sta presso l'architriclino (in cui ritrasse le sue sembianze), che, coperto di un ricco manto le spalle, comanda ai servi, e dirige la festa. Il destro arco vien chiuso, in parte, da un gruppo di valletti, intenti ad imbandire le patere

R. El squarta l'agnelo per darlo all'altro Capo della tola.

Ei dictum: Che effetto fa l'altro che li é appresso?

R. L'ha un piato per ricever quel che gli dará S. Pietro.

Ei dictum: Dite l'effetto che fa l'altro che é appresso questo,

R. L'é uno, che ha un piron, che si cura i denti.

Ei dictum: Chi credete voi veramente che si trovasse in quella Cena?

R. Credo che si trovassero Cristo con li suoi Apostoli; ma se nel quadro li avanza spacio io l'adorno di figure, secondo le inventioni.

Ei dictum se da alcuna persona vi é stato commesso che voi dipengeste in quel quadro Thodeschi et buffoni et simil cose,

R. Sig.ri no. Ma la commission fu di ornar il quadro secondo mi paresse, il quale é grande et capace di molte figure, si come a me pareva.

Ei dictum se gli ornamenti che lui pittore é solito di fare dintorno le pitture o quadri, é solito di fare convenienti et proportionati alla materia et figure principali, o veramente a beneplacito, secondo che li viene in fantasia senza alcuna discrettione et giuditio,

R. Io fazzo le pitture con quella consideration che é conveniente, che 'l mio intelletto può capire.

Interrogatus se li par conveniente, che alla Cena ultima del Signore si convenga dipingere buffoni, imbriachi, Thodeschi, nani et simili scurrilitá,

R. Sig.ri no.

Interr.us: Non sapete voi, che in Alemagna et altri lochi infetti di heresia sogliono con le pitture diverse et piene di scurrilitá et simili inventioni diligare (dilegiare), *vituperar et far scherno delle cose della S.ta Chiesa Catholica per insegnar mala dottrina alle genti idiote et ignoranti,*

R. Sig.r si che l'é male; ma perché tornerò anchora a quel che ho ditto, che ho obbligo di seguir quel che hanno fatto li miei maggiori.

Ei dictum: Che hanno fatto i vostri maggiori? Hanno fatto forse cosa simile?

R. Michel Agnolo in Roma, dentro la Capella Pontifical, vi é (à) *depento il nostro Sig.r Jesu Christo, la sua Madre et S. Zuane, S. Piero, et la Corte Celeste, le quali tutte sono fatte nude, dalla Vergine Maria in poi, con atti diversi, con poca reverentia.*

Ei dictum: Non sapete voi che depengendo il giuditio universale, nel quale non si presume vestiti, o simil cose, non occorrea dipinger veste, et in quella figura (quelle figure) *non vi é cosa se non de spirito, non vi sono buffoni, né cani, né arme, né simili buffonerie? Et se li pare per questo o per qualunque altro essempio di haver fatto*

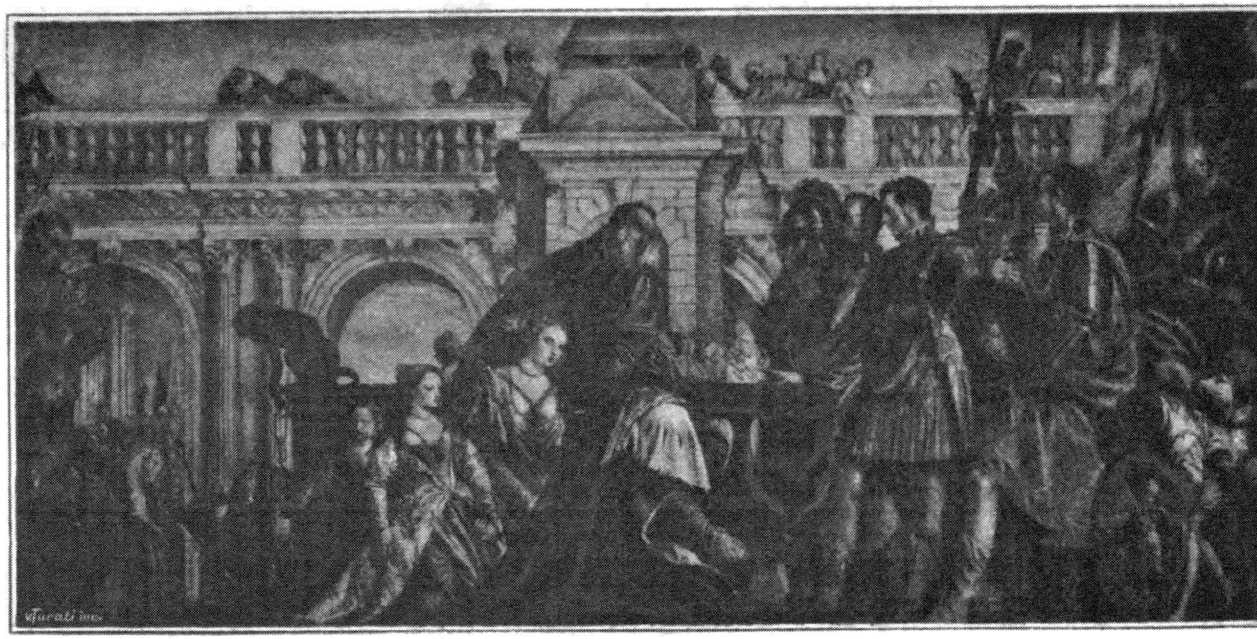

LA FAMIGLIA DI DARIO

Galleria Nazionale di Londra.

e le vivande, e, in parte, dalla mensa, dove, fra gli altri personaggi, è dipinto il Vecellio, che tiene in capo il berretto e nella destra un nappo spumante. Tolse pure dal vero la figura di chi sta alla destra scalea, dietro il vaso, e quella del cuoco, che, morbido e pingue, col suo bravo coltello che gli pende dal fianco, favella col moretto che gli è dappresso, e quella del buon frate Andrea. A rendere poi più allegra e splendida la scena, distribuì qua e là un gran numero di servi, di donne, di paggi, di guardie che osservano, girano, discorrono, assaporano vivande, trincano vino, raccolgono avidamente gli avanzi del simposio; e, in tal guisa, accrebbe la magnificenza e la varietà, senza togliere nulla al bell'ordine ed alla unità generale.

Non so se del dispiacere avuto per causa del Sant'Uffizio si risentisse gran fatto. I suoi amici però erano molto impensieriti della sua straordinaria operosità, del suo lavoro sovrumano. Dubitavano che le fibre di quel cervello avessero troppo ad assottigliarsi, e che la morte, invidiosa, avesse presto a spezzare quell'incantatore pennello, che non riposava mai. Molti patrizi lo invitavano, a tal uopo, nelle loro splendide ville, che si specchiano sul Sile, sulla Piave, sul Tagliamento, sul Brenta, perchè dicevano essi che là, almanco, resterebbe senza far nulla e vivrebbe della vita degli alberi e dei fiori, per lungo tempo. Egli vi andò, ma solo per dar mano a qualche piccolo lavoro, [1]

bene di haver dipinto questo quadro in quel modo che sta et se 'l vol defendere chel quadro sta bene et condecentemente,

R. Sig.r Ill.mo, no che non lo voglio defender; ma pensava di far bene. Et che non ho considerato tante cose, pensando di non far disordine nisuno, tanto più che quelle figure di Buffoni sono di fuora del luogo dove è il nostro Signore.

Quibus habitis, Domini decreverunt supradictum Dominum Paulum teneri et obligandum esse ad corrigendum et emendandum picturam, de qua in constituto, arbitrio S.cti Tribunalis, infra terminum trium mensium connumerandorum a die præfixionis correttionis faciendæ juxta arbitrium prædicti S.cti Tribunalis connumerandorum, suis expensis, cum comminatione sub pœnis sacri Tribunalis imponendis. Et ita decreverunt omni meliori modo.

(*Sant' Uffizio, Processi*, 6, 33).

[1] Dice il Magrini (*Memorie del Palladio*, pag. 261) che Paolo dipinse alla Stra, sul confluente del Piovego colla Brenta, nel palazzo Bernardo, già

per entrare in qualche partita di caccia e far prova della canna damaschina del suo archibugio, per assistere a qualche banchetto, non già per fermarvi la sua dimora. Più fortunata fu la nobile famiglia Pisani, che, invece, lo volle e lo ebbe, per parecchi mesi, nel suo palazzo d'Este, prodigandogli una ospitalità veramente cortese e cordiale, ma che fu ricambiata ad usura col dono del quadro della FAMIGLIA DI DARIO, da lui dipinto. Varie leggende si spacciarono anche a questo proposito. Pensò taluno ch'egli avesse fatto quell'insigne lavoro quando si recò in quella casa per sottrarsi alla persecuzione di un suo rivale, che poteva essere il Zelotti, tale altro quando vi fu detenuto per qualche colpa verso il Governo, tale altro ancora quando vi andò per timore del Sant' Uffizio.[1] Senza voler contrastare a queste varie ipotesi, che sembrano tutte verosimili, io credo che si possa eziandio ritenere che Paolo siasi condotto ad Este, e siasi quivi trattenuto lunga pezza, in casa Pisani, perchè legato di grande e vecchia amicizia e perchè, anche, la valida potenza di quella famiglia giovava molto a far dileguare lontano lontano lo spauracchio della Santa Inquisizione, seppure, come l'ombra di Banco, gli veniva dinanzi; e credo, infine, che regalasse a quella casa la gran tela, per testimoniare la sua gratitudine. Vi ebbe dipinto la madre, la moglie e le figlie di Dario genuflesse davanti ad Alessandro il Macedone, dal quale implorano clemenza, e, a lato del re, fece Efestione, suo favorito capitano.[2] La scena non è la solitaria tenda del Le Brun, è il cortile di un sontuosissimo palazzo, con logge e terrazze tutte popolate di gente. Alessandro non è col solo suo amico Efestione, ma con gran seguito di guerrieri, di scudieri, di soldati: Sisigambi, la madre di Dario, è vestita alla foggia della dogaressa, Statira e le sue figlie hanno

distrutto nel 1825 da Cristoforo Hojer, il *Ritratto del Palladio,* architetto di quella villa, sotto le sembianze di un poveretto.

[1] CICOGNA, op. cit., vol. IV, pag. 235, e vol. VI, pag. 905.

[2] RIDOLFI, op. cit., pag. 42.

indosso le cipriane e i broccati come le venete dame; ma tanta infedeltà storica è compensata dalla vaghezza dell'insieme, dalla proiezione aerea, dalla studiata grandiosità delle prospettive e dei gruppi, dal fascino dei bizzarri accessorî, dalla ricchezza del colorito, dalla espressione che intenerisce, dalla fedeltà dei ritratti dei principali individui della famiglia Pisani, e dalla evidenza del suo stesso ritratto, che egli bramava collocare accanto a quello de' suoi mecenati ed amici. [1]

[1] Questo famoso quadro più non esiste in Italia, dappoichè il conte Vettor Pisani lo alienò, nel 1857, alla *Galleria Nazionale* di Londra, per mezzo del Console generale inglese, residente a Venezia. Fu venduto per la somma di lire sterline 13,650, pari a napoleoni d'oro 17,445, ossia italiane lire 354,900; ma forma il miglior ornamento di quella Pinacoteca, come io stesso ho potuto riconoscere, quando vi andai, col mio amico Luigi Bellini, nell'autunno del 1886. Si può dire che davanti a questa tela vi sono continuamente degli estasiati ammiratori, che fanno tesoro delle sempre nuove meraviglie, che da essa rampollano.

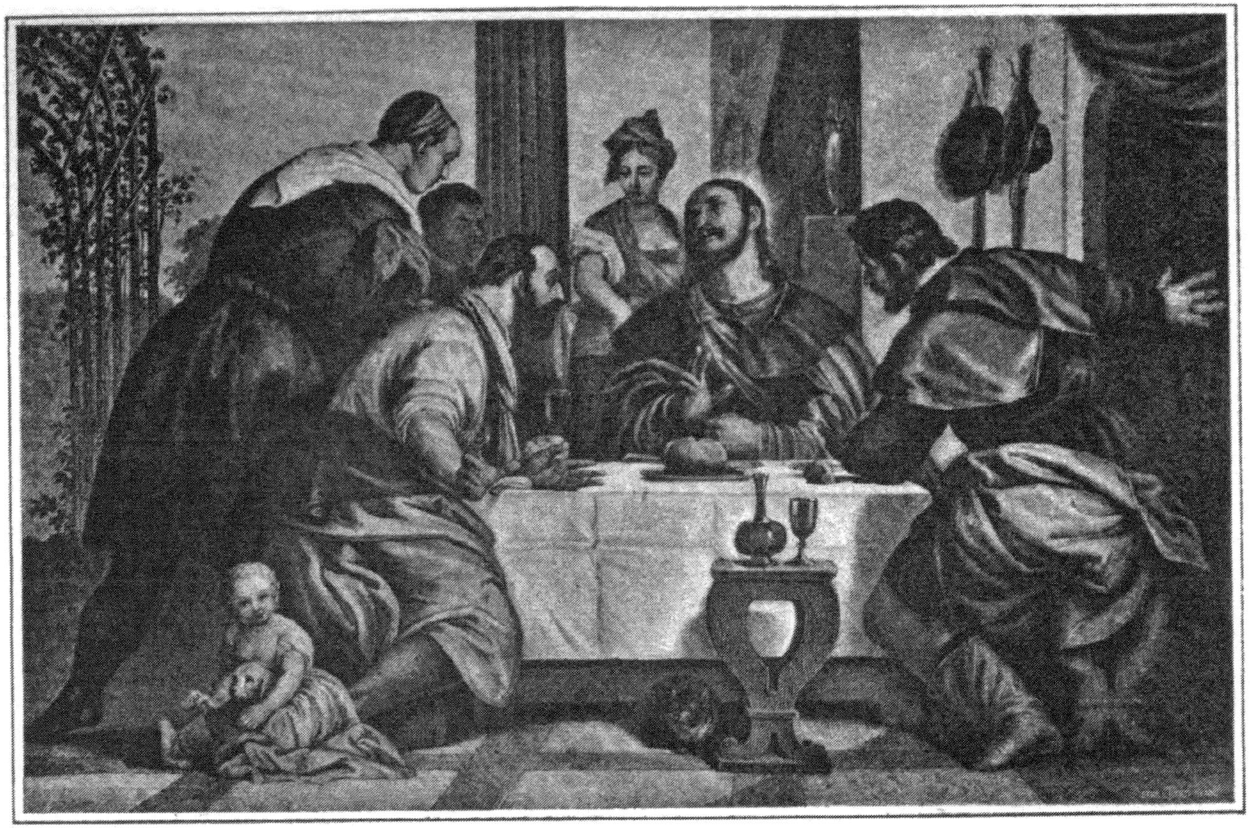

I PELLEGRINI DI EMMAUS

R. Galleria di Dresda.

Capitolo X.

I Pellegrini d'Emmaus — Altro quadro dei Pellegrini d'Emmaus — L'Adorazione dei Magi per San Silvestro — Feste veneziane per la venuta di Enrico III di Francia — Pitture pei Magistrati delle legne, delle biade e dei sopradazi — Dipinti nel fondaco dei Tedeschi — Fresco di Casa Cappelli sul Canal Grande — La Vergine in gloria a Murano — Ritratto di Marcantonio Barbaro.

(1573-1574)

Un sentimento soave di affetto richiamava intanto il nostro artista sulle lagune. Aveva egli bisogno di ritemprarsi nell'ambiente domestico, di rituffarsi in quella vivida e più mite atmosfera. Coll'entusiasmo adunque di un esule che risaluta la patria, colla santa voluttà d'un pellegrino, che rivede i luoghi delle sue memorie più care, egli tornava a riabbracciare la sposa ed i figli. E certo, a memoria del suo ritorno, immaginava un quadro, che dovea essere tra i suoi più belli: il quadro dei Pellegrini d'Emmaus, che venne trattato da lui in maniera ben diversa da quella di Tiziano. Paolo ritrasse il Cristo, che, dopo la risurrezione, si fa riconoscere da due suoi discepoli, spezzando il pane, ch'ei benedice. La testa di Cristo la fece piena di un'espressione sovrannaturale, come fece pieni di stupore i lineamenti e i movimenti dei due discepoli. Ma ai personaggi che gli veniano suggeriti dal soggetto aggiungeva quelli che gli venivano suggeriti dal cuore. Dipingeva, davvicino al Salvatore, la diletta sua moglie Elena, e i suoi figli e se medesimo. La giovane e bella consorte la figurava da un lato, davanti a sè, colla sua bimba Vittoria in braccio, e un altro dei suoi figli, Orazio, il delineava aggavignato all'abito di lei, e gli altri due, Gabriele e Carletto, li poneva lì dinanzi alla tavola, in atto di giuocare con un cagnolino.[1] E quel quadro gli riusciva ammodo; anzi egli non si mostrò, secondo il Gauthier,[2] giammai più perfetto che in quel quadro. Il colore è molle, argentato e d'una seduzione irresistibile. Il gruppo dei fanciulli del primo piano è d'un gusto squisito: gli altri personaggi hanno quell'ampiezza magistrale, quella facilità opulenta, quella grazia ammaliante, che caratterizza il gran maestro, l'uomo già sicuro nella sua arte.[3]

Dopo questo, egli eseguiva il saporitissimo quadro sul medesimo soggetto, che ora si trova nella Galleria Reale di Dresda, nel quale alla stupende figure di Cristo e dei due commensali veggonsi aggiunte quella del fido moretto, quella d'un bell'uomo tarchiato e quella di una florida contadinotta, che sarà stata forse la balia della sua Vittoria, cui pure gli piacque effigiare nella vezzosa creaturina che sta seduta, sulla gamba protesa all'indietro d'uno degli Apostoli, e che si balocca con un canino da caccia.[4]

Fece, dipoi, una bella e ricca composizione per la chiesa di San Silvestro, rappresentante l'Adorazione dei Magi. Vi figurò la Vergine sedente sotto la tettoia d'un rovinato palazzo, che è tramutato in istalla, ed animò la scena con belle figure di cavalieri e di servi, che guidano i cavalli e i cammelli, che sono al seguito dei Re Magi, sui quali, mentre stanno prostrati, si riversa dai volti di Gesù e di Maria come un'onda tremula di luce viva e brillante.[5]

[1] Landon, op. cit., vol. XIII, pagg. 41-42.

[2] *Tableaux à la plume* (1880), pagg. 12-13.

[3] Era a Versaglia, nell'antica collezione del re Luigi XIV, d'onde passò al Louvre.

[4] Fu comprata a Modena e venne restaurata dal Palmaroli.

[5] Che sia stata eseguita nel 1573 lo afferma il Reiset nella *Gazette des Beaux-Arts*, vol. XV, pagg. 590-91, e un articolo della *Rivista enciclopedica*

Sul cominciare del 1574 a molti nuovi ed immortali lavori dava di piglio il nostro pittore, e, con una foga, forse, maggiore che dianzi; allorchè a rendere più feconda la sua immaginazione e più fenomenale la sua operosità accadde il fatto della morte di Carlo IX di Francia. A succedere a questi, era stato eletto suo fratello Enrico III re di Polonia, un bel giovine di ventitrè anni, il quale, poichè partì da Varsavia, dovendo passare per gli Stati della Serenissima, stabilì di fermarsi a visitare Venezia. Appena il doge Luigi Mocenigo e il Senato n'ebbero sentore, deliberarono di fargli tale accoglimento ch'egli potesse formarsi un'altissima idea della magnificenza della Repubblica, e, per ingrazionirsene l'animo, ricorsero, prima di tutto, ai più insigni artisti, fra i quali al Palladio, al Tintoretto e a Paolo, perchè li aiutassero coi loro progetti. E quanto poteva ideare la fervida fantasia di essi, quanto pareva richiedere il decoro della veneta potenza, tanto fu fatto. Si mandarono ad incontrarlo, sui confini del Friuli, Andrea Badoero, Giovanni Michiel, Giovanni Soranzo e Jacopo Foscarini, amplissimi senatori, col fiore del patriziato. Fattolo salire sopra uno splendido cocchio, tirato da quattro leardi, a lui donato dal Governo, fu condotto fino a Treviso, passando dalla Chiusa, da Osoppo, da Sacile, da Conegliano, dove fu sempre salutato dalle milizie dei feudatari, dallo sparo delle artiglierie, dal suono delle campane, delle trombe e dei tamburi. Là, quattro gentiluomini lo presentarono di un palafreno di sommá bellezza, con gualdrappa di velluto azzurro, ricamato d'oro. E quando, il 17 luglio, a tre ore prima di notte, giungeva a Malghera, veniva ricevuto da sessanta senatori, in gondole, quali coperte di velluto, quali di raso, quali di damasco e quali di drappo d'oro, con tappeti finissimi, e quattro gondolieri, per ciascuna, in livrea. Con siffatto corteggio, in sontuosissima barca,

italiana, che si stampava a Torino nel 1856 (a. II, vol. V, pag. 127), come mi fece vedere l'egregio cav. conte Carlo Cipolla, ora professore in quella Università.

lo si condusse all' isola di Murano. Scendeva al palazzo di Bartolomeo Cappello, che tutto internamente splendeva di seta e d'oro, ove gli fu destinata, come guardia d'onore, una sessantina di alabardieri, vestiti pure di seta ranciata e celeste, colori allora di Francia, mentre quaranta giovani delle principali famiglie, tutti anch'essi vestiti di seta, doveano attendere a' suoi servigi. Il domani, s'imbarcava alla volta di Venezia, fra il tuonar del cannone, sopra una bella galea, vogata da quattrocento schiavoni, vestiti di taffetà giallo e turchino, accompagnata da altre quattordici galee e da un numero infinito di barche, adorne di tappeti e di arazzi. Cento settanta erano poi le barche delle corporazioni delle arti, coperte di preziosi velluti a vario colore, pavesate di damaschi tempestati di gigli, con orifiamme e banderuole e stendardi d'ormesino, e specchi lucenti, ed armi e trofei, e figure allegoriche, rappresentanti le arti, i mostri marini e i fiumi del bacino dell'Adriatico. A San Nicolò di Lido smontò. Ivi fu accolto colla famosa cantata del Gabrieli, che comincia: *Ecco Venezia!* Quindi fu ricevuto sotto un baldacchino portato da Tommaso Contarini, Sebastiano Venier, Nicolò da Ponte, Marcantonio Barbaro, Ottaviano Grimani e Girolamo Contarini, procuratori di San Marco. Fu condotto alla chiesa, passando sotto un arco trionfale, rizzato dal Palladio, a imitazione dell'arco romano di Settimio Severo e decorato dalle statue della Vittoria, della Pace, della Fede e della Giustizia, con ai lati dei bassorilievi raffiguranti le vittorie di Enrico, quand'era duca d'Angiò, la sua coronazione in Polonia, la sua esaltazione al trono di Francia; e compivano quella sontuosità dieci quadri di Paolo Veronese e Jacopo Tintoretto relativi alla medesima occasione. In chiesa, fu cantato un solenne *Tedeum,* sotto la direzione del Zarlino e del Merulo, finito il quale, il nuovo monarca di Francia montò sul bucintoro insieme col doge, che lo condusse prima alla riva degli Schiavoni, poi sul Canal Grande, in mezzo ad una moltitudine di piccoli e grandi navigli e fra il suono festevole dei sacri bronzi, il rimbombo delle artiglierie, lo squillo delle trombe militari. Discese davanti al palazzo Foscari, dov'erasi costruito, all'approdo, un ponte quadrato (con molti gradini, lungo la facciata), adorno di bellissimi festoni, con l'arme di San Marco e di Francia, tappezzato di arazzi e coperto di un cielo azzurro, tutto stellato. Passò dal primo appartamento, già destinato al duca di Nevers, il quale era tutto addobbato a cuoi d'oro, ed entrò nel secondo, ch'era appunto il suo. Che sfarzosità impareggiabile! La prima sala presentavasi coperta di cuoi dorati, cremisini, con ricca mostra d'armi, d'aste e archibugi tutto all'intorno. L'anticamera era parata di tabì d'argento marezzato a cremisino d'oro con frangia di seta, pur cremisina e d'oro, e avea le cortine d'ormesino bianco alle finestre. Le altre camere erano fregiate, quali di raso turchino e giallo, quali di velluto paonazzo, quali di panno d'oro o di tappezzerie finissime e cuoi dorati di vago e ammirabile lavorìo. In quella del re, ammiravasi l'AURORA, dipinta da Paolo, nel soffitto, e ammiravansi pure i mosaici del pavimento, eseguiti su cartoni da lui disegnati. Corrispondevano a tanta magnificenza i finimenti del letto, di broccato e di tela d'oro, coi cortinaggi e i padiglioni fatti a rete di ricamo e di pizzi, colle sedie e le lettiere dorate o fasciate d'oro e con altre suppellettili costosissime. Nè questo era tutto. Durante gli otto giorni della sua permanenza, non si diedero in Venezia che feste e spettacoli. E qua aveano luogo luminarie sontuosissime, a capriccioso disegno, e là, serenate e regate di rematori e rematrici, e, altrove, commedie e banchetti e mascherate. E sul ponte di San Barnaba, si faceva la tradizionale lotta dei pugni, e, nel palazzo ducale, si dava una tragedia musicata dal Merulo, a cui assistevano anche Emmanuel Filiberto duca di Savoia, Alfonso d'Este duca di Ferrara e Guglielmo Gonzaga duca di Mantova, ch'erano venuti ad ossequiare Enrico III. Furono fatte molte feste da ballo nelle case dei più splendidi senatori; ma la più grandiosa fu quella che diedesi nella sala del Maggior Consiglio, dove, in mezzo alle più soavi fragranze, ad una gran copia di lumi, ad uno sfoggio di lusso veramente orientale, intervennero più di duecento gentildonne, tutte insigni per grazie ed avvenenza, che rappresentavano il miglior fiore del sangue veneto. Erano sontuosissimamente abbigliate: vestite di bianco, a ricci d'oro, a compassi di turchesi e di perle, e adorne le candide, rotonde, eburnee spalle di pizzi: cinte di diademi e sparse di scintille di brillanti i capelli, e fregiate di monili e collane d'un incalcolabile valore. Appena entrò il re nella sala, s'alzarono, tutte ad un punto, a riverirlo coi più dolci sorrisi e coi più graziosi inchini. Ed egli, togliendosi. prontamente il berretto, all'italiana, che avea in testa, ricambiò loro il saluto, e stette, attonito, a capo scoperto ed in piedi, a contemplarle, mentre facevano, con flessuosi ondeggiamenti, la prima danza. Andò quindi a sedere sul trono ducale, finchè la festa ebbe termine. Passò allora nella contigua sala, dello Scrutinio, le cui pareti erano state coperte di cambellotti a marizzo di color giallo e turchino, sparsi di gigli di tocco d'oro, per fruir del rinfresco, al quale partecipavano anche le dame. Fu una vera profusione. Vennero imbanditi nient'altro che mille duecento sessanta piatti di confetture, rappresentanti grifoni, navi, ninfe, deità e mille altri oggetti, eseguiti con una finezza veramente artistica, per cui alla squisita e singolare bontà dei sapori congiungevano la più sorprendente vaghezza. Insomma, da quanto affermano gli storici, le rive dell'Adria non videro mai nè prove più patenti d'italiana opulenza, nè dimostrazioni maggiori di sovrana grandezza. [1]

Fu sicuramente in quella circostanza che Paolo fece le sul-

[1] La presente descrizione è stata tolta dai libri qui citati:

Marsiglio Dalla Croce, *Historia della famosa e pubblica entrata in Venezia del serenissimo Enrico III,* ecc. (Venezia, 1574); Romanin, op. cit., vol. VI, pagg. 342-47; Cappelletti, op. cit., vol. IX, pagg. 194-96; Caffi, op. cit., vol. I, pagg. 170-71; Rocco Benedetti, *Le feste et trionfi fatti dalla serenissima Signoria di Venetia nella felice venuta di Enrico III Cristianissimo re di Francia et di Polonia* (Venetia, 1574); *Venezia e le sue lagune,* vol. II, parte II, pag. 424.

lodate opere,[1] e che, per la sala del Magistrato delle legne, fece il soffitto, rappresentante Venezia in trono con Ercole armato di clava, e Nettuno ed Amore, e, per la sala del Magistrato delle biade, il soffitto rappresentante Venere, Ercole e Cerere con vari putti, che tengono delle spighe di frumento; e che per quella del Magistrato de' sopradazi, a Rialto, dipinse la Madonna e Santa Caterina, in un mezzo tondo, sopra la porta interna. [2]

Lavorò poi (com'è da credersi), in quello stesso periodo, nel salotto da pranzo del Fondaco de' Tedeschi, in concorrenza d'altri pittori, e vi formò, sopra de' cuoi dorati, quattro curiosi pensieri. In uno, figurò il Mondo, in una gran palla, collo zodiaco attorno, dove era pure, in alto, Saturno con la falce e, più sotto, la Religione, in veste azzurra, e un fanciullo, che teneva un pastorale ed un altro putto con isquadre e compassi, e, appiè del Mondo, tratteggiò una vecchia rugosa, sopra vile giaciglio, che simboleggiava l'Eresia. Nel secondo, pinse la Germania, in sembianza di nobile donna, con la corona e lo scettro, alla quale Giove conferiva l'imperiale diadema, e delle regie corone e delle gemme, che veniano portate da due vezzosi bambini. Nel terzo, rappresentò Pallade e Marte. Nel quarto, dipinse Giunone ed il Sole, per significare la copia delle miniere d'oro e d'altri metalli, dei quali abbonda quella nazione. [3]

Ed anche fece allora un affresco sulla facciata della casa Cappelli sul Canal Grande (già istoriata nella parte superiore dal Zelotti) e rappresentò Cibele sopra un carro, e Cerere e Pomona e Pallade e altre deità. [4]

[1] I quadri per l'arco di Lido, che saranno stati, forse, cartoni pei bassirilievi, l'*Aurora* nel soffitto di Casa Foscari, e i cartoni per i mosaici, pure di quel palazzo.

[2] Zanetti, op. cit., tom. I, pagg. 252-53; Ridolfi, op. cit., pag. 22.

[3] Ridolfi, op. cit., pag. 48; Zanetti, op. cit., tom. I, pagg. 266-67; Crowe e Cavalcaselle, *Tiziano,* vol. I, pag. 71.

[4] Ridolfi, op. cit, pag. 28; Dal Pozzo, op. cit., pag. 133.

E fece pure, in quel medesimo tempo, per la Compagnia del Rosario, nella chiesa di San Pietro Martire di Murano, il quadro sopra i banchi daccanto all'altare, con LA VERGINE IN GLORIA, E UN PAPA, UN IMPERATORE, UN DOGE E DEI CARDINALI E DEI PRINCIPI E DELLE MATRONE, COLLE LORO BIMBE, A CUI SAN DOMENICO DISPENSA DELLE VERMIGLIE ROSE.[1]

Ma Sua Eccellenza il procuratore Marcantonio Barbaro, il quale avea testè lasciato Costantinopoli, dov'era stato sì lungamente, come ambasciatore della Repubblica, voleva dare al gran visir Mehemet-pascià una bella prova della sua viva affezione. E perciò commise il suo RITRATTO a Paolo, che glielo eseguì superbamente, come si può osservare al Museo del Belvedere in Vienna.[2] Il veneto patrizio è vestito dell'abito di senatore, foderato di ermellino, coi distintivi degli antichi ambasciatori. Il fondo del quadro rappresenta una costa fortificata del Bosforo, veduta a volo d'uccello, colle dentellature dei bastioni e un orizzonte lontano, chiuso da montagne azzurre. Il senatore sta presso ad una finestra e tiene in mano un dispaccio, con questa scritta: *I. M. O. domino Mechemet Musulmanorum Imperatoris Visirio amico nostro optimo.*

[1] Così il RIDOLFI, op. cit., pag. 36. Il *Catalogo delle RR. Gallerie di Venezia* (Venezia, Naratovich, 1887, pag. 286) aggiunge, poi, che, sotto le figure, leggesi: DECEMBRE MDLXXIII. IN TEMPO DE M. ZUANE DAL DOLFIN GASTALDO E M. DOMINICO FAVRO VICARIO — M. IACOMO CIGNO SCRIVAN ET COMPAGNI.

[2] E. ENGERTH, *Gemälde Beschreibendes Verzeichniss;* Vienna, 1884, pag. 415.

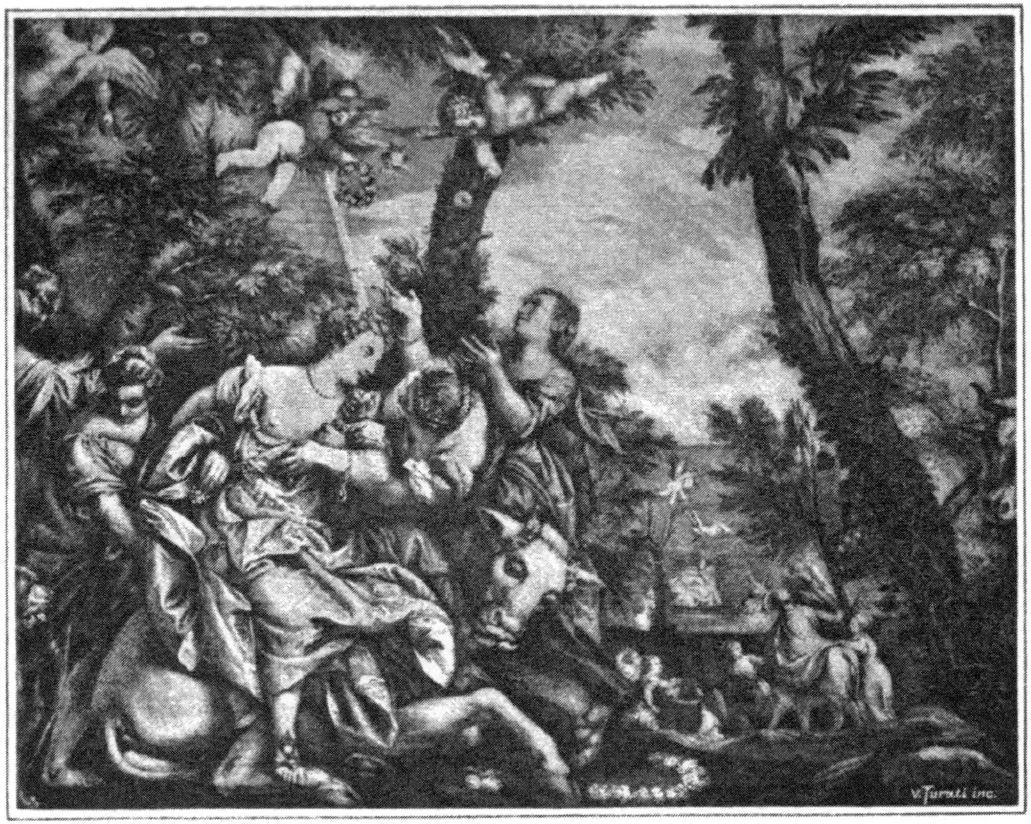

IL RATTO D'EUROPA

Palazzo Ducale a Venezia.

CAPITOLO XI.

IL SEBASTIANO VENIER nella sala del Collegio — Altri quadri e decorazioni nella medesima sala — Otto quadri per la famiglia Contarini a Padova — Due quadri in casa Grimani a Padova — Altre pitture in Padova e nella provincia — IL MARTIRIO DI SANTA GIUSTINA — Progetti d'altri lavori — Morte di Tiziano — Parallelo fra Paolo e Tiziano — Paolo e il Tintoretto — Paolo è il primo vero pittore di Venezia — Tre quadri per Rodolfo II — IL MOSÈ SALVATO pel duca di Mantova — QUATTRO STORIE pel granduca di Toscana — IL RATTO D'EUROPA per Sua Eccellenza Contarini.

(1574-1577).

Dopo l'incendio del palazzo ducale, avvenuto nel 1574, volle il Senato che, nella sala del Collegio, avesse Paolo ad effigiare nel soppalco, già disegnato dal celebre architetto Antonio Da Ponte,[1] L'AMMIRAGLIO DEI VENETI SEBASTIANO VENIER, CHE RIPORTÒ LA CELEBRE VITTORIA DELLE CURZOLARI. Ed egli vi dipinse il Salvatore in gloria, circondato da bellissimi gruppi d'angeli, che offrono dei rami d'olivo al famoso eroe, il quale, tuttavia vestito di quelle lucide armi su cui sfavillò il sole delle battaglie, e con un aureo paludamento sugli omeri, sta genuflesso, per rendere grazie all'Altissimo della pace finalmente largita all'Europa. Vicino a lui vi è Santa Giustina, da una parte, con in mano la palma del martirio, e, dall'altra, la Fede, in candide vesti, che tiene alto il calice. Più indietro, ritrasse il provveditore Agostino Barbarigo, che gloriosamente morì in quella tremenda bat-

[1] RIDOLFI, op. cit, pag. 37; *Venezia e le sue lagune*, vol. II, parte II, pag. 355.

taglia, e poi la figura di Venezia e il leone di San Marco e dei paggi, e, in lontananza, delle navi. Il grande artista non potea sfoggiare in quest'opera una maggior nobiltà di concetto, nè più singolare magnificenza nei panneggiamenti, nè più viva e forte espressione nelle pose e nell'aria dei volti.

Intorno a questa pittura, fece degli altri quadri e delle decorazioni. Nel primo vano, sopra il tribunale, figurò VENEZIA IN TRONO, VESTITA DI SETA BIANCA RICAMATA A GIGLI D'ORO, CUI LA GIUSTIZIA PORGE LA SPADA, E LA PACE IL RAMO D'OLIVO. Nel mezzo, fece LA FEDE IN CIELO, COME IN CONTEMPLAZIONE, E, SOTTO FORMA D'UN SAGRIFICIO, LA RELIGIONE. Nel terzo vano, rappresentò NETTUNO COL TRIDENTE E MARTE POSATO SOPRA BELLICI STROMENTI, CON DEI PUTTI VOLANTI, CHE PORTANO ELMI E CONCHIGLIE MARINE, per dinotare il dominio sulla terra e sul mare. Nei due corsi, dalle parti, divisò OTTO VIRTÙ MORALI, cioè: LA FEDELTÀ, L'ELOQUENZA, LA CONCORDIA, LA VIGILANZA, LA SECRETEZZA, E LE ALTRE QUALITÀ CHE NECESSITANO AL GOVERNO DEGLI STATI. E, tra quelle, in alcuni ovali, dipinse, a color verde, LE IMPRESE DI SILLA, DI DECIO, D'ALESSANDRO, DI SELEUCO, e, intorno al muro, ne finse altre in rosso, con DAVIDDE, SOLONE, ARCHIMEDE, CLAUDIO, LEONIDA, e, dentro ad esse, DEGLI ANGIOLETTI.[1]

Passò quindi in Padova, insieme col fratello Benedetto, e, per la famiglia Contarini, fece otto quadri di storia sacra, con figure grandi quasi al naturale. In uno, dipinse LA MADONNA CON ALCUNI SANTI; in un altro, CRISTO FRA I DOTTORI; in un terzo, IL CENTURIONE DINANZI AL SALVATORE, ACCOMPAGNATO DA PAGGI, CHE GLI TENGONO IL DESTRIERE E L'ELMO DORATO; in un quarto, SANT'ELENA, CHE, DORMENDO, SOGNA DI VEDER LA CROCE TENUTA DA DUE ANGIOLETTI; e, negli altri quattro, LE FIGURE DELLE QUATTRO STAGIONI.[2]

[1] RIDOLFI, op. cit., pagg. 38 e 39.

[2] Ivi, pag. 24.

Pure in Padova lavorò, in casa Grimani, al Prato della Valle, dipingendovi IL CENTURIONE e MOSÈ BAMBINO, RITROVATO NEL NILO, dove sfoggiò una squisita gentilezza. [1]

Queste pitture gli fecero guadagnare la simpatia di molti ecclesiastici, che lo invitarono a dipingere nelle loro chiese. In San Giovanni detto *delle barche,* eseguì la tavola del BATTESIMO DI GESÙ CRISTO; [2] e, in quella della Maddalena, una piccola ma pregiatissima pala della VERGINE COL BAMBINO E UN ANGIOLO, CHE SI NASCONDE SOTTO IL MANTO DI LEI, E SAN GIUSEPPE E SAN GIOVANNINO. [3] Nella chiesa poi dei padri zoccolanti, per l'altare di Andrea Capo di Vacca, dipinse L'ASCENSIONE DI CRISTO; ma quella tela fu, in seguito, da rapace mano, dal mezzo in giù, tagliata via, sicchè, rimasta incompleta, nel 1625, Pietro Damini di Castelfranco vi aggiunse gli Apostoli, che stanno mirando il Salvatore che sale in cielo. [4]

Nè solamente fece dei quadri per la città, ma bensì anche fuori, nella provincia. Per la chiesa di Santa Maria di Praglia fece IL MARTIRIO DEI SS. PRIMO E FELICIANO; [5] per Castelnuovo, presso Teolo, sui Colli Euganei, fece IL MARTIRIO DI SAN BIAGIO; [6] per Saletto fece la pala del ROSARIO; per Campagnuola un'altra TELA D'ALTARE, [7] e, per Brogine, degli AFFRESCHI in un palazzo. [8]

E quindi, pitturò, per la chiesa di Santa Giustina, un'ASSUNTA, sulla porta della sagrestia, [9] e poi, la famosa pala del MARTIRIO DELLA SANTA TITOLARE, la cui testa è bellissima e piena di espres-

[1] RIDOLFI, op. cit., pag. 24.

[2] Ivi.

[3] Ivi.

[4] Ivi; SELVATICO, *Guida di Padova,* pag. 230.

[5] ROSSETTI, *Guide* del 1765, 1780, 1786; SELVATICO, *Guida* (1869).

[6] GLORIA, *Territorio padovano illustrato.*

[7] Queste due notizie mi vennero comunicate dall'onor. MUNICIPIO DELLA CITTÀ DI PADOVA.

[8] Era dei Lazzaro, ora è Salom.

[9] RIDOLFI, op. cit., pagg. 23-24.

sione, come pure è bellissima la gloria, con la Vergine e San Giovanni, ma, per giudicarla tale, bisogna che sia veduta davvicino. Giusta il criterio del Ridolfi [1] e del Selvatico, [2] manca a questa pittura la vera luce. Il Taine, però, la trova assolutamente difettosa, e dice aperto che questa pala non è punto bella, perchè sulla Santa, vestita di seta gialla, si precipita come un diluvio di angioletti in mezzo alle più grandi opposizioni di lumi e di ombra, e perchè il resto è troppo pieno di figure teatrali, di martiri che gesticolano, di stoffe svolazzanti, di carni attorcigliate alla maniera del Bernini e anche più, per cui ci si vede il grandioso del secolo XVI, che finisce colle affettazioni del secolo XVIII. [3]

Nel 1575 trovavasi Paolo ancora, insieme col fratello, in Padova, e questo lo afferma eziandio una deliberazione dei Deputati di Udine, i quali, nel 30 marzo, lo scelsero a dipingere il soffitto della sala del Consiglio; deliberazione di cui rimane il documento negli atti di quella città. [4] E vi era tuttavia nell'ottobre, perchè, ai 27 di detto mese, ebbe l'incarico di fare un'ancona per la chiesa di Conca d'Albero da dover essere esposta per la Pasqua dell'anno vegnente, come risulta da un atto dell'Ar-

[1] Loc. cit.

[2] *Guida di Padova*, pag. 243.

[3] Op. cit, tom. II, pag. 233.

[4] F. Di Maniago, nella sua *Storia delle Belle Arti friulane*, pag. 394, reca il seguente documento:

Die Mercurii ...... 30 Martii 1575. Magnifici viri .... ex septem honorabilibus Deputatis Utini .... cupientes, ut opus picturæ faciendæ in tecto aulæ novæ consiliariæ trans pontem exacte respondeat hujus urbis magnificentiæ et dignitati, fiatque per manum insignis alicujus, atque excellentissimi artificis, audita nominis celebritate, quam viri peregregii Ser Paulus et frater Veronenses Patavii habitantes, multis, iisque præclaris suis operibus sibi compararunt, omnes unanimes decrevere, ut provincia insigniter exacteque pingendi tectum ipsum, et in parietibus undique aptam forma frisum circumducendi deferatur eisdem fratribus Veronensibus, tamquam personis multi nominis, et famæ: quorum opera constat Serenissimum etiam Dominium nostrum Venetum in arduis negotiis uti consuevisse.

(*Ex actis civ.*, tom. 23, fol. 149).

chivio di Santa Giustina, che ora si conserva presso quel civico Museo.[1]

Restituitosi poi novellamente in Venezia, crebbe sempre più nella stima universale, e per la sua maestria e per la sua prodigiosa attività. E, quando, il 27 agosto 1576, dopo quasi cento anni di gloria, si eclissava, sui nostri orizzonti, l'astro di Tiziano, per risplendere di nuova luce sfolgoreggiante nella immortalità, Paolo fu salutato come il principe dei pittori veneti. E tale non era egli di fatto? Chi meglio di lui sapeva ritrarre sulle tele e sulle pareti il fasto di quella Repubblica? Chi meglio di lui rifletteva sui dipinti quell'azzurrissimo e serenissimo cielo, che si percote nel cangiante volume delle acque marine? Chi meglio di lui valeva a rendere il fremito delle carni, le agitazioni della vita? Chi meglio di lui conosceva l'arte di posare il colore vergine, freschissimo, con sì mirabile facilità?

Tiziano e Paolo furono ambedue grandissimi, ma d'indole diversa; nè l'uno bastò a superar l'altro.[2] Tiziano, eccetto pochi casi, fu generalmente parco nelle composizioni: Paolo, invece,

[1] Ecco la copia dell'*Atto* che mi venne trasmessa dal rev. padre Bedeschi, minore conventuale:

Li 27 ottob.re 1575

Io Paulo Caliar da Verona pittore Ricevei dal Rev.do padre Celerario di S.ta Giustina di Padova a conto della sua opera ducati n.ro cento e cinquanta hobligandomi a far per il resto che mi avanza dallo acordo fatto per detta sua palla una ancona nella chiesa de Conca dalbaro dello altar maggior e darlila fatta per pasqua prossima ventura. In f. duc. 150.

Io paullo sopraschritto schrissi.

(Dal vol. segnato *Fa* appartenente all'*Archivio di Santa Giustina* ed ora custodito presso il Museo Civico).

[2] Marco Boschini (op. cit., vento VI, pag. 440) dice che Tiziano è come la sposa, che fa l'onore della casa; ma il Veronese è la signora adorata, che ci ruba il cuore, la ragione e la borsa:

In fin bisogna dir co' disse quelo:
Tician xè la Mogier, ch'è preciosa;
Ma Paulo, tuto vezzi, è la Morosa
Ch'el cuor ve roba, la borsa e 'l cervelo.

pensò che il pittore può, senza ritegno, offrire agli occhi dello spettatore quanto la fantasia concepisce, purchè l'esponga senza confusione. Tiziano fu sommo nel nudo, e in questo non pareggiato e forse non pareggiabile mai da veruno: Paolo, invece, stabilì di vestire sì riccamente i personaggi, che la magnificenza degli abiti, con diletto straordinario, la vincesse, per così dire, sull'incanto della nudità. Tiziano fu incomparabile nei paesi: Paolo pose, invece, quasi sempre, per fondo delle sue invenzioni le architetture, che sontuosissime compose, che arricchì di ornamenti, che diversificò in modo mirabile, imitando i marmi più bruniti e più fini, crescendo, col candore di quelli, e luce e vaghezza alle multiformi scene che rappresentava. Tiziano disegnò meglio d'ogni altro veneto: Paolo, che avea già studiato le stampe de' più valenti disegnatori e che non si stancava mai di studiare il reale, derivò dalla natura la peregrina bellezza dei principali suoi tipi. Tiziano colorì i suoi quadri come se fossero illuminati dalla luce della sera, quando l'aria ingiallisce al sole cadente: Paolo dipinse quasi sempre con effetti di mattino, quando già tutto il creato si pare in un ambiente purissimo, quando la rugiada stende come una specie di velo sulla terra, e da ogni oggetto riflettesi un lume fra l'argentino e il perlato. Tiziano usò toni succosi e gagliardi, anche nelle carni: Paolo si giovò frequentemente, anche nelle carni, delle tinte grigie e delicate, e dei mezzi toni cangianti e fulgidi, e delle velature, e dei tocchi fieri, rapidi, pieni di brio.[1]

Morto Tiziano, rimaneva a Paolo un insigne competitore in Jacopo Tintoretto; ma Paolo lo superò. Era, infatti, il Tintoretto dotato di maggior potenza artistica che il Veronese, ma non conobbe gli infiniti allettamenti di Paolo, nè sempre fu eguale a se stesso, perchè in moltissimi suoi lavori si mostra inelegante,

[1] Rosini, op. cit., vol. V, pagg. 345-46; Selvatico, op. cit., vol. II, pagine 561-62; Taine, op. cit., vol. II, pagg. 357-58; Gauthier, *Tableaux à la plume*, pagg. 14-16.

duro, aspro e ci si scorge la fretta. Paolo innalzò la pompa degli spettacoli all'altezza dell'arte seria, e fu maestro nel rappresentare lo splendore del sole, [1] che dolcemente sbaluggina sui capelli, sulle perle, sulle ricchissime vesti, sulle mitrie e sui piviali dorati, e scintilla sui marmi delle architetture, cosa che di rado fece il Tintoretto, il quale spiegò bensì una fantasia magica, ma si mostra spesso troppo teso, troppo appassionato ed ardito, per cui, anzichè irraggiar l'anima di soavità, talvolta l'accieca ed abbrucia e sbalordisce come il fulmine. Il Veronese ha sempre dei colori blandi, argentei, rosei, e, invece, il Tintoretto non ne ha, o ne ha assai di rado. Le figure del Veronese sono sempre dolci, e le sue ombre non sono mai nerastre, e la sua decorazione è sempre lussureggiante, ma riposata. [2] In una parola, se, come giudicò il Boschini, il Tintoretto è da assomigliarsi al capo dei bombardieri che sta sopra un bastimento, Paolo Veronese è da raffigurarsi *al soracargo, come quelo che sa tegnir i conti giusti e dar satisfation a tuti.* [3]

Il rappresentante più completo della veneta scuola era dunque lui solo: lui solo il pittore, che proprio si conveniva ad una nazione di mercatanti, nella mente dei quali si mescolavano le idee del banco e del commercio alle responsabilità senatoriali e alle passioni principesche. Egli non dovea esprimere commozioni violente, nè scene tristamente patetiche. Nei suoi quadri non dovea

[1] Dice a questo proposito il Boschini (op. cit., vento I, pag. 42):

Paulo se industrierà, tuto splendor
Lumizar quele carte con chiarezza
Come Apolo del'Arte in la vaghezza;
De la Pitura gran legislator.

[2] Ridolfi, op. cit., pag. 52; Algarotti, *Opere scelte* (1823), vol. I, pagina 208; Taine, op. cit., vol. I, pag. 344; Symonds, *Il Rinascimento in Italia,* pagg. 324-25; Siret, *Diction. histor. des peintres* (1866), pag. 157.

[3] *La Carta del Navegar pitoresco* (dedica a S. A. I. l'arciduca Leopoldo Guglielmo), dove pur dice: *Paulo l'ha adornà* (la barca della Pittura) *d'un fanò tuto inzogelà.*

presentare atteggiamenti bruschi, nè linee angolose, ma, invece, belle, naturali e dignitose movenze sotto linee morbide e curve: dovea ritrarre, in una forma tranquillamente sublime, i trionfi, la splendidezza infinita, la voluttà delle feste, il brio della giovinezza, lo sfarzo aristocratico e raffinato della opulenza, e i cento fulgori della beltà, che costituivano la possente e feconda malìa della città di San Marco nel Cinquecento. Venezia, posando, colla nivea mano, sul capo di Paolo l'alloro abbandonato dal Vecellio, soavemente gli diceva: Tu, o mio dilettissimo, dovrai scrivere nella più attraente ed alta sua forma alcune pagine della mia storia. Tu dovrai dipingere gli ideali della mia età eroica. Tu dovrai effigiare i patrizi regali dell'Arcipelago, i sultani barbareschi che vengono ad offrirmi i loro tributi, le principesse delle mie isole e i miei marini dai visi rossi, dai petti abbronzati dal sole e i miei soldati, che urtarono coi loro corpi i corpi atletici dei giannizzeri. Tu dovrai immaginare la maestà degli uni, la fierezza selvaggia degli altri e la grandezza tragica delle loro espressioni; e dare al mondo un'idea giusta della mia vita pubblica e privata, della mia potenza morale e materiale. Ti metto perciò dinanzi al pensiero imprese magnanime e virtù straordinarie e glorie invidiate. Ti spalanco le reggie de' miei gentiluomini. Tu devi brillare dentro a sale fornite a nitidi specchi, a lampadari iridescenti, a stucchi e a mosaici di crisoprasio, di lapislazzoli e di smeraldo, tesori delle mie industrie e delle mie conquiste. Dipingi vesti ad azzurro ed oro! Dipingi porpore e broccati a florami, e corsetti di velluto scarlatto, a sbuffi e ad arabeschi! Dipingi bissi e pelliccie candide di ermellino e fulve di martora, e turbanti e diademi, e scudi e targhe cesellate, e sciabole costellate di pietre preziose! Tu, signore della natura e dell'arte, farai la mia e la tua apoteosi!

Paolo accolse nell'intimo del suo cuore quelle voci: promise ed attenne la promessa per modo da renderne testimonianza tosto all'Europa. E, infatti, nobili e principi ambivano di avere qualche suo lavoro. E a Rodolfo II imperatore di Germania, il quale era ricorso a Paolo per avere tre sue invenzioni, da rendere vieppiù decorosa la sua reggia, egli fece tre quadri, nel primo dei quali rappresentò VENERE E MARTE, nel secondo, CEFALO, CHE, INGANNATO DALL'AURA, UCCIDE LA MOGLIE, nel terzo, VENERE CHE ADORNASI IL CRINE DI FIORI, MENTRE AMORE LE TIENE LO SPECCHIO.[1]

E per il duca Guglielmo Gonzaga di Mantova eseguì un quadro di mezzana grandezza, ma stupendo, rappresentante MOSÈ SALVATO DALLE ACQUE, che fu stimato rarissimo fra le pitture della galleria di Mantova, per la bellezza della composizione, per la magìa della tavolozza e per la singolare maestria nel trattare i panneggiamenti.[2]

E al granduca di Toscana fece, per la sua villa di Artemino, quattro istorie della Sacra Scrittura.[3]

E per commissione di quello splendido mecenate, che fu il gentiluomo Jacopo Contarini, dipinse, in un quadro di circa quattro braccia, il suo capolavoro mitologico, IL RATTO D'EUROPA, dove è effigiata la bella fanciulla, come sur un trono d'argento, sul dorso del Toro divino. Esso le bacia amorosamente il piede, lambendoglielo colla lingua, e intanto le sue nivee pagliolaie vanno a sprofondarsi nel mare azzurro, il quale, gorgogliando, cerca di raggiungere anch'esso, colle sue onde amorose, i piedi che la trepida figlia di Agenore solleva, per paura di bagnarsi. Le compagne d'Europa, non sapendo che un dio si nasconde sotto la forma di quell'animale sì dolce e sì famigliare, si raccolgono sulla riva, e le gettano delle ghirlande di fiori, senza dubitare che Europa, così involata, si rechi a dar nome a un continente e a diventare la signora di Giove, dalle nere ciglia e dalla chioma ambrosia. Che pieno e delicato tondeggiar di carni, che florida vivacità di colore sul petto della ninfa rapita! Che collo flessuoso! Che belle spalle bianche! Che teste fidiache in quelle altre ninfe

[1] RIDOLFI, op. cit., pag. 40.

[2] Ivi.

[3] Ivi.

dalle treccie bionde e ricciute! Che braccia tornite e gentili! Che occhi sfavillanti! Che paese festoso d'umida, fresca e primaverile verdezza! Che sorriso per tutta la tela! Paolo, dimostrandosi più tenero e più poetico del Tintoretto, grazioso come il Watteau, brillante come se stesso, magico come una favola dell'antica mitologia, tradotta dal più libero dei pennelli, sembra aver detto la sua ultima parola. Infatti, e cielo e nuvole, e alberi e fiori, e terreni e mare, e carnagioni e drapperie, tutto sembra impregnato della luce d'un Eliso sconosciuto: tutto è ardente e gaio come la giovinezza, seducente come la voluttà, calmo e puro come la forza. Niente di manierato in quella grazia, niente di malsano in quella raggiante allegrezza. Per la composizione, per lo splendore, per la ricchezza del colorito e per la graduazione dei piani, un tal quadro è, per così dire, impareggiabile. [1]

[1] RIDOLFI, op. cit., pagg. 41-42; ZANETTI, op. cit., tomo I, pagg. 243-44; SELVATICO, op. cit., vol. III, pag. 559; GAUTHIER, *Voyage en Italie*, pagg. 127-28; YRIARTE, *Le rive dell'Adriatico* (Milano, Treves, 1883), pag. 31.

Capitolo XII.

Due quadri di Paolo distrutti — Incarichi di altri quadri nel palazzo ducale — Spalliere dipinte per Marcantonio Barbaro — Altre sue pitture in Venezia — L'Apoteosi di Venezia — La Presa di Smirne — La Difesa di Scutari — Sposalizio di Santa Caterina — Un quadro del Paradiso.

(1577-1578).

Una sciagura funestò la città di Venezia. Il 20 dicembre 1577, sul far della sera, si appiccò un grave incendio nel palazzo ducale, che, aiutato dal vento, abbruciò, in poche ore, tutto il coperto della sala dello Scrutinio e quello eziandio della gran sala del Consiglio, distruggendo alcuni dipinti preziosissimi, che v'erano stati fatti dai tre Bellini, da Tiziano e da suo figlio Orazio, dal Tintoretto e da Paolo. [1] Due sole pitture di lui pare andassero a perire. L'una, la storia di Federico Barbarossa, che riconosce, a Pavia, l'antipapa Ottaviano, [2] l'altra, il Ritratto del celebre poliglotta e geografo Giambattista Rannusio, [3] che era stato raffigurato in atto di parlare con Andrea Gradenigo, senatore. Senonchè il Governo provvide immediatamente ai restauri. Invitò quindici dei più valenti architetti a dare il loro parere in proposito, e questi furono: Giannantonio Rusconi veneziano, Guglielmo De Grandi bolognese, Paolo Da Ponte vicentino,

[1] Cappelletti, op. cit., vol. IX, pagg. 227-28.
[2] Sansovino, *Venetia città nobilissima,* ecc., lib. VIII.
[3] Cicogna, op. cit., vol. II, pagg. 321-22.

Andrea Dalla Valle padovano, Andrea Palladio vicentino, Angelo Marcò da Corteselle, Francesco Malacreda veronese, Giacomo Bozzetto (detto anche Bozzolo), Giacomo Guberni veneziano, Simeone Sorella veneziano, Antonio Paliari (detto Marcò) udinese, Francesco Zamberlan bassanese, Cristoforo Sorte veronese, Antonio Da Ponte e Francesco Sansovino. [1] Ascoltate le varie proposte ed accettata quella di Antonio Da Ponte, che, in otto mesi, prometteva di dar restaurato il superbo edifizio, [2] fu statuito che le sale guastate si dovessero rinnovare nella più nobil forma ed anche adornare di novelle pitture. A ciò vennero, anzi, deputati i magnifici signori Jacopo Soranzo, ch'era cavaliere e procuratore, e Francesco Bernardo e Jacopo Marcello e Jacopo Contarini, i quali, dopo mature considerazioni sopra le storie, che aveansi a fare, per decoro e maestà della Repubblica (udito anche il parere dell'eruditissimo don Girolamo Bardi, monaco camaldolese), convennero di allogarle a Paolo e al Tintoretto, ai quali poscia furono aggiunti il Palma e il Bassano ed altri, per la moltiplicità delle opere, che doveano eseguirsi.

Fatta la scelta dei soggetti e la divisione delle pitture, ognuno dava mano al lavoro, con molta alacrità e viva sollecitudine. Paolo, però, con meraviglia di tutti, non lasciavasi più vedere. Quand'ecco, un giorno, incontratosi col Contarini, fu da lui acremente ripreso; avvegnachè, essendo annoverato fra i primi pittori, non compariva, come gli altri, a far la parte sua, e mostrava di non curarsi nè del grand'onore fattogli, nè del pubblico servizio. Ma Paolo risposegli, che reputava bensì una somma ventura l'aver a servire il suo Governo ed il suo principe, ogni volta ne fosse richiesto, che però aveva allora troppe occupazioni. Comprese il Contarini quello che volesse significare il discorso di Paolo, cioè ch'egli avesse ricevuto qualche torto, e invitollo a recarsi, il dì seguente, al palazzo ducale. Vi andò, e il Contarini e gli altri

[1] CAPPELLETTI, op. cit., vol. IX, pagg. 231-32.

[2] *Venezia e le sue lagune*, vol. II, parte II, pag. 347.

deputati gli affidavano l'ovato maggiore sopra il trono, nella gran sala, con due quadri dalle parti.[1]

Che Paolo avesse appunto allora da fare moltissimo è da credersi, perch'egli accettava quante più commissioni poteva, e, in arte, non trovava nulla, mai nulla, di umile e basso. Occupavasi grandemente nei ritratti,[2] negli affreschi dei palazzi, e nelle pale e in ogni maniera di quadri da chiesa, ma non si vergognava di dipingere perfino delle mobilie. E, infatti, come ci avverte il Ridolfi,[3] per il Procuratore Marcantonio Barbaro, istoriò alcune spalliere, che poi passarono nella nobilissima casa Nani alla Giudecca. In sette partimenti, divisi d'archi e colonne corintie, rappresentò I FATTI D'ESTER, CHE, DALLA SCHIAVITÙ, PERVENNE AL SOGLIO REALE DELLA PERSIA. Nel primo, fece dei principi e duci a mensa, vestiti in belle guise, all'uso orientale, e, tra quelli, ritrasse il medesimo Procuratore. Tratteggiò dei servi, che arrecano e propinano, in tazze dorate e gemmate, dei generosi vini; e, in un canto, pitturò il gran maestro di casa, con un bastone in mano; e, in un'altra parte, una matrona, con un pulvinare sotto il fianco, la quale si mostra in atto di comando; e, di lontano, il regio verziere. Nel secondo, fece Assuero, che, sotto ricche tende, a vario colore, sostenute da funi di bisso e di porpora, inserte

[1] RIDOLFI, op. cit., pag. 32.

[2] Il BLANC (op. cit., pag. 24) reca, a questo proposito, il *fac-simile* d'una lettera di Paolo, datata da questo tempo e diretta forse a suo compare messer Giambattista dai Remi, cosmografo, la quale si trova nella celebre collezione degli autografi del barone Feuillet de Conches, di cui porgo qui la copia:

Li avio il suo ritratto et di M. Fedrico īsieme le scrissi che mio fratel li facesse sula carta che tien in mane una busolla con li venti signatta. Se non le fatta V.ra Segnoria li piacera a dirli che nō no havutto a pena tempo apoterli metter attorno le trazzie che cō linchiostro lo potra far luii o altro come li parà ma che prima li fregi sopra una corza di naraz̄a accio che mello posa far tener lo n̄chiostro come ancor fara lei nel schriver sopra il breve ancor li avio il suo libro cō offremli p. sempre suo s.r īsieme il fratel e la flozza e la s.ra sua cosōrte. Di Ven.a S.n bastiano li 7 Aprille 1578

Paullo Callar s.i

[3] Op. cit., pagg. 46-48.

in anelli d'argento, affissi a colonne di marmo prezioso, siede al convito, in compagnia de' suoi più fidi, che lo inducono a ripudiare la regina Vasti. Dinanzi al re, dipinse lo scalco e dei servi, che gli somministrano, in piatti d'argento, lautissime dapi, e, al limitare dell'arco, pitturò un soldato coll'alabarda. Nel terzo, fece Ester, che, adorna d'ogni bellezza e di veli e gioielli, si presenta al re, accompagnata da due vezzose ancelle e da due vecchie matrone, mentre un paggetto le sostiene lo strascico e un altro le mette innanzi un cuscino, e molti l'ammirano dalle loggie. Nel quarto, fece Mardocheo, vestito da servo, davanti al re, il quale è assistito da' suoi satrapi; e, al di fuori di quella stanza, immaginò che vi fosse un servo con uno sparviere in mano, a cui dà da mangiare un cuore d'animale. Nel quinto, fece Assuero, sotto il cielo di una verde cortina, con purpurea veste e zimarra d'oro e col capo cinto da bende, tempestate di gemme, dinanzi al quale lo scriba legge, negli annali, la congiura di Mardocheo; e, in quella storia, ritrasse anche un nano, che tiene un cane, e un altro, che sta seduto appiè del re. Nel sesto, fece Ester, che svela al re il tradimento di Amano, e lo fa condannare al patibolo. Nel settimo, fece Assuero, che, levato dalla mensa, va nelle sue stanze, ed Ester, che scende colle ancelle da una scala, e vicino ha un nano, con due papagalli, e un soldato, coll'alabarda; e poi delineò lo sfondo architettonico del regio palazzo.

Oltre di queste spalliere, dipinse anche delle coperte da carriaggi e degli stemmi. Eseguì, poi, un CROCIFISSO per la chiesa dell' Ospedale degl' Incurabili, [1] eretto in Venezia, per consiglio ed esortazione di San Gaetano Thiene, nel 1577. Fece, nella chiesa dell' Umiltà, il soffitto, colla nobilissima invenzione dell'ASSUNTA, e, verso l'altar maggiore, LA NATIVITÀ DI CRISTO, e, sopra il coro, L'ANNUNCIAZIONE, e, nella portella del tabernacolo, IL REDENTORE CON ALCUNI ANGIOLETTI. [2] Poscia dipinse, nella chiesa

[1] CICOGNA, op. cit., vol. V, pag. 329.

[2] ZANETTI, op. cit., tomo I, pag. 257.

d'Ognissanti, la bella e copiosa tavola della VERGINE CORONATA, dove, in brevissimo spazio, sotto una pioggia di luce, dispose una sterminata moltitudine di Profeti, di Apostoli, di Martiri, di Confessori e di Vergini e di Beati, senza produrre la minima confusione, ed, anzi, facendo risplendere meravigliosamente i tre grandi magisteri del suo stile, cioè la composizione, la espressione e quel meccanismo dell'arte, che produce perenne freschezza, e quell'effetto e quel tocco, che piace ed incanta. [1] Nella stessa chiesa, fece, sul di fuori dei portelli dell'organo, L'ADORAZIONE DEI MAGI, che oggi vedesi a Milano, nella Pinacoteca di Brera, [2] dove effigiò bizzarramente dei cavalieri con degli sparvieri in mano e perfino un nano di corte, che tiene un cane: e, nella parte interna di esso organo, ritrasse I QUATTRO PRINCIPALI DOTTORI DELLA CHIESA, e, in alto, sopra la cassa, figurò IDDIO PADRE, CIRCONDATO DA MOLTI CHERUBINI. [3] A richiesta, quindi, della famiglia Grimani, a Sant' Ermagora, fece L'ADORAZIONE DEI MAGI, e IL CENTURIONE CHE PREGA IL SALVATORE, PER LA SALUTE DEL SERVO. [4]

Ma quali furono le pitture da lui eseguite per la sala del Maggior Consiglio? Nell'ovato più grande, rappresentò L'APOTEOSI DI VENEZIA, con quell'ampiezza, però, e quella grazia di cui aveva egli solo il segreto. Questa qui (scriveva il Taine [5]) non è soltanto una festa, è ancora un festino per gli occhi. In mezzo ad una grande architettura di balconi e di colonne ritorte, la bionda Venezia è sopra un trono, tutta fiorente di beltà, con quella carnagione fresca e rosea, che è propria delle figlie dei paesi umidi; e la sua veste di seta si spiega sotto un peplo pure di seta. Intorno ad essa, v'è un cerchio di giovinette, che s'in-

[1] ZANOTTO, op. cit., vol. II.

[2] RIDOLFI, op. cit., pag. 35; PARRAVICINI, *Le arti del disegno in Italia,* pag. 355.

[3] RIDOLFI, loc. cit.; ZANETTI, op. cit., tomo I, pag. 260.

[4] RIDOLFI, op. cit., pag. 43.

[5] Op. cit., tomo II, pagg. 258-61.

chinano, con un sorriso voluttuoso, e non pertanto fiero, e con la strana attrattiva veneziana, cioè quella d'una dea, che ha del sangue cortigianesco nelle vene, ma che cammina sulla sua nube e attira gli uomini a sè, invece di cadere fino ad essi. Sui loro drappi di pallido violetto, presso ai loro mantelli d'oro e d'azzurro, la loro carne viva, il loro dorso, le loro spalle s'impregnano di luce e nuotano nella penombra, e la molle rotondezza della loro nudità accompagna l'allegria calma delle loro pose e dei loro volti. In mezzo ad esse, Venézia, festosa e dolce, somiglia ad una regina, che non esercita nel suo posto che il diritto d'esser felice e che vuol rendere tali quelli che la riguardano. Al di sopra della sua testa serena, stanno degli angeli, arrovesciati nell'aria, in atto di posarvi una corona. Che miserabile stromento è la parola! Un tono di carne rosata, un'ombra luminosa sopra una spalla nuda, un fremito di splendore sopra una seta moventesi, attira, ritiene e richiama gli occhi per un quarto d'ora, e non si ha che una frase vaga per esprimerlo. Con che mostrare l'armonia d'un panneggiamento azzurro sopra una veste gialla, o d'un braccio, la cui metà è nell'ombra e l'altra metà sotto il sole? E, ciononostante, quasi tutta la potenza della pittura è là, nell'effetto d'un tono vicino a un tono, come quella della musica nell'effetto d'una nota sopra una nota; l'occhio gode corporalmente come l'udito, e la scrittura, che arriva allo spirito, non arriva fino ai nervi. Al di sotto di questo cielo ideale, dietro una balaustrata, sciamano delle fanciulle veneziane, in costume del tempo, scollacciate, con una lunga veste rigida. È il mondo reale, ed è tanto seducente quanto l'altro. Esse guardano appoggiate e ridenti, e la luce, che rischiara a tratti i loro abiti e i loro visi, cade o si stende con dei contrasti sì deliziosi che ci si sente scossi da dei movimenti di piacere. Ora è la fronte, ora è una fina orecchia, ora una gorgiera, ora una perla, che esce dalla calda ombra. L'una, nel fiore della giovinezza, ha il più piccante aspetto: l'altra, tarchiata e in sui quarant'anni, leva gli occhi nell'aria e sorride della più bella allegrezza del mondo.

Questa, superba, colle maniche rosse, rigate d'oro, si arresta, e il suo seno già inturgidisce la camicia ed il busto. Una pargoletta bionda e ricciuta, in braccio d'una vecchia, alza la sua manina con aria furbesca, e il suo fresco viso è una rosa. Non ve n'è una di quelle creature che non sia contenta di vivere e che non sia, non dico soltanto serena, ma gaia. E queste sete spiegazzate come splendono! Come queste perle bianche e diafane vanno bene sopra queste tinte trasparenti, delicate, come petali di fiori! Giù al basso, infine, la folla virile s'agita ruinorosa. Vi ha dei guerrieri, dei cavalli impennati, delle grandi toghe cascanti e un soldato che suona un clarino in abito di parata. Qua, vedi un dorso d'uomo nudo presso a una corazza, e, in tutti gli intervalli, una moltitudine compatta di teste vigorose e vive; e, là, in un canto, vedi una giovine sposa e il suo bimbo. E tutto ciò è accumulato, a un tempo, e disposto e diversificato, con vera sicurezza ed opulenza di genio: tutto ciò è illuminato, come il mare in estate, da un prodigo sole.

Nel secondo compartimento, fece LA PRESA DI SMIRNE, essendo condottiero della flotta della Repubblica Pietro Mocenigo; nella quale impresa i Turchi, impauriti, fuggirono, e dai Veneziani furono fatte ricche prede d'uomini, di spoglie d'oro e d'argento e di vasi preziosi.[1]

Nel terzo compartimento, fece LA DIFESA DI SCUTARI, sostenuta dal valore di Antonio Loredano, che, animando i Veneziani alla battaglia contro i giannizzeri di Solimano e di Alibego, conseguì piena vittoria sui Turchi, dei quali rimasero uccisi più di tremila.[2]

A queste fece susseguire altre singolari pitture. Alle monache di Santa Caterina dipinse, per l'altar maggiore, LA SANTA REGINA, CHE, RAPITA IN ESTASI, CELEBRA LE NOZZE COL DIVIN BAMBINO, il quale le pone in dito l'aureo anello, come segno del-

[1] RIDOLFI, op. cit., pag. 33.

[2] Ivi, pagg. 33-34.

l'eterno connubio. La scena è tutta veramente di cielo, e vivi sembrano gli angeli, giù calati, in mezzo alle colonne e fra i drappi rossi, per festeggiare quell'unione. Sono essi adorni di seriche vesti variopinte e fregiate di stupendi lavori a ricamo, e par che non solo si librino in aria, ma che danzino, sulle loro ali dal colore di madreperla, e che cantino osanna, e che suonino coi liuti e colle lire delle soavissime sinfonie. Non vi è parte di questa pala che non sia altamente commendevole. Vero è l'impasto delle carni, divina la espressione di Maria, di Gesù e di Caterina, stupendo il profilo della Santa, bellissime quelle ciocche d'oro, che le fluiscono sulle spalle e attorno al collo, dove la bianchezza lattea delle perle rivaleggia colla bianchezza della epidermide; magnifici gli accessori. Il tempo rispettò molto, dice il Zanetti,[1] questa rara pittura, ed è perciò una di quelle, in cui si può agevolmente intendere il bel modo di colorire di Paolo, e ammirare la freschezza delle sue tinte vergini e liete, il sapore delle sue mezze tinte e le opportune spezzature di esse, e quei certi riscaldamenti, che variano con bell'arte e graziosissima semplicità.

Eseguì, poi, per delle altre monache, un quadro mezzano, rappresentante il Paradiso, in cui, per ottenere l'effetto della distanza, egli usò colori molto smorzati nelle figure lontane, avvantaggiandosi di forza e vaghezza nelle vicine. Ma le buone e semplicissime suore, non vedendo campeggiarvi nè l'azzurro, nè il verde, nè il vermiglio, n'erano malcontente; per cui, essendo capitato al monastero un Fiammingo, con alcune sue piccole tempere, miniate ad oro e a sgargianti colori, barattarono l'opera di Paolo con uno di quei quadruzzi, aggiungendovi anche parecchio denaro, mentre lo scaltro forestiere vendette, di lì a poco, il quadro del grande artista per quattrocento scudi.[2]

[1] Op. cit., tomo I, pag. 254.

[2] Ridolfi, op. cit., pagg. 34-35.

CAPITOLO XIII.

Paolo stima i quadri del Tintoretto — Pitture in San Nicolò dei Frari — Due pale in San Giuliano — Tre dipinti in San Pantaleone — SACRA FAMIGLIA a San Barnaba — IL MARTIRIO DI SAN MAURO a Burano — LA REGINA SABA e IL GOLIA pel duca di Savoia — I portelli dell'organo a San Geminiano — L'ASSUNTA a Sant'Jacopo alla Giudecca e l'ASSUNTA e gli altri quadri a Santa Maria Maggiore — L'ADORAZIONE DELLA VERGINE a San Zaccaria — MADONNA alla Scuola della Misericordia — L'ASCENSIONE per Lendinara — Due quadri in San Luca a Venezia — IL SAN GIROLAMO per Sant'Andrea *in Cao de Zirada.*

(1578-1581).

Eccoci al 26 luglio 1578. In questo giorno Paolo provò, senza dubbio, una bella compiacenza. Ebbe, dai chiarissimi Provveditori al sale, insieme col suo esimio collega Giacomo Palma, il grave e difficile mandato di far la stima dei quattro quadri dipinti dal Tintoretto nel luogo d'onde si passa dalla Cancelleria Ducale all'eccellentissimo Collegio, cioè nel salotto sopra la Scala d'oro, rappresentanti *le tre Grazie, Vulcano coi Ciclopi alla fucina, lo Sposalizio di Arianna con Bacco alla presenza di Venere,* e *Pallade, che abbraccia la Pace e la Concordia e scaccia Marte.* [1] E per un tale ufficio, da lui decorosissima-

[1] Ecco il documento in proposito, tolto dall'opera stampata in Venezia, nell 869, dalla tipografia del Commercio, col titolo *Monumenti per servire alla storia del Palazzo Ducale di Venezia* (parte I, pag. 449, docum. 880, nota *A*):

1578 A' di 26 luglio

DOMINO PAULO QUONDAM GABRIEL VERONESE *pittore depone con suo sagramento haver d'ordine di Clarissimi Signori Proveditori al Sal, visti con diligenza et bene considerati li* QUATTRO QUADRI FATTI DI MANO DI MAISTRO GIACOMO ROBUSTI DITTO IL

mente sostenuto, si venne a ratificare nel pubblico, che a lui spettava davvero lo scettro dell'arte veneta.

Molte pitture fece, quindi, insieme con Andrea Schiavone, col Montemezzano, col Palma il Giovane ed altri suoi amici o discepoli, per la chiesa di San Nicolò dei Frari, già da lui dianzi ornata col BATTESIMO DI CRISTO (dove erano degli angeli vaghissimi, e la tentazione nel deserto, in lontananza) e coi chiaroscuri dei DUE PROFETI e delle DUE SIBILLE, che dipinse ai lati dell'altar maggiore. E, presso all'altare di San Giambattista, ritrasse L'ULTIMA CENA e LA CROCIFISSIONE DI CRISTO (colla Maddalena e con Longino appiedi), e IL SALVATORE RISORTO, che desta le guardie al lampeggio de' suoi splendori. Ma le opere più belle, che qui fece, furono i soffitti. Nel centro, eseguì I MAGI CHE ADORANO IL MESSIA, adorni di vaghe vesti rameggiate, e con apparato di nobili architetture. E vi effigiò due angeli di deliziosa carnagione, e un servo, che tiene al morso un candido cavallo, maestoso nell'aspetto, pronto nell'attitudine, e così vivace, che pare sia per uscir dalla tela. Nel vano, verso l'altar maggiore, istoriò L'ELEZIONE DI SAN NICOLÒ A VESCOVO DI MIREA, e, nell'altro vano, verso l'organo, immaginò SAN FRANCESCO, CHE RICEVE LE STIMMATE DA UN SERAFINO, SUL MONTE D'ALVERNIA, e, negli angoli, dipinse I QUATTRO EVANGELISTI, opere tutte lodate e famose.[1]

In San Giuliano, al primo altare a dritta, eretto dal cavalier Vignola, operò una pala molto bella, raffigurante CRISTO MORTO, ADAGIATO SOPRA UNA NUVOLA E SOSTENUTO DAGLI ANGELI, E, NEL

TENTORETTO *pittore, posti sopra le scalle del Palazzo che pazza dal Collegio alla Cancellaria Ducale et aprezíarli tutti quattro esser di valore di Ducati dusento non comprese le spese di doratura et altro ch'el havesse fatto per metterli in opera. Super generalibus recte respondit*

DOMENO GIACOMO PALMA PITTORE DI MAISTRO ANTONIO *depone con suo sagramento haver d'ordine ut supra visti con diligenza, et bene considerati li* QUATTRO QUADRI *soprascritti et apprettarli tutti quattro ducati dusento non comprese le spese.*

Super generalibus recte respondit.

[1] RIDOLFI, op. cit., pag. 37; ZANETTI, op. cit., tomo I, pagg. 256-57.

PIANO, SANT'JACOPO, SAN MARCO E SAN GIROLAMO; e, nella cappella del Sacramento, fece, poi, LA CENA DI NOSTRO SIGNORE.[1]

Tre insigni quadri dipinse, in appresso, pei lanaioli, nella chiesa di San Pantaleone. Per la cappella dell'altar maggiore, fece IL SANTO TITOLARE, VESTITO COL MANTO DUCALE, CHE RISANA UN FANCIULLO, ov'è il ritratto del parroco. In un altro altare, fece SAN BERNARDINO, CON DUE ANGELI IN ARIA, CHE GLI PORTANO IL NOME DI GESÙ. Nella terza cappella, alla dritta, fece una gran tela ad arco, dove rappresentò SAN BERNARDINO, CHE, FATTO SPEDALIERE IN SIENA, NEL TEMPO DELLA PESTILENZA, ORDINA LE COSE APPARTENENTI AL LUOGO, DISTRIBUISCE ELEMOSINE E RISANA GLI INFETTI.[2]

In San Barnaba, lavorò un grazioso quadretto, esprimente LA VERGINE COL PUTTO, E I SANTI GIUSEPPE E GIOVANNINO.[3]

In San Mauro di Burano, pitturò IL MARTIRIO DEL SANTO, che, secondo il Zanetti,[4] fu molto lodato dagli scrittori.

Gli vennero date, di poi, delle commissioni eziandio dal duca Carlo Emanuele I di Savoia, al quale mandò una gran tela con LA REGINA SABA DINANZI A SALOMONE, SEGUITA DA PERSONAGGI E DA ANCELLE E DA SERVI, CHE RECANO RICCHISSIMI DONI, e un altro dipinto rappresentante DAVIDDE, CHE TRONCA IL CAPO AL GIGANTE GOLIA.[5]

[1] RIDOLFI, op. cit., pag. 31; ZANETTI, op. cit., tomo I, pagg. 261-62.

[2] RIDOLFI, op. cit., pagg. 31 e 48; ZANETTI, op. cit., tomo I, pagg. 267-68; *Venezia e le sue lagune*, vol. II, parte II, pag. 293.

[3] GIANN. MOSCHINI, op. cit., pag. 163; *Venezia e le sue lagune*, vol. II, parte II, pag. 327.

[4] Op. cit., tomo I, pag. 266.

[5] RIDOLFI, op. cit., pag. 40. Non saprei accertare dov'ora si trovi; però potr'ebb'essere quello, di cui il LANDON (*Ann. du Musée;* Paris, 1815, II Collect., pag. 35) dava l'illustrazione, rappresentante DAVIDDE, CHE MOSTRA A SAULE LA TESTA DI GOLIA, e che apparteneva, allora, alla Galleria di monsieur Massias, a Parigi. Ecco quello che ne diceva:

Dipinto in tela. Alto 4 piedi, 5 pollici: largo 3 piedi, 2 pollici. — La proporzione, pressochè colossale, di queste figure sembra aggiungere al grande carattere che il pittore

Per la chiesa di San Geminiano (ora già demolita), dipinse, nella sua più grande e nobile maniera, i portelli dell'organo, con SAN GEMINIANO, E UN ALTRO SANTO VESCOVO, da una parte, e SAN MENNA E SAN GIOVANNI, dall'altra parte. [1]

Ebbe poi ad eseguire, per il soffitto del refettorio dei padri di Sant'Jacopo, alla Giudecca, L'ASSUNTA, [2] e un'altra ASSUNTA fece per l'altar principale della chiesa di Santa Maria Maggiore, unitamente ai tre quadri dell'ADULTERA, del CENTURIONE, e dei FIGLIUOLI DI ZEBEDEO, CONDOTTI DALLA MADRE A CRISTO, e al quadretto con CRISTO NELL'ORTO, sostenuto da un angelo. [3] Il Zanetti [4] e il Zanotto [5] fecero strepitosi elogi di questa seconda ASSUNTA, perchè, al dire di essi, vi spicca un cotal giuoco di linee, una cotal varietà di mosse, che ben chiaramente dimostrano il genio sommo di Paolo, anche dal lato del comporre. E, infatti, le parti torreggiano con giusto contrasto, e, con ponderata ragione, le figure degli Apostoli formano due piramidi legantisi colle linee degli angelici cori, senza confondere la diversità dei piani, e popolando la scena per modo che tutto concorre ad esprimere il gaudio dei terrestri e dei superi. Il gruppo, che ascende, è mirabilissimo, perchè par proprio che la falange degli angeli, ravvolta in mezzo ai vapori, galleggi tripudiante, e si libri e sorvoli, con infinita leggerezza, nell'aere, mentre gli Apostoli stanno a contemplare la Vergine, meravigliati e plau-

ha saputo imprimer loro, qualche cosa, benchè ciò non sia in quella parte dell'arte nella quale abitualmente è grande. La testa di Saule ha una forte vivacità d'espressione: si direbbe che la gloria prematura del vincitor di Goliath suscita nella sua anima qualche movimento di rancore e di gelosia. Una specie d'inquietudine si rivela nei lineamenti di Davidde, in mezzo alla gioia, che gli desta questo meraviglioso trofeo della sua vittoria. Si riscontra in questo quadro quella luce larga e vera, quel vigore di tono e di colorito che distinguono specialmente le produzioni di Paolo Veronese.

[1] RIDOLFI, op. cit., pag. 32; ZANETTI, op. cit., tomo I, pagg. 255-56.

[2] RIDOLFI, op. cit., pag. 49.

[3] Ivi, pag. 36; ZANETTI, op. cit., tomo I, pagg. 257-59.

[4] Op. cit., loco cit.

[5] Op. cit., vol. II.

denti. Che se vuolsi un po' considerare la magia della tavolozza, si deve assolutamente convenire, che Paolo, in questo quadro (dove tratteggiò il suo ritratto), [1] usò il colorito forte e robusto del Vecellio, e, ad un tempo, il leggiadro e splendido del Correggio, imitando di quest'ultimo le ombre dolcissime e gli sbattimenti.

Ma, forse, più stupenda ancora di questa è la pala, ch'egli eseguì, press'a poco nel medesimo tempo, in San Zaccaria, ad istanza di Francesco Bonaldi, da quanto argomenta il Cicogna. [2] In essa rappresentò L'ADORAZIONE DELLA VERGINE, ispirandosi alla *Madonna* di casa Pesaro, dipinta da Tiziano; ma commettendovi, secondo il giudizio di qualche critico, [3] una incongruità in cui Tiziano non sarebbe caduto, cioè collocando, nel centro del quadro, il piccolo Battista, che presenta il dorso allo spettatore in maniera assai prominente. Paolo, però, non ha bisogno di apologisti. E quindi, senza volerlo scusare nel suo capriccio (che potrebb'essere un'arte per dimostrare maggior naturalezza e meglio spiegare il concetto della adorazione), dobbiamo rammentarci subito subito che la pala di San Zaccaria fu sempre ed è tuttavia giudicata dagli Italiani e dagli Stranieri più intelligenti [4] come una delle opere classiche del Veronese. In essa rappresentò egli la Vergine, là in alto, sopra a un piedestallo, dentro a una nicchia riccamente decorata, col Divin Pargoletto in braccio, e San Giuseppe da lato. Gesù dolcemente sorride a San Gio-

[1] A contrassegno della sua soddisfazione, vi lasciò la sua immagine nella figura, che, colle mani giunte, sta dietro l'Evangelista S. Giovanni.

[2] Op. cit., vol. II, pag. 128.

[3] CAVALCASELLE e CROWE, *Tiziano,* vol. I, pagg. 278-79.

[4] RIDOLFI, op. cit., pagg. 35-36; ZANETTI, op. cit., tomo I, pagg. 254-55; CICOGNA, op. cit., vol. II, pag. 128; ZANOTTO, op. cit., vol. II, il quale ultimo dice giustamente che « rifulse fra i tanti prodigi dell'umano ingegno nelle sale magnifiche del Louvre ». Anche il mio egregio amico ed artista cav. Napoleone Nani ha fatto una piccola copia di questa pala per commissione di un illustre Ungherese.

vannino, che sta sopra uno sgabello, e non si vede, come si è già detto, che dalla parte di dietro. Nel piano, davanti al gruppo celeste, vi è San Francesco d'Assisi, in piedi, colle braccia spalancate, e lo si riconosce alle stimmate; e, dietro a lui, si vede Santa Giustina. Dall'altra banda, l'artista immaginò San Girolamo in abito da cardinale, che tiene in mano uno de' suoi libri, e mostra il viso corrugato e meditabondo. Bellissimo è l'insieme, bellissime le singole parti; ma ciò che colpisce subito in questo capolavoro, dice il Landon, [1] è l'effetto della luce, che vi si spande con un fulgore e una scienza straordinaria. La leggerezza delle ombre, il vigore dei chiari, la significazione perfetta delle mezze tinte, infine tutto ciò che caratterizza l'eccellenza del colorito, si trova in quest'opera. Il disegno (partita nella quale Paolo Veronese ha talvolta più di grandezza che di correzione) non ha qui difetti, e stupisce per la sua forza e la sua arditezza. I caratteri delle teste sono felicemente variati: la figura del piccolo San Giovanni è molto severa e fa bel contrasto con quella del Bambino Gesù, le cui forme si porgono graziosissime. I panni sono largamente dipinti e sapientemente acconciati: la pelle di agnello, di cui San Giovanni è rivestito, mostra un'imitazione esatta e gagliarda; ma si vede, alla facilità del pennello, che l'artista non ha perduto molto tempo a dipingere un tale accessorio. È questo un esempio che i giovani pittori dovrebbero imitare, chè la perfezione dei particolari nuoce sempre all'esecuzione dei grandi punti d'un quadro. Giova richiamare i principî più semplici, anche quando l'arte si mostra più splendida.

Dipinse, quindi, nella stanza terrena della Scuola della Misericordia, LA MADONNA, CHE ACCOGLIE SOTTO IL SUO MANTO ALCUNI CONFRATELLI; ma questa pittura venne in seguito ritoccata dal Padovanino. [2]

[1] *Ann. du Musée;* Paris, 1806, tomo 12, pagg. 41-42.

[2] ZANETTI, op. cit., tomo I, pag. 262. È da notarsi, poi, che lo SCOLARI, nel libro della *Vita,* ecc., *dell'architetto Scamozzi* (pag 153; Treviso, 1837),

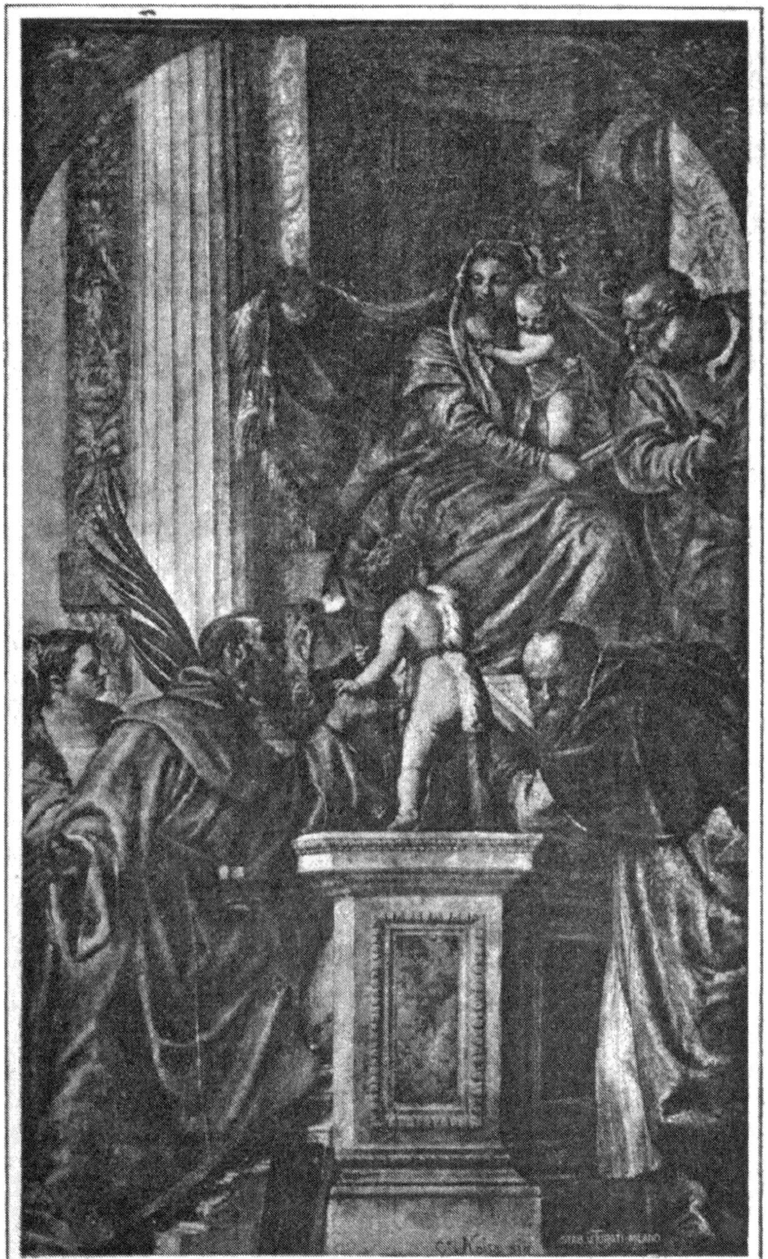

L' ADORAZIONE

R. Accademia di Belle Arti in Venezia.

Fece, poi, altre tele mirabili. Per commissione della famiglia Petrobelli di Lendinara, eseguì, nel 1581, una pala, da collocarsi nel Santuario di quel paese, rappresentante L'ASCENSIONE, e, tra gli altri spettatori, si crede che quel capo ameno vi abbia ritratto se stesso.[1]

Fece, in appresso, per l'altar maggiore della chiesa di San Luca in Venezia, allora pur mo' restaurata, una bellissima pala, dipinta con amore, la quale raffigurava IL SANTO EVANGELISTA, SOPRA IL BUE, IN ATTO DI SCRIVERE IL VANGELO E DI OSSERVAR MARIA VERGINE, CHE GLI APPARE IN GLORIA, ed, oltre a ciò, dipinse, in un quadretto, LA MADONNA, COGLI ARNESI DEL PITTORE.[2]

E per le monache di Sant'Andrea, detto *in Cao de Zirada,* pitturò, all'altare a sinistra della cappella maggiore, una tavola con SAN GIROLAMO NELL'EREMO, che, tutto intento nella contemplazione e nel digiuno, chiede, al Crocifisso, perdono de' suoi trascorsi, e, percotendosi il petto, implora quella pace dell'anima, che gli venne turbata dalle seduttrici parvenze delle dame romane; il qual SAN GIROLAMO (imitato anche dal Vittoria in una sua statua) fu dichiarato il più bel nudo ch'ei si facesse.[3]

dice che il conte di Burlington, nel suo viaggio, sul principio del secolo scorso, trovò in Venezia molti disegni del Palladio, « nonchè invenzioni « proprie e non eseguite; ed una tra queste della facciata della Scuola della « Misericordia in Venezia, con le figure delle nicchie ed ornati negli archi- « sesti, giudicate di mano dell'amico dell'architetto inventore, Paolo Caliari ».

[1] RIDOLFI, op. cit., pag. 23.

[2] Ivi, pag. 35; ZANETTI, op. cit., tomo I, pag, 261.

[3] RIDOLFI, pag. 31; ZANETTI, op. cit., tomo I, pag. 262; CICOGNA (op. cit., vol. VI, pag. 7), il quale aggiunge:

Sembra che sia stata posta (all'altare, presso la cappella maggiore) *dopo la Stringa (1604) che non ne fa menzione, sendo, per quel che credo, il Ridolfi primo a notarla a. 1646.*

CAPITOLO XIV.

Paolo acquista dei poderi — Ritorna a fare il frescante — Sue pitture in Albettone — Pale ed affreschi nel Trivigiano — Pitture a Zerman — Freschi nel palazzo Da Mula a Romanziol.

(1581-1583).

Ma pigliamo un po' di sosta in questa via luminosa, fiancheggiata da quelle colonne miliarie di nuovo genere, che sono i meravigliosi lavori del nostro artista. Egli comincia a sentire la sete dell' idillio, la brama del riposo dell'anima, nel seno della natura. Egli vagheggia la soave letizia de' campi aperti, anela ad un vasto paesaggio dagli aliti odorosi e dalle superbe e gentili vedute. Ama di soffermarsi, come, un giorno, Teocrito e Virgilio (altri due sublimi confidenti della Creazione), a contemplare le tranquille opre dei campi. Ama di trovare un nido per sè e per la sua cara famiglia in mezzo al verde, fra dei grandi alberi, fra delle candide strade romite, fra delle roccie coperte di muschio, fra degli avvallamenti ilari di poggi, fra dei ben soleggiati e dolci pendìi, dove le viti pompeggiano, dove salta, in riccie spume, il torrente, dove zampillano delle fonti, che si perdono via via in filetti argentati, o gorgogliano, in curve e fuggitive cascatelle, o si distendono in lago, o diventano fiume. E, a Sant'Angelo di Treviso, dove appunto il Sile s'allarga e forma dei piccoli seni e dei lucidi laghetti, egli pensò di acquistarsi un podere, colle non troppo abbondanti, ma assai ben guadagnate, fortune. [1] E, circa il 1581, lo vediamo già possessore, in quei luoghi, di più decine di campi, e, come risulta da alcuni *atti* dei notai Enea Bolognato ed Eusebio da Spilimbergo, [2] lo vediamo, nel maggio 1582,

[1] Dice il RIDOLFI (op. cit., pag. 16) che, sin dai primi tempi della sua dimora in Venezia:

Crebbe in gran maniera non solo il nome di Paolo per le cose operate, ma le fortune ancora; onde pose sopra banchi seimilla scudi, che nel giro di pochi anni avvanzati co' pennelli havea, quali felicemente si augumentarono.

[2] Dall'esimio dottor GUSTAVO BAMPO ho potuto avere i seguenti documenti, trovati nell'Archivio di Treviso:

(Negli *Atti di Enea Bolognato fu Sebastiano*, notaio di Treviso, dal 1558 al 1587).

Ratificatio instrumenti venditionis factæ D. Paulo Caliari. 1582. Indictione X. die Veneris 4 mensis Maij, Tarvisii domi habitationis infrascripti Mag.ci Equitis posita in contrata crucis viæ, præsentibus R.do Aloysio de Sartis Rectore ecclesiæ S. Angeli et spectabili D. Laurentio Cumo legum doctore, testibus rogatis etc. Mag.cus D. Guglielmus Ravagninus eques q. Mag.ci D. Joannis Equitis ac Nobilis Tarvisini, viso instrumento venditionis factæ per S. Jacobum Guielmum de villa Sancti Angeli uti procuratorem ejusdem Mag.ci equitis excellenti ac celeberrimo pictori D. Paulo de Caliariis Veronensi q. D. Gabrielis Venetiis habitanti camporum sex cum dimidio terræ aratæ, plantatæ et viticatæ positorum in villa Sancti Angeli, in duabus petiis in contrata noncupata LA BARBETTA, *sive* LA CHIESURA DEL MOLIN, *et sive maioris vel minoris sint quantitatis, ad commodum et incommodum ipsius emptoris, precio ducatorum sexcentorum quinquaginta a L. 6, s. 4 pro ducato, deponendorum in Sacro Monte pietatis Tarvisii et elevandorum per dictum mag.um equitem pro facienda recuperatione, et liberatione dictorum camporum sex cum dimidio ab hyppoteca, quam habet super eis S. Alexander Ungarinus aromatarius pro importantia ducatorum tricentorum quinquaginta; nec non pro recuperatione aliorum camporum quinque cum dimidio terræ positæ in eadem villa alias venditorum per ipsum Mag.um equitem Seri Gasparini a Quercu molendinario Tarvisii pro ducatis tricentis et ut latius in dicto venditionis instrumento rogato Venetiis per d. Marcum Antonium de Cavaneis notarium venetum sub die 7 mensis Martii proximi elapsi ad quod etc. Viso inquam* (sic) *dicto instrumento, et intellecta ad plenun illius continentia, idem Mag.cus eques per se, hæredes ac successores illud una cum omnibus, et singulis in eo contentis, laudavit et ratificavit, volens illud valere et tenere in perpetuum proinde ac ejus Mag.tia* (sic) *pro ut interfuisset stipulationi, et pubblicationi ejusdem instrumenti sub obbligatione omnium suorum bonorum presentium et futurorum etc.*

Et illico presentibus quibus supra, egregius D. Benedictus de Caliariis agens tam nomine suo quam excellentis D. Pauli supradicti ejus fratris in executione suprascripti instrumenti dedit, et effectualiter exbursavit ipsi Mag.co equiti presenti, ac pro se et hæredibus recipienti, ducatos tricentos a L. 6. s. 4. pro ducato in monetis argenteis qui sunt pro resto, et integra solutione dicti precii ipsarum terrarum, attento deposito,

comperare del cav. Guglielmo Ravagnino altri sei campi di terra, per cui la sua sostanza immobile sommava, nel 9 agosto di quel-

ut dicitur, facto superioribus diebus in Sacro Monte pietatis hujus civitatis per dictum D. Benedictum aliorum ducatorum tricentorum quinquaginta, ut in actis D. Eusebii Spilimbergo notarii Tarvisini, pro quibus sic habitis, et exbursatis idem M.cus eques finem, et amplissimam quietationem fecit pro dictis D.D. fratribus de Caliariis, cum promissione nihil unquam amplius petendi particulariter nec in toto.

* * *

L'*atto* è preceduto dalla *Procura del cav. Ravagnino a Giacomo Guielmo*, per la stipulazione della vendita, a Venezia.

1582. Ind. X die Martis 6 mensis Martii, Tarvisii, domi habitationis.... presentibus.... Cum Mag.cus D. Guglielmus Ravagninus eques q. Mag.ci D. Joannis..... intendat medio alienationis infrascriptæ petiæ terræ redimere quasdam alias terras de viribus ejusdem mag.ci equitis obligatas partim S. Gaspari de Quercu molendinario Tarvisii, partim autem S. Alexandro Ongarino aromatario Tarvisii..... Propterea omni meliori modo, via, jure et forma, quibus melius potuit, constituit, et solemniter ordinavit ejus legitimum nuncium commissum, et procuratorem specialem et expressum S. Jacobum Guielmum de villa S. Angeli districtus Tarvisii, presentem et acceptantem, ad vendendum et alienandum jure proprii, et in perpetuum unam petiam terræ ipsius Mag.ci constituentis aratam, plantatam et viticatam positam in villa prædicta S.ti Angeli loco nuncupato LA CHIESURA DEL MOLIN *camporum sex cum dimidio in circa D.D. Paulo et Benedicto fratribus Chaliari pictoribus celeberrimis Venetiis habitantibus et ad celebrandum publicum instrumentum ipsius venditionis in alma Venetiarum urbe cum clausulis, conditionibus, pactis, promissionibus solitis et consuetis in his instrumentibus poni solitis, et precio jam concluso, ut dicitur, inter ipsum Mag.cum equitem et dictos D.D. fratres Chaliari exbursando juxta pactum factum inter partes ipsas, et in dicto instrumento ponendo.*

..... Promittens habere ferma, rata et grata omnia.... facta.... per dictum illius procuratorem.

* * *

Atto del Deposito dei ducati 350 citato nel precedente 1582, 4 maggio (nei *rogiti* del notaio di Treviso Eusebio da Spilimbergo, 1565-1591):

1582. Indictione X, die sabbati 17 mensis Martii, Tarvisii, in thesauraria Sacri Montis Pietatis Tarvisii, presentibus....

Excellens Dominus Benedictus de Caliariis Veronensis q. D. Gabrielis tam suo quam nomine Domini Pauli ejus fratris pro executione instrumenti pacti et conventionis sequutæ inter eum et S. Jacobum Gulielmum q. S. Dominici de villa S.cti Angeli agentem nomine m.ci D. Gulielmi de Ravagninis q. m.ci D. Joannis, acquisitionis per prædictum D. Paulum factæ a dicto S. Jacobo dicto nomine de campis sex cum dimidio terræ in dicta villa Sancti Angeli, pro ut de acquisitione ipsa legitur ex instrumento superinde rogato et scripto per D. Marcum Antonium de Cavaneis notarium venetum sub die 7um mensis Martii correntis: Dedit et nomine dicti M.ci D. Gulielmi depositavit penes D. Ru-

l'anno, a quarantacinque campi, con bella casa padronale e cortile. [1]

Ma godeva egli di quegli ozî sereni? Nella piena virilità dei suoi cinquantaquattro anni, non gli bastava il cuore di lasciare in abbandono gli estri del suo genio, di dire addio all'arte. Egli tornava, anzi, al genere de' suoi lavori primitivi, agli affreschi, i dolci amori della sua giovinezza, e girava, invidiato e aspettato, di villa in villa, a ricamare nicchie di romiti tabernacoli, a deco-

tilium Adelmario notarium Tarvisinum ac thesaurarium dicti Sancti Montis Pietatis Tarvisii ducatos trescentos quinquaginta a L. 6. s. 4. pro ducato in tot monetis argenteis venetis, elevandos ad omnem requisitionem S. Alexandri Ongarini spetiarii Tarvisii, facta prius per eum cessione de terris emptis a dicto m.co D. Gulielmo, et aliis debitis conditionibus, prout etc: quos promisit dicto nomine....

[1] La seguente *Notifica* dei beni di Paolo è copiata dall'autografo che si conserva in Venezia (Archivio di Stato, *Dieci Savii sopra le decime, in Rialto,* estimo 1582, condizione Sestier di S. Marco, dal n. 401 al n 800, n. 465):

Io Paulo Callar veronese Pittor per non manchar alli Comandamenti di Vo. S.S. ecc.me SS.ri X Savii sopra le X.me daro in nota, le Poche Entrate che posedo, con ogni sincerita, come, è debitto, de ogni buon suditto. Et prima habbitto in contra de S. Samuel, in una Casa, de ms. lorenzo cechini e ms. Julio girardi Cognati, eredi del q.m Ser Iacomo Fedrici

Sotto Treviso

In villa de S. Agnollo, una Possession, de Campi vinticinque In circha Con Casa Et cortivo che tengo per mio uso, affitati a Ser Jacomo gugielmo per formento stera vintiotto cioe. . . . . stera 28

Et la mita del vin, mi puol tochar uno anno per laltro Botte tre emeza, In circha, vero, è che ogni anno l'affitual me intacha, de un terzo del ditto fitto, che dificilmente, potrò venir sul mio per esser affituali miserabili Botte 3 1/2. Un Porcho de L. cento cioe L. 100, Et para dui galine Et ovi cinquanta.

Sotto Treviso

In villa de S.to Agnollo una peza di terra di campi vinti incirca afita a ser Toni meloncello paga de fitto formento stara vinti, cioe . . . . s.a 20

Et la mita del vin che puol tochar un anno per laltro Botte, doe incircha Et di questa pezza di terra non ho cavato cosa niuna perché di presente E passate le stride. Botte 2 vin. Un porcello de L. 100 et para dui galline con uovi vinticinque.

Livelli afranchar sopra Beni. In Castelfrancho Ser Pollo, et Tonello Millon, sopra Campi 7. sotto Castelfrancho. In villa de S.to Martin ogn'anno, ducati dodese L. tre per

rare chiese, a fregiare case signorili, a far più splendide le graziose architetture del Palladio e di altri insigni architetti.

Ad Albettone, nel palazzino di casa Campiglia (poi Gonzaga e poi Salvi), dipinse una stanza, [1] dove ancora si riconosce, come osserva il Morsolin, [2] la magistrale perizia del tocco, la morbidezza del colorito, la magia degli sfondi e quell'impronta di vita godereccia, che si rivela in tutti, si può dire, i capolavori del Veronese.

Recandosi, quindi, sul Trivigiano, ornava del suo pennello la canonica di Crespano con una bellissima CENA a chiaroscuro, e la chiesa di San Bartolommeo colla tavola di MARIA VERGINE, SAN SEBASTIANO, SAN ROCCO E SAN GIOVANNI BATTISTA. A Sant'Andrea di Cavasagra, fece LA MADONNA, in un capitello. A Roverè, eseguì la pala di SANT'ANTONIO E SAN FRANCESCO, col ri-

ducati dusento, vinti, di cavedal val Duc. 12 L. 3 Ser Lorenzo Sciasaro cioè sui eredi ogn'anno ducati dodese per ducati dusento de cavedal sopra Campi in ditto locho . . . . Duc. 12 L. —

D.a Marietta di Cristofani per ducati cinquanta, al'anno duc. tre cioè Duc. 3 L. —

Ser prodoco brunato per ducati cinquanta de Cavedal al'anno ducati tre cioè. . . . . Duc. 3 L. —

Ser Francesco milan de godego per duc. cinquanta, al'anno duc. tre cioè . . . . Duc. 3 L. —

Messer Felipo Almerigo da Castelfrancho per duc. cento de Cavedal, al'anno d. sie . . . . Duc. 6 L. —

Messer Gasparo di Simioni da Castelfrancho per duc. cento de Cavedal al'anno d. sie . . . . Duc. 6 L. —

Messer Francesco Barbarella Dottor per ducati dusento de Cavedal al'anno duc. dodese val . . . . Duc. 12 L. —

E questo e quanto m'atrovo, e alla bona grazia de V.e S.S.e Ecc.me mi R.do.

Possessione a Contadi - Duc. 57 gr. 12 per Decima Duc. 5 gr. 18 L. — s. 11. d. 6

Possessione a Contadi - Duc. 73 gr. — per Decima Duc. 7 gr. — L. — s. 14. d. 7

Summa L. 1. 6. 1

per la 1/2 X.ma Duc.ti 3 gr. 16
1582 adi 9 Avosto Ricevuta per mi
Daniel Querini alli X Savii.

[1] MACCÀ, *Storia del territorio vicentino*, vol. III, pagg. 74-75.

[2] *Maddalena Campiglia*, pagg. 28-30.

tratto del committente, ch'era di casa Ongarini. A Sant'Andrea del Muson, in casa Piacentini, immaginò VARIE STORIE e DEI SANTI, e, sulla loggetta della chiesa, DEI CHIAROSCURI GIALLI, ed una BEATA VERGINE. Nella chiesa di San Daniele di Treville, operò quattro quadri mobili, rappresentanti LA VERGINE, CRISTO MORTO, SAN GIOVANNI e IL SALVATORE. In Zelarino, presso Mestre, istoriò un palazzo, una chiesa e due tettoie. [1] In Maren, dipinse la pala di SANT'ANTONIO E SAN LIBERALE. In villa Gravigna, eseguì un dipinto col ritratto del piovano. A Casola, pitturò, in casa Cappello, SANTA CATERINA DELLA RUOTA, e, nel soffitto di una stanza, dipinse LA FAVOLA DI DANAE. [2] A Gaiarine, fece, come si crede, il quadro dell'altar maggiore della chiesa parrocchiale. [3]

Passò, quindi, a Zerman (dove la leggenda racconta, al solito, che, per la sua indole, facile a scattare come una cartuccia di dinamite, sia stato confinato qualche tempo), e vi eseguì molti altri lavori. In chiesa, dipinse una pala, rappresentante LA MADONNA COL DIVIN BAMBINO, E, AI LATI, SANTA LUCIA E SANTA CATERINA, E, AL BASSO, PROSTRATI, IN ATTO DI PREGHIERA, SAN PIETRO APOSTOLO E SAN FRANCESCO D'ASSISI. Sulla facciata della stessa chiesa, sopra la porta maggiore, fece SANT'ELENA CON LA CROCE, bellissimo affresco, che tuttora si conserva abbastanza. E, sulla facciata di mezzogiorno del palazzo Da Riva, fece pure degli altri affreschi, tra cui DUE FIGURE MITOLOGICHE, e UN UOMO, CHE, ALQUANTO INCURVATO, STA GUARDANDO UNA DONNA, CHE GIRA IL FUSO, nel qual uomo si dice che volle effigiare se stesso. [4]

[1] Nel palazzo, che fu dei Pezzana, ed ora è della contessa Anna Rubbi, si conservano degli affreschi sufficientemente conservati.

[2] RIDOLFI, op. cit., pag. 23; FEDERICI, *Memorie trevigiane,* vol. II, pagg. 55-56.

[3] SEMENZI, *Treviso e sua provincia,* pag. 709.

[4] Il conte ALESSIO BESI, alla cui gentilezza devo il ragguaglio di queste notizie, aggiunge in una sua lettera:

La villa Da Riva era ben diversa dal presente fino a vent'anni fa, e sorgeva in

E dipinse, poi, anche due tabernacoli, nell'uno dei quali, che si trova sul trivio prima d'arrivare al villaggio, rappresentò LA DEPOSIZIONE DALLA CROCE, nell'altro, ch'è daccosto alla chiesa parrocchiale, rappresentò SAN SEBASTIANO. [1]

Più importanti lavori eseguì nella villeggiatura dei Giunti (poi Foscarini e poi Manolesso), in Magnadole, frazione di Cessalto, la cui stanza di mezzo venne giudicata un tesoro dell'arte. [2] Paolo vi ebbe dipinto, dentro a begli scompartimenti architettonici, varie storie. In una, rappresentò IL CONVITO DI CLEOPATRA, prodigando quella splendida fantasia che lo facea chiamare, a buon diritto, il pittore dei Veneziani. Vi fece una mensa riccamente imbandita, fra magnifici ornamenti ed orchestre, dentro una loggia aperta, da cui si vedono dei superbi edifizi. Cleopatra si stacca dagli orecchi le perle, per farle infrangere dalle sue damigelle e darle a bere al suo ospite. Mentre le ancelle ricevono sopra dei bacili d'oro quei tesori, la fastosa regina mostra sul volto il disprezzo di tanta ricchezza, e il Romano presenta, invece, una specie di turbamento, che annunzia la procella che gli si agita in cuore. In un'altra, rappresentò ANNIBALE GIOVANETTO, ed ecco in qual modo. Nel bel mezzo, vi fece Amilcare col figliuolo Annibale, il quale sta genuflesso dinanzi all'ara, e tiene rivolti gli occhi ai simulacri di Giove e di Ercole, accostando la destra mano al suo petto. La severità del volto di Amilcare, il fuoco, che già scintilla negli occhi del giovinetto, la maestà del gran sacerdote offerente il cuore di Annibale ai

mezzo a boschi secolari ch'erano decoro del paese. Il palazzo era vastissimo e aveva due ale grandiose con sale a stucchi e a specchi nelle pareti - erano le SALE BALLADORE *- per le feste. Dietro il palazzo vi avevano dei viali stupendi di carpini giganteschi ridotti a vòlta. Giocai fanciullo sotto quei viali, che ora non sono più. Col danaro ricavato dal loro legname si pagò il palazzo al Giulay, che l'aveva comperato per una mica. Ora non resta che il mastio del luogo e ciò che erano le scuderie e, dirimpetto, i granai.*

[1] CRICO, op. cit., pag. 170; CACCIANIGA, op. cit., pagg. 165-66.

[2] RIDOLFI, op. cit., pag. 30; SEMENZI, op. cit., pag. 699.

numi ed alla patria, fanno una stupenda impressione. Nella terza, rappresentò LA FAMIGLIA DI DARIO, e la dignità di quelle principesse traluce dai volti, malgrado le lagrime che cadono dagli occhi loro, come rifulge la clemenza d'Alessandro dal modo con cui le contempla. Nella quarta, rappresentò DIDONE CHE MEDITA LA COSTRUZIONE DI CARTAGINE, e l'aspetto della regina è rispondente affatto a quella grandezza d'animo, ond' Elisa fu chiamata Didone, o la *donna forte.* [1]

[1] Lamenta il CACCIANIGA (op. cit., pagg. 166-67) i danni recati a queste meravigliose pitture e adopera belle, forti e generose parole, che, giustamente, meritano di venire qui riportate:

A Magnadola, nella sala dipinta da Paolo, un castaldo idiota ha pensato di collocarvi i tini e di fare il vino. Il padrone non si è opposto; cosicchè per molto tempo dei rozzi bifolchi pigiarono le uve, sghignazzando, davanti al Convito di Cleopatra, e ballarono nei tini, come se l'orchestra dipinta da Paolo dovesse accompagnare le loro pose grottesche. Se almeno i cani del quadro si fossero slanciati sui loro stinchi per metterli in fuga! Caliari ha dipinto Cleopatra che si stacca dagli orecchi le perle preziose per farle frangere dalle sue damigelle e darle a bere al suo ospite. La naturale sorpresa di Marcantonio doveva ritenersi da quei villani come prodotta dalla loro sacrilega profanazione. Il giuramento d'Annibale doveva farli paventare d'una sanguinosa vendetta, le supplicazioni della famiglia di Dario doveva spingerli ad abbandonare la loro barbara impresa, e l'aspetto di Didone, che medita la fabbrica di Cartagine, doveva persuaderli d'abbandonare la distruzione del più vago ornamento di Magnadola. Ma invano Paolo aveva atteggiato i suoi personaggi alla dignità sovrana, allo stupore, alla pietà, alla preghiera, alla minaccia: quei manigoldi eseguivano la sentenza del castaldo e spruzzarono di mosto le splendide imbandigioni di Cleopatra, le sfarzose vesti delle regine, le candide toghe dei sacerdoti e i sacri altari di Ercole e Giove.

La fermentazione del mosto scioglieva le materie coloranti dell'uva nel gas acido carbonico, che, svaporando nell'ambiente della sala, andava a depositarsi sulle pareti. I personaggi diventarono gialli, poi bruni, e finalmente un denso strato di polvere e muffa ricoperse quegli eroi, come un drappo funebre sopra una bara. I tesori dell'arte scomparvero davanti i prodotti d'un'industria abbandonata in mano dell'ignoranza, che doveva naturalmente produrre del pessimo vino.

Il sentimento del bello e del buono era smarrito, le arti e le industrie rovinavano, tutto andava fuori di luogo dalla cantina alla sala; la decadenza era completa!

A poco a poco si scalcinarono i muri, si ruppero i pavimenti e i soffitti, si deteriorarono le imposte, e le meteore penetrarono nel palazzo. Poi vennero i riformatori, più terribili delle intemperie, lavarono i muri con sostanze corrosive, scrostarono i dipinti, e osarono violare con stolti e sacrileghi pennelli quelle poetiche creazioni di Paolo!

In altra stanza, pitturò IL TRIONFO DI CAMMILLO, e CAMMILLO CHE SCACCIA I GALLI, e CORIOLANO E VETURIA, ed ORAZIO CHE UCCIDE LA SORELLA, e CINCINNATO CHE ACCETTA LA DITTATURA, e CINCINNATO CHE SALVA ROMA. E, in tutti questi affreschi, sfoggiò tanto ardimento di poesia, tanta grazia di composizione, tanta sapienza nei giuochi di luce e di spazio e tal conoscenza della prospettiva aerea, da presentare delle lontanissime proiezioni e delle stupende illusioni ottiche. Guardando il quadro del trionfo, sembrava proprio di guardare da una finestra, e di spinger lo sguardo per l'ampiezza di una magnifica contrada di Roma, circondata da palagi. Alle finestre, da cui pareano davvero pendere dei tappeti di porpora, sembrava si affollassero, pieni di ammirazione, i plaudenti cittadini; mentre il carro, tirato da quattro candidi cavalli, e tutta la comitiva del trionfo procedeva maestosamente verso un arco marmoreo, che stava a destra del riguardante. Davano poi maggior forza di verità alcune figure, grandi quasi al naturale, collocate nell'angolo destro. Una avvenente fanciulla sporgeva il nudo ginocchio sinistro sopra l'architrave di una porta, e formava uno scorcio bellissimo. Dinanzi a questa fanciulla, un giovinotto di belle e morbide sembianze, pareva assorto a mirare la pompa del trionfo, e, più in là, v'era un vecchio, in verde paludamento. Nell'angolo opposto, raffigurò due soldati a cavallo, l'un de'quali portante un vessillo. Nel quadro di CAMMILLO E I GALLI, la immagine del protagonista era da lui ritratta coll'asta in pugno e spirante magnanimo ardire. Nel quadro di CORIOLANO, si vedeva una tenda nel campo dei Volsci, e, fuori di essa, un bellissimo cavallo, infrenato da uno scudiero, e poi Coriolano, che andava incontro alla madre e alla sposa, accompagnata da' suoi teneri figli e seguìta da molte madrone, e, in lontananza, vedeasi Roma e il Campidoglio. Nel quadro di ORAZIO, delineava una scena veramente tragica, e vi rappresentava il vincitore dei Curiazî nel punto di spingere la spada nel fianco sinistro della sorella, che, stendendo disperatamente le nude braccia, e volgendo gli occhi moribondi, cadeva, e veniva raccolta dalle desolate compagne. Nel quadro di CINCINNATO DITTATORE, effigiava Lucio Quinzio, che, lieto della sua vita frugale, usciva dalla rustica abitazione, vestito da agricoltore, guidando i buoi. Nell'ultimo, rappresentava il medesimo QUINZIO IN ABITO DI GUERRIERO E SPIRANTE FUOCO MARZIALE. [1]

Anche i Da Mula vollero ornare la loro villa di Romanziol (che era forse opera del Sansovino) con dei dipinti di Paolo. Nè il sommo pittore e i suoi scolari si limitarono a dipingere due sale enormi e due camere a mezzodì, contigue alla sala superiore, ma fregiarono, coi loro pennelli, perfino i soffitti della scuderia. La sala a pianterreno era adorna di un ordine ionico, la cui trabeazione sosteneva il soffitto, e formava, cogli intercolunnî, varî ben intesi riparti. Due scale, l'una d'incontro all'altra, s'aprivano nel mezzo, con due archi, l'uno aperto e l'altro chiuso, ed in quest'ultimo, ad ambidue i lati, Paolo dipinse DUE FIGURE, forse due ritratti dei Da Mula. Sopra gli ornati di cotesti archi, compresi in alto da un solo frontispizio (egualmente ad ambedue i lati) fecevi delle figure d'un rilievo e d'una freschezza che sorprende. A destra, effigiò DUE UOMINI distesi sul piano, quinci e quindi inclinato, del frontispizio, quasi del tutto nudi e coperti solo in parte da stoffe verdi e violacee, con pieghe assai naturali e giudiziose. A sinistra, dipinse DUE FIGURE DI DONNA, coperte in parte da panni rossi e turchini.

Opera pure di lui devono essere le immagini della MANSUETUDINE, che regge un agnellino fra le braccia, e quella della SORTE, che sta coi dadi nella sinistra e colla destra appoggiata sopra un vaso di auree monete, e quella della LEALTÀ, che ha soavissimo volto, veste purpurea e candida sopravvesta, trapunta d'oro, e quella della FORTEZZA, che sta seduta, con maschia fisionomia, adorna di un vezzo di grosse perle al collo, e che tiene un'asta colla sinistra e l'elmo luccicante colla destra, e quella della

[1] CRICO, op. cit., pagg. 64-70.

FAMA, che sorge fra due angeli e che ha una tromba in ciascuna mano, cui solleva, come per darvi fiato; le quali immagini tutte brillarono e brillano per delicatezza di contorni, pastosità di colorito, espressione vivissima. [1]

[1] CRICO, op. cit., pagg. 107-109; CACCIANIGA (op. cit., pag. 168), il quale osserva che codesti affreschi, « quantunque abbandonati per lunghi anni a « barbari guasti, tuttavia sono meno danneggiati di quelli di Magnadola ».

Capitolo XV.

Quadri per la chiesa della Maddalena a Treviso — Pala per Sant'Agostino in Treviso — La Conversione di San Paolo — La Cena delle Nozze di Cana per San Teonisto — Pitture a Cividale — L'Annunziata per la Scuola de' Mercanti a Venezia — Pitture a Sant'Antonio di Torcello — Sposalizio di Maria per San Paolo in Venezia — Pitture in Sant'Jacopo dell'Orio.

(1583-1586).

Fra il 1583 e il 1584 si recò a Treviso, per fare, nella chiesa dei Gerolimini, la pala dell'altar maggiore, dove raffigurò Gesù risorto, che, quale ortolano, comparisce alla Maddalena, [1] e, in alto, Maria assunta e San Giovanni Battista e San Girolamo. [2] In un altro altare, rappresentò Cristo in croce, colla Madre svenuta e la Maddalena piangente; e, in un gonfalonetto da processione, fece la medesima Santa penitente. [3]

[1] Il Federici e il Caccianiga vorrebbero che Paolo avesse ritratta, nella bionda Maddalena, la propria moglie, che, secondo essi, sarebbe una Dotto di Castelfranco; ma questo è assolutamente falso, perchè il Veronese non ebbe a sposa che la Badile, la quale fu a lui superstite. L'errore degli storici trivigiani deriva dalla cattiva lettura fatta nei *Registri parrocchiali* di Castelfranco. Infatti, avendo io potuto consultarli, insieme coll'egregio arciprete di S. Liberale, D. Luigi Camavitto, ho rilevato che, verso la metà del secolo xvi, non già un Paolo Caliari, ma un nobil Paolo Calderari, fu Antonio, sposò una gentildonna della famiglia Dotto.

[2] Federici, op. cit., vol. II, pag. 55; Ridolfi, op. cit., pag. 23.

[3] Ridolfi, op. cit., pag. 23.

Per la chiesa di Sant'Agostino, operò la tavòla di San Gioachino e Sant'Anna e i Santi Giacomo e Giorgio. [1]

Nella chiesa di San Paolo, appartenente alle monache Domenicane, fece la bella pala rappresentante la Conversione del detto Santo, con un seguito di guerrieri variamente vestiti. [2]

Se poi il soggetto dei Conviti evangelici fu tanto prediletto al Caliari, che superò in essi ogni altro pittore, anche a Treviso ne fu eseguito uno da lui, per il refettorio delle monache Cassinesi di San Teonisto, largo circa venti piedi, con cento e più figure, di cui parecchie sono ritratti, come è tale quello della badessa (che si crede della stirpe dei conti d'Onigo), la quale venne effigiata vicino a Gesù, nelle Nozze di Cana. [3]

Molte cose dipinse anche in Cividale. Per la Compagnia della Croce, fece la immagine di Santa Lucia. [4] Nella chiesa di Santa Maria a Corte, fece una Sant'Agnese. [5] Nella chiesa, poi, di San Giovanni in Xenodochio, fece, nel 1584, due pale, l'una rappresentante la Madonna, col Bambino in braccio e vari angeli, e l'altra rappresentante San Rocco, con un angelo. [6]

Ma se l'arte il fasciava di luce, lo rendeva tetragono ai colpi di ventura? No: anch'egli ebbe la sua parte di dispiaceri, come rilevasi eziandio da una lettera autografa, che esiste a Venezia.

[1] Ridolfi, loco cit.

[2] Federici, op. cit., vol. II, pag. 55.

[3] Id., loco cit; Crico, op. cit., pagg. 45–46.

[4] Ridolfi, op. cit., pag. 23.

[5] Ivi, pag. 453.

[6] Semenzi, op. cit.; Maniago (op. cit., pagg. 394–95), dove viene recato il seguente documento:

Adì 26 marzo 1584. Si dichiara per la presente scrittura come io Paolo Caliar de Verona *Pittore e Miss. Giacinto Rosello di Cividal del Friuli, facendo per nome degli Agenti di s. Giovanni in Xenodochio di quella città, siamo convenuti insieme, che io debba farli due anconette di mano per la detta Chiesa in buona tela per metter sopra due altari, separata una dall'altra, che siano in tutta bellezza tutte e due, di una medesima altezza, e larghezza proporzionata.... le quali figure siano, una, la Vergine madre con il figliuolo in brazzio con dei Angioli che tengano la corona sopra la testa,*

nella Marciana, colla quale, in data 1° giugno 1584, si rivolge al magnifico monsignor Francesco Soranzo, in Sant'Andrea della Soranza, per rendergli grazie delle sue prestazioni, e gli raccomanda i suoi affari litigiosi e familiari. [1] Pur tuttavia, se i di-

e l'altra sia un San Rocco.... sopra la quale sarà il mio nome, e PER MIO PAGAMENTO SARÀ DUCATI TRENTACINQUE.

Io Giacinto Rosello

Io Pietro Paolo Locadello

Io Paolo Caliar da Verona Pittore confesso quanto sopra.

(Tratto dal Ms. di mons. GIO. BATTISTA BELGRADO intitolato: *Memorie su Cividale*).

[1] Ho potuto aver copia del seguente sibillino *documento* (citato soltanto dal CICOGNA, *Iscriz. Venez.*, vol. V, pag. 640), per mezzo del gentilissimo prefetto della R. Biblioteca Nazionale di San Marco, cav. CASTELLANI:

Molto Magnifico Monsignor mio R.mo

Dala molta sotisfacione che ricavo in sentir le sue schrite à instancia mia mi porti consolacione si che subito mi fa corer alla Carta et inchiostro per la risposta Et poi con la pena in mano con pocho sugieto io mi resto et non so che mi dire se non a vivificar quanto ho per le mie altre fiatte detto come sempre mi chiamo sotisfatto et contento di quanto lei per sua pura cortesia affatto et elli e per fare si come il Dotor barbarela come Giacomo Spinelo et insuma hogni alltro che abbia dilla a far con meco che altri piacia a voler per mia defensione farli procieder contra facendo bene e malle che questo mal non può ne sara mai. Ma per acomodar ostinati che tiè più cavedal de ij. X. che de uno amico per scampar litte contencione con despensar tempo per far pocho aquisto la messo con ogni sorte di liberta che cio che nase dal suo vollere sia benissimo fatto. Et questo isteso vollere è de mio fratello messier benedetto vostro Servitore qual agonse qui di ponto il zorno drio che le si parti per far un pocho di purga come a fatto per 6. zorni torno al suo lavor con comisione mia che le salutase a nome suo. Quanto ali Spinelli agri e agrasi (aseni e asenasi?) *di natura vilana quali non na* (ha) *ne sa con industria sua vadagnar se non con tener et farsi hodir da tutti per dar pocho lor giocha a intertenere a questo e a quello per più vadagno suio, senza pur sentilla di umanita ne di honore. Et lori per un quartier de megio fa tuor el letto sottane impagiolato et cusi vie ditto. Et se io potese per vigor de lo instrumento suo rilasarmi con lori lo faria. ne vie altra via che farli inpegnar poi che lor vol cussi per meter tempo a pagar quando li piace. A qui un suo fratel che fa lavocato che certo non vadagna in uno anno sei marcelli la qui consier. alla sua bonta me li offero e racomando.*

Di Venezia il Primo. Zugno 1584 di la V. S. Servitore

Paulo Caliar pitor

[A tergo]

Al molto magnifico et suo sempre

Sig.re il R.mo mon. S.r Fran.co Soranzo

a S.to Andrea de la Soranza

(A carte 75 del Codice Marciano Lat. CL.XIV, n. CLXV).

spiacerì l'affliggevano, non gli scemavan la lena artistica, o gli toglievan poco della febbrile sua operosità. Nella Scuola dei Mercanti, alla Madonna dell'Orto, nella stanza interna, detta l'albergo, fece un bel quadro, con LA BEATA VERGINE ANNUNZIATA DALL'ANGELO,[1] che, come dice il Zanetti,[2] è un'opera lieta, nobile e dottamente dipinta, ma ebbe a soffrire dal tempo il danno d'essere alquanto inaridita; dappoichè, rimanendo sempre chiusa in un luogo troppo asciutto, il colore fu sottoposto a una specie di svaporamento, e perdette molto della sua vivacità.

In Torcello, isola presso Venezia, mezzo sepolta fra le rovine, eseguì Paolo delle altre bellissime opere. La migliore, forse, per grandiosità di linee, scelta di pose e di tipi, armonia di colore e trasparenza aerea, fu quella dell'altar maggiore della chiesa di Sant'Antonio, rappresentante IL SANTO ABATE SEDUTO IN MEZZO A SAN CORNELIO E SAN CIPRIANO, con un grazioso paggetto, che gli tiene dinanzi un libro aperto.[3] Sui portelli dell'organo, dipinse, al di fuori, LA VISITA DEI RE MAGI, e, al di dentro, L'ANNUNZIATA.[4] Nel soffitto, fece DEGLI ANGELI, CHE SUONANO.[5] In dieci quadri, poi, con una scioltezza di pennello ed una perizia, che rivelano subito il gran confidente della natura, ritrasse LA STORIA DI SANTA CRISTINA MARTIRE.[6] Nel primo, con molta scienza di contrapposti e molta felicità di pensiero, la rappresentò, quando, accusata come seguace del Cristianesimo, viene condotta alla presenza del padre, e da lui sollecitata ad idolatrare.[7] Nel secondo, con istudiata composizione, la rappresentò, quando rifiuta di adorare gli idoli.[8] Nel terzo, con un magnifico corredo di accessorî,

[1] RIDOLFI, op. cit., pag. 49
[2] Op. cit., tomo I, pag. 267.
[3] Ora si trova a Milano, nella Pinacoteca di Brera.
[4] RIDOLFI, op. cit., pagg. 36-37; ZANETTI, op. cit., tomo I, pagg. 265-66.
[5] ZANETTI, op. cit.
[6] RIDOLFI, loco cit.; ZANETTI, loco cit.
[7] Nel 1834 era in proprietà dell'abate Celotti di Venezia.
[8] Fu illustrato dal ZANOTTO, nel vol. II dell'opera citata.

la rappresentò, quando, spezzati gli idoli d'oro e d'argento, ne dispensa i frantumi ai poverelli. [1] Nel quarto, con un profondo sentimento e una tenera pietà, la rappresentò, quando, per ordine del padre, è battuta colle verghe. [2] Nel quinto, con un bel contrasto d'affetti, la rappresentò, quando è visitata da un angelo. [3] Nel sesto, con vive espressioni di ferocia e di fede, la rappresentò, quando viene denudata, e dai manigoldi posta al martirio degli uncini di ferro, della ruota e del fuoco. [4] Nel settimo, con uno stile florito e un giuoco di luce e d'ombre, che incantano, la rappresentò, quando, rinchiusa in carcere, viene medicata, cibata e confortata dagli angeli. [5] Nell'ottavo, con singolare maestria di panneggiamenti e di pieghe, la rappresentò, quando è gettata dai carnefici nel lago di Bolsena. [6] Nel nono, con bei caratteri di teste e accurato studio di prospettiva, la rappresentò, quando viene raccolta dai pescatori in una barca. [7] Nel decimo, con una fina interpretazione psicologica, la rappresentò, quando, accesa del più sublime ardore di religione, riceve il battesimo. [8]

Nuovi dispiaceri colpivano intanto il nostro Paolo, anche nel 1586, come risulta da un frammento di lettera, da lui certo diretta al citato monsignor Soranzo, in data del 18 marzo di quell'anno. [9] Ma se di nuovo il suo cuore veniva allora esacer-

[1] Dice il ZANOTTO, che è passato in Inghilterra.

[2] Si trova nell'Accademia di Venezia.

[3] Secondo il ZANOTTO, se ne ignora il destino.

[4] Nel 1834, era posseduto dall'egregio pittore Sebastiano Santi.

[5] Venne illustrato dal ZANOTTO, nell'opera citata.

[6] Anche questo venne illustrato dal ZANOTTO.

[7] Secondo il ZANOTTO, se ne ignora il destino.

[8] Secondo il ZANOTTO, di questo pure s'ignora il destino.

[9] Apparteneva l'*autografo* al cav. GIUSEPPE SCOLARI, che lo stampò in opuscolo per le illustri nozze Rizzardi-Guerrieri (pag. 5), ed eccone il contenuto:

Mag.co Mons.r Rev.mo

Per non ammancar per quanto posso . . . .

la espose: con questa la prego . . . .

bato, nelle forti ed assidue occupazioni egli trovava sempre il suo balsamo. E ne ebbe parecchie, in Venezia. Essendo stata restaurata, dal piovano Antonio Gatta, la chiesa di San Paolo Apostolo, gli fu allogata la pala dell'altare a destra della cappella maggiore, e vi dipinse LO SPOSALIZIO DI MARIA SANTISSIMA.[1] Pitturò, quindi, nella chiesa di Sant' Jacopo dell' Orio; e, in uno scompartimento del soffitto, vicino a una delle porte laterali, sotto il più magnifico riflesso di lume, figurò LE VIRTÙ TEOLOGALI, CON ALCUNI ANGELI; e, in altri quattro scompartimenti minori, ritrasse, nella sua maniera più vaga e saporita, I PRIMI QUATTRO DOTTORI DELLA CHIESA. Dipinse poi anche, per una cappella, la pala rappresentante SAN LORENZO, INSIEME CON UN ANGELO, CHE TIENE IN MANO LA PALMA DEL MARTIRIO, e, dalle parti, SAN GIROLAMO E SAN NICCOLÒ.[2] Il Zanetti aggiunge ch'egli vi facesse pure, in una piccola tela, IL MARTIRIO DI SAN LORENZO.[3]

penstamo faccia dar il corso ala in . . . .
Spinelli. Qui ho voluto provar la fed . . . .
suo fratel nomato il Dottor — Hozi in . . . .
suo fratel e un Cain, e Abel raza maledetta da Dio. La . . . .
a fàto sin hora per me e che non vol far più altro che vada contro a lui a far al pegio che son. La inclusa da termene zorni 4 dopoi che sarà riconosuta li dui mesi che mi da longa de 15 di a la volta: ho ancor schrito con pregar questo Giacomo da la, che mi manda il mio livel, per non venir a questo, nè si cura ò si degna di nisun, Vilan poltron da bastonate, pien de ventto, sia astato il penel de la V. S. R.a sopra il teller, e se la verà presa la se lasarà intender perchè se desidera a darli satisfacion in quel che potiamo io insieme mio fratel e in fine e la solita sallutation con ogni effetto di reveren.a li basiamo le mani de

Ven.cia li 18 Marzo 1586

affetionatis.mo Ser.tor
Paullo Caliari pitore.

[1] RIDOLFI, op. cit., pag. 31; ZANETTI, op. cit., tomo I, pag. 262; *Venezia e le sue lagune*, vol. II, parte II, pag. 335.

[2] RIDOLFI, op. cit., pag. 31; ZANETTI, op. cit., tomo I, pagg. 259-60; ZANANDREIS, Ms. cit.; MOSCHINI, op. cit., 143-44.

[3] ZANETTI, loc. cit.

Capitolo XVI.

Il Ritorno di Andrea Contarini — Pala in San Pietro in Castello — Il San Nicolò a Mazorbo — Il Battesimo di Cristo a Noventa sul Piave — Altri lavori — Il Senato gli alloga il quadro del Paradiso per la sala del Gran Consiglio — Sua morte — Doti fisiche e morali di Paolo.

(1586-1588).

Circa il medesimo tempo, fece un quadro magnifico nella sala del Gran Consiglio, dirimpetto al trono ducale; quadro ricco di fantasia, pieno di brio giovanile, splendido per tinte calde e vigorose. Istoriò il Ritorno di Andrea Contarini, dopo la vittoria riportata a Chioggia, nel 1380, sui Genovesi. E dipinse quel valorosissimo doge, quando appunto fa il suo trionfo nella piazza di San Marco, ed è incontrato dai senatori, che, ossequiosi, gli si inchinano come a conservatore della patria e a debellator dei nemici. Vi ritrasse il primicerio della insigne basilica e i chierici con la croce, con torce accese e mazze d'argento. Ritrasse, qua e là per la piazza, dei soldati e degli alfieri, e copiò perfino, dal vero, il capitan di giustizia, Marco Dolce. Vicino alla pietra del bando, fece un misto di Greci, di Schiavoni, di Zingari, e, tra essi, un galeotto, pieno di naturalezza. Immaginò, inoltre, degli scudi, degli elmetti, degli usberghi smaglianti e delle altre armi buttate per terra, e due vivacissimi cani. Ma, per compendiaré tutti gli encomî, che si potrebbero fare di questa tela, in una sola parola, basti il dire ch' egli, così parco, com'era, di mettere il suo nome sui suoi lavori, ve lo scrisse, quasi a contrassegnare che la riconosceva per una delle sue opere più riuscite e più care. [1]

Per commissione del patriarca Trevisani, eseguì, poi, una pala nella chiesa di San Pietro in Castello, al terzo altare a dritta, rappresentante San Giovanni Evangelista, coi Santi Pietro e Paolo, ed un angelo, nell'alto, e, nella mezza figura, uscente al basso, nel lato destro, dipinse se stesso. [2]

In Mazorbo, isoletta contigua a Torcello, operò, nella chiesa di Santa Caterina, la tavola di San Nicolò, e, con esso, altri Santi e Ritratti di monache. [3]

Secondo poi l'opinione espressa dal canonico L. Crico, nel suo libro delle *Lettere sulle arti friulane*, [4] fece anche un quadro, che trovavasi a Noventa sul Piave, rappresentante il Battesimo di Cristo, dove assai delicata, e al tutto conforme alla anotomia, era la immagine di Gesù, che, curvo, riceve il battesimo, nelle acque del Giordano, da Giovanni, il quale gli era sovrastante; e dove era una gloria degna del Paradiso, e, abbasso, un gruppo d'angeli giocondissimi, i quali portavano una bianca fascia, su cui era scritto: *Ecce agnus Dei,* ecc., e, di lontano, scorgeasi una selva, e, fra gli arbori, San Francesco orante.

Moltissimi altri lavori ebbe a compiere Paolo tra il 1586 e il 1587, fra cui un San Michele, che ora vedesi nel villaggio di Cremia, [5] nella provincia di Como, e una pala colla Madonna

[1] Ridolfi, op. cit., pag. 39; Zanetti, op. cit., tomo I, pagg. 251-52; P. Joanne, op. cit., pag. 517, dove si aggiunge la seguente leggenda:

Si racconta che l'artista, che s'era fatto pagare il suo lavoro mezzo compiuto, credette poter sospenderlo per andare a guadagnare 500 ducati a Verona, pitturando la vôlta d'una chiesa. Appena arrivato a Vicenza, un ordine della Repubblica gl'intimò di venire a terminare la sua opera cominciata. Egli obbedì.

[2] Ridolfi, op. cit., pagg. 48-49; Zanetti, op. cit., tomo I, pag. 267; Zanandreis, Ms. cit.

[3] Ridolfi, op. cit., pag. 37.

[4] Pagg. 106-107.

[5] P. Joanne, op. cit., pag. 311.

DEL ROSARIO, per la chiesa di San Domenico di Zara, [1] e un quadro, per la città di Lecce, rappresentante SAN FILIPPO E SAN GIACOMO APOSTOLI, [2] e la pala del MARTIRIO DI SAN GIULIANO, che si ammira tuttavia all'altar maggiore della chiesa dei cassinesi, a Rimini; [3] della qual pittura di San Giuliano, nel secolo scorso, l'Algarotti trovava a ridire, ma nel tempo stesso si lodava altamente, [4] e, in questi ultimi anni, l'egregio storico e archeologo comm. Luigi Tonini faceva grandi encomî, provocando quel restauro, che, nel 1885, vi fu fatto dal prof. Fiscali, per ordine del R. Ministero. [5]

[1] RIDOLFI, op. cit., pag. 37.

[2] Ivi.

[3] TONINI, *Guida di Rimini,* pag. 51.

[4] FRANCESCO ALGAROTTI, in una sua lettera, diretta, il 10 giugno 1761, a Giovanni Mariette, che è riportata nell'opera: BOTTARI e TICOZZI, *Lettere pittoriche* (vol. VII, pagg. 491-92), scriveva, con assai giusto criterio, a proposito di questa pala:

Il quadro di Paolo, che è nella Chiesa di S. Giuliano, non è paragonabile nè al S. Giorgio di Verona, nè alla Madonna di S. Zaccaria di Venezia, nè agli altri che posero quel maestro nell'altissimo luogo che tiene. Dei pezzi ce ne sono bellissimi, come alcune teste, alcune pieghe, l'indietro e l'aria che è meravigliosamente lucida e leggiera; ma la gloria è pesante, le figure in tutta la composizione sono un po' troppo ammassate, non vi restando quei respiri, che ne distacchino bene i differenti gruppi l'uno dall'altro; e nel nudo del Santo vi troverebbono molto che dire gli studiosi di Notomia. In questa parte, tanto essenziale alla Pittura, fu veramente Paolo difettivo di molto, non meno che nel costume e nel decoro con cui dee il pittore trattare il soggetto che e' prende a rappresentare. Ma tale è la bizzarria, la nobiltà e la ricchezza delle sue composizioni, la vita che egli dà alle figure, la leggiadria del pennello, la facilità con cui sono o almeno paiono fatte le sue cose, che si debbono sorpassare quei difetti e anche quegli errori che ravvisa nelle sue pitture un occhio addottrinato dall'arte. Tiarini fu più dotto di Guido, Tintoretto di Paolo; ma Paolo e Guido hanno universalmente la palma sopra Tintoretto e Tiarini per quel non so che di geniale e di nobile, che diè loro la natura, e che, con tutti gli studi che uno fa, non giunge mai ad imparare. Quello che ha Paolo sopra gli altri pittori è, che ognuno vorrebbe entrare, per così dire, dentro a' suoi quadri, potervi camminar dentro, vedervi quelle parti che rimangono nascoste all'occhio. Quegli ariosi suoi siti, que' grandiosi e ricchi suoi campi con le meglio intese fabbriche, che uno possa immaginare, invitano veramente, e con dolce magia chiamano a sè i riguardanti.

Anche da questo lato è egli inimitabile.

[5] Benchè a malincuore, devo dichiarare che questa tela, o per ingiuria

Ad un altro insigne lavoro dovea por mano il Veronese; avvegnachè il Senato veneto affidava a lui e a Francesco Bassano il compito di eseguire un vastissimo quadro, raffigurante IL PARADISO, da collocarsi nella sala del Gran Consiglio, in luogo di quello del Guariento, che era stato distrutto dall'ultimo incendio.[1] A lui, anzi, veniva destinata la parte più difficile, quella, cioè, della gloria, colla immagine della Trinità e con dei gruppi di Beati e di angeli, perchè più adatta al suo fare grandioso. E, a tal uopo, egli faceva degli abbozzi, due dei quali si ritrovavano, molti anni dopo, presso i suoi eredi; ma egli il bel quadro non potè, non già condurre a termine, ma nemmeno cominciare, poichè, come disse il Ridolfi,[2] Dio lo chiamava a dipingere in cielo.

Infatti, a sessant'anni, dopo otto soli giorni di pleurisia, contratta, a Sant'Angelo di Treviso, nella seconda festa di Pasqua, mentre pigliava parte ad una solenne processione, per lucrare anch'egli l'indulgenza concessa da Sisto V,[3] morì, il 19 aprile 1588, in Venezia,[4] nella parrocchia di San Samuele.[5] Gli si fecero

del tempo e delle innondazioni o per ignoranza dei vecchi restauratori (che non seppero che Paolo lavorasse i suoi quadri, non ad olio solo, ma insieme a tempra), perdette quasi ogni impronta d'originalità. Io, infatti, non ve la seppi trovare più. Vi manca, sopra tutto, freschezza nelle carni, e larghezza nei panneggiamenti.

[1] RIDOLFI, *Meraviglie dell'arte* (ediz. seconda), vol. II, pag. 241.

[2] Id., *Vita*, pag. 50.

[3] SELVATICO, *Storia estetico-critica*, vol. II, pag. 557.

[4] Il CICOGNA (op. cit., vol. IV, pag. 148) reca la nota del *Necrologio sanitario*, dov'è scritto:

1588 19 aprile mis. Paulo Veronese pittor de anni 60 da punta e febre giorni 8 a San Samuel.

[5] Cessò di vivere nella casa da lui occupata già da molti anni, allora di proprietà dei generi del Fedrici, Lorenzo Zecchini e Giulio Girardi; e la contrada della sua morte dovea, come quella della sua nascita, essere celebre per la memoria di parecchi artisti insigni. Dice, infatti, il dottore TASSINI (op. cit., pag. 554):

Nella parrocchia di San Samuele, secondo il Cadorin, soggiornò l'architetto Bartolammeo Buono II, e, nello stabile medesimo, Tiziano Vecellio tenne i modelli delle

sterminati onori. Ai suoi funerali intervennero, com'era giusto, molti grandi della Repubblica. Con magnifica pompa fu seppellito nella chiesa di San Sebastiano, dov'era stata a lui e alla sua famiglia assegnata, da quei buoni padri, la tomba. Accanto all'organo, gli fu eretto subito un monumento, e fu posta sul muro una lapide, con la sua effigie, in terra cotta, lavorata da Camillo Bozzetti. [1] Alcuni poeti, come il lodarono in vita, così ne lamentarono la morte. [2] Ma, se la loro voce ora è spenta nell'oblio, la Musa della pittura lo celebra tuttavia come uno dei più magnanimi alfieri dell'artistica operosità, come il più grande maestro di verismo e idealismo; e, simili ai nimbi radiati di un'apoteosi,

proprie pitture. V'abitavano nel 1521 gli scultori Giulio, Tullio ed Antonio Lombardo. Vi nacque nel 1555 Modesta da Pozzo, letterata veneziana. Sante Lombardo vi morì il 16 maggio 1560. Vi tenevano soggiorno nel 1580 Girolamo Campagna, e, nel 1582, Paolo Caliari, detto il Veronese, in una casa dei cognati Lorenzo Zecchini e Giulio Girardi. Paolo vi cessò di vivere il 19 aprile 1588 per febbre acuta, presa nell'intervenire la seconda festa di Pasqua ad una solenne processione, ecc.

[1] Il monumento venne fatto rifare da Gabriele, figlio primogenito di Paolo, per mano di Matteo Carneri, scultore, che lavorava in Venezia tra il 1619 e 1633, come notò il MOSCHINI, e così pure in quel tempo, come crede il CICOGNA, vi fu posta, in alto, questa iscrizione:

PAULO CALIARIO VERONENSI PICTORI
NATURÆ ÆMULO ARTIS MIRACULO
SUPERSTITE FATIS FAMA VICTURO

e, giù, sopra la pietra, che ne ricopre le ossa (dove, per secondare certo lo sfarzo del secolo, fu scolpito lo stemma della nobile famiglia Caliari, con due fascie bianche lozangate, che traversano un campo azzurro, chiuse fra due stelle d'oro), leggevasi quest'altra:

PAULO CALIARIO VERON. PICTORI CELEBERRIMO
FILII ET BENEDIC. FRATER PIENTISS.
ET SIBI POSTERISQUE
DECESSIT XII KALEND. MAIJ
MDLXXXVIII.

[2] Il RIDOLFI (op. cit., pagg. 57-58) pubblica un sonetto di Niccolò Crasso, alcuni versi di Pietro Michele e una ventina di distici latini di Marcantonio Romiti.

mostra ancora, intorno al suo sepolcro, i capolavori, ond'è tutto gremito quel prezioso tempio di Dio.

Fu Paolo bello d'aspetto, aitante e asciutto delle membra, d'occhi piuttosto melanconici, ma vivaci. Al suo portamento signorile cresceva decoro la lunga barba e la calvizie del fronte. Aveva indole schietta e generosa, carattere franco, onesto, gioviale, socievole, costumanze, poi, splendidissime. [1] Non fu uno di quegli artefici letterati, come il Da Vinci, Michelangelo, Tiziano o il Rubens; cionondimeno ebbe familiari alcuni aforismi, che il rendono degnissimo di alta ricordanza. E alcuni di questi aforismi sono: *che non può dar buon giudizio della pittura se non chi opera bene; che il genio per una tale arte è un dono del cielo, e che l'affaticarsi nella pittura, senza il talento naturale, è come un seminare nell'onde; che la più degna parte del pittore è l'ingenuità e la modestia, e che le imagini degli angeli e dei Santi devono essere dipinte da eccellenti maestri, come quelle che devono indurre ammirazione ed affetto nell'universale.* [2] Fu sobrio nel mangiare e nel bere: laboriosissimo: semplice nei discorsi. Invitato da Filippo II, re di Spagna, alla sua Corte, per dipingere alcune stanze dell'Escuriale, ricusò di andarvi, amando soprattutto l'ambiente della sua famiglia e la pace della propria abitazione, e mandovvi, in suo luogo, l'amico Federico Zuccaro di Sant'Angelo in Vado. [3] Non lasciò gli Stati della Serenissima, che per recarsi a Roma, condottovi da Sua Eccellenza Girolamo Grimani, procuratore di San Marco; ma, tuttavia, seminò le sue meraviglie nel mondo, ed oggidì non v'è Galleria in Europa, che, con orgoglio, non mostri qualche quadro

[1] Dice il RIDOLFI (op. cit., pag. 53):

Usò vestiti di pregio, e calzari di velluto, che ancor (1646) *si conservano dall'herede.*

[2] RIDOLFI, op. cit., pagg. 54-55; BALDINUCCI, *Opere*, vol. VII, pag. 555; ORLANDI, *Abecedario pittorico* (1788), pag. 1020.

[3] RIDOLFI, op. cit., pag. 54.

che porti il nome del Veronese.[1] Le sue tele sono poemi sempre nuovi. Si ebbero e si hanno in sommo pregio, e Antonio Canova chiamavasi beato d'averne, negli ultimi suoi anni, ottenuto due, che appartenevano alla Galleria dei Collalto.[2]

[1] Bella è la seguente iscrizione che su lui fece il mio illustre amico conte CARLO LEONI di Padova (*Centuria prima*, pag. 26):

PAOLO CALIARI
A TIZIANO DISCEPOLO
EMULÒ I SOMMI.
ARBITRO DELLA LUCE
UNÌ ISPIRAZIONE FORMA GETTO FIEREZZA.
SUBLIME TRATTANDO STORIA FEDE USANZE
ARDUI PENETRAMI DELL'ARTE SCORSI
SUE MERAVIGLIE SEMINÒ PEL MONDO.
PATRIA VERONA.
OVUNQUE FAMA.

INTENDESTI L'ARTE
NATURA IMITANDO CREARE.

[2] MOSCHINI, *Belle arti in Venezia*, pag. 89; ROSINI, op. cit., vol. V, pag. 352.

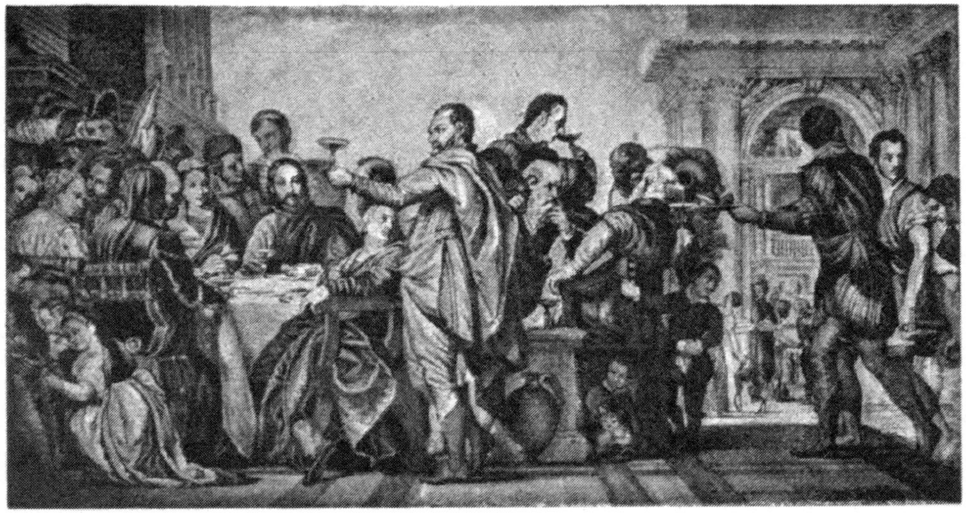

R. Galleria di Dresda.

LE NOZZE DI CANA

Capitolo XVII.

Giudizi sulle opere di Paolo — Originalità del suo stile — Il suo naturalismo — Suoi tipi — L' idea cristiana in Paolo — Sua tavolozza — Tecnica speciale — Le sue prospettive — Pregi delle Cene.

Molti valenti pittori furono sopra modo ammirati delle opere di lui. Ne espressero alti elogi il Lomazzo, il Zuccaro e Giorgio Vasari.[1] Giacomo Palma soleva dire che nei quadri di macchina Paolo è unico:[2] Annibale e Agostino Caracci lo giudicarono superiore al Correggio.[3] Guido Reni confessò non potersi desiderare di più, e protestava che, se avesse potuto scegliere d'essere pittore, a suo talento, avrebbe voluto esser Paolo. Il Guercino diede negli eccessi allorchè n'ebbe contemplato i dipinti; e così pure fecero l'Albani ed il Rubens,[4] perchè rimasero tutti affascinati da quella potenza, ond'egli sapeva fecon-

[1] Il Cignaroli, nel Zagata, *Croniche*, vol. II, parte II.

[2] P. Biagi, *Elogio a Paolo Caliari,* pag. 63.

[3] Malvasia, *Felsina pittrice* (1841), vol. I, pag. 270, dove si pubblica il seguente periodo d'una lettera di Agostino Caracci:

Quanto ad Annibale non si poteva fare il più bel colpo quanto è stato questo di farlo immediatamente da Parma passare qua a Venezia, perchè vedute le immense macchine di tanti valentuomini è rimasto attonito e stordito, con dire che credeva bene di codesto paese gran cose; ma non si sarebbe immaginato mai tanto, e dice che adesso si conosce ch'egli anche è un goffo e non sa nulla: di Paolo poi adesso confessa esser il primo uomo del mondo, che V. S. aveva molto ben ragione se tanto glie lo commendava; che è vero che supera anche il Correggio in molte cose, perchè è più animoso e più inventore, ecc.

[4] Il Cignaroli, nel Zagata, op. cit., vol. II, parte II.

dare la gioia, render pomposa la bellezza e far vieppiù festevole il riso.

Il suo stile, infatti, chi ben l'osservi, non ha molta, anzi, ha poca relazione con le scuole de' suoi tempi. Fertilità di fantasia e facilità di eseguire furono le doti, per cui tanto, anche adesso, risplende, e per cui condusse felicemente tante opere a fine, grandi e copiose; ma le sue invenzioni le spiegò in un modo affatto particolare. Non fu punto accarezzatore della deformità; però non volle neanche, al par dei Greci e al par di Raffaello e Tiziano, sacrificare quasi sempre la forma e la bellezza al sentimento. Cercò che l'esecuzione corrispondesse sempre alla sua idea, fosse pure un'iperbole: dipinse come sentì. Quanto di vago gli veniva mai veduto, quanto di bizzarro sapea concepire il suo cervello, tutto dovea concorrere a ornare le sue composizioni, e niente egli trascurò che le potesse rendere appunto degne di quei gran signori e di quei principi, per i quali singolarmente pareva che egli maneggiasse il pennello. Non c'era vincolo che il rattenesse. Avea fissato di ritrarre il suo tempo, di piacere agli occhi, di allegrare i sensi, di ammaliarli; e, con la naturalezza dei tipi e delle pose, con le varie tinte dei panni, con bei campi d'architettura e con tanti preziosi addobbi e accessorî, compose una sì dolce e gustosa armonia, che sorprende insieme e nobilita l'animo. [1] Sì (lo dice l'Yriarte [2]), il suo stile lo fa riconoscere quasi un patrizio dell'arte, che ha la facile concezione del genio sano, robusto, abbondante, che ha una maestria senza eguale, che si gioca delle difficoltà, e ne trionfa colla più ammirabile agevolezza.

Dire convenientemente dell'arte sua è tutt'altro che facile cosa: v'è, però, in essa alcunchè del fare di Michelangelo, di Raffaello e di Tiziano, ad un tempo. Amò egli il realismo più puro: imitò

[1] ALGAROTTI, op. cit., vol. I, pag. 160; ZANETTI, op. cit, vol. I, pagine 162-63; ALEARDI, op. cit., pagg. 35-36.

[2] Op. cit., pag. 159.

la natura, ma non pertanto fu originalissimo, perchè seppe comprenderla finamente; e (sebbene il suo antropomorfismo non fosse armonioso quanto quello dei Greci) creò delle forme ideali, da cui traspira, con un vivido lume di poesia, l'eterna giovinezza del bello, cioè delle forme viventi ed estetiche. Nelle figure mitologiche ritrasse la morbida seduzione pagana, in quelle di Cristo, della Vergine, de' Santi e de' Martiri trasfuse una fiamma di vero spiritualismo, e sui lor volti improntò il sublime di quella fede che accendeva il suo cuore.

I tipi de' suoi bimbi son belli quanto quei del Correggio; i tipi de' suoi uomini sono tolti dal vero, [1] ma, nobilitati dall'arte, fini, intelligenti, maestosi. Hanno, per lo più, la testa oblunga, la fronte larga ed alta, il naso ricurvato in modo che la punta sporge in basso, il mento prominente, la statura elevata. Posano da bravi, si drappeggiano cavallerescamente, sono pieni di forza, di flessibilità, di energia. La vita fisica in essi prorompe. [2] I suoi tipi femminili, poi, sono poetici narcisi dalle fragranti corolle, sono fiori multiformi, che la natura invidia, fiori aperti, ma intatti, nel momento in cui i petali rosei sono ancor freschi di rugiada e vanno tremolando nell'aria che gli accarezza. [3] E a questi suoi tipi, dagli occhi azzurri come il cielo o neri come l'onice, a questi suoi tipi, a cui diede un aspetto di alta e sempre svariata bellezza, mescolava, colla massima facilità e con un singolare concerto, i ritratti dei committenti, quello della propria moglie, quelli de' propri figli, quelli di altre persone, da lui forse vedute una volta sola, [4] e il suo ritratto medesimo, come già s'è

[1] Nota il MENGS (*Opere;* Parma, 1780, vol. II, pagg. 178-79) che la scuola veneziana è più viva e variata delle altre appunto perchè i pittori veneti si esercitarono molto a fare ritratti.

[2] ALEARDI, op. cit., pag. 35.

[3] MANTOVANI, *Lagune,* pag. 63.

[4] Il MAFFEI (*Verona illustrata,* parte III, cap. VI) dice di lui così:

Veduta e rimirata bene una persona, ne faceva mirabilmente il ritratto in distanza senza averla innanzi.

notato in più luoghi. Nè trascurava i servi, nè trascurava nemmeno il suo cane, nè i cani de' suoi amici, chè anzi è una cosa assai rara un' opera di lui priva dell'effigie di un cane.

Che se ne' suoi dipinti brillava lo stato ontologico, anzichè il deontologico, e si rifletteva innanzi tutto la vita individuale, la vita esteriore, concreta e profana, gli è forse da tranquillamente accettarsi ciò che disse, a suo carico, qualche egregio scrittore,[1] ossia che il Veronese fu, più che altro, il lirico della pompa lussuriosa, il glorificatore del colore e della luce, l'idealizzatore della prosaica magnificenza? Si tacerà, quando altri affermerà che Paolo fu solo un gran decoratore, perchè nel regno della passione e del sentimento non sapeva esercitare alcun impero? Si lascierà dire che nei dipinti di Paolo vivono solo le creature esuberanti di forza animale, di gioventù e d'allegrezza, e che con lui, anzi, si preludia alle scettiche ironie del Voltaire e s'inizia il regno della volgare cortigiana? No, vivaddio! Sono troppo fiere tutte queste parole (diciamolo apertissimamente), sono ingiuste! Paolo non fu di certo un pauroso e stecchito pittore bizantino, nè fu un entusiasta del Margaritone d'Arezzo, nè un mistico del trecento. Non ritrasse il divino alla maniera del Beato Angelico, non sempre dipinse la Vergine o il Redentore come il Da Vinci, come Raffaello, come il Correggio o Guido Reni, dai cui contorni pare che esca sempre una luce che ti circonda e ti rapisce; ma (seppure fu talvolta inverosimile alla maniera di Shakespeare) anche egli seppe librarsi nelle regioni pure, stellate, serene del sublime, seppe incarnare dei concetti che fanno spaziar l'anima nell'infinito, seppe rappresentare, quasi sempre, l'idea religiosa dentro a un'atmosfera di dignità, dentro a quei due termini affini all'umano intelletto, che sono la perfezione delle membra e la santità dell'espressione.

[1] Selvatico, op. cit., vol. II, pagg. 556-57; Aleardi, op. cit., pagg. 21-22; Symonds, op. cit., pagg. 326-27; Viardot, *Merav. della pitt. ant. ital.*, pagg. 296-97; Molmenti, *La Dogaressa*, pagg. 172-74; Mantovani, op. cit., pagg. 31-32.

Nelle tinte ebbe Paolo a vincere, per freschezza, trasparenza, splendore, non solo i migliori coloristi veneziani, ma eziandio Rubens e Rembrandt.[1] Avvegnachè, pensando egli che dalle contraddizioni emanano le grandi gioie della vita, per meglio piacere, cercò il trionfo della sua arte nel vigore dei contrasti. Studiò egli profondamente gli effetti dell'aria e quell'alterno gioco di ombre e di riflessi, di freddi e di caldi, di toni brillanti e sordi, che è sì difficile a mettere in armonia, per disporre poi sempre i gruppi delle sue molte figure in modo da farvi spiccare quel verde, quel suo verde, che da lui si denomina, quelle terne cromatiche, quegli equilibri estetici, quei vellutamenti, quei fiori di luce, quelle mezze tinte, quei colpi a secco, quelle velature, quelle masse di azzurro e giallorino, e quei tocchi di orpimento e cinabro, che sono in lui affatto e solennemente caratteristici.

Se però ciascuno de' suoi dipinti (nessun de' quali può dirsi indegno del suo nome) conserva ancora inalterata la vivacità e l'armonia generale, non è questo da attribuirsi tanto alla sua conoscenza del processo chimico dei colori, o al suo metodo speciale di ammanire le mestiche, quanto, invece, alla prontezza e sicurezza del suo operare. Il suo dipingere (nota il Zanetti [2]) fu come lo scrivere di una perita mano; cosicchè si possono annoverare le pennellate, si possono conoscere le prime e le ultime, come avviene degli scritti caratteri. Infatti, abbozzava

[1] P. Joanne (op. cit., pagg. 497-98), parlando di Paolo, scrive così:

Colorista ricco, abbondante, nessuno il vince per freschezza, splendore, trasparenza; l'architettura elegante ch' egli introduce ne' suoi quadri accresce la pompa teatrale.

E giustamente dice poi Teofilo Gauthier:

Il Veronese, senza eccettuare Tiziano, Rubens e Rembrandt, e forse il più gran colorista che sia mai esistito. Egli non e giallo come Tiziano, nè rosso come Rubens, ne bituminoso come Rembrandt. Egli dipinge nel chiaro con una stupenda giustezza di località: nessuno ha meglio di lui conosciuto il rapporto dei toni e il loro valor relativo. Resta un modello a parte per la varietà del colorito.

[2] Op. cit., vol. I, pagg. 224-25.

egli i suoi quadri, sopra una imprimitura a gesso, con gran nettezza, a masse piane, e quasi d'una sola mezzatinta, poi, con colpi risoluti di chiaroscuro, pennelleggiava le fattezze, le pieghe, gli ornati, e, quindi, leggermente coloriva e ombrava, per lo più, i panni rossi, gialli e verdi, ed anco gli azzurri, di lacca, di cinabro, di minio e di giallorino, per ottener dei cangianti; e, spesso, vi passava sopra perfino con degli sfregazzi a tempra. [1]

Quello che, poi, cresceva il prestigio delle sue stupende composizioni, e incorniciava, e, per dir così, rendeva più vivi i meravigliosi fantasmi del suo genio creatore, erano le singolari prospettive; qua, collocate maestosamente dinanzi, e tutte irradiate di luce, là, vedute di profilo o di scorcio, e cacciate in una penombra. I modelli di quei loggiati aperti, di quei portici fuggenti, di quei vestiboli, di quegli sfondi, grandiosi non meno che eleganti e venusti, li ritraeva dagli edifici del Sansovino, del Sammicheli, del Palladio, ed anzi, colla scorta di tali amici e maestri, egli s'era formato quel gusto fino e signorile, che risplende più che mai nelle Cene, le quali, come osserva il Lanzi, [2] costituiscono la sua maggior gloria.

E, difatti, se tutte le pitture da lui eseguite brillano per la arditezza degli scorci, per la sana freschezza delle tinte, per una certa festosa eleganza e per uno stile fascinatore; le sue Cene, sia per la fiorita vaghezza e magnificenza delle sconfinate e melodrammatiche prospettive, sia per la serena lucidezza dell'aere, che esulta per tutto in una intonazione argentina, a riflessi di madreperla, come anche per la distribuzione delle figure e per la espressione dei volti e per la molle venustà di quei biondi tipi femminili, che ridono ancora di una grazia immortale, e per la pompa delle vesti e degli ornamenti, strappano davvero l'ammirazione anche ai più profani. V'è in ciascuna di esse una varietà di fulgori, come in uno di quei nuclei luminosi in cui si

[1] R. D'Azeglio, op. cit., vol. II, pagg. 447-49.

[2] *Storia della pittura,* vol. III, pagg. 186-87.

condensa, per lo spazio, la materia cosmica. In ognuna v'è un sublime accordo di linee, una splendida sinfonia di colori, un tal contrasto fantasmagorico, un tal fremito voluttuoso, un tale insieme di persone e di cose da suscitare il più vivo entusiasmo Tutto è in esse vigore, tutto è palpito di vita, tutto è sorriso. Il pensiero vi nota la *verve* dei Francesi e l'*humour* degli Inglesi, e lo sguardo si perde davanti al più allegro e magnifico popolo di ecclesiastici, dalle tiare e dalle mitrie preziose, dal ruvido saio e dalla cappa scarlatta e dalla mozzetta paonazza, di guerrieri, dalle corazze sfavillanti, di principesse e di popolane, di re e di cortigiani, di paggi e di buffoni e di falchi da caccia e di pappagalli dell'India e di scimmie dell'Africa e di gatti e di cani. La verità, poi, e la bellezza e lo sfarzo dei fiori e dei frutti e delle tende e dei baldacchini di velluto e dei broccati e delle sete e dei ricami e delle perle e delle gemme e delle suppellettili di cristallo, d'alabastro, d'oro e d'argento, abbagliano per siffatta guisa la vista, da far dimenticare gli anatopismi e gli anacronismi, da far credere all'osservatore di trovarsi propriamente di fronte ad uno dei prodigî delle *Mille e una notte.*

Capitolo XVIII.

Eredi di Paolo — Benedetto Caliari — Carlo Caliari — Gabriele Caliari.

Morendo, lasciava Paolo, eredi della sua arte, il fratello Benedetto e i figli Carlo e Gabriele, che, trasmettendosi l'un l'altro il desìo della fama, come la tazza d'oro dell'ospite greco, lavoravano insieme, segnando i loro dipinti con questa scritta gloriosa: *Hœredes Pauli Caliarii Veronensis fecerunt.* Parecchie tavole, anzi, eseguirono di gran conto, e due nella sala del Maggior Consiglio a Venezia, rappresentanti due storie del pontefice Alessandro III;[1] ma nessuno di essi raggiunse il merito di Paolo.

Nato Benedetto dieci anni dopo di lui, gli fu alcun tempo discepolo e poi, quasi sempre, compagno e collaboratore. Pare che lo aiutasse specialmente nelle architetture, delle quali molto si dilettava. Benchè, però, fosse egli qualche poco versato nelle buone lettere e componesse anche delle poesie e delle satire per stigmatizzare i corrotti costumi,[2] non si mostrò mai abbondante

[1] Bernasconi, op. cit., pag. 336.

[2] Ridolfi, op. cit., pag. 66. Non ho potuto rinvenire nulla delle sue poesie, ma nel Gaye (*Carteggio d'artisti,* vol. III, pag. 551) leggesi stampata la seguente lettera a Giacomo Contarini, il cui autografo esiste nella Marciana, cod. XI, n. 90, con a tergo questa nota: *invention del quadro in rame del clarmo S.r Jacomo Contarini:*

Ora, per non aver possuto più presto, adempisco il mio voto con questo umil presentino a V. S. Illusma. Questo per non esser ingrato al amore et al debito che li abiamo

di genio pittorico, e, nei dipinti che fece da sè, apparisce soltanto un imitatore del fratello. Le sue migliori opere, secondo il Ridolfi, furono gli affreschi del cortile di casa Mocenigo, a San Samuele [1] (nei quali imitò il colore di quelle pietre, che, stando esposte lungamente alle pioggie, partecipano d' un gialliccio misto di verde) e gli affreschi del cortile di casa Morosini, a Santo Stefano. [2] Merita tuttavia di venire menzionato, e per la sua bontà e per la stima e l'amore che serbò sempre a Paolo, col quale convisse oltre a quarant'anni, e per le cure che prestò alla vedova di lui, e pel tenero affetto onde amò la sua famiglia, e, sovra tutto, i nipoti, a cui lasciò ogni suo avere. [3]

per li favori ricevuti. Pure, essendo noi pittori, ò voluto come in specchio dimostrar la sua idea, inclinatione e disposizione, come io ò posuto bene conoscerla. Dunque come da me dissegnato, da Carlo abotiato e da Cabriel finito, la prego che lo aceti e lo vegha come genio suo, concetto nelle nostre menti, però finto è gionto di pelegrinaio a il suo albergo, e trovato lo amor sensitivo con lo amor inteletivo lo oprima, e li scavesi i strali, et Ercule rapresentando il suo nobil operare con il bordone del pelegrino e con il cane, rapresentando la fede, scatia e fuga il vitio, e il pelegrino San Jacomo, occupatosi con la industria, la virtù li adorni il capello della sua girlanda; i libri, l'arteglieria et li altri stromenti matematisi con l'architectura, nella qual si comprende parte di prospetiva con que' abbellimenti de' quadri finti, dimostra le lettere e l'armi e laltre qualità che la fa resplendere; perilche tuti che sono alla virtù inclinati, degnamente vi onora. E noi quali siamo rivarenti vi basiam le mani, oferendoli di quel poco de li huomini, animali, architectura e paesi, che questo breve ingesso à potuto capire.

E di V. S. Clarma e Illustrma
devotissimo servedor
Benedetto Caliari pittore.

[1] Op. cit., pag. 64.

[2] Op. cit., pag. 65.

[3] Tre sono i *documenti* relativi alle ultime disposizioni di Benedetto Caliari a favore dei nipoti, di Venezia. Il primo è quello riportato dal Cicogna (op. cit., vol. IV, pag. 197) col titolo: *Squarci del testamento di Benedetto Caliari in atti del notaio Cavanis presentato nell'undici gennaio 1591*, che dice:

Sia noto come io Benedetto di ms. Gabriel Caliari Veronese fiiolo, et del q. ms. Paulo ecemo pittore fratelo, che de primi ani divisi da li altri nostri frateli cioè Francesco et Antonio erra diviso da tuti anco per avanti e da loro avuto carta di bona e sintiera acquietatione..... et così qui uniti in Venetia esso amavimo come padre e come quello che favoreggiato da Dio à auto milior sorte di me e io veramente ver lui come fiiolo e fratelo per li benefitii che di tempo in tempo ricever mi vedevo siamo forsi in sino 40 ani di vita, poi è piaciuto a Dio di tuorlo al mondo e lasarmi io a poter disponer

Carlo, dai più conosciuto sotto il nome di Carletto, sembrava dotato d'ingegno simile al padre, del quale era delizia e spe-

per satisfation de li animi nostri quello che per lege sia permesso essendo sempre stato unito con esso, benchè posa dire non aver niente per merito perche esso e stato quello che a vadagnato ..... ordino che Gabriele, e Carlo fratelì e miei cari nepoti e come proprj filioli filli di esso q. ms. Paulo mio fratelo siano eredi di tuto lo aver che si crede mio si de mobili come de stabili ....

Il secondo *documento* è quello che porta la data medesima, ma che ha un codicillo posteriore di due anni, e si conserva nell'Archivio di Stato di Venezia (Sezione dell'Archivio notarile, *Atti del notaio Marc'Antonio de Cavanis*, num. 168), che dice:

Con il Santissimo nome di Dio benedetto a queli che mi apartiene.

Sia noto come io Benedetto de messer Gabriel Caliari Veronese filiolo, et del quondam messer Paullo, Eccellentissimo pittore, fratello, che da primi anni, divisi da li altri nostri frateli, cioe Francesco et Antonio, il qual Antonio era diviso da tuti anco per avanti, et da loro avuto carta di bona e sintiera aquietattione, quanto che nel partirsi solo a lasciato cio che che ànno voluto, et digia disgravati da maridar sorele, et nezze, mantenir la Madre et una sorela sin alla decrepita e morte, et da altri gravami quali sono stati tolti sopra noi, di pagar debiti di dote a una sorela, maridarne due altre, e medesmamente le nezze, desbrigar liti de case malvendute, satisfar chi aver dovea, et a essi fratelli e sorele fatoli molti doni, et cosi qui uniti a Venetia Esso amandomi come padre, e come quello che favoregiato da Dio, a avuto millior sorte di me, e io veramente ver lui come filiolo e fratello, per li benefitii che de tempo in tempo ricever mi vedevo, siamo scorsi intorno 40 ani di vita, poi e piaciuto a Dio di tuorlo al mondo, e lasarmi io a poter disponer per satisfatione delanimi nostri quello che per lege sia permesso, essendo sempre stato unito con Esso, benche posa dire non aver niente per mio merito, perche Esso e stato quello che ha vadagnato, e di ragion veneria esser tuto suo, pure per la intention bona che ò, indicando avermi dato Dio questa ocasione di beneficar alcunò a salute del anime nostre:

Determino e fatio chiaro per la presente scritura, la mia volontà di quello che doppo la mia morte abbia ad eseguirsi circa all'aver mio, pensando con questa disgravare l'animo mio, et il debito con mio fratelo, per gli infiniti benefiti, e soma bontà sempre conosciuta in lui, et aquietar chi si presumesse di ereditar dal mio, o nostro, anzi suo aquisto, quello che non si conviene per il che quando bene ad alcuno non concordante con il mio parere, paresse strano, separasi da questa mia terminatione intendo che la sia affermata con justitia, datata con prudentia, per la memoria delle cose passate, e inditio delle future, et che io sinceramente non posso, non debbo, però non vollo che si fatia altrimenti di quello che qui dal mio conceto sarà ordinato.

Adunque prima Racomando l'anima mia al Creatore delle cose visibili corporali, come dalle viste invisibili et spirituali, signor del tuto, Dio di Abraam, de Isaco, de Jacob, et delli altri Santi antichi, e san iovan batista, S. Pietro e Paulo et li altri Santi, che per lo infinito suo amore, con le sue mani creò l'uomo, e con il suo fiato lo vivificò, acio dipendendo dal suo spirito, fusse eterno, et per soma sua bonta avendo ordinato

ranza. Sin dagli anni più acerbi, egli fece stupire i suoi parenti. Aveva sempre l'animo aperto alle nobili emozioni, aveva sempre

et cieli, e questo mirabile concerto di Natura, per Esso, lo mantiene e governa, il qual per adinpir la divina sua justitia, con somma misericordia se incarnò in Maria, Vergine avanti, e dopo il parto, e fecesi Omo per congionger la umanita nostra, alla sua divinita, e farse Dio, dipendente da Esso Dio, mediante la fede viva della catolica religione, e toltò sopra di se il pecato e le ingustitie del omo, volse come vitima esser sacrificato in croce per redimersi con il suo proprio sangue, salvando noi da eterna morte, acio dimostrase la gran misericordia sua, apropriata solo a se stesso, che ad altro modo manifestar non si poteva, e volse dopò il terzo di resusitare, e assender al ciello, alla presentia di quelli che lo ama e fu suoi Disepoli, per riconfortarsi, e darsi speranze di eterna beatitudine, dopo questa vita mortale, quanto che questa Cristiana Religione immitando il Capo, deve esser aliena da ogni carnal e sensual diletto, et abratiar con carita le croci, le passioni, le umanita, e le umiliationi rimetendosi in tuto alla speranza del somo bene, A questo Dio che e sole della mia volonta, Cristo jesu, cioè Padre Figliolo Spirito santo, solo in Trinità, Uno e Trino in Unita solo, Dio del tuto, nel tuto, e per il tuto, dal quale depende lo esser, il viver, et la salute, le fate le cose che sono, che vivono, e che si salvano, Al qual converso, raccomando alla sua Misericordia, l'anima mia, io quale son, certo degno di esser scancelato, et di eterna pena meritevole, atio mediante la sua pietà, sia purgato, et mondato nel suo sangue, che per me suo futuro sparse, et benche me ne senta oltra modo indegno, pure confidati nel incomprensibile amore e bonta sua, desiderante che ogniuno si salvi, la quale essendo incomprensibilmente infinita e superante ogni iniquità apresso Esso, però sospirando in questa vale di miseria dirieto ad Esso miserere mei amen.

E ritornando nel proposito primo, disponendo come il mio sapere, potere et volere, Ordeno che Cabriele et Carlo frateli, e miei cari nepoti, e come propri filioli, fili di Esso quondam messer Paulo mio fratelo, sieno eredi di tuto lo aver che si crede mio, si de mobili, come de stabeli, con obligo di mantenir mia sorela ultima sin che la vive nel modo usato, e morta sia sepolta nel nostro sepolcro a Santo Sebastiano da uno capitolo de preti, et quatro iesuati, e sia fato dir le messe che si usa.

Item che siano tenuti a dar ducati cinquanta ad ogni femina vergine filia de filioli, de miei frateli, al suo maritar, overo inmonacarsi, essendo di bona vita, et non altrimenti, et con questa conditione, che non possano esser astreti ne obligati, deti miei eredi, a dar fora tali danari, se non al tempo del suo maritar, o inmonacar, quelle che veramente sono vergine.

Conditionando che non avendo questi mei nepoti alcui, vergini filie da maritar, non siano altrimenti li mei eredi obligati darli cossa alcuna, salvo che sapendo esser congionti in consanguinita per gratitudine et obligo naturale non volessero darli del suo alcun sufragio secondo il bisogno, il che ben lo consilio, massime avenendo che loro non avessero molti filioli, perchè facesse bisogno il tuto alla sua sostentatione, per il che essorto, prego per quanto e il mio sapere, in caso che non avessero progenie, che parte del suo avere sia dispensato a piu prossimi e meritevoli, avendo la mira a vedove, et a pupili, et a i piu bisognosi, et da bene che merita.

Et perche conosso l'uno aver bisogno de l'altro, non men che l'una mano de l'altra, però prego, anzi obligo per quanto posso, a stare tuti uniti insieme con carita et amore.

in mano la matita per, disegnar qualche cosa, e, quand'era specialmente nella gioconda solitudine dei campi, quando fruiva dei

senza dividersi se sia possibile, se non per morte, agiutando lun laltro, et questo sotto pena di perder ducati cinquecento della portion che li toca dalla eredità che li lascio, ma quello che ricevera questo benefitio che sarà per aventura il più pacifico e buono, che non a cercato di dividersi, volio che si sia tenuto a dare li ducati 50 sudetti, alle dite pute che si andarà maritando, et quello che causerà questa divisoria avera conpasione alle vidue, et a pupili prosimi agiutandoli per carita.

Et ordeno che maritandosi li deti mei nepoti, et che madona Ellena mia cugnata per qualche sinistro acidente volesse ritirarsi da sua posta, o preso sua filia, o frateli, o maritarsi, il che parmi imposibile che Essa abandonase mai i suoi cari filioli dal suo governo, et al loro consilio che la abia quello che di ragion la potra avere, Ma stando insieme come si conviene, sia tenuta cara, amata, e riverita, secondo il suo merito, et oltra la spesa, e bona compagnia, che se li conviene, abia una serva spesata, et salariata al suo comodo, e servita e comodata di danari et di ogni altra cossa che le sia necessaria per essa, e per far elemosina a i poveri.

Et cosi avendo pensato di aver fato quel che debo alle filie di mia sorela Margarita maridate, e dato quel che si dovea alle altre che son morte, cioe Laura e Casandra, con satisfatione del animo mio mi aquieto in questo parere di aver pensato e disposto bene.

Et tuto cio che si crede, che si sa e che si pensa, esser mio dopo quelle spese che si conviene fare, Lascio di tutta bona voglia ali doi filioli di messer Paulo mio fratelo, mei nepoti, Carlo e Gabriele, li quali cosi sarano liberi da ogniuno passo di coscientia, cargo di anima, o pasione di pensiero, e da ogni debito e gravame, dopo consignato queste particele di dote con la comodita de suoi tempi, che in questo caso potessero avere.

A tuti li altri che presumessero aver parte o portione alcuna, li dico che restano soto la infalibil speranza della Somma bonta e providenza di Dio che governa et a cura de tuti, che mediante il bono operare mantiene ogniuno che passa per questa vita alla Eterna felicita, che senza il mio agiuto, poi che Ella che regge non mi move ad altro pensiero, li provedera pensando, et operando bene, fugendo l'otio, la gola, il sono, le lascivie, vadagnando il tempo con dispensarlo nelle utili et onorevoli operationi.

Ordeno che si ricorda a Padre di S.to Sebastiano del obligo suo, ver l'anime nostre, per li ducati 225 ricevuti, acio che pregano per l'anime nostre, come appare per scritura de sua mano, de averli ricevuti e il suo debito di pregare e dir messe.

E ordino che sia io sepulto morendo qui in Venetia et condotto alla Chiesa di S. Sebastiano secondo l'ordine delli altri, accompagnato da un capitolo di boni preti, et 8 jesuati, et da quella quantita de pupili e pupile che si costuma con modestia, dando a tuti la sua lemosina alegramente, acio pregano per me bisognoso de preghi de poveri. più che loro di faculta terrene, et si fatia dir lofitio, et le messe che si costumano per i defunti, et che sia dato alli padri di S. Bastiano una limosina, acio fatiano tuti insieme una breve ma calda oratione a Dio per l'anima mia.

Et che al padre fra Zuane si doni un paro de ducati, atio che si tolga per me i iubilei, che prima sarano, a salute mia, con le messe che si dice, Avendo fede nella parola che disse il Signore al nostro Pontefice, ogni uno che tu sciolerai sopra la terra sarà siolto in cielo, Perche non e cosa che proceda dalla boca di Christo a nostra salute che non sia, quando vi concore la fede viva. Poiche e Dio di pace e di salute, e noi ne

piaceri della sua villa domestica di Sant'Angelo di Treviso, dilettavasi di ritrarre pecore, pastori, roccie, fiori e rurali stru-

abiamo bisogno. Pero sieno fate fare tali cose con carita, pensando, mediante la fede, per li meriti di Christo Signor nostro, ricever per pochissima fatica, non posendo far piu, grandissimo vadagno, e cosi sia concluso amen.

Di Venetia il 1592 ma queste cosse sudette avermi esaminar dopo la mia morte perche penso avanti di maritar la neza e far altre operationi piacendo a Dio senza il qual nula di ben si puo far.

Io Benedetto Caliari pittore scrissi di mia mano, dal 1593, 24 Settembrio avendo maritata la detta nezza e datole tuto che se le convenia per quanto della faculta di suo padre poteva aspetare e ancora da me e auto da lei ferma aquietatione Dechiaro e vollo che li deti mei nepoti sieno obligati per carita pagar il fito della casa dove stara madona Lugretia mia nezza vedova, cioè fito onesto secondo il suo bisogno sin che almeno avera maridato due delle sue fie da marito, overo che li prestano bono agiuto a maritarle, pregando poi che quelle li siano ricomandate quando che siano da bene e meritevole, et iterum amen.

Testamento de io Benedetto Caliari Pittore

In nomine Dei eterni amen. Anno ab incarnatione Domini nostri Jesu Christi 1591 die XI mensis januarii, indictione 5.ª Rivoalti,

Havendo l'Eccellente pittore messer Benedetto Caliari fō de Gabriel da Verona fatto come disse di propria mano il presente testamento, quello a presentato a misser Marc'Antonio de Cavaneis nodaro di Venetia, pregandomi che accorrendo il caso della morte sua lo concepisca et robori secondo li ordini della terra. Et interrogato da detto nodaro delli loci pij, poveri vergognosi, e schiavi Ha resposo haver ordinato quanto lui ha preso in questa matrice.

Et questo vuole sia el suo ultimo testamento e ultima volonta. Preterea etc. Testes. Magnificus Dominus petrus liuterius quondam magnifici domini Aloysii. Et dominus Joannis Baptista Vianellus filius domini Vianelli.

Io Piero lutaerio fu de messer Alvise fui testimonio pregato a quanto e soprascritto.

Io Zan Battista Vianello de messer Vianello fui testimonio pregato ut supra.

Il terzo *documento* ed ultimo è il testamento di messer Benedetto del 27 maggio 1598, che si conserva pure nell'Archivio di Stato di Venezia (Sezione dell'Archivio notarile, *Atti del notaio Tommasi Giovanni Battista*), e che fu già pubblicato, in francese, da Renato de Mas-Latrie, nel tomo XXI della *Gazette des Beaux-Arts* (1866), che è il seguente:

Testamento de io benedetto sotoscritto.

Con il nome della S.ma Trinità del 1598 il primo Mazzo.

Et se dichiara per la presente scritura in forma di testamento e come fosse di publico nodaro con testimoni quanto che di mio pugno e scrito e dal animo mio invitato Come io Benedetto fratel del quondam messer Paulo Caliari ambi figliuoli di messer Gabriele nostro padre, Volendo aquietar la mente al justo obligo che mi sento aver a Dio per quel che so et posso et al sangue secondo il mio sapere et obligo, mentre mi sento sincero dogni passione e sano per gratia sua di mente e di corpo.

menti; un bel numero dei quali disegni si conservarono gran

Però prima racomando l'anima mia alla sua infinita misericordia, dimandando perdon di tutti i miei pecati. Pregando la Santissima Vergine et Madre de Christo fiiol de Dio, con tuti i santi e le sante che me impetri gratia dalla Divina Trinità, Dio della Christiana Religione, di proseguir salute all'anima mia per i meriti della sua passione e morte.

Et disponendo per quel che posso e in mio possesso, Ordino che Madonna Ellena mia cognata et messer Gabriel mio nepote et suo figliolo siano Comessari et essecutori favorevoli alla mia volontà et a quella del quondam ser fratello et mio nepote Carlo defonto che fu de benefitiar le fie di madre Lugretia allabardi mia neza maritandosi o inmonacandosi procastando che abino per una al suo tempo ducati 200 cioe ducati ducento per una, computando quello che potranno aver per altra onesta via. Et a madonna Lugretia lascio che sia aiutata con ducati 20 allano o per suo sovegno in caso di necessita overo per fitto di cassa et tanto si sia contribuito al suo maritare sia dato ducati 20 per una per amor de Dio et alle fiie deli fiioli di mei frateli sieno dati al suo maritar ducati trenta per una, essendo vergine di bon nome et questa conditione sia posta in tute per la prima volta che si maritino non essendo state maritate, Altrimenti sieno escluse et questo sia fato con quella celerità et presteza che sia possibile ma convenevole rispeto alla comodita di luna et laltra parte presto quanto si possa per tuorsi fori di cosi importante obligo et esser libero.

De tuto il restante del avere che se intende de mie raggioni lasso Madonna Ellena sopradita et messer Gabriel suo fiio et mio Nipote usufruituari di tuto quello che mi ritrovo avere sin che vivono et nascendo che Madona Ellena fósse la prima a passar alaltra vita lasso et ordeno che messer Gabriel suceda patron assoluto di tuto ciò che se mi aspeta con il carico di dispensar le doti come fu detto se non sarano esseguite, che Dio benedeto glielo lassi goder insieme con il suo, con prosperita nella sua gratia. Ma se contro il corso di natura sua madre restasse dopo lui; che ella resti patrona con li Eredi di esso suo fiiolo se ve ne fusse, et se non ve ne fusse volio in tal casso che ella resti posseditrice della facoltà lasciata da suo marito e mio fratello a suo fiiolo, secondo le leggi con la sua dote ancora acioche libera possa disponer del suo come le piace. Ma la parte a me aspetante, in tal caso quale essa sia o fusse computando ducati 2000 dati di mia parte a madona Vitoria in dote che ella possi dimandar la sua legitima circa la facolta di suo padre et quello che resta di mia ragione se cosi per casi avversi sucedesse, volio che la sia distribuita alle più bisognevoli de' miei più streti parenti, Cioe fiii o fiie di messer Francesco e messer Antonio o di Madona Cassandra, o madona Laura mie morte sorele per quel tanto che sia indicato da persona ragionevole et di conscientia, intendendo però di non conditionar in infinito Ma secondo gli accidenti et il tempo ogni uno che poseda libero e possa secondo il suo bono inteleto e conscientia disponer come li piace salvando li oblighi prima sudeti del viver e maritar quelle vergini secondo che si scoprirà a tempo l'occasione con verita e sensierita.

Questo sera adunque il mio ultimo testamento da doversi secondo la mia volonta eseguirsi in quel modo che Dio benedeto che il tuto dispone li piacerà et io alla sepoltura in San Sebastiano sia condoto con un Capitulo di preti e quatro iesuati et le popili de li ospitali della pieta et de li altri che si costuma dando a tutte la sua limosina abondante cosi alli Reverendi padri de S.to Sebastiano sia data una lemosina aciò che fatiano oratione per me et dicano le messe che si costumano per morti et ancora se fatia fare

tempo in famiglia, come attestato della ricchezza dell' ingegno

un iubileo et perdonansa per l'anima mia quanto che io credo ne sufragi eclesiastisi et che Dio benedetto abbia impresso questi tesori a salute delanime che li credo ne a bisogno e che ne prega

Io benedetto fratello di esso messer paulo et cognato di Madona Ellena sua consorte e zio di messer Gabriel suo fiiolo e mio nepote di mia propria mano scrissi.

Testamento de io Benedetto sopra scritto

È agiunto quello che e scripto da messer Venturin in un altro folio.

[A tergo] *Anno ab incarnatione Domini Nostri Jesu Christi 1598, indictione XI Die vero vigesimo quarto mensis Maij. Rivoalti.*

Hoc testamentum Excell. pictoris Domini Benedecti Caliari quondam Domini Gabrielis ejus propria manu (ut affirmavit) scriptum mihique Johanni baptiste de Thomasiis veneto notario per dictum dominum testatorem sanum mente et intellectu, licet corpore infirmo in domo sue habitationis posite in confinio sancti Samuelis Venetiarum presentatum, disigillatum, rogans me ut in eventu eius obitus ipsum complerem et roborarem, iuxta stylum, et consuetudinem civitatis Venetiarum. Admonitus vero et certioratus dictus dominus Testator quod presens sui testamenti cedula in Cancelleria Serenissimi Principis presentabitur et quod volens eam apud me remaneri, alium exemplum ipsius cedule consimile fatiet respondit nolle aliud facere. Item interrogatus de redemptione captivorum ospitalibus Periculantis citellis, Convertitis alijsque locis pijs similiter Respondit nolle aliud ordinare.

Io Piero morello del quondam Cristofallo fui testimonio giurato et pregato della sudetta presentasione.

Io Pase pace fiolo del Sig.r Filippo testimonio giurato e pregato della sudetta presentasione.

1598 Die 27 Maij. Publicatum fuit suprascriptum Testamentum in domo dicti q.m Testatoris in presentia multorum consanguineorum viso prius Cadavere.

CODICILLO: *prinsipiate messer Venturin quello che io vi andero indicando dando maggior perfetione a testamento prinsipiato di mia man in altro folio segnato 1598 primo .... ma prinsipiato cosi.*

Ordeno che in diversi tempi sia agiutado per Cativo che pur da la natura é mio nipote ser Piero fu del quondam messer Francesco mio fratello ducati 50 grossi, in più volte, come parerà al signor Cabriel mio nepote di darli, et questi intendo che li sia datti per ellemosina et quando esso, per mala despositione, avesse come persona de pocho intelletto, volesse movere litte come a tentado altre volte, si intendi privo di questo benefitio et questo fazio solamente per mera bontà.

Item a Zuan Battista, per la sua fedel et amorevol servitù, al suo partir li sia consignato tra le pitture, desegni, relivj per lamontar de ducati 25. s. —.

Item che a Margaritta per la sua fidel, real et amorevol servitu li sia dato et agionto oltre il suo salario et doni ricevuti ducati 10. soldi —.

Item che sia liberado ms. Carlo, fu marido de dona Camilla dal debito che si atrova con noi.

E Io benedetto soprascritto afermo quanto é soprascritto.

[A tergo] *Testamento ultimo di me benedetto Caliari scripto di mia propria mano principiato da ser venturin.*

precoce di lui. Educato poi da Paolo e dal Bassano,[1] a diciassette anni, dava segno di gran valore nell'arte, con due sue graziose invenzioni: l' una raffigurante *Adone ferito e Venere piangente*, e l'altra *Angelica e Medoro*, che incidono i loro nomi nei tronchi delle piante.[2] Se però, come osserva il Lanzi,[3] alcune sue pitture paion di Paolo (come, ad esempio, la pala d'altare del Museo Mediceo con *San Frediano vescovo, Santa Caterina e qualche altro Santo)*, gli è da credere che il padre l'abbia assistito. Le sue opere non si posson confondere colle paterne, essendo il pennello di lui pesante e pieno, e la tinta più alta e vigorosa. La morte lo rapì, a soli 26 anni, nel 1596.

Maggiore in età di Carletto, Gabriele gli rimase inferiore nell'arte; ciononpertanto, alla morte del padre, assistette il fratello e lo zio nelle opere loro. Alla morte poi di quest'ultimo,

Anno ab incarnatione Domini nostri Jesu Cristi 1598 - indictione XI. Die vero 24 mensis Maij. Rivoalti.

Hoc est Codicillum Excell. Pictoris Domini Benedicti Caliari quondam Domini Gabrielis aliena manu de ejus ordine (pro ut affirmavit) scriptum, et ejus propria manu subscriptum, mihique Jo. baptiste de Thomasijs Veneto notario per dictum dominum Testatorem sanum mente et intellectu licet corpore infirmum in domo sue solite habitationis posita in Confinio Sancti Samuelis una cum cedula sui testamenti presentatum, et ad abbundantiorem cautelam ipsi Domini Testatori soli per me notarium suprascriptum lectum et per eum ore proprio coram infrascriptis testibus confirmatum. Qui quidem Dominus testator rogavit me ut ipsum suum codicillum una cum dicto ejus testamento in caso eius obitus complere et roborare iuxta stylum civitatis Venetiarum. Admonitus vero et certioratus per me notarium dictus dominus testator quod presens sui Codicilli cedula in Cancelleria Serenissimi Principis presentabit et quod volens eam apud me remanere alium exemplum scribi fatiet respondit nolle aliud fieri facere.

Io Piero morelo del quondam Cristofalo fui presente testimonio giurato et pregato della sudetta presentazione.

Io Pase pace filio del Sig.r Filippo testimonio giurato et pregato della sudetta presentatione.

1598 Die 27 Maij

Publicatum fuit presentem Codicillum in domo dicti quondam Testatoris in presentia multorum Consanguineorum viso prius cadavere.

[1] RIDOLFI, op. cit., pag. 59; ROBERTO D'AZEGLIO, op. cit., vol. I, pag. 492.

[2] BERNASCONI, op. cit., pag. 337.

[3] Op. cit., vol. III, pag. 191.

abbandonò la tavolozza e dedicossi alla mercatura della lana, e morì, nel 1631, in età d'anni 63.[1] Da lui nacque Giuseppe, al quale il cav. Ridolfi dedicò, nel 1646, la sua *Vita di Paolo.*[2]

[1] RIDOLFI, op. cit., pag. 66.

[2] Oggi due famiglie si gloriano della consanguineità col grandissimo artista, l'una a Verona, l'altra a Venezia. La prima è quella dell'autore del presente libro (già possidente in contrada San Paolo di Campo Marzo, fino al principio di questo secolo), in cui si perennò, fino ad oggi, lo studio delle arti belle e il culto della pittura; la quale famiglia deve discendere, come assicura una costante tradizione, confermata anche dall'ALEARDI, in un suo *Discorso,* da un fratello di Paolo. La seconda è quella dell'egregio dottor nob. Giuseppe Caliari di Venezia, che dovrebbe essere discendente, in linea retta, da Paolo stesso, come apparirebbe dal seguente *Albero genealogico* tolto dal TODERINI, *Genealogie mss.*, vol. I, che si conserva in Venezia:

PAOLO

- *Gabriele,* mercante di lana nato nel 1568; ammogliato nel 1594 con Angela Gallini
  - *Giuseppe* n. 1611 amm. nel 1633 con Cecilia Cortolotti
    - *Gabriele* n. 1644 amm. con Zanetta Negri
      - *Giuseppe* n. 1672 amm. con Rosanna Fantinelli app. cittadino veneto il 2 luglio 1742[1]
        - *Gio. Battista* n. 1708 amm. nel 1738 con Elisabetta Driuzzi
          - *Iseppo* n. 1745 app. citt. veneto il 17 maggio 1763[1]
          - *Paolo* n. 1751
          - *Domenico* n. 1754 nodaro ducal[2]
            - *Domenico*
        - *Domenico* n. 1709
          - *Giambattista* app. cittadino veneto il 26 aprile 1787
      - *Giacomo* n. 1674 amm. nel 1724 con Anna Cavanis app. cittadino veneto il 2 luglio 1742[1]
        - *Cesare* n. 1725
        - *Francesco* n. 1726 amm. nel 1761 con Elisabetta Pisani[1]
          - *Francesco Maria* n. 1763 app. cittadino veneto il 26 aprile 1787 anzi il 22 marzo 1781[3]
          - *Paolo* n. 1765
            - *Giorgio*
            - *Francesco*
            - *Antonio*
            - *Ventura*
              - *Giuseppe*
        - *Bernardo* n. 1728
    - *Francesco* n. 1646
- *Carlo,* pittore, detto Carletto

[1] V. *Avogaria del Comun, Cittadinanze originarie,* Busta R, n. 89. [2] Id., Busta S, n. 36. [3] Id., Busta T, n. 82.

Capitolo XIX.

Scuola di Paolo — Giambattista Zelotti — Giambattista Brusasorci — Giannantonio Fasolo — Michele Parrasio — Luigi Benfatto — Maffeo Verona — Francesco Montemezzano — Michelangelo Aliprandi — Giacomo Lauro — Ciro da Conegliano — Cesare e Bortolo Castagnoli e Angelo Naudi — Pietro Maroni — Dario Varotari — Anselmo Canerio — Sigismondo De Stefani — Giambattista Rovedata — Claudio Ridolfi e Jacopo Ligozzi — Antonio Vassilachi.

Anche Paolo ebbe a formare una scuola, che, per i suoi felici successi, al dire del Zanetti,[1] superò molte altre, una scuola, che, colle sue tinte smaglianti, ebbe ad opporsi alla scuola degli imitatori del Tintoretto, i quali vennero appellati *tenebristi*.

Il primo che ci si presenta, fra i più degni, è Battista Zelotti, nato in Verona nel 1532 e morto nel 1592, il quale imitò siffattamente lo stile di Paolo, che molti credettero fatture di costui le fatture di quello; e Valentino Le Febre intagliò alcuni dipinti del Zelotti, come lavori di Paolo.[2]

Viene poi Giambattista Riccio, detto Brusasorci, figlio di Domenico e fratello di Felice e di Cecilia (valentissimi tutti nell'arte della pittura), il quale passò al servizio dell'imperatore di Germania, dove morì prima del 1586, e del quale resta, nel Museo di Verona, una *Cena del Fariseo*,[3] molto lodata.

Fu pure uno de' suoi più bravi allievi Giannantonio Fasolo,

[1] Op. cit., pag. 353.

[2] Bernasconi, op. cit., pag. 333.

[3] Ivi, pag. 350.

di cui si fecero i più splendidi pronostici, ma che la morte rapiva, a soli 42 anni, nel 1572. [1]

Più che allievo di Paolo, il ricco veneziano Michele Parrasio fu suo copista, perchè, sebbene non manchino nelle opere di lui nè belle tinte, nè proprietà di disegno, sono però tutte sui modelli del Veronese. [2]

Luigi Benfatto, detto del Friso, figlio d'una sorella del grande artista, nato nel 1544 e morto, in Venezia, nel 1609, seguì il maestro per qualche tempo, ma poi si abbandonò alla libertà dei manieristi. [3]

Grande e spiritoso imitatore di Paolo fu eziandio Maffeo Verona, nato a Verona nel 1576. Artista di pronto ingegno, fu così abile dipintore, che, nei giorni d'estate, soleva di buon mattino abbozzare le figure, e, asciugatele al sole, prima di notte, dava loro compimento. Andatosene, ancor fanciullo, a Venezia con suo padre, ch'era causidico, se ne passò alla scuola di Luigi Benfatto, da cui imparò l'arte non solo, ma n'ebbe una sua figlia per moglie. [4]

Fra i molti discepoli di Paolo Caliari, che tentarono d'approssimarsi alla sua maniera, fu pure Francesco Montemezzano, nato circa il 1540 e morto nel 1600. [5] Le sue opere non conseguirono però quella scioltezza e leggiadria di pennello, nè quei colpi a secco sì brillanti, con cui il maestro animò le opere sue.

Anche Michelangelo Aliprandi, che, secondo il Bernasconi, [6]

[1] Lanzi, op. cit., vol. III, pag. 175; Lermolieff, op. cit., pag. 200.

[2] Zanetti, op. cit., tomo I, pag. 376.

[3] Morì a Sant'Apollinare, come risulta dal *Necrologio* di quella parrocchia, copiato dal Cicogna e citato nella sua opera (*Iscriz. venez.*, vol III, pag. 276), dove è scritto:

1609 7 ottobrio ms. Alvise Benfatto pittor, d'anni 65 incirca, ammalato da febbre già giorni otto.

[4] Dal Pozzo, op. cit., pag. 151.

[5] Bernasconi, op. cit., pag. 344.

[6] Op. cit., pag. 345.

morì circa il 1600, se non fu discepolo di Paolo (come afferma il Dal Pozzo [1]), fu indubbiamente suo imitatore, come si vede ancora, in Verona, nell'affresco della facciata di casa Miniscalchi.

Il Federici [2] assicura che uno dei migliori imitatori del Veronese fu eziandio il trivigiano Giacomo Lauro, morto nel 1605, che eseguì parecchi lavori con tanta maestrìa da venire scambiati per opere di Paolo o di Carletto.

Vengono, dipoi, Ciro da Conegliano, Cesare e Bortolo Castagnoli di Castelfranco ed Angelo Naudi, che fu pittore alla Corte di Spagna, i quali guadagnarono bella rinomanza seguendo sempre le orme gloriose di Paolo. [3]

Dal Veronese imparò anche Pietro Maroni, bresciano, morto nel 1625, il quale a molta maestrìa, precisione e grandioso disegno unì sorprendente fecondità d'invenzione e vaghezza di colorito. [4]

Sotto il magistero del Caliari stette pure Dario Varotari, pittore, architetto e scultore, nato nel 1539 e morto nel 1596. [5]

Seppure fosse discepolo del Caroto, gli è certo che, più tardi, divenne uno dei migliori seguaci di Paolo anche Anselmo Canerio, come il dimostrano i dipinti, che di lui rimangono in Verona, tra i quali il bel fregio della vecchia casa Murari a San Nazaro. [6]

Onorato posto fra gli studiosi del Veronese si acquistò anche Sigismondo De Stefani, del quale sussiste tuttora una pala in San Giorgio di Verona, colla data 1563, rappresentante *il Martirio di San Lorenzo.* [7]

[1] Op. cit., pag. 154.

[2] Op. cit., vol. I, pagg. 136-37.

[3] *Venezia e le sue lagune,* vol. I, parte III, pagg. 346-51.

[4] Cocchetti, *Brescia e sua provincia,* pag. 124; Siret, op. cit., pag. 624.

[5] Bernasconi, op. cit., pag. 351.

[6] Ivi, pag. 346.

[7] Ivi.

Giambattista Rovedata, che, giusta il Dal Pozzo, [1] visse al tempo di Paolo, si mostrò pure seguace di lui, specialmente negli affreschi, come si vede, in Verona, in alcune lunette del chiostro di San Bernardino. [2]

Va annoverato eziandio, fra i discepoli del Veronese, Claudio Ridolfi, nato nel 1560 e morto nel 1644, e, meglio di lui ancora, Jacopo Ligozzi, morto dopo il 1632 in Firenze, [3] dove si acquistò grandissimi onori, il quale (benchè discepolo del Caroto [4]) si mostrò vero seguace di Paolo, come osserva il Lanzi, nel *Martirio di Santa Dorotea*, eseguito per la chiesa dei conventuali di Pescia. [5]

Ultimo fra gli allievi di Paolo è Antonio Vassilachi, detto l'*Aliense*, che sarebbe forse riescito il migliore e più famoso di tutti, se non avesse abbandonato le tracce di lui, per buttarsi, poi, a seguire le pratiche dei manieristi. Nato egli, nel 1556, nell'isola di Milo, sull'Arcipelago, venne, ancor fanciulletto, condotto a Venezia. Mortogli il padre (condottiero di nave, che ebbe parte nella guerra di Levante, l'anno 1571), fu dai suoi maggiori fratelli affidato al Veronese, presso il quale mostrò subito il suo ingegno, ritraendo, con molta facilità, i disegni e le pitture del maestro, in compagnia del Montemezzano e di Pietro De' Longhi, [6] suoi condiscepoli. Capitato poi in casa di Paolo un quadretto del Bassano, in cui v'erano dipinti degli animali, ne fece Antonio una copia così somigliante, che fu, col tempo, tenuta per originale. Dice il Ridolfi, [7] che quel quadro destò la gelosia di

[1] Op. cit., pagg. 137-38.

[2] Bernasconi, op. cit., pag. 351.

[3] Ivi, pag. 354. Il granduca Ferdinando I lo dichiarò suo pittore.

[4] Maffei, *Verona illustrata* (1732), parte III, cap. VI.

[5] Lanzi, op. cit., vol. I, pag. 309-10.

[6] Secondo il Zanetti (op. cit., vol. I, pag. 375), dipinse, con Paolo, in chiaroscuro, di tinta rosseggiante, nel palazzo ducale, alcune figure del soffitto della sala del Gran Consiglio.

[7] *Meraviglie dell'arte*, vol. II (ediz. II), pag. 432

Paolo, e che, anzi, con tale animo, lo licenziò di casa, persuadendolo ad attendere a far dei piccoli quadri. Per lo che, sdegnato, egli vendette tutti i suoi disegni ad un cotal Antonio *dalle anticaglie,* che teneva bottega nella piazza di San Marco, e, mutato parere, diedesi ad imitare il Tintoretto. Ma l'animosità fra Paolo e il suo allievo, seppure ci fu, non durò molto, poichè, avendo il Veronese veduto la pala che l'Aliense fece per la chiesa di San Gregorio, rappresentante *Lazzaro resuscitato,* gliela commendò assai, e, d'allora in poi, lo volle in casa sua, e se l'ebbe sempre come un tenero amico.

Capitolo XX.

Imitatori di Paolo — Giuseppe Scolari — Sigismondo Scarsella, detto *Mondino* — Ippolito Scarsella, detto *Scarsellino* — Carlo Bonone — Lorenzo Pasinelli e Giannantonio Fumiani — Giacomo Cotta — Tullio India e Orlando Flacco — Fra Semplice — Antonio Gandino e Pompeo Ghitti — Luca Giordano — Sebastiano Bombelli — Domenico Parodi.

Altri ed altri valentissimi pittori si diedero a studiare la tecnica meravigliosa del Veronese, e tentarono, per dir così, di rapire i secreti de' suoi incantesimi. Altri ed altri si sforzarono d'imitare il tocco franco del suo pennello, di far proprio quel suo modo di ombrare, rilevare, scortare, colorire, architettare, decorare. Fra essi, molti furono italiani, pochi, ma di gran conto, stranieri.

Primieramente ci viene innanzi il vicentino Giuseppe Scolari, che fu discepolo di Alessandro Maganza e che dipinse, come nota il Dal Pozzo, [1] con buon gusto, alla maniera di Paolo; ma che, però, è più conosciuto quale eccellente disegnatore e intagliatore di stampe in legno, [2] che come pittore.

Troviamo poi Sigismondo Scarsella, detto il *Mondino,* nato il 1530 a Ferrara, ove morì (secondo il Lanzi [3]) in età di 84 anni, il quale, educato per un triennio nella scuola di Paolo e dimo-

[1] Op. cit., pag. 155.

[2] Zanetti, op. cit., tomo I, pag. 340.

[3] Op. cit., vol. IV, pag. 274.

rato per altri tredici anni in Venezia, tornò in patria molto pratico nel fare paolesco.

Discepolo di Sigismondo fu il suo figliuolo Ippolito, detto lo *Scarsellino,* che nacque nel 1551 e morì nel 1621, e che stette, quasi per sei anni di seguito, in Venezia, studiando nei migliori maestri, ma soprattutto nel Veronese, da essere da'suoi concittadini nominato anche il Paolo della loro scuola. [1]

Alla maniera di Paolo si attenne eziandio Carlo Bonone, nato in Ferrara nel 1569 e morto nel 1632, che cercò mezzi e partiti da moltiplicare i personaggi dei suoi quadri e che eseguì delle *Cene* grandissime, che parrebbero invenzioni del Veronese. [2]

Secondo il Malvasia, [3] anche il bolognese Lorenzo Pasinelli (n. 1629, m. 1700) tirò al fare maestoso e sbattimentato di Paolo Veronese, con gran riuscita e felice avanzamento, ed altrettanto fece Giannantonio Fumiani, [4] discepolo di Domenico degli Ambrogi, il quale morì a Venezia, nel 1710.

Nelle *Lettere* del Bottari, [5] leggesi pure di un Don Giacomo Cotta, bergamasco, che, circa il 1600, dipinse con notabile eleganza sul gusto di Paolo Veronese; ma il suo forte era in piccole figure, e perciò si vedono di lui molte devozioni e vaghe istoriette.

Fra gli imitatori, se non discepoli di Paolo, vengono giustamente citati dal Bernasconi anche Tullio India e Orlando Flacco; [6] del primo dei quali si vedono ancora dei vivacissimi affreschi, in Verona, sulla facciata della già casa Murari, al ponte Umberto, e sotto la gronda di casa Miniscalchi. Del secondo, poi, hanno un carattere veramente paolesco due tavole, che si conservano in Verona, a San Nazaro.

[1] LANZI, op. cit., vol. IV, pagg. 274-75.

[2] Ivi, pag. 285.

[3] *Felsina pittrice* (1845), vol. II, pag. 383.

[4] ZANETTI, op. cit., vol. II, pagg. 535-37.

[5] Vol. IV, pag. 89, nota.

[6] Op. cit., pagg. 351-52.

Fra Semplice da Verona, che è pure annoverato da qualcuno[1] fra i più grandi imitatori di Paolo, lavorò anche in Roma, e se non vi si rese celebre affatto, mostrò, come osserva il Bernasconi,[2] buon disegno e buon pennello, ed un far largo e chiaro.

Anche Brescia ebbe imitatori dell' illustre Veronese. Antonio Gandino, morto nel 1630, si studiò di seguirne le traccie, e così ancora Pompeo Ghitti, nato nel 1631 e morto nel 1730, che fu valente nelle invenzioni e nel panneggiare.[3]

Va menzionato pure, fra gli imitatori di Paolo, Luca Giordano, detto *Luca fa priesto*, nato nel 1632 e morto nel 1705. Ingegno vasto e immaginoso quanto mai, avendo egli veduto, in un palazzo di Roma, alcune bellissime opere di lui, tosto sentì accendersi del desiderio di trasferirsi a Venezia, non solamente per ivi ammirarle, ma imitarle. Poichè dal Cortona (come dice il Bellori[4]) *aveva inteso essere il Veronese la norma di tutti gl' istoriati pittori,* egli procurò di assimilarsene lo stile.

Altro insigne imitatore del Veronese fu Sebastiano Bombelli da Udine, nato il 1635, che prima studiò sotto il Guercino e poi divenne copista così egregio delle opere del Caliari, che le sue si discernono appena da quelle del sovrano artista.[5]

Genova stessa presenta qualche imitatore di Paolo, e, tra gli altri, Domenico Parodi, nato nel 1668 e morto nel 1740, il quale, come i Caracci, ora si conformava alla maniera del Tintoretto, ora alla maniera del Veronese.[6]

[1] F. BARTOLI (*Le pitture, sculture ed architetture della città di Rovigo;* Venezia, 1793), citato dal BERTOLOTTI, *Artisti veneti in Roma nei secoli* XV, XVI e XVII, pag. 62.

[2] Op. cit., pag. 365.

[3] COCCHETTI, op. cit., pag. 126.

[4] *Vite,* vol. III, pag. 8.

[5] LANZI, op. cit., vol. III, pag. 238.

[6] Ivi, vol. IV, pag. 372.

Capitolo XXI.

Domenico Theotocopuli e Giambattista Mayno — Pietro Paolo Rubens — Giuseppe Ribera, detto lo *Spagnoletto* — Giacomo Velasquez — Antonio Vandyck — Bartolommeo Stefano Murillo — Valentino Le Febre — Eugenio Delacroix — Giovanni Makart.

La fama di Paolo non si arrestò ai lembi della nostra Penisola: valicò tutti i confini del mondo civile. In ogni parte d'Europa la Gloria fece sentire il peana, ond'essa celebrava i trionfi splendidissimi del Veronese, e nel cuore degli artisti più intelligenti suscitò il desiderio dell'imitazione e l'entusiasmo dell'ammirazione per lui. Il padre Vincenzo Marchese [1] mette fra gli epigoni di Tiziano, anzi specialmente di Paolo, alcuni domenicani, e, tra questi, primo il padre Domenico Theotocopuli, nato in Grecia nel 1548 e morto a Toledo nel 1625, che fu scultore e pittore distinto e che diffuse in Ispagna lo stile dei Veneziani. Cita, in secondo luogo, il celebre padre Giambattista Mayno (nato nel 1569 e morto, nel collegio di San Tommaso di Madrid, nel 1649), il quale si fece una maniera, che molto ritraeva dal Veronese; e fu ingegnoso nell'invenzione, intelligente nel chiaroscuro, castigato nel disegno e franco nel maneggio del pennello. [2] Il Museo di Madrid possiede, al presente, un dipinto del

[1] *Memorie dei più insigni pittori,* ecc., vol. II, pag. 325.

[2] Luigi Montecuccoli, *Storia della pittura in Ispagna;* Modena, 1841, pag. 79.

padre Mayno, che vuolsi noverare tra le sue opere migliori.[1] Rappresenta, in allegoria, *la soggezione e il pacificamento degli Stati della Fiandra sotto l'ambizioso Gasparo de Gusman, conte d'Olivares,* e il Viardot[2] afferma che, in tale dipinto, il padre Mayno si attiene molto allo stile di Paolo Caliari, ch'egli avea tolto a principale modello; e aggiunge che, appunto per questo, in quella vasta e grandiosa composizione, a molta vivacità trovasi congiunta una facile e naturale imitazione del vero.

Dalla storia ci vien quindi presentato il famoso fiammingo Pietro Paolo Rubens, nato a Sièghen il 29 giugno 1577 e morto ad Anversa il 30 maggio 1640. Sortì egli da natura un ingegno sommamente brioso, e una facilità di operare grandissima, a cui, poi, venne in aiuto la dottrina. Fece lungo soggiorno in Venezia, prima di passare alla corte di Mantova, e studiò soprattutto Tiziano, il Tintoretto, il Caravaggio e Paolo, e tenne di tutti un poco; ma, più che agli altri, somigliò al Veronese, nel dare a' colori una meravigliosa lucidità, e una bella armonia, non ostante l'altezza delle sue tinte.[3]

Si registra pure fra gli illustri imitatori del Caliari anche il cavaliere Giuseppe Ribera, detto lo *Spagnoletto,* nato il 12 gennaio 1588 a Jativa (ora San Felipe), presso Valenza, e morto a Napoli nel 1656, il quale dipinse, nel coro del convento di San Martino, a Napoli, una *Cena* sullo stile di Paolo, che il Selvatico chiama egregia per colore ed espressione.[4]

Giacomo Rodrigo Velasquez, nato a Siviglia nel 1599 e morto a Madrid nel 1660, allievo di Herrera il Vecchio, divenne, si può dire, anche lui, un insigne maestro, dopochè, nel 1629, vide Venezia. Egli ammirò e copiò i dipinti di Tiziano, del Tintoretto

[1] Marchese, op. cit., vol. II, pag. 326.

[2] *Les Musées d'Espagne, d'Angleterre et de Belgique;* Paris, 1843.

[3] Algarotti, *Opere scelte* (Classici, 1823), vol. I, pagg. 163-64; R. D'Azeglio, *Notizie estetiche e biografiche sopra alcune opere oltramontane del Museo di Torino,* pag. 5.

[4] Selvatico, *Storia est.-crit.,* vol. II, pag. 785.

e segnatamente di Paolo, da cui cercò nuove ispirazioni. Assimilandosi, infatti, l'ampio e splendido fare di lui, egli subì una metamorfosi, e, se non divenne un proselite del Veronese, certo ne divenne un passionato ammiratore.

Va collocato eziandio nella stessa schiera Antonio Vandyck, che, come il Ribera, fu pittore e incisore, e che nacque ad Anversa il 22 maggio 1599. e morì a Blakfriars, in Londra, il 9 dicembre del 1641. Infatti, nel viaggio intrapreso da lui in Italia, nel 1619, essendosi fermato lunga pezza in Venezia, contemplò e studiò così appassionatamente le opere di Tiziano e di Paolo, che si penetrò fino all'anima del loro sentimento. Nessuno fra i suoi compaesani s'accostò giammai, più di esso, alla bella maniera di questi grandi artisti, avendo nella finezza del tocco e nella fusione del colore superato l'istesso suo secondo maestro, il Rubens. Nella Galleria di Torino conservasi di lui una magnifica pittura, rappresentante *la Vergine col Bambino,* che, al dire di Roberto D'Azeglio, [1] è un omaggio di più alle grandi anime di Paolo e di Tiziano, che evidentemente l'ebbero inspirata. La imitazione del Caliari appare soprattutto nel modo con cui sono trattati i panneggiamenti.

Anche il più celebre pittore della scuola spagnuola, il Murillo, fu imitatore di Paolo. Nato a Siviglia nel 1618, morto nella stessa città il 3 aprile 1682, studiò, da giovane, molto e molto nel palazzo reale di Madrid, studiò molto in quello dell'Escuriale, copiò e ricopiò le più famose tavole di Raffaello, del Correggio, d'Andrea del Sarto, dei Caracci, del Vandyck, e su tutti innamorossi del Caliari, alla cui imitazione si dedicò precipuamente. In capo a tre anni di uno studio indefesso, egli abbandonò la sua orbita, e, per così dire, si slanciò in un nuovo cielo. Dall'umile stato di pittore dei trivî di Siviglia, ch'egli era, si fece il glorioso antesignano della scuola spagnuola. Alla sua prima maniera, frettolosa e scorretta, ne fece seguire una soave,

[1] *Notizie estetiche e biogr.,* ecc., pagg. 286-87.

armoniosa e castigata, ove, per la finezza dei toni e per la cognizione degli effetti, rivaleggiava coi più lusinghieri fra i maestri veneti; [1] e l'impegno con cui s'era portato ad imitare lo stile del Veronese gli meritò giustamente l'onore che le sue pitture, come nota il D'Argenville, [2] fossero talvolta ritenute per opere del nostro artefice insigne.

Benchè poco dipingesse, fra gli studiosi di Paolo, va ricordato anche Valentino Le Febre di Brusselle, morto a Venezia nel 1700 circa (il quale si è reso famoso colle incisioni delle opere dei più segnalati pittori veneti), perchè seguì sempre le traccie del Veronese, e fu, anzi, uno dei copisti più felici di lui. [3]

Va ricordato pure, fra i più egregi imitatori di Paolo, il francese Eugenio Delacroix, nato a Charenton-S.t-Maurice nel 1798 e morto a Parigi nel 1863. Questo celebre artista, che sacrificò spesso il disegno al colore, ma che trattò sempre i suoi soggetti con potente energia ed originalità, derivò dal Veronese (come dichiarò egli stesso) tutto quello che sapeva. E infatti, dice Carlo Blanc, [4] *le Nozze di Cana, la Cena presso Simone, il Cristo che porta la croce* e *le Figlie di Lot* contengono tutti i segreti del colore, e, sotto questo rapporto, fu appunto il Veronese il vero maestro del Delacroix. S'egli amava nel Rubens il calore, il movimento e la posa delle figure e dei drappi, la freschezza dei toni, la vita delle carni, la magnificenza e la pompa della macchina intera, egli non rifiniva di ammirare nel Veronese la maniera di raddoppiare l'interesse del suo quadro, colorando tutte le ombre; di far brillare, le une sulle altre, delle teste luminose, come quelle che son poste a sinistra dello spettatore nel banchetto delle *Nozze di Cana,* e di rendere vieppiù spiccate queste teste luminose sur un fondo chiaro; di opporre dei

[1] R. D'Azeglio, *Notizie est. e biog.*, pag. 122.
[2] *Opere* (Parigi, 1743, in-4°, tomo I), pag. 343.
[3] Lanzi, op. cit., vo III,. pag. 238.
[4] *Gazette des Beaux-Arts* (1864), vol. XVI, pagg. 117-18.

grandi partiti di cielo, d'architettura o di terreno a delle masse di figure, che, apparecchiate prima come se dovessero entrare nella luce, passano poi nel piano delle ombre per la sola potenza del contrasto, e conservano, nelle nuove condizioni, col mezzo di qualche accordo, la loro qualità primitiva di ricchezza e gaiezza. Egli ammirava e studiava, poi, nel Veronese lo splendore tranquillo e sorprendente delle sue tavole, piene d'aria e di sole, la cui alta armonia risiede nella analogia dei contrasti, nei toni aranciati, resi più vivi dalla vicinanza dell'oltremare, nei toni rosei, rilevati per l'accostamento di quel verde, al quale il pittore di Venezia ha dato il suo nome.

Da ultimo, ci viene innanzi il tedesco Giovanni Mackart, mancato ai vivi pochi anni fa. Egli era forse il più abile pittore decorativo de' nostri tempi, e fu artista di genio, per quanto la mancanza d'originalità ed il plagio combinato, alzato alla ennesima potenza, può permettere la qualifica di genio. Intese egli la composizione decorativa al modo dei Veneziani e del Rubens, fece una miscela delle due intonazioni, capì la composizione vasta, grandiosa; seppe combinare il nudo, fu maestro di quello sforzo, che dicesi pittoresco, e fu, nell'arte convenzionale e nelle combinazioni di vecchio apparato e di garbo moderno, il più abbondante pittore dei dì nostri, il più seducente tra i pittori retorici, ma, se ci stesse il traslato, anche il più eloquente. [1] Uno dei suoi quadri, che più lo mostra seguace di Tiziano e del Caliari, è *la Entrata di Carlo V in Anversa*. Quel quadro, come dice argutamente il Barrili, [2] non l'ha dipinto lui. Gliel'hanno dipinto in due, e tutt'e due italiani, ma del buon tempo antico, Paolo Veronese e Tiziano: due realisti, due naturalisti, due veristi del tempo loro, che facevano dell'arte larga, dell'arte grandiosa, che volevano lode e fama, anche accettando le commissioni dei potenti.

[1] VIARDOT, *Meraviglie della pittura* (traduz. del CHIRTANI), pag. 391.

[2] *Lutezia*, pagg. 57-58.

Capitolo XXII.

Giambattista Tiepolo — Suo parallelo con Paolo.

Ora è mestieri di parlare un po' diffusamente di Giambattista Tiepolo, nato in Venezia nel 1693 e morto a Madrid il 27 marzo 1770, [1] di quel Tiepolo, che il conte Algarotti chiamava il più gran pittore che avesse Venezia, l'emulo di Paolo Veronese, erudito quanto Raffaello e quanto il Poussin. [2] Discepolo di Gregorio Lazzarini e imitatore del Piazzetta, egli si formò, a poco a poco, uno stile tutto suo. S'innamorò dei capolavori di Paolo, e, innanzi tutto, della splendida ricchezza del suo colorito, della sua eleganza di abbigliamenti, della sua trasparenza di toni scuri. Tentò di accostarglisi, e ottenne molte delle briose qualità di quel famoso pennello, ed in alcune forse lo superò, cioè nell'artificio dei mezzi toni, nella varietà della composizione, e, talvolta, pure nella espressione degli affetti. A simiglianza del Veronese, il Tiepolo copiò le stampe del Durero, e sentì svegliarsi dentro nell'animo dell'energie nuove, e accrebbe la sua fecondità d'invenzione collo studiar le figure in piena luce, cogliendone i giusti effetti, e riunendo, con armonia, il reale all'ideale. Conobbe che le ombre, per far ben tondeggiare i corpi,

[1] De Madrazo, *Catalogo descriptivo é historico de los cuadros del Prado de Madrid* (1872), p. primera, pag. 214.

[2] C. Boito, *Gite d'un artista*, pag. 38.

non hanno bisogno di gran forza nel tono locale, e le rese trasparenti, con larghi riflessi, in mezzo ai quali operò delle acconcie risoluzioni di scuri, specialmente in quei seni ove non può entrare la luce, nè riflessa, nè diretta. Se non fosse vissuto (come nota il Boito [1]) nell'età dei fronzoli, dei guardinfanti e dei cicisbei, avrebbe potuto entrar meglio nelle profondità del vero, avrebbe avuto maggiore scelta di forme e minor contorsione di movenze e minore audacia di scorci e più moderata ondulazione di contorni, e, senza meno, avrebbe conseguito uno dei più bei posti nell'arte. Dove, però, riuscì più mirabile fu nel trattare gli affreschi, perchè, in quelle sue fantasie rapidamente pensate e rapidamente eseguite, spiegò sempre larghezza, disinvoltura, abbondanza d'immaginazione, e, insieme, una sapienza di disegno tale, da non avere altro rivale che Paolo. Di cotai suoi lavori ornò prima Venezia, poi Verona, poi molte città di Lombardia, poi alcune della Germania. Passò, quindi, nella Spagna, e, chiamato, già settuagenario, alla Corte del Re Cattolico in Madrid, ebbesi un largo stipendio e vi dimorò per lo spazio di otto anni, occupandosi in opere grandi e copiose, dove bambini rosei e donne ignude scherzano fra un immenso ondeggiare di nubi, dove la luce e l'ombra si urtano, contrastano, si fondono mirabilmente insieme nei cieli radiosi, nelle glorie dei Santi, nelle aurore divine. [2]

Non è iperbolico il dire che lo spirito del Tiepolo e quello del Caliari furono fratelli, perchè non vi fu pittore che più del Tiepolo, come giustamente osserva il Zanetti, [3] risvegliasse le sopite e leggiadrissime idee di Paolo. Niente men belle sono le tinte e le pieghe de' panni del Tiepolo, di quelle del Veronese; e niente meno felicemente dipinte. Nè le forme delle teste sono d'inferior grazia e bellezza; che se non sempre hanno esse anima

[1] Op. cit., pag. 32.

[2] P. G. Molmenti, *Carpaccio e Tiepolo*, pag. 12.

[3] Op. cit., tomo II, pag. 600.

e vita, come quelle dell'antico maestro, la colpa non fu di lui, fu dei tempi, fu dell'ambiente.

Paolo, infatti (concluderemo con un brioso illustratore di Venezia [1]), non aveva che a ritrarre gli splendori che l'attorniavano, trovava i suoi modelli nella folla, che si urtava per le vie di Venezia, che sfoggiava un lusso inaudito nelle sue feste, che stendeva tanta opulenza di colori sulla città ebra di ricchezze e di fasto. Paolo rubava i colori per la sua tavolozza a tutte quelle cose belle e viventi della sua stessa vita, e per questo toccava il sublime della pittura, rimanendo fedele al vero dei luoghi e dei tempi, poichè più fulgido e gaio vero non vi fu mai. Il Tiepolo, invece, perduto nella molle società del secolo scorso, nel tenerume stinto degli usi femminei, nella morbosa delicatura del gusto, dovette crearsi un mondo colla sola potenza del genio ribelle, e avvolgersi in un Eden di concezioni fantastiche, per tentare di esser fedele al vero eterno della natura. Realista profondo, egli fu altissimo e stranissimo sognatore. Da ciò la sua grandezza e la sua forza.

[1] D. Mantovani, *Lagune*, pagg. 75-76.

Capitolo XXIII.

I migliori quadri di Paolo — Stime e Vendite famose.

Ma, ora, non è da dir qualche cosa sulle vicende delle principali sue opere? I migliori dipinti, dopo gli affreschi e le vastissime Cene, in cui trasfuse il Caliari il più bel raggio della sua anima, vennero dal Lanzi [1] sommati a pochi. Citò il San Giorgio di Verona, il San Giuliano di Rimini, la Sant'Afra di Brescia, la Santa Giustina di Padova e qualche altra tela. Ma Alfonso Siret, [2] Carlo Blanc [3] e Both de Tauzia [4] ne registrarono fino a cento. Arduo compito è farne un esatto catalogo; ma non è impossibile. Vediamone intanto le Stime e le Vendite più famose, in ordine cronologico.

[16..]. In un *Catalogo di quadri e disegni vendibili in Venezia*, [5] trovasi:

« Viaggio in Egitto di Paolo Veronese . . .	doble	40 —
« Circoncisione di Paolo Veronese	»	25 —
« Altra Circoncisione di Paolo Veronese . .	»	25 —
« Testa di vescovo del detto Veronese	»	10 — ».

[1] Op. cit., vol. III, pagg. 188-89.

[2] *Dictionn. histor. des peintres* (1866), pag. 157.

[3] *Hist. des peintres* (*École. Venét.*, 1881), pag. 18 e segg.

[4] *Musée du Louvre* (Paris, 1885), Ire part., pagg. 73-74.

[5] Campori, *Raccolta di cataloghi* (1870), pag. 427.

[Id.]. Nel medesimo *Catalogo* [1] leggesi:

« DISEGNI di Paolo Veronese num. 168, l'uno per l'altro a doble « quattro importano . . . . doble 622 ».

[Id.]. Nel terzo dei *Nove cataloghi di quadri vendibili in ignote città d'Italia* (16 . .) esistente nell'Archivio palatino di Modena, trovasi: [2]

« UN CRISTO CON CROCE IN ISPALLA di Paolo Veronese, tondo, « dop. 40 ».

[1627]. Nell'*Inventario della Galleria di quadri e di altri oggetti d'arte della Corte del duca di Mantova, compilato all'anno 1627,* [3] leggesi:

« Die martis 12 jannuar. 1627. Nella logia serata che guarda « nel giardino altre volte de' bussi:

« Un quadro con sopra LA REGINA D'EGITTO CON SUE DAME « ALLA RIPA DEL FIUME NILO CHE STA ATTENDENDO A MOISÈ « BAMBINO CHE VENIVA GIÙ PER DETTO FIUME, con cornice fre- « giata d'oro, opera di Paolo Veronese, scut. 8, L. 480.

« Nella camera contigua al detto passetto:

« 1. quadro con una JUDIT, opera di Paolo Veronese, L. 60 ».

[1632]. Nell'*Inventario dei beni mobili di Roberto Canonici,* ricco gentiluomo ferrarese, [4] trovasi:

« UNA VENERE NUDA di Paolo Veronese, IN BRACCIO A MARTE « ARMATO, CUPIDO, CHE È SPAVENTATO DA UN CAGNUOLO, CHE LI « SALTA A DOSSO, VENERE L'ACCAREZZA, ci sono anco DUE CO- « LOMBE, CHE SI BACIANO. Ha la cornice dorata; scudi cento ».

[Id.]. Nel medesimo *Inventario* (1632) trovasi: [5]

[1] CAMPORI, op. cit., pag. 428.
[2] Ivi, pag. 450.
[3] D'ARCO, *Delle arti e degli artefici di Mantova,* vol. II, pag. 153 e segg.
[4] CAMPORI, op. cit., pag. 113.
[5] Ivi, pagg. 115-16.

« SANTA GIUSTINA di Paolo Veronese, CHE STANDO IN GINOC-« CHIONI, CON GLI OCCHI LEVATI AL CIELO, GLI VIENE DA UN MA-« NIGOLDO MORO CACCIATO UN PUGNALE NEL PETTO, DA UNA PARTE « GLI SONO DUOI SOLDATI CON UN IDOLO, D'ALTRA PARTE GLI SONO « DUOI VESTITI DI LONGO, UN GIOVINE ET UN VECCHIO, VICINO A « LEI STA UNA CORONA REGALE, ha la cornice dorata; scudi tre-« cento ».

[Id.]. Fra i quadri del medesimo *Inventario* (1632) trovasi: [1]

« SUSANA di Paolo Veronese, CHE SI LAVA UNA GAMBA, ET « HA UN PEZZO DI SAPONE IN MANO CON UN VASETTO LÌ VICINO, « E SI TROVA IN UN GIARDINO DOVE È UNA BELLA FONTANA, DIETRO « GLI SONO DUOI VECCHI, CHE LA STANNO MIRANDO. Ha la cornice « al presente di nogara intagliata; scudi ducento ».

[Id.]. Nell'*Inventario* medesimo (1632) leggesi: [2]

« UN CHRISTO IN ANGONIA di Paolo Veronese, CHE ORA NEL-« L'ORTO ET È SUSTENTATO DA UN ANGELO, CHE STÀ SEDENDO, « DIETRO DEL QUALE GLI SONO GL'APOSTOLI CHE DORMONO, ha « una bellissima cornice intagliata et indorata, scudi ducento ».

[Id.]. Fra i disegni citati dal medesimo *Inventario* (1632) trovasi: [3]

« LA MADDALENA CHE UNGE I PIEDI A N. S. CHE SIEDE A TA-« VOLA CON MOLTA GENTE di Paolo Veronese, scudi cinquanta ».

[1644]. Dal *Carteggio di Paolo Coccapani*, vescovo di Reggio, [4] fervente e generoso raccoglitore di cose d'arte, risulta che, a quest'epoca, i dipinti di Paolo erano saliti a gran prezzo. Infatti, Gabriello Balestrieri, parmigiano, pittore e delle maniere dei pittori intendentissimo, gli scriveva, da Venezia, a' 9 gennaio 1644, queste parole: « Di quattro pezzi di Paolo historiati,

[1] CAMPORI, op. cit., pag. 120.

[2] Ivi, pag. 121.

[3] Ivi, pag. 127.

[4] Nato nel 1584, eletto vescovo nel 1625 e morto nel 1650.

« ma di figure però piccole ne hanno domandato tredicimila e « cinquecento ducatoni. Di alcuni pezzi che sono in casa di no- « bili ne dimandano tre o quattro mila doppie, più che non si « fanno i quattrini nei nostri paesi, cosa che mi fa più che ma- « ravigliare ». E, altrove, diceva che l'ambasciatore di Francia andava, in persona, a comperar quadri, in compagnia di un Baldi, genovese, e aveva in animo di spendervi 20,000 ducati, e soggiungeva che « di un'EUROPA di Paolo chiedevano 3000 doppie ».[1]

[Id.]. Nel *Catalogo del Coccapani* leggesi, nella nota dei disegni fuori di cornice:[2]

« UNA MADONNA CON SANTA CATERINA d'acquerello e lumi « fornito di Paolo Veronese, dob. 4 ».

[1646]. Moltissimi quadri, come nota il Ridolfi,[3] erano stati già, a questo tempo, acquistati, non solo da mons. Housset, l'ambasciatore di Francia citato dal Balestrieri, ma dall'ambasciator d'Inghilterra, visconte Basilio Feilding, e da Paolo Del Sera, gentiluomo fiorentino, il quale ne avea avuto incarico dal cardinale Leopoldo de' Medici, il fondatore dei Musei di Firenze; ma non risulta però a qual valore.

[Id.]. Circa il medesimo anno, fu venduta LA CENA DI SIMON LEBBROSO, fatta da Paolo per i monaci neri di San Nazaro, per settemila scudi d'argento, alla famiglia Spinola di Genova, sostituendo ad essa una copia del Ridolfi.[4]

[1648]. Il celebre pittore spagnuolo D. Diego Velasquez de Silva comprò, in Venezia, per il re Filippo IV, un quadro rappresentante VENERE E ADONE.[5]

[1] CAMPORI, op. cit., pagg. 142-44.

[2] Ivi, pag. 159.

[3] Op. cit., pagg. 41-45.

[4] VASARI, op. cit., vol. XI, pag. 136, nota 1.

[5] D. PEDRO DE MADRAZO, op. cit., pag. 295.

[Id.]. Il *Catalogo della curiosa Collezione di pitture di Giorgio Villier*, stampato a Buckingam da Brian Fairfax, registra DIECI STORIE DEL VECCHIO E NUOVO TESTAMENTO, dipinte da Paolo, per uno scopo decorativo, le quali, nel 1648, vennero comperate all' incanto, ad Anversa, per la Corte di Vienna, e quindi spedite nel castello di Praga. Soltanto delle seguenti; che si conservano ora a Vienna, si rammenta il titolo: [1]

IL CENTURIONE (num. 2).
SUSANNA E I DUE VECCHI (num. 3).
FUGA DI LOT (num. 4).
REBECCA AL POZZO (num. 5).
CRISTO E LA SAMARITANA (num. 6).
AGAR ED ISMAELE (num. 8).
L'ADULTERA (num. 9).
ESTER DAVANTI ASSUERO (num. 10).

[1649]. D. Alfonso de Cardenas, ambasciatore di Filippo IV, comprò, a Londra, all' incanto dei quadri appartenenti al re Carlo I d' Inghilterra, un GESÙ ALLE NOZZE DI CANA, alto m. 1.27 e largo 2.09, [2] e IL SACRIFICIO DI ABRAMO, alto m. 1.29 e largo m. 0.95. [3]

[1651]. Nel *Catalogo dei quadri, dei disegni e delle scolture della casa Meniconi e di altri in Perugia, tolto dall'Archivio palatino* (1651), leggesi: [4]

« Un quadro di Paolo Veronese, altezza e larghezza circa « un piede $^1/_2$: SANTA MADALENA CON UNA CROCE IN MANO, « quasi mezza figura del naturale, scudi 60 ».

[1] EDUARD R. V. ENGERTH, *Kunsthistorische Sammlungen des Allerhöchsten Kaisherauses Gemälde*, ecc.; Wien, 1884, pag. 398.

[2] D. PEDRO DE MADRAZO, op. cit., pagg. 303-4.

[3] Ivi, pagg. 306-7.

[4] CAMPORI, op. cit., pag. 170.

[1654]. Dal cardinale Leopoldo De Medici venne acquistato il quadro della SACRA FAMIGLIA CON SANTA CATERINA, che apparteneva ai conti Vidman, e che, ora, vedesi agli Uffizi, in Firenze, unitamente a tutta la collezione di Paolo Del Sera,[1] che comprendeva 73 pezzi d'insigne pennello.

[1660]. Marco Boschini notava, nella sua *Guida di Venezia*, che regnanti, istituti pubblici e ricchi privati offersero ingenti somme per far l'acquisto della FAMIGLIA DI DARIO della nobile casa Pisani.

[1662]. Il Campori, nella sua *Raccolta di cataloghi,*[2] ecc., fa precedere al catalogo dei quadri dello studio Muselli di Verona alcune notizie sulle pratiche che ebbero Cristoforo e Francesco Muselli per la vendita della loro Galleria, e, tra le altre, come il duca Alfonso IV di Modena avesse dato l'incarico, nel 1662, al marchese Gasparo Gherardini, veronese, di intavolare l'accordo per 20,000 ducati, ma che un incidente ruppe il contratto. Fra quei quadri v'era una VENERE, di Paolo Veronese, proprietà del conte Francesco Bevilacqua, che l'avea data in pegno ai Muselli, a sicurtà di denaro prestatogli dai medesimi. Pretendevano questi essere venuti in possesso del dipinto, perchè non era stata loro restituita, al debito tempo, la somma sborsata; ma il Bevilacqua citò in giudizio i Muselli, protestando esser quella VENERE un fidecommesso, inalienabile, della sua famiglia, e dichiarando di opporsi alla vendita della medesima. Fu data vinta la causa al Bevilacqua, il quale ricuperò, per tal maniera, il dipinto, e fu cagione che il duca Alfonso ordinasse al Gherardini di troncare le trattative, poichè venivagli sottratta l'opera, ch'egli reputava più insigne di quella Collezione.

[1] *Catal. della R. Gall. degli Uffizi* (1881), pagg. 186-87.

[2] Pag. 177.

[1665]. Nel *Journal du voyage du cavalier Bernin en France,* scritto da monsieur Chantelou e pubblicato da Lodovico Lalanne, [1] si riferisce come il famoso architetto e scultore napoletano, nella domenica 9 agosto, abbia veduto, a Parigi, in una casa di gesuiti, in via Sant'Antonio, due quadri di Paolo, l'uno grande, rappresentante LA MOGLIE DI ZEBEDEO CHE PRESENTA I SUOI FIGLI AL DIVINO MAESTRO, e l'altro raffigurante ADONE CHE VA ALLA CACCIA, TRATTENUTO DA VENERE; e si aggiunge come il primo lo stimasse 1000 scudi e il secondo 150 doppie, benchè, discorrendone col pittore Rolando Lefebvre (detto *di Venezia),* ci trovasse molto a ridire sulla proprietà del disegno.

[1666]. Il marchese Gaspare Gherardini di Verona esibiva, in quest'anno, la Galleria degli eredi Curtoni, tra cui esistevano parecchi quadri di Paolo, colla seguente lettera, al principe di Modena: [2] « Li eredi Curtoni ristretti in qualche bisogno « di soldi intendo che siano risoluti di vendere il studio di loro « quadri, et che si potranno avere a poco più di 12,000 ducati di « questa moneta di L. 6.4 per ducato, che saranno circa 2657 doble « di Spagna. So che V. A. altre volte avea inclinazione a farne « l'acquisto e che sarebbe arrivata a pagarli sino a 20,000 ducati, « che comparendo ora essenziale l'avvantaggio, mi è parso umil- « mente di rappresentare a V. A. acciò, occorrendo, benignamente « m'avvisi se doverò servirla nel contrattare, credendo che anche « la regina di Svezia sarà per inclinare al mercato.

« Montorio, 19 ottobre 1666 ».

[1668]. Il padre Papotti, negli *Annali mss. della Mirandola,* scrive [3] che il duca Alessandro II Pico, portatosi, con numerosa corte, in Verona, ai primi di novembre del 1668, fece acquisto,

[1] *Gazette des Beaux-Arts,* 2ᵉ période, vol. XV, XVI, XVII.

[2] CAMPORI, op. cit., pagg. 194-195.

[3] Ivi, pag 195.

dai signori Curtoni, di più di 300 pezzi di nobilissimi quadri per 10,000 ducati, per altro stimati da 40,000, per il che fece erigere nobile galleria nel suo palazzo, a settentrione, e dipingere per il celebre Biagio Falcieri, veronese, ed altri del paese e forestieri.

[1687]. Nel *Carteggio dell'ab. Bassetti,* segretario del granduca Cosimo III (filza 1577), in data 26 luglio 1687, vi è (come me ne diede contezza l'illustre cav. Gaetano Milanesi) una lettera di Matteo Del Teglia, da Venezia, in cui si parla del quadro della PRESENTAZIONE, dicendo che il proprietario ne domandava 10,000 ducati e che si sarebbe contentato di 8000, e che il duca di Baviera, col mezzo del pittore Carlo Loth, ne avea già esibito 6000. In altre due lettere della stesso Del Teglia si parla di questo quadro e di un bozzetto che ne avea fatto il pittor senese Giuseppe Nasini.

[1689]. Matteo Del Teglia, con una lettera da Venezia (16 aprile 1689), che esiste nel *Carteggio* dell'ab. Apollonio Bassetti (filza 1577), propone al Granduca l'acquisto di un quadro di Paolo, rappresentante SAN BERNARDINO DA SIENA, AVANTI CHE FOSSE FRATE, CON LA VEDUTA DI SIENA IN TEMPO DI PESTE, e gli dice che il quadro della Pisani, e del quale domandava ducati 42,000, era meno bello di questo.

[1690]. Forse, in quest'anno, eziandio fu registrato nell'*Inventario di casa Boscoli di Parma* [1] un quadretto bislungo, con DUE TESTE, UNA FEMMINA E UN MASCHIO, di Paolo Veronese, stimato doppie dieci.

[Id.]. Nell'*Inventario di casa Boscoli,* e precisamente nella parte di Gio. Simone Boscoli, trovasi: [2]

[1] CAMPORI, op. cit., pag. 404.

[2] Ivi, pag. 401.

« Un abbozzo finito dei MARTIRI, modello di Paolo Veronese, « che fece in Venetia, stimato doppie 4 ».

[17..]. Nei *Cinque cataloghi de' quadri e disegni della casa Gonzaga di Novellara* (17..), e precisamente nella prima nota, leggesi: [1]

« Una MADDALENA IN CASA DEL FARISEO A' PIEDI DI CRISTO « CON DIVERSE ALTRE FIGURE, tavola alta on. 14, larga 10, di « Paolo Veronese, doble 740.

« Due quadretti con DUE TESTE DI DONNE, alti e larghi on. 4, « del suddetto, doble 30.

« Due altri quadretti con DUE FIGURE MEZZE DI DONNE, alti « tutti e due on. 14, larghi 9, del suddetto, doble 40 ».

Nella *Nota* della quarta camera di detta Galleria, leggesi: [2]

« Paolo Veronese. TESTA D'UN VECCHIO CON COLLARO E CA« TENELLA, con cornice dorata, zecchini 10 ».

[Id.]. Pur, sui primi anni del secolo passato, furono vendute, dai figli di Cristoforo Muselli, 122 pitture a monsieur Alvarese, negoziante di quadri, che, vendendole in Francia, di soli sei pezzi ricavò più di tutta la compera, ascendente a 22,000 ducati. [3]

[1716]. Rilevasi da una *Nota* unita all'*Elenco delle pitture possedute nel secolo* XVII *dalla famiglia Nani di Cannaregio,* che, nel giorno 26 settembre 1716, restò stabilito il contratto in 2000 doble di Spagna per dodici quadri (che erano del Bonifacio, dello Schiavone, di Paris Bordone, dell'Albani, di *Paolo Veronese,* del Tinelli e del Palma il Vecchio), fra il dottor Bortolani, faciente per la famiglia Nani, e il conte Masetti, faciente per monsieur di Person, acquirente. [4]

[1] CAMPORI, op. cit., pag. 640.

[2] Ivi, pag. 653.

[3] DAL POZZO, op. cit., pag. 94.

[4] CICOGNA, op. cit., vol. VI, pagg. 553-54.

[1722]. In quest'anno, la celebre Galleria di Cristina di Svezia (già da lei lasciata, con dei magnifici quadri di Paolo, per testamento, nel 1689, al cardinale Azzolino e poi da questi alienata al principe Odescalchi) venne venduta, nella massima parte, al Reggente di Francia. [1]

[1732]. L'insigne archeologo e storico Scipione Maffei, nella sua *Verona illustrata,* [2] stampata in quest'anno, assicura che della pala di Paolo fatta in S. Fermo di Verona vennero offerti mille ducati. [3]

[1738]. Fecesi, in quest'anno, la vendita di un RATTO D'EUROPA (conte di Fraula), di 50 pollici su 57, per il valore di 300 fiorini. [4]

[1741]. Da Ventura Rossi, in quest'anno, fu comperato dalla casa Grimani Calergi, a Venezia, per 600 talleri, il CRISTO FRA I DUE LADRONI, che ora trovasi a Dresda.

[Id.]. Ebbe luogo pure, in quell'anno, la vendita Crozat, consistente in sei quadri di Paolo, cioè: LA VERGINE, ACCOMPAGNATA DA ANGELI, CHE PORTANO GLI ATTRIBUTI DELLE SUE VIRTÙ, per 325 lire; IL RIPOSO IN EGITTO (già inciso da Van der Borcht), e due altri soggetti, per lire 102; il CRISTO E

[1] CAMPORI, op. cit., pag. 336.

[2] Parte III, cap. VI.

[3] Ecco che cosa egli scrive:

Certo Franzese, nell'osservare il quadro, ch'e in San Fermo, fatto da Paolo assai giovane, parendogli non ne venisse fatto gran conto, offerì mille ducati, e diede segno d'esser per crescere ancora non poco. Fu interrogato, perchè non si mostrasse cosi voglioso d'uno che si ha nell'istessa Chiesa di Battista dal Moro, e d'altro del Caroto, che senza dubbio son più stimabili e di molto migliori. Rispose, esser ciò verissimo, ma che in Francia un quadro grande di Paolo l'avrebbe venduto a ogni prezzo, e un del Caroto o del Moro, ignoti nomi, pochissimo.

[4] SIRET, op. cit., pagg. 157-58; BLANC, op. cit., pagg. 21-22.

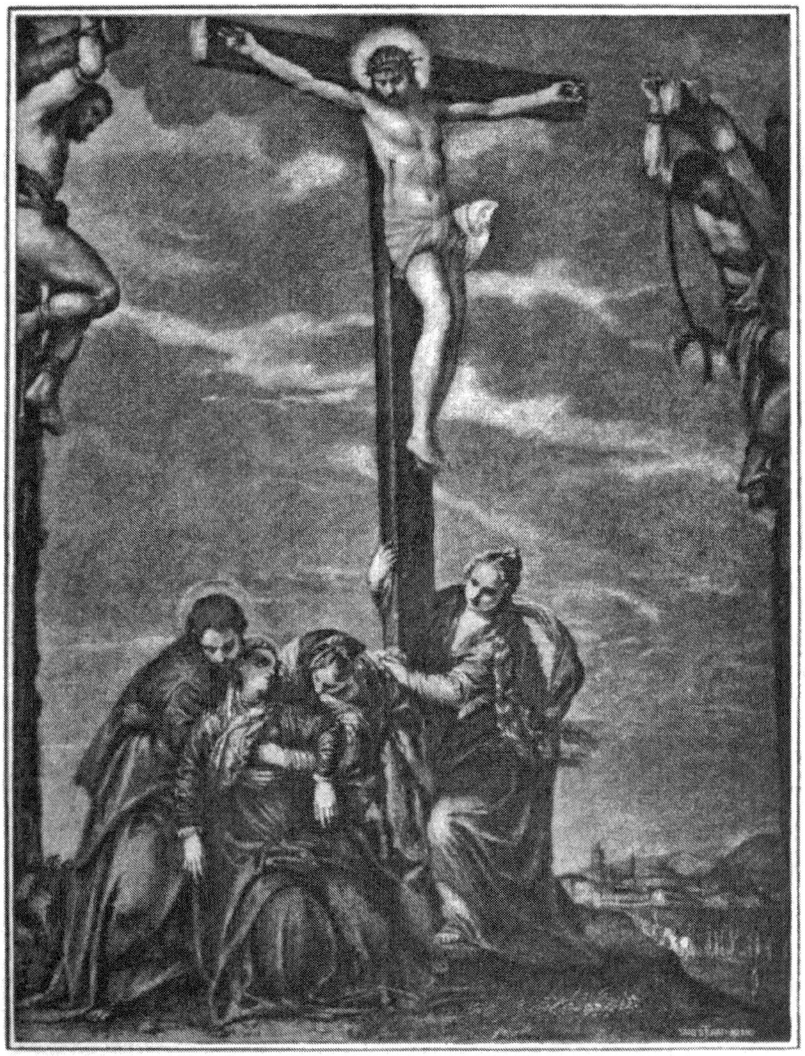

CRISTO FRA I DUE LADRONI

R. GALLERIA DI DRESDA.

SUA MADRE A TAVOLA, SERVITI DAGLI ANGELI,[1] e UNA DECORAZIONE DA SOFFITTO, per 62 lire.

[1742]. Fu comprato dal De Brays ed Araignon, dalla Raccolta Carignano, a Parigi, il quadro della MORTE DI SANTA CATERINA D'ALESSANDRIA, che ora è a Dresda, per 4000 lire.

[Id.]. Ebbe luogo, in quest'anno, la vendita Carignano, coll'APPARIZIONE DI NOSTRO SIGNORE ALLA MADDALENA e una ANNUNCIAZIONE (due riscontri), per lire 2000, e colla DONNA ADULTERA, composizione di molte figure, per lire 3700.[2]

[Id.]. Fu pure acquistato da Rigaud e Le Len, nello stesso anno, per la Galleria dresdense, dalla Raccolta Carignano, a Parigi, la SUSANNA AL BAGNO, per lire 4500.

[1744]. Fu comperato da Ventura Rossi, dalla casa Grimani Calergi, a Venezia, il RITRATTO DI DANIELE BARBARO, che ora conservasi nella Galleria di Dresda.

[1745]. Il conte Algarotti acquistò l'EUROPA SUL TORO, che ora è a Dresda, e che si reputa *opus dubium* di Paolo, dalla figlia de negoziante d'oggetti d'arte Negrenzi, a Venezia, per il prezzo di 300 zecchini.[3]

[Id.]. Fu eseguita, in quest'anno, per 120 lire, anche la vendita La Roque, che consistette in un bellissimo quadro di

[1] Tra i disegni del Durero se ne trova uno, che, a tergo, secondo il Blanc ed altri critici e biografi, porta una scritta di Paolo, la quale (se fosse autentica) prenunzierebbe questa e tante altre sue CENE. Vi si legge, infatti, così:

Se io haverò tempo giammai, voglio rappresentare sontuosa mensa sotto a nobil loggia ove entri la Vergine, il Salvatore e Gioseppe, facendogli servire col più ricco corteggio d'angioli, ecc.

[2] SIRET e BLANC, luoghi citati.

[3] A proposito di questo acquisto, il BOTTARI (*Lettere pitt.*, vol. VII, pagg. 378-79) riferisce una lettera dello stesso Algarotti al signor Giovanni

33 pollici sopra 39, dipinto in tela, al basso del quale è scritto: *Verona fatta nel monasterio Angolo* (degli Angeli?) *anno 1581.* Questo quadro singolare, uno dei pochissimi che il Veronese segnasse di data, presenta due soggetti, uno sopra l'altro. Quello di sopra sembra essere una tela finta, che, sciorinata dall'alto, lascia scorgere il soggetto d'una FUGA IN EGITTO, ove non si vede che la testa di Giuseppe e di Maria e le cime degli alberi. Sulla tela, che sembra semicoperta, è dipinto un bel paesaggio, ornato di figure e di animali. La città di Verona è in lontananza; il cielo è burrascoso, il fulmine guizza. Al momento in cui il Veronese pingeva questa FUGA IN EGITTO, un uragano sarà sopravvenuto, ed egli avrà dipinto il primo quadro.[1]

[1747]. Ebbe luogo, quest'anno, la vendita Pontchartrain, colla PRESENTAZIONE AL TEMPIO (otto figure di grandezza naturale), per 8500 lire.[2]

[Id.]. Zanetti e Guarienti comperarono, pure quest'anno,

Mariette, da Postdam, 13 febbraio 1751, nella quale dice di aver acquistato, appunto dalla signora Teresa Negrenzi,

> *...un gran quadro di Paolo Veronese di undici in dodici piedi di altezza, e di nove in dieci di larghezza.*

E aggiunge:

> *Esso fu già nella privata Galleria del gran principe reggente di Toscana; e di esso il Reggente, se avesse avuto più lunga vita, ne avrebbe ornato la sua; mentre il signor Antonio Zanetti, in nome di quel principe, offerse per averlo sino a due mila zecchini. Il soggetto è l'una delle due famose Europe di Paolo; non quella descritta dal Ridolfi nella vita di Paolo (inserita nelle* Meraviglie dell'Arte) *pagine 321 e 322, ediz. di Venezia 1648, che apparteneva alla Casa Contarini, ed ora si vede nella sala del Palagio Ducale detta l'Anticollegio, ed è di vaghissima maniera; ma quella che alla pag. 330 è descritta con queste parole:* ED EUROPA CHE SI ASSETTA SUL DOSSO DELL'INSIDIOSO TORO CON MOLTE DONZELLE INTORNO, *ed è quadro grasso di colore e saporitissimo di tinta. Così l'una come l'altra Europa sono intagliate in acqua forte da Monsieur Le Fevre in quella sua Raccolta delle più belle pitture di Venezia. E di questa mi venne anche fatto di acquistar il rame medesimo di monsieur Le Fevre.*

[1] BLANC, op. cit., pagg. 21-22.

[2] SIRET e BLANC, luoghi citati.

dalla casa Grimani dei Servi, a Venezia, IL CENTURIONE, che ora esiste a Dresda, nella Galleria.

[Id.]. Ventura Rossi acquistò dalla casa Bonfadini, a Venezia, il quadro della PRESENTAZIONE AL TEMPIO, che ora si vede a Dresda e che il Guarienti attribuisce a Carletto Caliari e il Rumhor a Paolo Farinati, benchè il Boschini, circa un secolo prima, lo avesse dichiarato di Paolo.

[1755]. Si eseguì la vendita Pasquier, colla VERGINE CHE PRESENTA IL BAMBINO GESÙ A SIMEONE, per lire 2761 (data poi al re di Prussia) e LA VERGINE SEDUTA, VEDUTA DI FRONTE, CHE TIENE IL BAMBINO (data poi anch'essa al re di Prussia), per lire 6600.[1]

[1756]. Venne fatta la vendita Tallard, colla VERGINE INGINOCCHIATA, PRESENTANTE IL BAMBINO A SIMEONE, per 15,101 lire,[2] e con VENERE E AMORE, CHE PIANGE (figure di grandezza naturale), che proveniva dalla vendita Carignano, per 1200 lire.[3]

[1762]. Nell'*Historia ecclesiastica di Vicenza* di Francesco Barbarano (lib. VI; Vicenza, 1762) è citata la pala dell'ASSUNZIONE di Cologna Veneta, che fu stimata ducati 1000.

[1765]. Per 700 fiorini venne fatta, quest'anno, la vendita del principe Rubempré, consistente nel quadro: IL SIGNORE COI FARISEI (alto 54 pollici sopra 73).[4]

[1767]. Fu eseguita la vendita Julienne: IL BATTESIMO DI GESÙ CRISTO, nel quale si vedono tre angeli, di cui uno in gi-

[1] SIRET e BLANC, luoghi citati.

[2] Ivi.

[3] BLANC, loc. cit.

[4] Ivi.

nocchio, e lo Spirito Santo in forma di colomba, e delle figure in lontano, e due angeli tenenti la leggenda: *Hic est filius meus* (28 pollici sopra 22, lire 845) al duca di Praslin. Poi IL RIPOSO IN EGITTO, dove la Vergine, seduta, tiene il Bambino sdraiato, ambedue con un pezzo di pane in mano; a dritta, San Giuseppe di profilo, un angelo, che reca un ramo d'olivo, e l'asino, ch'è dietro alla Vergine (41 pollici su 32, lire 2305, al Remy).[1]

[1772]. Per lire 1800 venne fatta la vendita Lauraguais,[2] col quadro del CENTURIONE AI PIEDI DI NOSTRO SIGNORE, composizione di dodici figure piccole (52 pollici su 76).

[1775]. Fu eseguita la vendita Mariette.[3] Un disegno rappresentante LA VERGINE, CHE TIENE IL BAMBINO GESÙ SDRAIATO, DIETRO AD ABBIGLIARLO, INTORNIATA DA MOLTI ANGELI E ALTRE FIGURE FORMANTI UN CONCERTO, fatto con inchiostro di China, lumeggiato di biacca, d'una conservazione perfetta. La composizione è una delle più aggradevoli e nuove. Nel rovescio del disegno era scritto che le rappresentazioni che si aveva della Beata Vergine erano pressochè sempre le stesse, e perciò l'artista ha voluto variare la sua composizione; lire 401. Una TESTA DI NEGRO, veduta di profilo, fatta liberissimamente colla matita, un po' meschiata di vermiglio: è uno studio fatto dal vero e che era stato adoperato dall'autore nel suo quadro celebre del MARTIRIO DI SANTA GIUSTINA, che esiste a Padova. Sebbene questa testa non sia eseguita che con due matite, ella pare così colorata, come se l'autore l'abbia dipinta; lire 280.

[Id.]. Ai 24 maggio 1775 venne acquistato dall'eredità del fu conte abate Vigodarzere, per lire 5020, il bozzetto originale del CONVITO IN CASA DI SIMONE del dipinto dei serviti (donato

[1] BLANC, loc. cit.

[2] Ivi.

[3] Ivi.

dalla Repubblica a Luigi XIV), fatto a matita nera, che ora conservasi nel Museo Correr.

[1776]. Vendita Neyman.[1] Un'ADORAZIONE DEI PASTORI, a penna e a bistro (14 pollici sopra 9). LE NOZZE DI CANA, a bistro, lumeggiato di bianco (15 pollici su 13). Insieme, lire 415.

[Id.]. Venne pur fatta, nel medesimo anno, la vendita Fournelle,[2] con TRE PADRI DELLA CHIESA, disegno pregevolissimo, acquerellato e lumeggiato di bianco col pennello; lire 143.

[1777]. Nell'*Inventario della Quadreria Boschi,* in Bologna (1777), esistente nell'Archivio notarile di Bologna, trovasi: [3] « IL MARTIRIO DI SAN LORENZO, di Paolo Veronese, lire 600. BATTEZZO DI N. S., di Paolo Veronese, molto bello e ben conservato; lire 2500 ».

[Id.]. Ebbe luogo, in quest'anno, la vendita Lebrun, colla PARTENZA DI ADONE PER LA CACCIA. Venere tenta di trattenerlo, i cani sono, a sinistra, arrestati dall'Amore. Questo quadro proviene dal Gabinetto di Lassay (46 pollici su 65); lire 1510.

[Id.]. Pure in quest'anno fu fatta la vendita Randou de Boisset.[4] GLI AMORI DI VENERE E ADONE, figure di grandezza naturale (7 piedi di altezza sopra 5 di larghezza); lire 2401.

[Id.]. Nel medesimo anno si eseguì la vendita del principe Conti,[5] colla DONNA ADULTERA, composizione di sei figure, che facea parte della vendita Carignano, per lire 5000, e un'ADORAZIONE DEI MAGI (dove uno di essi bacia i piedi del Bambino), per lire 2965, e le due tavole dell'ANNUNCIAZIONE e del suo riscontro, provenienti altresì dalla vendita Carignano, per lire 3000; IL

[1] BLANC, loc. cit.

[2] Ivi.

[3] CAMPORI, op. cit., pagg. 632-34.

[4] SIRET e BLANC, op. cit., luoghi citati.

[5] Ivi.

SERVO DI ABRAMO, CHE ARRIVA CON DEI DONI (piccolo quadro), per lire 2000.

[1779]. Vendita D'Argenville:[1] GLI STATI VENEZIANI CHE RENDONO OMAGGIO A SAN MARCO. Gran disegno, in traverso, di trentadue figure ; lire 400.

[1783]. Vendita Poullain:[2] I DUE QUADRI DI RISCONTRO della vendita Carignano e Conti; lire 1250. Lebrun.

[1784]. Vendita del conte Merle:[3] LA DONNA ADULTERA, composizione di sei figure (circa 4 piedi di proporzione, 58. pollici su 72), proveniente dalla Galleria del principe Conti (5010 lire) e dalla vendita Carignano (3000 lire), per lire 2100.

[Id.]. Vendita del conte Vaudreuil:[4] Due quadri eguali con L'ANNUNCIAZIONE, dove si vede la Vergine inginocchiata e il Padre Eterno circondato da angeli, e L'APPARIZIONE DI GESÙ CRISTO ALLA MADDALENA, COLLE SANTE DONNE CHE ATTORNIANO LA SUA TOMBA (36 pollici su 27). Dai Gabinetti Carignano e Conti (3000 lire), per lire 2000.

[1790]. La famosa Galleria della regina Cristina di Svezia (dove figuravano dei bellissimi quadri del Veronese), già, in parte, posseduta dalla casa d'Orléans, fu posta in vendita, quest'anno, e passò in Inghilterra.[5]

[1802]. Nel mese di aprile, fu venduto, in Verona, dalla contessa Salvi-Pindemonte-Moscardo, il RITRATTO DI PAOLO, dipinto

[1] BLANC, loc. cit.

[2] Ivi.

[3] Ivi.

[4] Ivi.

[5] CAMPORI, op. cit., pag. 336.

da lui stesso, per il prezzo di 500 napoleoni d'oro, all' inglese lord Prijor. Nella *Raccolta di 60 stampe delle più celebri pitture di Verona fatta da Gaetano Zancon,* sotto l'incisione del detto ritratto, leggesi: *Celeberrimi pictoris Pauli Caliari Veronensis effigiem a se ipso depictam, et jamdiu in aedibus c. c. Moscardi Veronae asservatam, nunc vero a Dno Prijor nobili Anglicano emptam quingentis nummis aureis mense Aprilis an. 1802 Xaverius a Rosa ex archetypo sibi expinxit, et Patriae servavit et Arti.*

[1825]. Vendita Durazzo. Il re Carlo Alberto comperò dagli eredi Durazzo LA MADDALENA, CHE LAVA I PIEDI A GESÙ, per 100,000 lire.[1]

[1840]. Dal cav. Giuseppe De Scolari, di Verona, venne acquistato, nel 15 giugno di quest'anno, un bellissimo modelletto della FAMIGLIA DI DARIO, alto cm. 44.8 e largo cm. 74.8, che, nel secolo XVII, deve aver appartenuto al vescovo Francesco Coccalin,[2] e che si reputa opera di Paolo.

[1841]. Vendita Perregaux:[3] GIOVANE VENEZIANA, A MEZZA FIGURA, CHE TIENE UNO SCOIATTOLO (100 cm. su 78), L. 2510.

[1843]. Vendita Aguado:[4] LA VERGINE, IL BAMBINO, SANTA CATERINA D'ALESSANDRIA E SANTA LUCIA, per L. 3200.

[1855]. Dalla Galleria Nazionale di Londra fu acquistata L'ADORAZIONE DEI MAGI, che apparteneva alla chiesa di San Silvestro, a Venezia, per il prezzo di 50 mila franchi.[5]

[1] P. JOANNE, *Italie* (Paris, 1883), vol. I, pag. 83.

[2] DE SCOLARI, *Del celebre quadro di Paolo Caliari,* LA TENDA DI DARIO; Verona, Merlo, 1875, pag. 12.

[3] SIRET e BLANC, luoghi citati.

[4] Ivi.

[5] *Rivista enciclopedica italiana* (anno II, 1856), vol. II, pag. 127.

[1857]. Vendita del conte Thibaudeau:[1] La Santa Vergine e il Bambino Gesù, in compagnia di Sant'Anna, composizione di dodici figure, fatta a penna, leggermente acquarellata e lumeggiata di bianco. Disegno pregevolissimo, che proviene dalle Collezioni Crozat, Tessin e Nils Barck, L. 950.

[Id.]. Vendita del conte Vettor Pisani, di Venezia, alla Galleria Nazionale di Londra:[2] La Famiglia di Dario (alto m. 2.675 e largo m. 5.886), per la somma di lire sterline 13,650, pari a napoleoni d'oro 1775, e a L. 351,900.

[1863]. Nel fascicolo 13° della *Chronique des Arts* (15 febbraio) si trova, in un elenco di disegni posti in vendita da madame Delbergue-Cormont, anche un disegno di Paolo Veronese, che è citato così:

« Le sante donne al Sepolcro. In alto, la Santa Triade, « intorniata da tutti i profeti. Collezione T. Lawrence et Norbin « figlio. Altezza 61 cm. e $^1/_2$; larghezza 41 cm., 600 franchi ».

[1864]. In una vendita citata nella *Chronique des Arts* (31 gennaio) vedesi registrato lo Sposalizio della Madonna, piccola ma graziosa composizione di Paolo, in quindici figure, fatta per una dama veneziana (alta 80 centimetri, larga 70), stimata 3050 franchi.

[1865]. La *Chronique des Arts* (9, 16 e 23 aprile) annunzia la vendita Pourtalés:[3] « Ritratto a mezza figura della figlia « del pittore, che tiene un libro nell'aperta mano sini- « stra, e che posa la destra sopra un cane seduto (alto « 1 m., 6 cm. e largo 81 cm.), L. 20,500; Gesù ad Emmaus

[1] Blanc, loc. cit.

[2] Cicogna, op. cit., vol. VI, pag. 905.

[3] Num. 99 e num. 101.

« (alto 81 cm. e largo 98 cm.), L. 1010; UN EDIFICIO, L. 910; « UNA SANTA, L. 44 ».

[Id.]. Nel medesimo anno, venne fatta, a Colonia, dal 18 al 29 settembre, la vendita Essingh,[1] con LO SPOSALIZIO DI SANTA CATERINA. A sinistra, presso un tronco d'albero, è seduta Maria, vestita di rosso e manto azzurro, che tiene sui ginocchi il Bambino Gesù, il quale mette l'anello nuziale in dito a Santa Caterina d'Alessandria, inginocchiata davanti a lui, talleri 835; SAN SEBASTIANO DAVANTI I GIUDICI. A dritta, sur una strada, l'imperatore è seduto, tenendo in mano lo scettro, e intorniato da senatori e da tre soldati armati di alabarde. Sui primi gradini della strada, si vede l'accusato, in armatura completa, in piedi, nell'atteggiamento d'uno che fa le sue difese; dietro a lui, si trova un cavaliere e il suo seguito: talleri 505.

[1866]. Nella vendita della Galleria d'Espagnac, ch'ebbe luogo in Parigi, dall'1 al 3 di marzo, si trovavano questi due quadri di Paolo: VENERE IRRITATA CONTRO L'AMORE (alto 97 centimetri, largo 71), al prezzo di 19,200 franchi, e un RITRATTO D'UOMO D'UNA SUPERBA ANDATURA, acquistato, si diceva, dalla principessa Matilde (alto 58 centimetri, largo 48), al prezzo di 9200 franchi.[2]

[1869]. Luigi Viardot, in un articolo sui *Disegni originali di Weimar,* stampato nella *Gazette des Beaux-Arts* (fascicolo 157, pag. 92), scriveva: « Voi vedete a Weimar le prime « traccie di quella immensa e brillante composizione decorativa « che noi chiamiamo LE NOZZE DI CANA, e che M. Denon ebbe il « felice puntiglio di conservare al Museo del Louvre, facendo « accettare, in cambio, per Venezia, mercè i negoziati coll'Au« stria, LA CENA PRESSO IL FARISEO, di Carlo Lebrun ».

[1] *Chronique des Arts,* num. 123.

[2] Ivi, num. 136 (11 marzo 1866), pag. 73.

[1870]. In un'asta pubblica, fatta a Parigi, all'Hôtel Drouot, della Galleria San Donato, come scriveva allora la *Chronique des Arts,* fra gli altri quadri, fu venduta LA BELLA NANI, di Paolo Veronese, per L. 30,200. [1]

[1875]. Nel *Catalogo dei quadri, sculture, ecc. esistenti nella Galleria già del Monte di Pietà di Roma,* stampato nel 1875, colla tipografia del *Popolo Romano,* leggesi: [2]

« 983. 1835. Paolo Cagliari Veronese. LA DISPUTA DI GESÙ « NEL TEMPIO COI DOTTORI. Tela alta cm. 88, larga metri 1.73, « L. 300 ».

[1879]. Come rilevasi dalla *Chronique des Arts* (11 gennaio 1879), fu acquistata, appunto nel 1879, alla vendita Novar, per 3330 ghinee, LA VISIONE DI SANT'ELENA, che oggi si vede alla Galleria Nazionale di Londra, e che prima si trovava in una cappella privata a Venezia.

[1883]. La *Chronique des Arts* del 7 aprile 1883, recando i prezzi di molti quadri della Collezione Aguado, allora in vendita a Parigi, cita LO SPOSALIZIO DI SANTA CATERINA, del Veronese, col prezzo di 17,300 franchi.

[1] *L'Arte in Italia* (Torino, 1870), vol. II, anno II, *Cronaca,* pag. 47. EMILIO GALICHON, poi, nella *Gazette des Beaux-Arts* (vol. III, 2ª serie, pag 110), aggiunge queste notizie:

Dei poeti hanno cantato la sua beltà, e Paolo Veronese, uno dei suoi più entusiasti ammiratori, ci ha trasmesso i suoi lineamenti sopra una tela, per cui Pietro Aretino diceva in una lettera, indirizzata all'illustre pittore: « Se non vi piace venire a desinare con me, vi piaccia almeno portar con voi nella barca il ritratto di colei che mi fa sospirare di vederla in immagine, non pur di contemplarla vivente ».

Benchè, però, una tale citazione debba riconoscersi apocrifa, pure è da rammentare che il BOSCHINI (op. cit., vento III, pag 187) riferisce che in casa Nani, a Cannaregio, v'era un RITRATTO DI GENTILDONNA, eseguito da Paolo, che valeva *tant'oro.*

[2] Pag. 70. Lotto IX. sala IX.

Capitolo XXIV.

Altri lavori di Paolo alienati in vari tempi e loro cronologia.

Moltissime altre sue pitture, oltre le già ricordate, furono, mano mano, diffuse per l'Europa, a celebrare le glorie di Paolo. Non sarà, quindi, nè superfluo nè disutile agli studiosi delle cose d'arte, il vederne qui un cenno cronologico, almeno delle principali, che sono attribuite a lui, coi relativi schiarimenti.

[16..]. Nel *Catalogo di quadri vendibili (16..) nella Depositaria al Ponte delle Cornacchie in Venezia,* trovasi: [1]

« Cristo che porta la croce, di Paolo Veronese ».

[Id.]. Dalla *Nota* di una Collezione di quadri vendibili in Bologna (16..) rilevasi: [2]

« Due quadri sopra l'assa bislunghi, di Paolo Veronese ».

[Id.]. Nel I° dei *Nove cataloghi di quadri vendibili in ignote città d'Italia* (16..), esistente nell'Archivio palatino di Modena, trovasi: [3]

« Un quadro in tela, opera di Paolo Veronese, con qualche « bote, alto brac. 2 onc. 7 $^1/_2$, largo br. 1 onc. 8 $^1/_2$, con cornice « intagliata e dorata, larga onc. 4 $^1/_2$, rappresenta un Ritratto

[1] Campori, op. cit., pag. 435.
[2] Ivi, pag. 430.
[3] Ivi, pag. 441.

« D'UNA SIGNORA, più di mezza figura del naturale, vestita di « rosso, con una mano tiene una cuffia, o sia un velo spiegato « giù per la veste, e con l'altra tiene un guanto sopra un tavo- « lino, bollato con due cordelle attacco alla cornice, con l'arma « e due bolli di zifra sopra la tela negl'angoli ».

[Id.]. Nel II° dei *Nove cataloghi di quadri*, ecc., trovasi: [1]

« Mano di Paolo Caliari: UNA JUDITTA quale ha tagliato la « testa ad Oloferne ed è appresso il cadavere, quale stà sopra « il letto con un braccio pendente ed ha avanti una donna mora, « bellissima persona e della miglior maniera, figure grandi al « naturale, in tela alto quarte 11 $^1/_2$, largo 11 $^1/_2$, in un cornicione « tutto intagliato e dorato, quale si dismonta.

« UN RITRATTO D'UNA BELLISSIMA DONNA VENETIANA VESTITA « DA SPOSA, figura intiera a sedere, con un cagnolino nelle mani, « grande al naturale, alto quarte 11, largo 8 in circa, in cornicie « toccata d'oro.

« Il suo compagno ove è dipinto il SUO CONSORTE pur a se- « dere con bellissima attitudine con dietro architettura, in cor- « nice dorata ».

[Id.]. Nel IX° dei *Nove cataloghi di quadri,* ecc., trovasi: [2]

« Prima cassa grande: UN RITRATTO D'UNA NOVIZA VENE- « ZIANA di Paolo Veronese.

« Cassa seconda: Due quadretti bislonghi in carta, uno SAN- « T'ANTONIO e l'altro SAN PIERO, di Paolo Veronese.

« LA VIRTÙ SEDENTE SOPRA IL MONDO NUDA CON UN CORNU- « COPIA E LA RICHEZZA CHE TENTA DI RAPIRLO, ED A PIEDI LA « MALDICENZA, pitture in carta di Paolo Veronese.

« Terza cassa: DUE RITRATTI, di mano di Paolo Veronese « in un bossolo. UN RITRATTO di Paolo Veronese, in tondo, in « legno ».

[1] CAMPORI, op. cit., pag. 442.

[2] Ivi, pagg. 456-58.

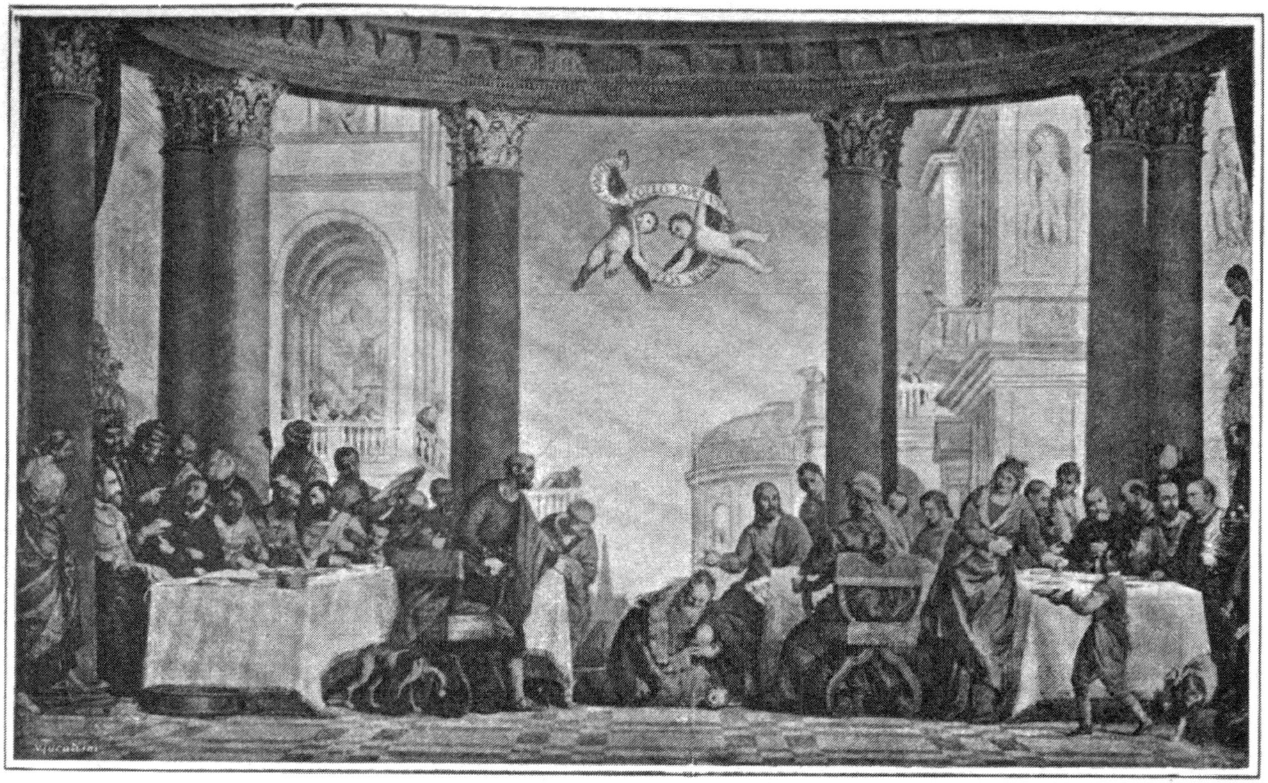

LA CENA DI SIMONE FARISEO

GALLERIA DEL LOUVRE A PARIGI.

[Id.]. In un *Catalogo di quadri e statue vendibili in Venezia* (16..), trovasi:[1]

« UN CRISTO IN EMAUS di Paolo Veronese con doi pellegrini, « figure intiere, largo quarte 5 e alto quarte 3 $^1/_2$.

« DOI VASI DE FIORI fatti in casa del Veronese, alti quarte 6 « e larghi quarte 3.

« UN CRISTO IN PIÈ, CHE RESSUSITA, con doi teste, di Paolo « Veronese, alto quarte 10, largo 6 ».

[1605]. Monsignor Gessi, che fu poi cardinale, mentre era nunzio a Venezia, mandò al pontefice Paolo V LO SPOSALIZIO DI SANTA CATERINA MARTIRE, con numeroso corteggio d'angeli veramente celesti.[2]

[1608]. Nell'*Inventario dell'eredità lasciata da Alessandro Vittoria nel 27 maggio 1608*, leggesi:[3]

« Nella camera appresso il studietto vesso l'horto:

« IL RETRATTO DI TIZIANO, pittor eccellentissimo, di mano « del Veronese ».

[1612]. Agli Archivi di Stato di Venezia (*Mani-morte*), nei Registri di Santa Maria dei Servi, trovasi un *Inventario del 1612*, dal quale apparisce che cinque tavole ornavano le pareti del refettorio di quel convento, cioè: *la Samaritana, la Donna adultera, il Figliuol prodigo* e LA CENA DEL SIGNORE PRESSO SIMONE IL FARISEO, e che quest'ultima era una bellissima opera di Paolo Caliari veronese.[4]

[1620]. Facendo il medico Francesco Pona, di Verona, la descrizione delle bellezze naturali ed artistiche del palazzo Giusti

[1] CAMPORI, op. cit., pagg. 432-33.

[2] RIDOLFI, *Vita*, pag. 40.

[3] GAR, *Vita di A. Vittoria* (Trento, 1858), pag. 133.

[4] *Gazette des Beaux-Arts*, vol. XXIV (1868), pag. 282.

del Giardino, [1] loda altamente un APOLLINE CHE TOGLIE A MARSIA LA PELLE, PREZZO DEGLI ACQUISTATI VANTI NEL CANTO, e soggiunge che è « opera di Paolin nostro Veronese, Principe (se ad « un suo compatriota è lecito il dirlo) de' moderni Pittori ».

[Id.]. Un bel quadro, rappresentante IL FIGLIO DELLA VEDOVA DI NAIM, di Paolo Veronese, esisteva, in quest'anno, nella casa di Bartolomeo della Nave, o Nave (Ex Navi), che teneva, come dice il Cicogna, [2] in Venezia, uno studio di anticaglie e di gioje, connumerato fra i primi della città dappoichè il celebre cav. Giambattista Marino scrisse intorno ad esso un bel madrigale. [3]

[1624]. Raffaele Inviziati, vescovo di Zante e Cefalonia, con suo testamento, 24 novembre 1624, fatto in Roma..... instituendo erede universale suor Cristina Inviziati, sua nepote di fratello, monaca in Santa Marta, lascia, fra gli altri legati, al cardinal Borghese, una NUNZIATA, di mano di Paolo Veronese. [4]

[1626]. Nel *Libro dell' Eredità dell' Ill.mo signor Cardinal D'Este per l'Ecc.ma signora Principessa Giulia* (1626) *di cui*

[1] *Sileno overo delle Bellezze del Luogo dell'Ill.mo Sig.r Conte Gio. Giacomo Giusti - Dialogo pubblicato per le nozze del conte Francesco Giusti colla signora Antonia Lazise;* Verona, presso Angelo Tamo, 1620, pag. 57.

[2] Op. cit., vol. VI, pag. 33.

[3] È stampato nel volumetto intitolato *La Galeria* (Venezia, Ciotti, 1620), pag. 69, ed è il seguente:

Sorgi, sorgi a la luce
(Paolo il comanda), o Giovinetto morto.
Eccoti già risorto, e senso, e moto
A dispetto di Cloto
Un color spiritoso in te produce.
Certo l'alta virtù della parola,
Ch'a Marte empia t'invola
È stata, per miracolo novello,
Partecipata a quel divin pennello.

[4] CICOGNA, op. cit., vol. V, pag. 104.

si fa mentione nell' Istrumento, rogito di M. Gir. Della Torre Cancellier Ducale, registrasi:[1]

« LA CENA D'EMAUS di Paulo Veronese, cornice d'oro ».

[1632]. Nell' *Inventario dei quadri nel palazzo del duca di Savoia in Torino* (1632) leggesi:[2]

« Nella camera bassa verso il giardino LA REGINA SABA di « Paolo Veronese, long. piedi liprandi 4, alt. 6 ».

[1640]. Circa questo anno, il visconte Basilio Feilding, ambasciatore inglese a Venezia, fece acquisto di molte pitture di Paolo, che la maggior parte esistevano presso Bartolomeo della Nave, tra cui le seguenti, citate così dal Ridolfi:[3]

« Un componimento della VERGINE CON LA MARTIRE CATERINA, « quanto il naturale. In altri mezzani quadri, EVA CHE NODRIVA « ABELLE E CAINO pargoletti nelle solitudini co' cibi degli al- « beri, e con le acque de' correnti ruscelli; ABRAAMO IN ATTO « DI SACRIFICAR IL FIGLIUOLO ISAC; NOSTRO SIGNORE ADORATO « DA' MAGI; IL MEDESIMO BATTEZZATO, indi BATTUTO ALLA COLONNA, « figurando il fatto di nottetempo e ricevendo l' historia il lume « da una fiaccola accesa; il SALVATOR RISUSCITATO, e SAN GIO- « VANNI PREDICANTE ALLE TURBE; un piccolo soggetto di NOSTRA « DONNA CON DUE MONACHE; un altro col SIGNORE INVITATO DA « MARTA, E DA MADDALENA in casa sua, accompagnato dagli Apo- « stoli; ESTER REGINA INNANZI AD ASSUERO, col seguito di molte « dame. De' soggetti favolosi eravi una VENERE CON ADONE, al « naturale, che pendeva sopra al viso di quella dea con cani a « mano; et, in due piccole tele; NESSO CENTAURO SAETTATO DA « ERCOLE per la rapita moglie; e, con diversa inventione, VE- « NERE IN DELITIE COL BELLO ADONE ».

[1] CAMPORI, op. cit., pag. 71.

[2] Ivi, pag. 94.

[3] *Vita,* pag. 41.

[1642]. Fra le *Lettere scritte dal card. Lanfranco Margotti*, e stampate in quest'anno, a Venezia, trovasi, a pag. 111, una lettera, da lui fatta per il card. Borghese a monsignor patriarca d'Aquileia, [1] in ringraziamento del dono d'un quadro di Paolo Veronese, di cui non è chiarito il soggetto, ma che potrebb'essere il SANT'ANTONIO CHE PREDICA AI PESCI, che tuttavia si conserva in quella casa principesca.

[1644]. Nel *Catalogo dello Studio Coccapani* leggesi: [2]

« 80. LA MADONNA COL PUTTINO ET MOLTI ANGELI di mano di « Paolino.

« 103. IL RITRATTO DELLA REGINA DI CIPRO opera di Paolino « Veronese.

« 115. UN PAESE GRANDE di Paolo ».

[1646]. Il cav. Carlo Ridolfi assicura[3] di aver visto, in casa dei marchesi Dalla Torre di Verona, un quadro di MOSÈ BAMBINO RITROVATO NELLA CESTA DE' GIUNCHI, NEL FIUME, DALLA FIGLIA DI FARAONE. Dice, poi, che vide, in casa dei signori conti Giusti, UNA FAVOLA, in picciola tela,[4] forse L'APOLLINE E MARSIA, citato dal Pona.

[Id.]. Il medesimo autore parla poi dell'avv. Giampietro Curtoni, amatore e raccoglitore di preziose opere d'arte, e, accennando

[1] Eccola:

A Monsignor Patriarca d'Aquileja.

Vorrei così haver meritata la cortesia usatami da V. S. con l'inviarmi l'opera di Paolo Veronese, come l'ho stimata, et la stimo grandemente; ma godo in ogni modo d'esser in obligo con V. S. perch'ella dovrà darmi materia di satisfarlo co'l comandarmi, et io verrò a satisfare in un istesso tempo ad un particolarissimo desiderio, che tengo d'impiegarmi in suo servitio, per l'effetto già produceva in me il merito, et valor suo. Ringratiola intanto affettuosamente del dono. Et me l'offero con tutto l'animo.

[2] CAMPORI, op. cit., pagg. 147-49.

[3] Op. cit., pag. 26.

[4] Ivi.

ai quadri ch'egli allora possedeva, scrive così:[1] « Il signor dot-
« tore Pietro Curtoni ha IL SIGNORE SOSTENUTO DA DUE ANGELI;
« LA FAVOLA DI ATTEONE, ove entrano molte ninfe ignude; una
« EUROPA e un disegno a chiaroscuro della VIRTÙ, CHE FUGGE DA
« UN BRUTTO SERPE, SIGNIFICATO PER IL VIZIO ».

[Id.]. Pure in Verona, vide egli, in casa Bevilacqua, un altro quadro di Paolo, cioè il RITRATTO D'UNA MATRONA, CON UNA FANCIULLINA A CANTO.[2]

[Id.]. Nota, eziandio, come, dianzi, nella camera dell'abate de' monaci di San Nazaro di Verona, fossevi IL PRESEPE DI CRISTO, di cui fecero dono que' padri al cardinal Lodovisio a Roma.[3]

[Id.]. Fa, quindi, menzione dei quadri di Paolo appartenenti alla Galleria Muselli, e dice:[4]

« Nello studio degli Signori Christoforo e Francesco Muselli,
« quali conservano l'affetto del loro già degno padre, verso la
« Pittura, sono i seguenti quadri di questa mano: UNA MADONNA
« COL FANCIULLO NEL GREMBO in dolce sonno sopito: GLI SPON-
« SALI DI SANTA CATERINA CON GESÙ E'L BATTISTA, E GRAZIOSA
« DAMA RITRATTA DAL VIVO; IL SALVATORE AL GIORDANO CON
« ANGELI VAGHISSIMI, che tengono le vestimenta; CRISTO POSTO
« ALLA MENSA CON I DUE DISCEPOLI LUCA E CLEOFA, in atto di
« benedire il pane, che spira da ogni parte gratie di Paradiso.
« Vi son servi che portano vivande al convito, e vezzosa fan-
« ciulla scherza con un cagnuolo. Ne io vidi cosa la più condita
« di gratie e di venustà. Un'altra effigie di MARIA VERGINE CON
« SAN GIOVANNI CHE SI TRASTULLA COL BAMBINO GESÙ E SAN
« GIUSEPPE riposato all'ombra di liete piante. Due pellegrine in-
« ventioni di GIACOB AL FONTE CON RACHELLE, e dell'ADULTERA
« ACCUSATA DAGLI SCRIBI A CRISTO, che tinta di rossore nel volto

[1] Op. cit., pag. 26.
[2] Ivi.
[3] Ivi.
[4] Ivi, pagg. 26-28.

« per lo commesso errore tien gli occhi chini à terra mentre « istano gli accusatori che sia punita.

« Hanno di più una VENERE à par del vivo, alla quale ogni « più rigido cuore consacrerebbe l'affetto, come à simolacro « della bellezza, et Amore stà à suoi piedi co' soliti arnesi.

« Oltre le pitture narrate, possiedono que' Signori ancora al- « cuni DISEGNI sopra carte tinte illuminati di biacca, che lungo « sarebbe il narrar le inventioni tutte; ma solo faremo mentione « di certi pellegrini pensieri, ch'egli di propria mano [1] annotò « nel rovescio d'alcuni di quelli inviandogli, per avventura, à chi « glie ne havea fatta istanza, quali registreremo con l'ordine me- « desimo.

« Pittura quarta. Infinite sono le forme, e le attitudini con le « quali è stata dipinta la Vergine, che fù da Alberto Durero ad « un medesimo modo quasi sempre rappresentata, facendola col « figliuolino in braccio, e sempre nudo. Li Greci tutti lo face- « vano involto nelle fascie, per non haver eglino pratica di for- « mare i corpi. Ogni figura puerile nondimeno si può dipingere « nuda, come vestita.

« Il Buonarotti fece il bambino addormentato, e la Madre, « che leggeva un libro: ne io la vidi giammai vicina al letti- « ciuolo, vestendo il Salvatore. Io farei il Bambino in culla con « Angeli intorno, che tenessero panieri di frutti, e di fiori in « mano, e che suonassero vari stromenti, e chi di loro cantasse « al dormiente bambino, e che la Vergine lo vezzeggiasse ac- « compagnata da Sant'Anna.

« Pittura quinta. Io feci già per la mia stanza un quadro di « nostra Donna, che stava a sedere col libro innanzi, e con gli « occhi levati al Cielo, e la mano al petto, et haveva da un lato

[1] Per amore di giustizia, sento l'obbligo di protestare contro questa asserzione del RIDOLFI. I pensieri annotati possono essere bensì del Veronese, ma egli non gli ha nè scritti nè pensati così, perchè, pur troppo, quanto fu grande artista, Paolo fu altrettanto scrittore infelicissimo, e ignaro affatto di sintassi e d'ortografia.

« la madre sua, che dormiva, e per lo quadro divisai molti An-
« geli, qual di loro teneva una fenice, altro una corona di spine,
« e chi stelle, il Sole e la Luna, compartendo il terreno di frutti,
« di fiori, d'olivi e di Palme, per inferire come al Creatore stanno
« presenti le stagioni e le cose tutte, e come egli viene servito
« dagli Angeli suoi ministri, partecipando Maria degli ossequi,
« e de' divini misteri.

« Pittura sesta. Se io haverò tempo giamai, voglio rappre-
« sentare sontuosa mensa sotto à nobil loggia, ove entri la Ver-
« gine, il Salvatore e Gioseppe, facendogli servire col più ricco
« corteggio d'Angeli, che si possa immaginare, che gli sommi-
« nistrino in piatti d'argento e d'oro regalate vivande e copia
« di pomposi frutti. Altri sono implicati in recar in tersi cri-
« stalli et in dorate coppe pretiose vivande, per dimostrare il
« ministero prestato da Beati spiriti al loro Dio, come meglio
« nel fine del libro sarà dichiarato, per intelligenza de' Pittori,
« e per diletto degli amatori della Virtù, della qual inventione
« io ne vidi un rarissimo disegno ».

[Id.]. Nota lo stesso Ridolfi,[1] esservi stati già, in quel tempo, in Genova, i seguenti quadri di Paolo:

Una tavola del CROCIFISSO, LA VERGINE E SAN GIOVANNI; e, in casa Grimaldi, LA VISITA DEI MAGI e GLI SPONSALI DI SANTA CATERINA; e, in casa di Francesco Lomellino, IL SALVATORE MORTO; e, presso il signor Felice Pallavicino, LA FUGA IN EGITTO e CRISTO FRA I DOTTORI.

[Id.]. Secondo il ricordato biografo, si conservava, allora, in casa Lanzi, a Bergamo, un ECCE HOMO, intorno al quale fu tessùta una curiosa leggenda.[2] Egli ne parla, infatti, in questa guisa: « Vien riferito da soggetto degno di fede un notabile av-
« venimento, che cercando il Castaldo di quella Casa scolparsi
« da certa imputatione, ne gli prestando fede il Padrone, disse,

[1] Op. cit., pag. 28.
[2] Ivi.

« che ne pregava quell' immagine à darne segno sopra la vita « d'un unico suo figliuolo, che indi a pochi giorni si morì, rife- « rendosi ciò a miracolo, che Iddio volle dimostrare per mezzo « di quella figura da Paolo dipinta ».

[Id.]. Ecco i quadri di Paolo, che possedeva, nel medesimo anno, il duca di Modena:[1]

« Il Salvatore adorato dai Magi, bello in modo singolare; « le Nozze di Cana di Galilea con matrone alla mensa, « ritratte dal naturale.

« Cristo incamminato al monte Calvario, seguìto da molta « sbirraglia, e ministri, la Vergine Nostra Donna con le « Marie.

« La Vergine posta a sedere, accanto alla quale sta « la Fede col calice e la croce in mano, con alcuni ri- « tratti innanzi ».

[Id.]. In casa Ludovisi, in Roma, si conservavano due tele, l'una rappresentante la Purificazione di N. D., e l'altra San Giovanni che predica alle turbe.[2]

[Id.]. Pure in Roma, presso i marchesi Giustiniani, v'era una figura di Cristo morto, sostenuto da due angeli.[3]

[Id.]. Monsieur Housset, già ambasciatore francese a Venezia, aveva allora acquistati:[4] il Martirio di Santa Giustina; la

[1] Ridolfi, op. cit., pag. 40.

[2] Ivi, pagg. 40-41. Forse è quella che ora si vede al Museo Borghese.

[3] Ivi, pag. 41. Fu portato a Parigi, con altri quadri di quella Collezione, e il Landon (*Ann. du Musée;* Paris, 1814, IIe collect., Galerie Giustiniani, pag. 111) ne dà la seguente descrizione:

Il Salvatore, deposto dalla croce, è sostenuto da due angeli, i lineamenti e gli sguardi de' quali esprimono il dolore, e fanno, colle loro vivaci carnagioni, contrasto alla tinta pallida e livida del corpo di Gesù Cristo. Delle belle masse di mezzetinte, eseguite con trasparenza e leggerezza, e soprattutto la tinta argentina e armoniosa dell'insieme di questo quadro, lo collocano giustamente in mezzo ai buoni lavori di Paolo Veronese. Dipinto sulla tela. Altezza 3 piedi e 5 pollici, larghezza 2 piedi e 11 pollici.

[4] Ridolfi, op. cit., pag. 41.

Conversione della Maddalena; Cristo risuscitato in un ottagono (che Paolo fece in concorrenza d'una *Nascita di Cristo*, del Bassano, e un *Deposto di croce*, del Tintoretto), e un novello pensiero d'Adone con Venere e Amore, che ritiene un can levriere.

[Id.]. Il conte di Monterey, già vicerè di Napoli, possedeva di Paolo due favole d'Ovidio. [1]

[Id.]. In casa del gentiluomo Vincenzo Grimani, a Sant'Ermagora, si vedevano: l'Adorazione dei Magi e il Centurione pregante il Salvatore per la salute del servo.

[Id.]. Il cav. Gussoni di Venezia aveva [2] un quadro raffigurante Susanna al bagno.

[Id.]. Il cav. Stefano Ghisi, patrizio veneto, possedeva un piccolo ovato con Proserpina rapita da Plutone, e Ciane, che le sta vicina, piangendo, opera di gentilissimo tocco. [3]

[Id.]. Il procurator Pesaro avea, in piccola tavoletta, Nostro Signore deposto di croce, steso sul grembo della Madre, con le pietose sorelle, Nicodemo e Giuseppe, che gli prestano gli ultimi uffici, e colla Maddalena, che gli bagna i piedi di lagrime e glieli bacia. [4]

[Id.]. In casa Mocenigo, a San Samuele, in Venezia, v'era un'Adorazione dei Magi. [5]

[Id.]. Nella Galleria del senatore Domenico Ruzini vedevasi Nostro Signore mostrato da Pilato al popolo, in cui, come osserva il Ridolfi, [6] «s'affaticò il pittore nel dimostrare la qualità « d'un corpo delicatissimo, posto in afflizione, scorgendosi, per « così dire, sino il palpitar delle membra ed il rossore del volto

[1] Ridolfi, op. cit., pag. 41.
[2] Ivi, pag. 43.
[3] Id., *Merav. dell'arte* (ediz. II), vol. II, pag. 326.
[4] Id., *Vita*, pagg. 42-43.
[5] Ivi, pag. 43.
[6] *Vita*, pag. 43.

« cagionato dalla vergogna »; in altra tela, vedevasi un MOSÈ SALVATO, ove la figliuola di Faraone ordina alle ancelle che sia custodito ed egli mostra di sorridere, mentre una vecchia stende un drappo per accoglierv elo. [1]

[Id.]. In casa del signor Giambattista Sanuto si trovavano due favole, l'una di VENERE, CHE, PARTORITO ANTEROTE, LO MOSTRA AD AMORE, TENUTO DA MERCURIO, E SERVITA DALLE GRAZIE, e l'altra di MEGERA, FIGLIUOLA DI CREONTE TEBANO, CHE GLI MOSTRA IL FIGLIUOLINO ORTA, SALVATO DAL SUO FURORE; indi un pensiero della VIRTÙ IN FORMA DI VECCHIA, CORONATA D'ALLORO, E DELLA LASCIVIA, NEL CUI MEZZO È POSTO UN FANCIULLO DI QUELLA FAMIGLIA, INVITANDOLO OGNUNO A SÈ. [2]

[Id.]. Pure in Venezia, in casa Soranza, v'era un quadro dell'ADULTERA. [3]

[Id.]. In casa Cornaro, a San Cassiano, si conservavano DUE TELE D'ARGOMENTO SACRO e DUE DI GENERE MORALE. [4]

[Id.]. Nel palazzo Giustiniani, a San Moisè, vi era il RITRATTO DI ONFRÈ GIUSTINIANI, governatore di galea nella battaglia delle Curzolari, fatto cavaliere dal Senato, mentre recò la novella della vittoria ottenuta sui Turchi. [5]

[Id.]. Presso il signor Francesco Michiel, di Sant'Angelo, v'era la PURIFICAZIONE DELLA VERGINE, il cui bel volto spirava grazia e devozione, e dove erano disegnate delle belle architetture e dei ritratti di famiglia. [6]

[Id.]. Presso il gran cancellier veneto Marco Ottobono trovavasi un quadro dello SPOSALIZIO DI MARIA VERGINE CON SAN GIUSEPPE. [7]

[1] RIDOLFI, *Vita*, pag. 43.
[2] Ivi.
[3] Ivi.
[4] Ivi.
[5] Ivi.
[6] Ivi.
[7] Ivi, pagg. 43-44.

[Id.]. In casa Rambaldo, a Sant'Eustachio, v'erano quattro istorie: GIUDITTA, SUSANNA, RACHELE, ESTER.[1]

[Id.]. I conti Vidman possedevano tre istorie: IL PARALITICO, LAZZARO RESUSCITATO, SAN PAOLO CONVERTITO (ove entravano molte figure) e un grazioso e mirabile componimento della VERGINE COL BAMBINO IN GREMBO, A CUI IL PICCOLO BATTISTA BACIA IL TENERO PIEDE, SAN GIUSEPPE, DA UN LATO, CHE SI APPOGGIA SUL DESTRO BRACCIO, E LA MARTIRE CATERINA, CHE STA MIRANDO IL SUO SPOSO E SIGNORE.[2]

[Id.]. Il signor Cristoforo Orsetti àveva, anch'esso in Venezia, la figura di SAN STEFANO ORANTE, e, di più, una assai pregiata invenzione di MARTE, CHE SI TRASTULLA CON VENERE, E AMORE GLI TIENE LA BRIGLIA DEL CAVALLO.[3]

[Id.]. Monsignor Melchiori, piovano di Santa Fosca, possedeva un MIRACOLO DELLA MADONNA, accaduto nella figliuola d'un re di Francia, imperatore. Ecco, come narra il fatto il Ridolfi:[4]

« Invidiata per la sua bellezza dalla matrigna, fu da quella « mandata fuor della città ad uccidere dai servi, che, impietositi « da' preghi, ch'ella porgeva alla Vergine, troncateli sole le mani « le riportarono alla crudele, per segno dell'ordine eseguito. Ma, « tratto dal rumore, un figliuolo d'un Duca, uscito alla caccia, ve- « duto il miserabile spettacolo, fece condurre l'infelice giovinetta « alla città, e fattala medicare, invaghitosi delle di lei bellezze, la « prese poscia per isposa. Avvenne intanto, che quegli, passando « alla corte imperiale, per occasione di certe feste bandite dal- « l'imperatore, a persuasione della moglie (per mitigar il dolore « della perduta figlia), ivi si trattenne per qualche spatio di tempo, « dando saggio in più maniere del suo valore. Ove hebbe avviso « dal padre, che la sposa sua haveagli partorito due bambini. Ciò

[1] RIDOLFI, *Vita*, pagg. 44.
[2] Ivi, pag. 45.
[3] Ivi.
[4] Ivi, pagg. 44-45.

« scoperto l'imperatrice dal messo, venuta in cognitione quell'es-
« sere la figliastra, alla quale fur tronche le mani, intercette ancora le risposte del prencipe, che caldamente la raccomandava « co' nati al padre, mutò di quelle il sentimento, pregandolo, se « punto l'amava, che fosse la moglie come adultera, co' pargoletti « uccisa. Fu eseguito l'ordine del Duca, mandatola alla foresta co' « nipoti, acciò fosse divorata dalle fiere, la quale vagando per « quelle solitudini, fù raccolta da un eremita, e con esso lui sen « visse per qualche tempo, raccomandandosi spesso alla protetione di Nostra Signora, che, indi a non molto tempo, le apparve « e, restituendole le mani, liberolla da quell'oppressione.

« Ritornato il prencipe alla patria, et udito quanto era accaduto contro l'ordine suo, della diletta sposa, postosi tosto in « camino, ritrovatola nel deserto, la condusse con molta festa alla « corte, ed inteso da lei di chi fosse figliuola (che sino all'hora « haveva tenuto celato) tosto ne diede avviso all'imperadore, il « quale fece ardere l'empia moglie, che di tanto male era stata « cagione.

« Qui si vede Maria Vergine, che appare alla giovinetta nel « bosco, posta sopra vile letticciuolo con i gemelli al fianco, e « due Angeli tengono le di lei mani in un drappo, rappresentata con molta pietà in quell'infelice stato ».

[Id.]. V'erano presso Bernardo Giunti DUE RITRATTI IN UNA SOLA TELA, e, presso il celebre giureconsulto Niccolò Crasso, LA EFFIGIE D'UNA DELLA SUA CASA. [1]

[Id.]. Nella Galleria di Giovanni Reinst, in Venezia, si vedevano DUE RITRATTI DI SPOSI DI CASA SORANZA ed altri quadri d' inestimabil valore, rappresentanti LA PARABOLA DEL SAMARITANO (azione molto bene spiegata per la languidezza del ferito e per l'affetto del Samaritano), IL SALVATORE RISORTO, IN PICCOLO QUADRO, INVOLTO IN UN PANNOLINO, A CUI FANNO CORONA MOLTI ANGIOLETTI, CON UN BREVE, SOSTENUTO DA ALCUNI DI LORO,

[1] RIDOLFI, *Vita*, pag. 44.

CON L'ALI, SU CUI ERA SCRITTO: *Ego et Pater unum sumus,* e IL SACRIFICIO D'ABRAMO. [1]

[Id.]. Paolo Del Sera, gentiluomo e negoziante fiorentino, avea IL MARTIRIO DI SANTA CATERINA, CHE PORGE PREGHI AL CIELO, MENTRE L'ANGELO, COLLA SPADA, DISSOLVE LA MACCHINA. [2]

[Id.]. I signori Giovanni e Jacopo Van Veerle possedevano il RITRATTO D'UN MERCANTE, IN PELLICCIA, CHE POSA SOPRA UN TAVOLINO UN PAIO D'OCCHIALI, e UN GLADIATORE VESTITO DI BIANCO, CON UN SPADONE IN MANO, E COLLA SCRITTA: *Nec spe, nec metu.* Avea quindi il RITRATTO D'UNA DONNA, CON UN LIBRO IN MANO, e, quindi, un altro, più bello, d'UNO SCHIAVONE. [3]

[Id.]. Il Reinst, nominato poco prima, mandò ad Amsterdam una SANTA CATERINA, CHE SI SPOSA A GESÙ CRISTO, CON ANGELI LIETISSIMI, CHE FESTEGGIANO LE REALI NOZZE COL SUONO DEI LIUTI, E CON PROSPETTIVE, ch'era una delle più pregiate opere di Paolo. [4]

[Id.]. Presso Giuseppe Caliari, figlio di Gabriele, unico erede di Paolo, si trovava, a questo medesimo tempo, un quadro singolarmente condotto, col SALVATORE MORTO IN SENO ALL'ETERNO PADRE, E, A' FIANCHI DI LUI, DUE ANGELI PIANGENTI, E, INTORNO, DEI CHERUBINI, CHE DANZANO SULL'ALI VARIOPINTE; poi L'ADORAZIONE DEI MAGI, di curiosa invenzione, e SANTA MARIA MADDALENA (in mezza figura), CHE POSA LA DESTRA SOPRA UN TESCHIO, e una GIUDITTA (anch'essa in mezza figura), CHE, RECISO IL CAPO AD OLOFERNE, LO RIPONE NELLA SACCA DELLA SUA VECCHIA SERVA; e SUSANNA AL BAGNO, COI DUE VECCHI, DI LEI INVAGHITI, CHE LA GUARDANO, TRA LE FRONDE; e una MADDALENA, IN PIEDI, CHE MIRA IL CIELO; e LE NOZZE DI SANTA CATERINA MARTIRE; e SANT'ANNA, CHE SVOLGE UNA FASCIA; e IL PRESEPE DEL SAL-

[1] RIDOLFI, *Vita,* pagg. 45.

[2] Ivi.

[3] Ivi, pagg. 45-46.

[4] Ivi, pag. 45.

VATORE; e CRISTO NELL'ORTO, in piccola proporzione, ma condotto con rara finezza; e CRISTO ALLA COLONNA; e UN GRAZIOSO PENSIERO, OVE ENTRA UN GENTILUOMO VENEZIANO DI CASA MOCENIGO, CHE, REDUCE DALLA CACCIA, SI È POSTO A SUONARE IL VIOLONE, FRAMMEZZO AD ALCUNE DEITÀ E A DEGLI AMORI. Trovavasi pure un quadro, di otto piedi di lunghezza, rappresentante IL GIUDIZIO DI SALOMONE, CON LE DUE DONNE CONTENDENTI SOPRA IL VIVO BAMBINO, MENTRE IL CARNEFICE, CON ABITO BIZZARRO, CON BRACCIA NUDE, STA IN ATTO DI ESEGUIRE L'ORDINE DEL MONARCA. In una tela minore, v'era IL MISTERO DELL' INCARNAZIONE, in cui era indescrivibile la bellezza della Vergine, la vaghezza dell'angelo, e l'apparato della stanza; in un'altra, v'era SANTA CATERINA MARTIRE SPOSATA DA CRISTO, piena di candida espressione d'affetto. Si conservavano ancora, presso il detto nipote, le due lunghe tele, che Paolo dipinse, per ordine del Senato, che dovevano servire a tesser gli arazzi per il Collegio. In una appariva L'ATTO MEMORANDO DI RELIGIONE FATTO DALLA REPUBBLICA, ALLORA CHE IL PIO BUGLIONE, MOVENDO LE ARMI PER TOGLIERE IL SEPOLCRO DI CRISTO DALLE MANI DEGLI INFEDELI, SPEDÌ PER QUELLA IMPRESA DUCENTO LEGNI, SOTTO LA DIREZIONE DI ENRICO CONTARINI, VESCOVO CASTELLANO, E DI MICHELE, FIGLIO DEL DOGE VITAL MICHELE, SOCCORRENDO DI ABBONDEVOLI VETTOVAGLIE L'ESERCITO CRISTIANO; e già si vedeano le allestite galee, con dorati fanali e ventilanti bandiere, che si avviavano a partire. Nell'altra era figurato L'ATTO DI GIUSTIZIA, ESERCITATO DAL DOGE ANTONIO VENIER, NELLA PERSONA DEL PROPRIO FIGLIUOLO, CONDANNANDOLO A PERPETUO CARCERE. Vedevasi, inoltre, una VENERE, poco men del naturale, IN BRACCIO AD UN SATIRO, CHE, MIRANDOLA, RIDE, MENTRE AMORE È ADDORMENTATO SULLE MORBIDE ZOLLE; e un'EUROPA, CHE SI ASSETTA SUL DOSSO DELL' INSIDIOSO TORO, CON MOLTE DONZELLE INTORNO. Trovavansi eziandio due invenzioni, l'una del PARADISO, CON GRAN NUMERO DI BEATI, SOPRA LE NUVOLE, COLLOCATI IN CERCHIO; l'altra della BATTAGLIA CONTRO SELIM SULTANO, ove si vedevano moltissimi navigli con poppe dorate, armi, stendardi, e infiniti combattenti, e, nella sommità, la Vergine, orante dinanzi al trono della Santissima Triade, con Venezia, inginocchiata nel mezzo ai Santi Marco e Giustina, supplicanti anch'essi per il trionfo dei principi cristiani. V'era, finalmente, il RITRATTO DI PIO V, e il RITRATTO DI PAOLO, fatto da lui medesimo, tolto dallo specchio, e dei CANI, tolti dal naturale, e altre gentili cose e molti disegni a chiaroscuro in carte tinte, che non erano meno preziosi che le pitture.[1]

[1649]. Alcuni signori genovesi, meravigliati della bellezza del quadro di Paolo, figurante LA CENA, acquistata dai Durazzo, si erano invogliati di possedere anch'essi qualche lavoro di lui e della scuola veneta, e, a questo fine, ebbero inviato un loro pittore a Verona, per esaminare le Collezioni Muselli e Curtoni, con incarico di trattarne, ma non si combinò nulla.[2] La Galleria Curtoni (che allora conteneva, oltre i dipinti altrove citati, LA VERGINE, SAN GIUSEPPE E IL BATTISTA, e LA VERGINE SEDENTE, COL SUO SPOSO, APPIÈ D'UNA PALMA D'EGITTO, e IL SALVATORE, LA VERGINE E SAN GIUSEPPE, SEDUTI A UNA MENSA, SERVITI DA ANGELI, e una TESTA D'OLOFERNE, e il RITRATTO D'UN FRATE, e tre RITRATTI DI DONNA, e PALLADE, e DIANA, in piccole proporzioni[3]) fu visitata eziandio da Cosimo III.[4] L'ammirò questi altamente, e, sovra le pitture in essa contenute, la *Dama* di Raffaello, così ben conservata, che, al dire di lui, superava di gran lunga tutte le altre,[5] ma che si credeva lavoro di Paolo. Da una lettera, poi, del marchese Gherardini di Verona al duca di Modena Fran-

[1] RIDOLFI, *Vita*, pagg. 45-51.

[2] CAMPORI, op. cit., pagg. 192-93.

[3] RIDOLFI, *Meraviglie dell'arte* (ediz. II), vol. II, pag. 305.

[4] CAMPORI, op. cit., pag. 193.

[5] PIZZICHI, *Viaggio per l'alta Italia di Cosimo III*, pubblicato dal Moreni (Firenze), pag. 113.

cesco I risulta che anche quel principe era venuto in qualche trattativa per la Galleria Curtoni medesima.[1]

[1652]. Nell'*Inventario delle rarità che si trovano nel Gabinetto delle antichità della Serenissima Regina di Svezia fatto nel 1652* (che fu trovato, un anno dopo, dal francese Raffaele Trichet du Fresne, e che ora esiste nella Biblioteca Reale di Stockolma[2]), fra 569 quadri celebri, sen vede notato anche uno di Paolo: VENERE, CHE PIANGE LA MORTE DI ADONE.

[1656]. Nell'*Inventario delle pitture del dottor Curtoni,* morto nel novembre 1656, leggesi:[3]

« Paolo Veronese. LA VERGINE LATTANTE GESÙ CON SAN GIU-
« SEPPE.

« LA VERGINE SEDENTE CON SAN GIUSEPPE APPIÈ D'UNA
« PALMA.

« IL SALVATORE, LA VERGINE E SAN GIUSEPPE A TAVOLA SER-
« VITI DAGLI ANGELI.

« LA TESTA D'OLOFERNE.

« UN RITRATTO SEDENTE IN CARREGA.

[1] Ecco la lettera, quale la stampò il marchese CAMPORI (*Raccolta,* ecc. pagg. 193-94):

Mi sono poi abbocato col Dott.r Curtoni per persuaderlo a servire V. A. della nota delli Quadri del suo studio desiderata, e trovatolo continuare più che mai ritroso a farlo; non perchè manchi in lui la riverenza, et la cognizione del suo obligo verso la grandezza del merito di V. A., ma perche à fermato nella sua mente, che a dar nota di essi quadri sia un pregiudicare alla riputatione di esso suo studio, invaghito a sustentarlo quanto può; onde disperando con queste forme d'aver l'intento, anderò praticando se con qualche arte mi potesse riuscire l'effetto, come non mancherò con tutto lo spirito per renderne al possibile servita V. A.

Verona 23 Novembre 1649.

[2] Questo documento è stato pubblicato da M. GEFFROY nel suo libro: *Notices et extraits des manuscrits concernant l'histoire ou la littérature de la France,* etc. (Paris, 1855), ed è citato da ALFONSO WYATT nella *Gazette des Beaux-Arts* (1859), tomo II, pag. 237 e seguenti.

[3] CAMPORI, op. cit., pagg. 199-200.

« La testa d'un frate.

« Tre effigie diverse di donne.

« Pallade.

« Diana.

« Atteone trasformato.

« Atteone trasformato da Diana con due ninfe ignude.

« Europa sopra il toro con due ninfe.

« Un Matematico.

« Il Salvatore morto in braccio alla Vergine.

« Un'altra Europa con ninfe et amorino nudo che tiene « il toro con catena d'oro.

« San Michele.

« Susanna al fonte colli vecchi ».

[Id.]. Fu collocato, dal Velasquez, nel 1656, nel Capitolo priorale del monastero dell'Escurial, un quadro di Paolo, rappresentante la Donna adultera, alto m. 1.03 e largo m. 1.18.[1]

[1657]. Di un quadro di Paolo, rappresentante il Samaritano, parla Francesco Scannelli, nel *Microcosmo della pittura*,[2] colle seguenti parole: « Fa conoscere l'historia del Samaritano « con due figure al vero espresse con ogni debita sufficienza in « un Bosco, che dimostra al vivo un de' più rari paesi, che sia « stato dipinto ».

[Id.]. Il medesimo Scannelli, nell'opera stessa (pag. 248), dice che, a Piacenza, nella chiesa della Madonna di Campagna, esisteva una pala, colla B. Vergine e i Santi Pietro e Paolo, figure maggiori del naturale, veramente mirabili.

[1659]. Nell' *Inventario della Raccolta dell'arciduca Leopoldo Guglielmo dell'anno 1659*, a Vienna, sono citati i seguenti quadri di Paolo:[3]

[1] D. Pedro de Madrazo, op. cit., pag. 685.

[2] Cesena, 1657, pag. 247.

[3] Eduard r. v. Engerth, *Gemälde*, ecc.; Wien, 1884.

RITRATTO DI MARCANTONIO BARBARO (num. 29).

UN RAGAZZO CHE VEZZEGGIA UN CANE (num. 464).

ADAMO ED EVA DOPO L'ESPULSIONE DAL PARADISO TERRESTRE (num. 84).

IL SACRIFIZIO D'ABRAMO (num. 85).

GIUDITTA.

L'ADORAZIONE DEI MAGI.

LA VERGINE COL BAMBINO, SANTA BARBARA E SANTA CATERINA (num. 238).

SPOSALIZIO DI SANTA CATERINA (num. 236).

CRISTO DAVANTI ALLA CASA DI JAIRO.

RISURREZIONE DI CRISTO (num. 88).

SAN GIOVANNI BATTISTA (num. 94).

IL VESCOVO SAN NICCOLA.

SAN SEBASTIANO (num. 108).

LUCREZIA CHE SI UCCIDE (num. 122).

ERCOLE E DEJANIRA (num. 271).

UN GIOVANE TRA IL VIZIO E LA VIRTÙ (num. 506).

[1660]. Secondo il Boschini *(La Carta del navegar pitoresco),* l'eminentissimo card. Ottoboni possedeva, di Paolo, LO SPOSALIZIO DI SAN GIUSEPPE, dove, come diceva egli (vento V, pag. 331), « ogni figura è tuta maravegia »; e, in casa Bonfadini, si conservava LA CIRCONCISIONE, ch'egli chiamava (vento V, pag. 332) « opera quasi divina »; e, in casa Donà, a Santa Fosca, vedevasi il RITRATTO DI MARINA DOLFIN, ch'egli lodava a cielo, dicendo (vento V, pag. 333) « che le Grazie tute s'ha unì per renderlo perfeto »; e, in casa Garzoni, ammiravasi (vento V, pag. 353) un CRISTO IN CROCE FRA I LADRONI; e, in casa del conte Benci, si trovavano tre quadri (vento VII, pag. 572), cioè: il RITRATTO D'UN GENERALE, un CAVALIERE IN TOGA D'ORO e un PADRE ETERNO stupendo; e, finalmente, a Parigi, monsieur de Talemon si onorava di possedere una BERSABEA, bella, maestosa, d'aspetto veramente regale (vento V, pagg. 333–34).

[1662]. Nell'*Inventario delle pitture che s'attrovavano in Verona nella Galleria del signor Christoforo Muselli* (1662), leggesi: [1]

« Un Ritratto d'una bellissima donna con un canino sopra « un tapeto d'una tavola, più di mezza figura del naturale, di « Paolo Veronese, di 3 braccia in altezza e 2 in larghezza ».

[Id.]. Nell'*Inventario Muselli* (1662), leggesi: [2]

« Una Venere che siede sopra uno scanno, appresso un « letto finito, che mostra la schiena nuda, cascandoli d'adosso « una pelliccia; con una mano s'accomoda le treccie, con l'altra « aggiusta uno specchio tenutoli da Amore, che posa sopra il « letto. Venere si vede in profilo, ma nel specchio si vede in « maestà. Le figure sono intiere e al naturale, di Paolo Veronese.

« Una Madonna sedente con il Puttino che le dorme in « grembo, San Gioseffo dalla sinistra, e San Giovanni che « li bacia i piedi dalla destra; mezze figure, che sono di « mezzo naturale, di Paolo Veronese. [3]

« L'Adultera condotta davanti a Cristo legata, con l'as- « sistenza dei Dottori della legge che l'accusano; Cristo scrive « in terra e vien lasciata libera; in tutto vi sono sedici figure « intiere di mezzo naturale, di Paolo Veronese, di 3 braccia. [4]

« L'Adoratione de' Magi li quali si prostrano al fanciullo « Gesù tenuto in braccio dalla Vergine a cui assiste Gioseffo. « Seguono i Magi, huomini a cavallo, e camelli con circa sedici « figure intiere, di braccia 2 di lunghezza, 1 $^1/_2$ di altezza, di Paolo « Veronese. [5]

« Una Madonna con un puttino che posa i piedi sopra « i ginocchi della Madre, da una parte San Giovanni, dal-

[1] Campori, op. cit., pag. 178.

[2] Ivi, pag. 180.

[3] Ivi, pag. 181.

[4] Ivi, pag. 183.

[5] Ivi.

« L'ALTRA SAN GIOSEFFO, opera delle più belle uscite dalli pe-
« nelli di Paolo Veronese.[1]

« REBECCA AL POZZO, alla quale da parte del Sposo, vengono « presentate perle et ori; vi è il padre della medesima con tre « serventi, cammelli e cavalli, che portano li arnesi del sposo, « di braccia 2 $^1/_2$ di longhezza, a proportione alto; le figure sono « intiere, di Paolo Veronese.[2]

« SAN GIO. BATTISTA CHE BATTEZZA AL GIORDANO N. S.: vi sono « tre Angeli assistenti, nell'aria che s'apre molti Cherubini, che « formano una gloria, con paese con arbori, d'altezza di braccia 2, « uno $^1/_2$ in larghezza, di Paolo Veronese.[3]

« CRISTO A TAVOLA CON LI 2 DISCEPOLI IN EMAUS, che con li « occhi elevati al Cielo stà in atto di rompere il pane; la faccia « spira divinità e si vede ne' volti de' discepoli espresso il stu- « pore, vi sono donne et huomini, in abito di serventi, di cinque « quarti in larghezza e poco meno in altezza, opera delle più « belle che siano cadute dal penello di Paolo Veronese, finita in « eccellenza e benissimo conservata ».[4]

[1664]. Il celebre ministro Colbert, vedendo crescere ogni giorno la Galleria Reale di Luigi XIV, senza che ancora vi avesse luogo un qualche quadro del Veronese, negoziò, a tal uopo, con Venezia, per mezzo dell'ambasciatore di Francia, Pietro De Bonzi, vescovo di Béziers. Sua Maestà e il suo segretario di Stato per gli affari esteri gli diedero incarico di ciò, ciascuno con lettera speciale del 9 giugno 1664. Il vescovo di Béziers, con istanza del 3 luglio, fece dimanda alla Serenissima,[5] e il Doge rispose che

[1] CAMPORI, op. cit., pag. 183.

[2] Ivi, pag. 184.

[3] Ivi, pag. 186.

[4] Ivi, pag. 191.

[5] Archivi di Stato di Venezia (Cancelleria secreta, *Esposizioni Principi*, 1664, 3 luglio, pag. 52).

si farebbero delle riflessioni con intenzione di corrispondere ai desiderî di Sua Maestà. Passata la proposta al Senato, sopra 129 voti (due dei quali contrari e 19 nulli), cioè colla maggioranza assoluta di 108 voti, fu deciso che i padri del convento di Santa Maria dei Servi consegnassero LA CENA DI SIMONE, per farla tenere all'ambasciatore di Francia, a nome dello Stato. Ai provveditori dei monasteri venne dato l'obbligo di far conoscere, per iscritto, qual compenso si debba ai padri pel suddetto quadro. Il padre priore Giambattista Adorni, la mattina dell'8 agosto, fu chiamato al tribunale dell'Inquisizione per rendere le sue ragioni in proposito. Dichiarò egli che quel quadro (stimato dal pittore Paolo Della Vecchia e dal pittor Liberi come uno dei migliori che abbia fatto Paolo Veronese) avrian voluto già comprarlo il marchese Spinola, per mezzo del signor Forseca, e, per mezzo d'altri intermediarî, il duca di Mantova e il cardinale d'Este, ma che i frati ebbero rifiutato perfino diecimila ducati e una copia di Guido Cagnazzo.[1] Ad onta, però, delle proteste loro, il 20 settembre, la tela venne levata, *senza lesione alcuna.* Il vescovo di Béziers la fece trasportare al palazzo dell'ambasciata, e, il 27 dello stesso mese, un dispaccio del Bonzi ne assicurava la spedizione a monsieur de Lionne con queste parole: « Il quadro del Re è « partito: esso è senza contrasto la più bella cosa che fosse in « Italia ». Luigi XIV, poi, fu così altamente compreso della generosità e dell'amicizia dei Veneziani, che, il 2 gennaio 1665, indirizzava loro quella lettera di ringraziamento che comincia: « Ai « nostri carissimi e grandi amici, alleati e confederati, il Doge e « la Signoria di Venezia ».[2]

[1] Archivi di Stato di Venezia (*Mani-morte*, Santa Maria dei Servi).

[2] Nella *Gazette des Beaux-Arts*, vol. XXIV (1868), da pag. 280 a pag. 292, v'è tutta la storia del dono della CENA dei serviti, e, fra gli altri documenti, la lettera di S. M. Luigi XIV, ch'è la seguente:

A noz tréschers et grand amis, alliez et confederez les Duc et Seigneurie de Venise.

Trés chers Grand Amiz, Alliez et Confederez

Le sieur Evesque de Beziers vous a, il y a long-temps, tesmoigné par notre ordre

[Id.]. Nella Collezione di Filippo IV di Spagna, figurava SUSANNA E I DUE VECCHIONI, in una tela alta 1 m. e 51 centim. e larga 1 m. e 77 centim.[1]

[1665]. Nel salone degli specchi del reale castello e palazzo di Madrid, figurava un GESÙ FANCIULLO, CHE DISPUTA FRA I DOTTORI.[2]

[Id.]. Nella Collezione di Carlo II di Spagna, figurava un quadro di Paolo, alto 1.22 e largo 1.5, con SANTA MADDALENA PENITENTE,[3] e un altro, alto 1.57 e largo 1.37, colla VERGINE, IL BAMBINO, SANTA LUCIA E UN MARTIRE GUERRIERO,[4] e un altro, alto 1.5 e largo 1.53, con CAINO RAMINGO COLLA PROPRIA FAMIGLIA,[5] e un altro ancora, alto 1.21 e largo 0.98, col RITRATTO DI GIOVANE DONNA.[6]

[Id.]. Dall' *Inventario degli oggetti d'arte posseduti da Carlo II duca di Mantova, compilato al 10 novembre del 1665,*

combien vous a esté agreable cette demonstration de votre bonne volonté qui vous a convié, pour nous obliger, à priver Venise d'un de ses plus beaux tableaux du monde, et nous n'avons differé à vous en remercier nous-même que pour avoir lieu de vous en mieux exprimer notre ressentiment aprés avoir veu ce rare et si parfait original. C'est ce que nous n'avons peu faire que depuis trois jours seulement, et nous avons trouvé ce present si digne de le main qui le donne et de nostre curiosité que nous ne seaurions vous bien expliquer combien nous en sommes demeurez satisfait, et à quel point nous estimons cette marque de votre affection. Asseurez-vous cependant que la nostre est inalterable, et que nous ne laisserons echapper aucune occasion qui soit en notre pouvoir de vous en donner des preuves effectives, que nous ne l'embrassions avec joye et chaleur. Sur ce nous prions Dieu qu'il vous ayt, tres-chers grand amis et alliez et confederez, en sa sainte et digne garde.

Escrit à Paris, le 2e jour de janvier 1665.

Vostre bon amy, allié et confederé
Louis.

Signé de Lionne.

[1] D. PEDRO DE MADRAZO, op. cit., pagg. 298-99.
[2] Ivi, pag. 297.
[3] Ivi, pag. 301.
[4] Ivi.
[5] Ivi, pag. 307.
[6] Ivi, pagg. 308-9.

rilevasi che sei quadri appartenevano a quella Corte, perchè leggesi: [1]

« Quattro quadri di Paolo Veronese. Nel I°, LO SPOSALIZIO DELLA « MADONNA; nel II°, IL CENTURIONE; nel III°, L'ADORAZIONE DEI « MAGI; nel IV°, LA MADONNA CHE VA IN EGITTO, con diverse figure, « quadro lungo ».

E più sotto si aggiunge:

« Due di Paolo Veronese; in uno, una VENERE a mezza figura; nell'altro, LA PRESENTAZIONE AL TEMPIO ».

[1667]. Il Santos, nel 1667, descrisse come appartenente alla antisacrestia del tempio dell'Escurial un quadro di Paolo, colla ADORAZIONE DEI MAGI, alto 1.60 e largo 1.40, che venne anche attribuito a Paolo Farinati. [2]

[Id.]. Secondo il Santos medesimo, nello stesso anno, nella sala della *Sagrada Iscritura* del monastero dell'Escuriale, trovavasi già il quadro del MARTIRIO DI SAN GINESIO. [3]

[1670]. Temendo che alcuni artisti, nel copiare i quadri del Veronese, esistenti a San Sebastiano dei Gerolimini, in qualche modo gli offendessero, i capi del Consiglio dei Dieci fecero una solenne proibizione di far quelle copie sulle impalcature. [4]

[1671]. Nelle *Note di viaggio del marchese di Seignelay* leggesi, in data di Genova, martedì 10 marzo di questo anno:

[1] D'ARCO, *Arte ed artefici di Mantova*, pag. 184.

[2] D. P. DE MADRAZO, op. cit., pag. 685.

[3] Ivi, pag. 684.

[4] Ecco il decreto, stampato in parte dal CICOGNA (*Iscriz. Venez.*, vol. IV, pag. 149), e che ora esiste in Venezia, nell'Archivio di Stato (*Mani-morte*, Convento di San Sebastiano, processi, 9):

D'ordine degli Illustrissimi et Ecc.mi Signori capi dell'Eccelso Consiglio di Xci, si commette a Voi Padre Priore, o altro superiore del Monastero di S. Sebastiano, che

« Io fui ancora in un altro palazzo degli Spinola, dove ho visto « molti bei quadri, fra i quali uno di Paolo Veronese rappresen- « tante LA MADDALENA CHE LAVA I PIEDI A GESÙ CRISTO, e un « altro piccolo quadro del medesimo autore, col BATTESIMO DI « SAN GIOVANNI ». E, in data poi del giovedì, 12 marzo, pure da Genova: « Sono stato questa mattina in un altro palazzo Balbi, « dove ho visto dei bellissimi quadri, fra cui una grande GIU- « DITTA di Paolo Veronese ».[1] E, in data di Roma, mercoledì 1° aprile: « Sono andato quindi a vedere dei quadri che mi si « disse molto belli e vendibili con altre cose della Villa Ludovisi. « Vi ha fra gli altri un Paolo Veronese con MARTE E VENERE ». E, in data pur di Roma, il dopo pranzo del martedì 7 aprile, dice che, nel palazzo Chigi, appellato la Farnesina, vide anche un piccolo CROCIFISSO di Paolo Veronese.[2] E, in data di Modena, lunedì 11 maggio, dice che, nell'appartamento del duca d'Este, ha visto due quadri del Veronese, l'uno grandissimo, rappresentante LE NOZZE DI CANA, e un bellissimo e grandissimo quadro, rappresentante GESÙ CRISTO, CHE SALE IL CALVARIO, PORTANDO LA CROCE.[3]

[1672]. Dal libro del *Museo Moscardo di Verona,* stampato da Andrea Rossi nel 1672, rilevasi che molti erano i lavori del

sotto pena della publica indignatione in occasione di far copie di quadri esistenti nella vostra Chiesa o Monastero non dobbiate permettere che queste siano prese altro che stando in terra, senza acconsentir mai che sia eretto a tal effetto alcun palco o cosa simile, e così eseguirete sotto le pene suddette voi e vostri successori.

Dat. 28 marzo 1670.

Gio. Garzoni C. C. X.
Alvise Sagredo Cav.r C. C. X.
Giovanni Basadonna C. C. X.

Lion Boraschi F.e delli Ill.mi et Ecc.mi
Sig.ri Capi dell'Ecc.mo Cons.o dei X.ci

[1] *Gazette des Beaux-Arts,* vol. XVIII (1865), pagg. 181-82.

[2] Ivi, pagg. 361-65.

[3] Ivi, pag. 459.

Caliari che allora abbellivano quella famosa e preziosa Galleria. V' erano, infatti, i dipinti seguenti: [1]

SPOSALIZIO DELLA VERGINE, CON MOLTE FIGURE.

MEDEA, CHE FA GL' INCANTI PER RINGIOVANIRE OETA, RE DEI COLCHI, SUO PADRE.

CRISTO MORTO, CON UN ANGELO.

UNA TESTA DI DONNA, CON LA CAPIGLIATURA INGIOIELLATA, COI PENDENTI.

LA TESTA DELLA MADDALENA E DI SAN PIETRO.

CRISTO MORTO, CON LA VERGINE MADRE E SAN GIOVANNI ED ALTRE FIGURE.

GIUDITTA, COL CAPO D'OLOFERNE, E LA SERVA.

LA VERGINE MADRE, COL BAMBINO.

LA VERGINE, COL BAMBINO, SANTA CATERINA E ANGELI.

GIUSEPPE IN EGITTO, CHE RAGIONA COI FRATELLI MANDATI DAL PADRE A PRENDER FRUMENTO.

RITRATTO D'UNA MATRONA.

LA VERGINE ANNUNZIATA DALL'ANGELO.

PRESENTAZIONE AL TEMPIO, con molte figure.

CRISTO CROCIFISSO, CON LA VERGINE MADRE ED ALTRE FIGURE.

CRISTO, CON DUE APOSTOLI, frammento di un maggior quadro.

LA FIGURA DI UNA DONNA, IN PIEDI, ADORNATA DI SCETTRO E DI CORONA, COL MONDO IN MANO, E CHE CALCA COI PIEDI LE MURA E LE TORRI DI UNA CITTÀ.

DIANA, IN PIEDI, CON UN CANE.

UN UOMO TUTTO ARMATO DI FERRO.

[1676]. Fra i quadri che si conservavano, a Venezia, in San Giorgio Maggiore, sotto il governo del padre Pietro Sagredo, veneziano, nella camera detta delle reliquie, vedevasi anche una PIETÀ di Paolo Veronese. [2]

[1] Pagg. 468-71.

[2] CICOGNA, op. cit., pag. 274.

[1680]. Nell'*Inventario de' quadri esistenti nel palazzo Farnesiano, detto del Giardino, in Parma,* leggesi:

« Un quadro alto braccia 2, once 2 e $^3/_4$, largo braccia 3, « once 1 e $^1/_2$. Una VENERE ACCAREZZATA DA ADONE, quale le « tiene sotto il mento una mano, dalla parte destra un levriero « bianco et un nero, due Amorini che scherzano con un cane « barbone, di Paolo Veronese. [1]

« Un quadro alto once 10 $^1/_2$, largo braccia 1, once 1. Un « SALVATORE CHE ILLUMINA IL CIECO, con diversi Apostoli et « altre figure, di Paolo Veronese. [2]

« Un quadro alto braccia 1, once 11 e $^1/_2$, largo braccia 2, « once 1 e $^1/_2$. Un CRISTO POSTO NEL SEPOLCRO DA NICODEMO; « si vede alla parte sinistra la Madonna, Santa Maria Maddalena « scapigliata con le mani gionte et due altre figure, di Paolo « Veronese ». [3]

[Id.]. Dal citato cav. G. Milanesi m'ebbi la notizia che, nell'Archivio di Stato di Firenze, e, precisamente, nel *Carteggio dell'abate Apollonio Bassetti,* veronese, segretario del granduca Cosimo III (filza 1575), v'è la minuta di una lettera del granduca al marchese Carlotti di Verona, del 18 gennaio 1680, in cui lo prega di ricerçare, presso i parenti di Paolo, il suo RITRATTO AUTOGRAFO, essendo disposto ad acquistarlo, per completare la sua collezione dei ritratti dei pittori.

[Id.]. Dalla minuta di una lettera esistente nel *Carteggio del Bassetti* (filza 1575), diretta ad Alessandro Guasconi, risulta che il granduca voleva comprare LA CENA DI PAOLO FATTA PER LA MADONNA DI MONTE BERICO. [4]

[1685]. Nel *Catalogo dei quadri* (16 giugno 1685) *del prin-*

[1] CAMPORI, op. cit., pagg. 211-12.
[2] Ivi, pag. 214.
[3] Ivi, pag. 227.
[4] Anche di questa notizia vo obbligato al chiariss. MILANESI.

cipe Cesare Ignazio, figlio di Borso e d' Ippolita d'Este, zio del duca Francesco II di Modena, trovasi:

« Ritratto di un Pontefice, dicono di Paolo Veronese, con « cornice intagliata, dorata, alto braccia 4 circa e largo braccia 2, « once 10 circa. [1]

« Ritratto di Paolo Veronese di una donna con ventaglio « di piuma in mano, con cornice larga, mezza liscia, e mezza « intagliata, dorata, di altezza braccia 3 e di larghezza brac- « cia 2 1/2 circa ». [2]

[1686]. Nella Collezione del re di Spagna Carlo II figurava, in quest'anno, un quadro di Paolo, alto 1.01, largo 1.74, rappresentante il giovane fra il Vizio e la Virtù. [3]

[Id.]. Dal marchese Carlotti di Verona, il 19 ottobre 1686, si manda al granduca il Ritratto autografo di Paolo, unitamente a quello di Francesco Bassano, cogli attestati scritti da notaro, e fatti da Bastiano Bombelli e da Angelo Vitali, pittori. [4]

[1689]. Moltissimi capolavori del Veronese appartenevano, circa a quest'epoca, al Museo della regina Cristina di Svezia, che fu raccolto sotto la direzione del famoso antiquario Giampietro Bellori (1616-1696). Di fatti, nel *Catalogo dei quadri della regina di Svezia, copiato all'Archivio palatino,* leggesi: [5] « Un « quadro di veduta sotto in su, figure grandi al naturale di un « uomo che cade, sopra cornice e ruine di architettura, « con un Amorino che posandoli il piede nel petto lo per- « cuote con l'arco; due donne una delle quali con un ar-

[1] Campori, op. cit., pag. 312.

[2] Ivi, pag. 311.

[3] D. P. de Madrazo, op. cit., pagg. 305-6.

[4] Anche di questa notizia, di cui si trovano i *Documenti* nell'Archivio di Stato di Firenze (filza 1576), vo debitore al cav. G. Milanesi.

[5] Campori, op. cit., pagg. 336-75.

« MELLINO IN SENO, COME FIGURA DELLA CASTITÀ, IN UN BEL « PAESE, largo palmi 8, alto palmi 8, di Paolo Veronese.

« Un altro quadro di simil grandezza (a quello della CASTITÀ) « con una VENERE IN GRAN PARTE IGNUDA, CHE DORME IN UN « LETTO; MARTE COMBATTUTO DA UN AMORINO, CHE LO TIRA « VERSO VENERE, E DA UN UOMO CHE PER L'ALTRO BRACCIO LO « RITIRA A SÈ, IN BEL PAESE, di Paolo Veronese.

« Un altro quadro di grandezza eguale di VENERE A SEDERE « IN ISCHIENA, CHE CON LA MANO DESTRA LUSINGA E TRATTIENE « MARTE, E CON LA SINISTRA CONSEGNA UNA LETTERA AD UN « MESSO, CON DUE AMORINI CHE REGGONO A LEI UNA GAMBA, CON « BEL PAESE, di Paolo Veronese.

« Un altro quadro di grandezza eguale, con PAESE ED UNA « GRANDE URNA SFERICA SOPRA LA QUALE SIEDE UNA DONNA, « SIMBOLO DELLA PACE, E CORONA UNA NOBIL SIGNORA GENU- « FLESSA AVANTI LEI CON UN PUTTO IN ISCHIENA CHE LE REGGE « LE VESTI; DIETRO A LEI UN UOMO, ED UN CANE, di Paolo Ve- « ronese, tutti quattro in cornici liscie compagne dorate.

« Un quadro con BEL PAESE CON MARTE A SEDERE, E IN « PIEDI UNA VENERE IGNUDA, CHE POSA LA SINISTRA MANO SOPRA « LA SPALLA DI MARTE, CON L'ALTRA PREME UNA POPPA FACENDO « CADERE IL LATTE SOPRA UN AMORINO, E LEGA LEI E MARTE « PER LE GAMBE, E, DIETRO, IL CAVALLO DI MARTE CON L'ALTRO « AMORINO, CHE TIENE LA SPADA DI ESSO, figure grandi al na- « turale, opera insigne di Paolo Veronese, in tela, in piede, « alta palmi 8 e $^1/_4$ e larga palmi 6 e $^1/_2$, in cornice liscia in- « dorata.

« Un altro quadro con l' istoria d'EUROPA IN ATTO DI PORSI « A SEDERE SOPRA UN TORO, CHE LE LEGA UN PIEDE, CON VARIE « NINFE INTORNO, CHE LA SERVONO. DUE AMORINI CHE COLGONO « POMI E FIORI DALLI ALBERI ED UN ALTRO CHE REGGE IL TORO, « CON UN BEL PAESE E VEDUTA DI MARE, in tela, a giacere, « largo palmi 2 e $^2/_3$, alto palmi 2 e $^1/_3$, quadro assai bello di « Paolo Veronese, con cornice dorata liscia alla romana.

« Un quadro con l' istoria di MERCURIO E PALLA CHE STA « SEDENDO IN BELLA ATTITUDINE PRESSO UN TAVOLINO SOPRA « IL QUALE VI È UNA VIOLA DA SONARE E UN BACILE DI FRUTTI, « A PIEDI HA UN CAGNOLINO E UN MAZZETTO DE FIORI; DAL- « L'ALTRA PARTE MERCURIO IGNUDO, CHE, TRATTENUTO DALLA « SORELLA DI LUI, CHE SIEDE IN TERRA POSANDO SU IL GOMITO « DIETRO LA TOCCA COL CADUCEO, ONDE SI VEDE A COMINCIARE « NEL BRACCIO SINISTRO A DIVENTARE PIETRA; CON BELLA ARCHI- « TETTURA, E PAESE, figure grandi al naturale, di Paolo Vero- « nese. Tela in piedi alta palmi 9 e $^1/_4$, e larga palmi 7, con cor- « nice liscia dorata alla romana.

« Un quadro di figure grandi al naturale con RITRATTO DEL- « L'AUTORE VESTITO DI RASO BIANCO CHE LASCIANDOSI A DIETRO « UNA DONNA VOLTA IN ISCHIENA, SIMBOLO DELLI VITII, VA IN « BRACCIO ALL'ONORE CHE LO RICEVE COL MOTTO: *Honor et vir-* « *tus post mortem florent,* in paese bellissimo, disegnato tutto e « conservato perfettamente, e non inferiore ad alcuno dell'altri; « in tela in piedi alta palmi 9, meno $^1/_4$, larga palmi 6 e $^2/_3$, di « Paolo Veronese, con cornice dorata liscia alla romana.

« Un quadro di MARTE IN PIEDI ARMATO, E VENERE IN PRO- « FILO IN ATTO DI LACCIARLI L'ARMATURA SU LA SPALLA SINISTRA, « CON UN AMORINO CHE A LEI REGGE UN PANNO, ED UN ALTRO « CHE TIENE A MARTE IL CAVALLO DEL QUALE COMPARISCE IL « PETTO, IL COLLO, E LA TESTA CON LE SUE PIUME, tutto in bel « paese e di colori vivi. In tela di altezza di palmi 9, meno $^1/_3$, « e largo palmi 7, figure grandi al naturale di Paolo Veronese, « con cornice dorata liscia alla romana.

« Un quadro di un BELLISSIMO PAESE BOSCHERECCIO CON « ADONE MORTO A GIACERE, E VENERE, CHE LO PIANGE CON UN « AMORINO CHE REGGE LA TESTA D'ADONE; UN ALTRO CHE SCENDE « PER ARIA E UN ALTRO IN MAGGIOR LONTANANZA, CHE, VOLANDO « SAETTA IL CIGNALE. IN AERE, PIÙ LONTANO, IL CARRO DI VE- « NERE CON LE COLOMBE, figure grandi al naturale e di colore « vivissimo; opera ottimamente disegnata ed espressa di Paolo

« Veronese, in tela in piedi alta palmi 9 e $^1/_3$, larga palmi 6 e $^1/_2$
« con cornice dorata liscia alla romana.

« Un altro quadro di figure al naturale di una DONNA IN « PIEDI, CHE COL PIEDE DESTRO CALPESTA UN MONDO, E SOPRA « AL CAPO HA UN SOLE, SIMBOLO DELLA SAPIENZA; UN ERCOLE « CHE SI APPOGGIA ALLA CLAVA, A' SUOI PIEDI, UN PUTTINO CHE « GIACE SOPRA DIVERSE GEMME, CORONE, RICCHEZZE CON DIETRO « BELLA ARCHITETTURA E BEL PAESE, E LONTANANZA, in tela in « piedi alta palmi 9, meno $^1/_3$, larga palmi 6 e $^1/_2$ con cornice « liscia dorata alla romana, di Paolo Veronese, opera bellissima « e conservatissima di colore.

« Un quadro con istoria di RACHELE AL FONTE CON ALTRE « DONNE CHE PORTANO VASI DI ACQUA E JACOB CON FIGURE COR- « RISPONDENTI ALL'ISTORIA, IN BEL PAESE, figure di tre palmi « in circa in tela, a giacere, alta palmi 4, e larga palmi 5 e $^1/_3$, « di Paolo Veronese, con cornice dorata liscia alla romana.

« Un altro quadro con l'istoria dell'EPIFANIA di Paolo Vero- « nese, in tela, a giacere, alta palmi 3 e $^2/_3$, e larga palmi 6 e $^1/_4$ « con cornice dorata liscia alla romana.

« Un altro quadro di un BAMBINO ALATO IN ARIA CON PANNO « BIANCO IN SOLLAZZO, CHE IN AMBE LE MANI TIENE RAMI D'ULIVE, « di Paolo Veronese, in tela in piedi alto palmi 4 e $^1/_2$ e largo « palmi 3 e $^3/_4$, senza cornice.

« Un altro quadro con DONNA IGNUDA PARTE IN ISCHIENA « CHE SI SPECCHIA IN UNO SPECCHIO TENUTOLI DA UN AMORINO « A LATO, BANDIERE, TROMBE, UN ELMO CON PIUME ED UN TAM- « BURO SOPRA IL QUALE SIEDE MARTE ARMATO CHE TIENE CON « LA DESTRA UNA LANCIA E GUARDA UN AMORINO CHE SOSTIENE « UNA FRECCIA, CON BEL PAESE, di Paolo Veronese, in tela, a « giacere, alta palmi 7 e $^3/_4$ e larga palmi 8 e $^1/_4$, con cornice « liscia dorata alla romana ».

[1690]. Nell'*Inventario dei quadri della nobile casa Boscoli di Parma* (1690), e precisamente nella parte di Lelio Boscoli, trovasi citato un quadro del Caliari, grande come uno del Ròndani, con queste parole: [1]

« L'altro detto compagno: MARTE, VENERE CON UN AMORINO « A PIEDI E UN CAGNUOLO, IL MARTE ARMATO, VENERE NUDA, « CON DRAPPO ATTORNO LAVORATO CON FOGLIAMI E PAESE, di « mano di Paolo Veronese ».

[Id.]. Nell' *Inventario di casa Boscoli*, e precisamente nella parte di Gio. Simone Boscoli, trovasi: [2]

« Due quadretti piccoli con DUE TESTE; l'uno è di Paolo « Veronese ».

[Id.]. Nella *Nota dei quadri del pittore Giuseppe Maria Mitelli* (bolognese, figlio di Agostino, celebre pittore di prospettive, che, però, non lasciò memoria di sè che per le carte da lui intagliate) *da lui offerti al duca Francesco II nel 18 settembre 1690,* leggesi: [3]

« UN RITRATTO di Paolo Veronese, CON UN PAGGIO CHE LI « DÀ UN ELMO, figura dal naturale.

« UNA TESTA DI DONNA, di Paolo Veronese ».

[1692]. Matteo Sernagiotto (*Terza ed ultima passeggiata per la città di Treviso;* Treviso, 1870, pag. 24), parlando del gran quadro delle NOZZE DI CANA, che Paolo fece per le monache di San Teonisto, dice: « Nel 1692 quella CENA fu collo« cata a sinistra della Chiesa, e in quella occasione vi fu apposta « la seguente iscrizione: INSIGNEM PAULI VERONENSIS TABULAM | « DIU INTRA SEPTA MONASTERII DELITESCENTEM | HUC TRANSFE« RENDAM | JUSSERUNT MONIALES | AD MAJOREM TEMPLI DECO« REM | ANN. SAL. MDLXXXXII ».

[1698]. Nell' *Inventario del palazzo dei principi Foresto,*

[1] CAMPORI, op. cit., pag. 384.
[2] Ivi, pag. 406.
[3] Ivi, pag. 308.

Cesare e Luigi d'Este, esistente nell'Archivio palatino (1698), trovasi:[1]

« Un quadro bislongo che rappresenta NOSTRO SIGNORE CHE « PORTA LA CROCE AL CALVARIO, con varie figure, si stima di « Paolo Veronese, con la cornice di legno intagliata e tutta do- « rata ».

[1700]. Giulio Antonio Averoldo, nel suo libro intitolato: *Le pitture scelte di Brescia,* ecc. (1700), pag. 264, nota che, nel coro interiore delle monache di Santa Marta, esisteva, in Brescia, un insigne quadro di Paolo, coll'ADORAZIONE DEI MAGI.

[1705]. Tanti erano gli incomodi sofferti dai monaci di San Giorgio Maggiore di Venezia, per lasciar copiare il quadro delle NOZZE DI CANA, che determinarono, nel loro capitolo tenuto nel 1705, il giorno 17 dicembre, di non concedere più ad alcuno tal favore, fuorchè agli ambasciatori dei principi, se l'avessero domandato.[2]

[1708]. Nell'*Estratto* dell'*Inventario dei quadri e delle cose d'arte della Galleria del duca di Parma* (1708), esistente nell'Archivio governativo di Parma, trovasi:[3]

« Quadro con cornice dorata, alto braccia 2, largo braccia 2, « oncie 11 $^1/_2$. ISTORIA DEL CENTURIONE di Paolo Veronese.

« Quadro con cornice dorata, alto braccia 2, oncie 11 $^1/_2$. ISTORIA « DI MOSÈ BAMBINO RITROVATO NEL NILO DALLA FIGLIA DI FARAONE « di Paolo Veronese ».

[1713]. In una *Descrizione dell'apparato sul solenne Ottavario di San Pio V* (1713) *ai Santi Giovanni e Paolo* è indicato

[1] CAMPORI, op. cit., pag. 420.
[2] CICOGNA, op. cit., vol. IV, pag. 264.
[3] CAMPORI, op. cit., pag. 466.

un dipinto di Paolo, rappresentante San Pio V, come esposto, in quell'occasione, sopra la porta maggiore. Questa descrizione, il cui *codice* esiste nel Museo Correr, [1] fu pubblicata, *per Novello Sacerdote*, dal prof. Guazzo, in Padova, nel 1862, colla tipografia Crescini.

[1715]. Nelle *Lettere pittoriche* del Bottari, [2] in una nota alla lettera diretta da Bartolomeo Pesenti ad Antonio Domenico Gabbiani, di Firenze, in data dell'8 maggio 1715, si parla di un Ritratto di Paolo così: « Fu mandato a Roma il Gabbiani dal « Granduca per vedere se un ritratto di Paolo Veronese, che « possedeva il Duca di Bracciano fra' quadri che furono della « Regina di Svezia, era originale, ma non fu comprato perchè « era figura intera al naturale, e storiato, fingendo Paolo d'ac« cogliere la Pittura, o un'altra femmina che non ben mi ricordo, « onde non si poteva mettere nella famosa serie dei ritratti dei « pittori che è nella galleria medicea. Questi ritratti, con tutti « gli altri quadri di detto Duca, passarono in mano del duca « d'Orléans ».

[1717]. In una *lettera del pittore Antonio Balestra al cav. Francesco Gabburri*, in data di Venezia, 25 dicembre 1717, si fa menzione d'una miniatura di Paolo, con queste parole: [3] « In occasione del mio soggiorno in Verona ebbi la congiuntura « di veder colà in mano d'un signore un piccolo disegno, o sia « miniatura in carta pecora di Paolo Veronese, con quantità « di figurine picciole, molto belle e graziose, che mi piacquero « assai. Vi è un male solo, che dal tempo essendo venuta assai « oscura la carta in molti luoghi, son poco visibili le figure, e « la carta è perforata in molti luoghi dalle tarme, che è un pec-

[1] *Codice Cicogna*, 3255 I, 34.
[2] Vol. V, pag. 302.
[3] Bottari, op. cit., vol. II, pag. 126.

« cato, perchè è una bella cosa, e si priverebbe per poco, chè « credo con tre o quattro doble lo lascerebbe ».

[1718]. Il Dal Pozzo, nelle sue *Vite,* registra molte pitture di Paolo, esistenti, allora, qua e là per Verona e nella provincia. Parla della Galleria del dottor Curtoni, e dice che di Paolo possedeva: « LA VERGINE CON SAN GIUSEPPE E SAN GIOVANNI BAT-« TISTA; LA VERGINE SEDENTE CON SAN GIUSEPPE A PIÈ D'UNA « PALMA NEL VIAGGIO D'EGITTO; IL SALVATOR SEDENTE AD UNA « MENSA CON LA VERGINE E SAN GIUSEPPE SERVITI DAGLI AN-« GELI; UNA TESTA D'OLOFERNE; IL RITRATTO D'UN SENATOR « VENETO; IL RITRATTO D'UN FRATE; TRE FIGURE DELICATISSIME « DI DONNE AL NATURALE; PALLADE E DIANA in picciole forme ».[1]

In casa Bevilacqua, sul Corso, a Verona, dice che vi erano: « una VENERE, CHE SI GUARDA ALLO SPECCHIO; altra VENERE « CON AMORE PIANGENTE; un RITRATTO DI DONNA CON UN FAN-« CIULLO, CHE ACCAREZZA UN CANE di Paolo Caliari ».[2]

In casa de' conti Sereghi, a San Bastiano, dice che v'era: « un « quadro bislungo con un ECCE HOMO DI TRE FIGURE di Paolo « Caliari ».[3]

E, presso don Alessandro Betterle, prete, che prima stava in casa de' marchesi Sagramosi, dice che v'era, nella sua Galleria, vicino al Duomo, a Sant'Elena; « UNA DONNA PARTORIENTE « CON ALTRE DONNE ASSISTENTI tenuta di Paolo Caliari ».[4]

E, in casa Moscardo, a San Vitale: « un CRISTO IN CROCE « CON LA MADRE SVENUTA E ALTRE FIGURE ADDOLORATE, ab-« bozzo di Paolo Caliari », e, poi, una *Raccolta di disegni* di celebri autori, ma specialmente di Paolo Caliari.[5]

[1] Pagg. 64-65.
[2] Pag. 281.
[3] Pag. 283.
[4] Pag. 284.
[5] Pag. 288.

E, in casa Bonduri, a San Stefano: « un RITRATTO AL NATURALE DI DONNA CON OFFICIOLO IN MANO di Paolo Caliari ». [1]

E, in casa Consi, a Sant'Anastasia: « un RITRATTO VESTITO « DI FERRO su la maniera di Paolo Caliari ». [2]

E, presso il conte Carlo Maffei dei Leoni: « un RITRATTO « D'UOMO VESTITO DI FERRO CON BIZZARRIA al naturale, opera « di Paolo Caliari ». [3]

E, in casa Giusti, a' Santi Apostoli: « RITRATTI DUE di Paolo « Caliari ed UNA TESTINA del medesimo ». [4]

E, in casa Rizzardo Rizzardi, sul Corso: « una MADONNA COL « BAMBINO IN SENO, dubbia se sia di Paolo Caliari, o copia fatta « da Felice Brusasorci ». [5]

E, in casa del conte Gomberto Giusti, al Giardino: « un SAN « GIOVANNI BATTISTA, mezza figura tenuta per di Paolo Caliari, « e DUE RITRATTI di Paolo Caliari ». [6]

E, in casa Dal Pozzo, a Santa Maria in Organo: « TRE FIGURE AL NATURALE, D'UN UOMO, D'UNA DONNA E D'UN FANCIULLO, « credute di Paolo Caliari, UN SACERDOTE CHE PORGE LA CORONA « E LA PALMA AD UNA VERGINE con altre figure, tenuto per « dello stesso Caliari, RITRATTI TRE di Paolo Caliari in mezze « figure ed uno grande con UN HUOMO ED UN PUTTINO in piedi, « RITRATTO D'UN CANE di Paolo Caliari ». [7]

Riguardo a quelli della provincia, dice, poi, che v'era una pala, con LA VERGINE, IN ALTO, E DUE SANTI, ABBASSO, di Paolo Caliari, [8] a Ronco, nella chiesa parrocchiale, e un'altra pala, colla

[1] Pag. 289.
[2] Ivi.
[3] Pag. 300.
[4] Pag. 298.
[5] Pag. 303.
[6] Pagg. 305-6.
[7] Pagg. 306-9.
[8] Pag. 312.

MISSIONE DELLO SPIRITO SANTO, all'altare dello Spirito Santo, nella chiesa parrocchiale di Villa Bartolomea. [1]

[1724]. Nicolò Vleughels scriveva da Roma, il 28 luglio 1724, all'abate Grassetti, a Modena, che, presso il cav. Morcelli, a Modena, v'era un'ADORAZIONE DEI MAGI di Paolo o della scuola di Paolo, che gli interessava. [2]

[1732]. Dal celebre Scipione Maffei, nella *Verona Illustrata*,[3] si dice che, tra i molti buoni quadri della Galleria Maffei, spicca UNA BELLA TESTA e UN MIRABIL CANE [4] di Paolo. Viene quindi lamentato dal medesimo storico che il famoso SAN GIORGIO, dello stesso autore, fosse stato levato dal telaio, per poi ricollocarvelo malamente. [5]

[1734]. L'esimio cav. Emilio Casa mi notificò, in una sua eruditissima lettera, come nell'*Inventario dei quadri più pregevoli di Don Carlo di Borbone,* già duca di Parma, indi re delle Due Sicilie, figuravano, nel 1734, cinque quadri di Paolo Veronese, ossia: IL CENTURIONE, MOSÈ SALVATO, una DEPOSIZIONE DALLA CROCE, ADONE E VENERE, e un RITRATTO DEL CARDINALE BEMBO.

[1] Pag. 313.

[2] CAMPORI, op. cit., pag. 159.

[3] Ediz. 1732, parte III, cap. VI.

[4] Questa bellissima tela, che ritraeva al vivo il fido compagno dell'illustre artista, fu portata in Germania dalla contessa Silvia Maffei, moglie del marchese Calcagnini di Ferrara. E di ciò mi diede notizia il marchese ALFONSO DE ZENETTI, nipote della stessa marchesa.

[5] Così egli ne scrive:

Converrebbe che il publico vegliasse alquanto più su la conservazione di questi tesori; mentre pochi anni fa ci fu perfino chi si prese licenza di schiodar la tela del gran quadro di Paolo, che fu poi malamente rimessa, il che dovea castigarsi come atroce delitto.

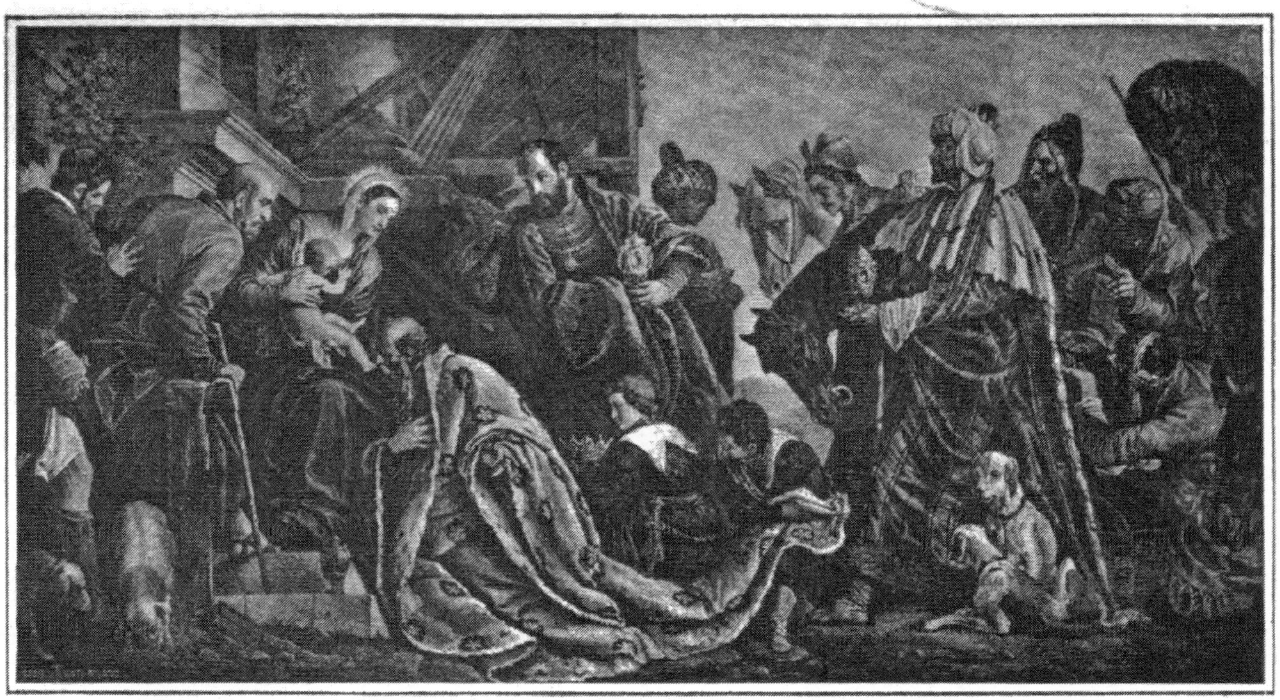

L' ADORAZIONE DEI MAGI

R. Galleria di Dresda.

[Id.]. Il quadro di VENERE E ADONE, che ora si vede nel Museo del Prado, a Madrid, fu, in quest'anno, salvato dall' incendio dell'antico castello e palazzo reale. [1]

[1739]. Clemente Ruta, nella sua *Guida di Parma* (1739), dice che, nell'oratorio di San Rocco (chiesa più tardi dei gesuiti), esisteva, all'altar maggiore, una pala di Paolo, con GESÙ CRISTO E MARIA VERGINE IN GLORIA, E, NEL PIANO, I SANTI SEBASTIANO E ROCCO.

[Id.]. Il presidente De Brosse, recandosi, quest'anno, a Venezia, ebbe a vedere ed ammirare altamente, nel refettorio di San Giorgio, la famosa CENA DELLE NOZZE DI CANA.

[1741]. Nel *Catalogo della Quadreria del principe Eugenio di Savoia,* acquistata, in quest'anno, da Carlo Emanuele III, al numero 158 trovasi notata: « LA DECAPITAZIONE DI SAN GIOVANNI, « nella maniera di Paolo Veronese, alta 3.11, larga 5.9 e $^1/_2$ ». [2]

[1752]. Nel *Catalogo ragionato fatto per ordine di Sua Maestà di Francia nel 1752 dal Lépicié,* istoriografo dell'Accademia Reale di pittura, leggesi una particolareggiata descrizione della CENA DI SIMONE, che apparteneva ai serviti di Venezia. [3]

[1757]. Nel *Catalogo dei quadri della Galleria Bonfiglioli a Bologna, 1757*, trovasi: [4]

« MARTIRIO DI UN SANTO di Paolo Veronese ».

[1] D. PEDRO DE MADRAZO, op. cit., pag. 684.

[2] ALESSANDRO VESME, *Sull'acquisto fatto da Emanuele III di Sardegna della Quadreria,* ecc., nella *Miscell. di storia patria* (Torino, 1887), vol. XXV, pag. 250.

[3] *Gazette des Beaux-Arts* (1868), vol. XXIV, pag. 293.

[4] CAMPORI, op. cit., pag. 617.

[Id.]. Leggesi nelle *Opere del cav. Carlo Castone della Torre di Rezzonico* (vol. IV, pag. 326) che, nel suo viaggio a Londra, nel 1757, vide, nella Pinacoteca Edgard, « una bell'AN-« NUNZIATA di Paolo, con due sole figure e bella architettura ».

[1758]. Da una *lettera del conte Algarotti a Francesco Maria Zanotti*, in data del 4 settembre 1758, risulta [1] ch'egli possedeva uno SCHIZZO DELLA PALA DELLA SANTA GIUSTINA di Padova. Egli scrive, infatti: « Non è gran tempo che fatto mi « venne di acquistare un vecchio disegno a penna del celebre « quadro di Paolo, inciso in rame da Agostino Carracci, il qual « vedesi nel tempio di Santa Giustina di Padova. In esso disegno « la parte da basso, che rappresenta il martirio con tutti gli « accessorî, si può dir tale quale è nel quadro medesimo, e nel « rame; lo stesso indietro, le stesse fabbriche, la stessa attitu-« dine della Santa, con intorno i sacerdoti e il carnefice, sol-« dati, spettatori, cani, quasi ogni cosa l'istesso. La sola diffe-« renza è che nel disegno la parte di sopra e l'aria è libera; « e sapete se l'opposto è nel quadro: e vi si vede solo un an-« gioletto e non più, che cala d'alto tenente la corona del mar-« tirio; il tutto conforme allo stile di Paolo, i cui quadri hanno « di gran respiri, e i campi sono tutti sfogati ed ariosi. Egli è « naturale a pensare che presentato da Paolo il disegno all'abate « del monistero, se ne mostrasse questi poco contento, e gli rap-« presentasse come troppo meschina e nuda sarebbe riescita « l'opera con quel solo ranocchietto d'angelo in un mare d'aria. « Postosi Paolo a render ragione, come è ancor naturale, di quanto « era e non era nel disegno, secondo i principî dell'arte sua, do-« vette riscaldarsi l'abate, e forse anche insistere, che, noverati « dall'una banda i fiorini ch'erano d'accordo per l'opera, e dal-« l'altra le figure ch'entrar vi doveano, troppo era notabile dagli « uni alle altre la disproporzione ed il calo; che così non la in-

[1] ALGAROTTI, *Opere scelte* (Classici, 1823), vol. III, pagg. 312-13.

« tendeva chi mettea fuori i bezzi, e simili altre concludenti « ragioni. Paolo come dovea egli fare in tal caso, se non come « volea messer l'abate? Deliberossi egli adunque per lo quieto « vivere di cacciar dentro alla sua composizione quei tanti cori, « quel nuvolo d'angioli, in una parola, quella pesantissima gloria « che vedesi nel dipinto impinzar l'aria e soffocar le figure da « basso, le quali, come principali nell'azione, primeggiare pur « dovrebbono e rimaner signore del quadro. So ben anch'io, di- « ceva il segretario di quel cardinale, che non val niente lo stile « di questa mia lettera; ma questo è lo stile che piace a Sua « Eminenza ».

[1759]. Al palazzo nuovo di Madrid, nella Collezione di Carlo III, figurava un MOSÈ SALVATO DALLE ACQUE, alto 0.56, largo 0.43.[1]

[Id.]. Nella Collezione di Carlo III, nel palazzo del Buon Ritiro, trovavasi un quadro, con GESÙ E IL CENTURIONE, alto m. 1.43, largo 1.36.[2]

[1760]. Francesco Algarotti, in una sua *lettera a Eustacchio Manfredi*, che porta la data di Bologna, 24 ottobre 1760, così scriveva sugli AFFRESCHI di Paolo a Maser:[3] « Andai novel- « lamente come a sciogliere il voto; e ciò fu con grandissimo « mio diletto. Il quale fu anche accresciuto dall'avervi trovato « due cose, di cui io non aveva mai udito parlare de' miei dì. « L'una sono de' paesi di mano di Paolo, toccati con molta bra- « vura, benchè un po' secchi, e assai inferiori alle teste e ai « panneggiamenti delle figure, onde ha ornato quel palagio; « l'altra è un tempio che potrebbe arricchire una città ».

[1762]. Nel presente anno, furono rinfrescate le pitture di Paolo di San Sebastiano, e questo risulta da alcune *Note* di quel

[1] D. P. DE MADRAZO, op. cit., pagg. 301-2.

[2] Ivi, pag. 304.

[3] BOTTARI e TICOZZI, *Lettere pittoriche*, vol. VII, pag. 461.

convento, esistenti nell'Archivio di Stato in Venezia. Eccone il contenuto e le parole:[1]

« Nota, come minacciando prossima imminente rovina il vôlto « della Cappella dell'Altar maggiore, dove Paolo Calliari Veronese « dipinto aveva IL MARTIRE SAN SEBASTIANO NELLA GLORIA DEL « PARADISO, fu necessario demolire il vôlto e rinovarlo con far in « quello dipinger lo stesso in altra aria rappresentato dal felice « penello di Sebastiano Ricci verso il 1700 a spese de devoti peni- « tenti del padre Dario Astori fo poi Generale e specialmente del- « l'Ecc.ma casa Pisani di Santo Stefano ».

« Nota che le Pitture specialmente di Paolo Calliari Veronese « di cui abbonda la nostra Chiesa, nell'anno 1762 furono rinfre- « scate da mano perita con l'applicazione unicamente della spongia, « e che nel Coro dalla parte del Campanello levatosi per l'effetto « come sopra la pittura di Paolo suddetto rappresentante in tela « SAN SEBASTIANO IN ATTO DI PRODURSI DINANZI A DIOCLEZIANO, « altra pittura si scoperse, sul muro dello stesso autore, che, con « diverso atteggiamento, rappresenta lo stesso, forse all'auttore, « che la coperse con altra migliore in tela (che perciò si lascia « com'era), meno accetta; e la migliore che appare, è alquanto « patida per caggione appunto della tela alquanto in un lato « specialmente logora e quasi marcia, ma al di dentro sosten- « tata a dovere.

« [1765]. Nota di più come nel Chiostro sotto ad ogni vôlto vi « erano pitture varie, e buona parte sacre, di mano però inferiore « fatte sulla tela omai logora dal tempo che marcì anco i tellari, « laonde dovendosi accomodar il Convento previamente al primo « Capitolo Generale 1765, in questo convento destinato, si stimò « bene nell'ottobre precedente di levar dette straccie pitture, « imbiancando li Chiostri alla Monastica a riserva de' nostri

[1] Archivio di Stato in Venezia (*Mani-morte,* Convento di San Sebastiano, processi n. 9).

« Beati e San Girolamo molto più fanno corona alla B. V. di « pietra sotto il Chiostro presso alla Sacrestia erano di mano « dicesi del celebre Simoncino, alquanto logori dal salso, e per « necessità ritoccati già prima in detto anno 1762.

« Nota di più che dovendosi rifar l'Organo che ne aveva bi- « sogno (e fu rifatto da Giovanni Moscatelli Veneto l'anno 1762) « per non metter fuori di luogo nè pregiudicare le celebri pit- « ture di Paolo Caliari in altro sopra le canne del nuovo Organo, « una volta troppo alte si stimò bene di spiegarvi al di sopra « que' geroglifici che vi si veggono ».

[1767]. Vincenzio Fanti, nella *Descrizione completa della Galleria di S. A. Giuseppe Wenceslao di Lichtenstein* (Vienna, 1767), pag. 89, nota come, nella camera ottava, esistesse LA BEATA VERGINE, CHE SIEDE, COL PARGOLETTO GESÙ IN GREMBO, CHE STA IN ATTITUDINE DI PORRE UN ANELLO IN DITO A SANTA CATERINA, DIETRO LE QUALI FIGURE VI È SAN GIUSEPPE E SANT'ANNA di Paolo Veronese. Alto piedi 1.10, largo 2.10.

[1770]. Cesare Barotti, nel suo libro *Pitture e scolture della città di Ferrara* (Ferrara, 1770), pag. 53, dice che, a San Benedetto, trovavasi un bellissimo quadro, co' SANTI LORENZO E STEFANO, GENUFLESSI, E MARIA VERGINE, COL BAMBINO, SULLE NUVOLE, colorito (per giudizio d'intendenti) da Paolo Veronese, levato dall'oratorio delle Caselle, nel 1753.

[1771]. Il Zanetti, nella sua opera, ripubblicata in questo anno, non parla delle pitture di Paolo, già esistenti in Sant'Jacopo di Murano; laonde convien dire che non si vedessero più in pubblico e fossero già vendute.[1]

[Id.]. Nella Galleria delle pitture, già esistente nel palazzo Bevilacqua, a Verona, trovavansi alcuni dipinti di Paolo. E pre-

[1] CICOGNA, op. cit., vol. VI, pag. 418, nota.

cisamente, nella prima facciata verso la sala, UNA DONNA CON FANCIULLO, un RITRATTO, CON SERVO E CANE e una SACRA FAMIGLIA; nella facciata piccola, ENEA; nella facciata in vista, a mezzo, una VENERE,[1] e, nella facciata grande, verso le camere, UNA SERVA, CON FANCIULLO CHE PIANGE.[2]

[1775]. Gaspare Patriarchi, scrivendo da Padova, il 7 agosto 1775, a Tomaso Temanza, gli fa notare come fosse stato ammirato della bellezza e della conservazione dei FRESCHI di Paolo al Cataio.[3]

[1785]. Nel *Catalogo di quadri raccolti dal fu signor Maffeo Pinelli, ed ora posti in vendita in Venezia* (1785), leggesi:[4]

« Caliari Paolo Veronese. SAN GIROLAMO NELL'EREMO in tela « alto p. 1, once 10, largo p. 1 e $^1/_2$.

« RITRATTO DI UOMO VESTITO DI NERO, CON FAZZOLETTO BIANCO « NELLA MANO DRITTA; mezza figura. In tela, alta p. 3, once 1, « largo p. 2 e $^1/_2$.

[1] L'avea già descritta il MAFFEI (*Verona illustrata*, 1732, parte II, cap. VI) con queste parole:

....osservisi nel termine del prospetto delle stanze in opportuno lume la Venere, o donna seminuda, di Paolo in atto bizarro di rivolgersi e di specchiarsi, con Amorino che tien lo specchio: confesserà al certo ogn'intendente, che per bel disegno, per naturalezza di colorito, per vivezza d'espressione e per grazia d'invenzione l'arte non può andar più innanzi.

[2] *La Verona illustrata ridotta in compendio* (Verona, 1771), vol. II, pagg. 33-34.

[3] BOTTARI e TICOZZI, op. cit., vol. VIII, pagg. 345-46. Ecco il tratto della lettera:

Oh quanto è magnifico e signorile il palagio degli Obizi, miei cortesissimi ospiti, e quanto sono maravigliose e ben conservate le pitture del nostro Paulo, e del suo allievo Zelotti! Cotesto sì che è un palazzo che si merita l'osservazione degli eruditi e degli studiosi delle belle arti! Io mi partii di là stracco, ma non satollo di tornar a contemplare la quarta volta la galleria dei quadri, e i freschi di Paulo, e gli arabeschi del Dossi.

[4] Pagg. 19-20.

« Testa bellissima di uomo, col busto armato di ferro, « e con croce al petto. In tela, alto p. 1 $^1/_2$, largo p. 1, once 2.

« Ritratto di donna giovine, che tiene la mano dritta « al petto, eccellentemente disegnata e dipinta. In tela, alto « p. 1 $^1/_2$, largo p. 1.

« Testa di uomo, con collare bianco vestito di nero. Sulla « tavola alto p. 1 $^1/_2$, largo p. 1.

« Giovine con abito lungo verde, che tiene appoggiata « la mano sinistra sopra il tavolino, e nell'altra un ro- « tolo di carta. Sulla base di una colonna evvi un Lione in « piedi, e, al di sopra, il seguente motto: *Ego autem quiesco.* « Figura fino alle ginnocchia, sul rame, alto once 10, largo « once 7.

« Testa di donna giovine, con perle al collo e velo « bianco. In tela, alto p. 1 e $^1/_2$, largo p. 1 ».

[1786]. Nella *Guide des ètrangers dans Milan* (1786), a pagina 25, si nota come, nell'arcivescovado, esistesse un San Giuseppe col Salvatore e San Giovanni di Paolo Veronese.

[Id.]. Il celebre poeta tedesco Giovanni Wolfango Goethe, in una sua lettera, in data di Verona, 17 settembre 1786, dice di aver visto, appunto in Verona, nella Galleria Bevilacqua, due Ritratti di Paolo Veronese, « che gli accrebbero di molto la sua « stima per questo pittore ».[1]

[1788]. Agostino di Rode, nella *Descrizione della villa e del giardino inglese a Wörlitz,*[2] attribuisce a Paolo un Cadmo, che semina, per ordine di Minerva, dei denti di drago, che allora si trovava nella Galleria del duca di Anhalt-Dessau, lungo

[1] *Ricordi di viaggio in Italia nel 1786-87* per Giovanni Wolfango Goethe (traduzione dal tedesco di Augusto di Cossilla; Milano, pagina 44).

[2] Dessau Lipsia, 1788.

37 centimetri e alto 34, e, oltre di questo, anche un'EUROPA CHE ADORNA IL TORO.

[1790]. Nel *Catalogo di quadri del signor don Giovanni Vianelli, canonico della cattedrale di Chioggia*, leggesi: [1]

« L'ADORAZIONE DEI MAGI. Modello dell'opera posta in San « Silvestro di Venezia, e data alla stampa da Carlo Sacchi. Al- « cuni cambiamenti, sebben di non grande momento, che qui ci « sono, particolarmente nel colorito dei drappi, bastar potreb- « bono per se soli a farcelo riconoscere per originale. In tela, « alto p. 2, once $^3/_4$, largo p. 1, once 8, con cornice dorata, e « cristallo.

« IFIGENIA IN TAURI SACRIFICANTE. Nel mezzo di un regio cor- « tile, dove su mensole o zoccoli retti da termini, veggonsi due fi- « gure rinvolte in bruno, ma senza testa, e'l frontispizio d'un « Tempio al di fuori, si sta ritta la Donna vestita di bianco infino a « terra e in tracolla gemmata, cinta le tempia di alloro, tra il foco- « lare acceso, e una cerva svenata. Tiene anche in mano un col- « tello; onde mostra di aver or ora sacrificato quel vecchio, che « giace disteso e quasi del tutto ignudo a' suoi piedi; mostra ella, « dico, all'atto compassionevole e di meravigliarsi e seco lei di do- « lersi, che destinata si vede a dar morte a' suoi simili. Si scorge « da lungi altra femmina legata di dietro le mani, che viene ad « essa condotta da altre due donne. La favola, in somma, è spressa « molto a dovere: assai bella la forma, ed i lineamenti dei panni « d'Ifigenia; benissimo inteso lo ignudo e lo scorcio del morto « giacente al suolo; elegante l'architettura; saporitissima l'aria, « e con gran leggierezza toccata la frasca degli alberi. Ancora, « dico, che se in ogni parte del quadro non vi si trova, da tutti, « Paolo provetto e maestro, dassi egli certamente a conoscere « per tal giovine, che va a gran passi alla perfezione. C'è scritto « di dietro: *opus Pauli a Verona fecit aetatis suae XVIII.* Sul

[1] Venezia, Palese, 1790, pagg. 111-18.

« bambagino mesticato col gesso. Altezza p. 2, once 3 $^1/_4$, lar-
« ghezza p. 2, once 11 $^1/_2$ con cornice dorata.

« IL CENTURIONE DAVANTI A GESÙ CRISTO. Il Centurione gettasi ginocchione a braccia aperte dinanzi a Cristo. Precede « questi, siccome pare, due Apostoli, vecchio uno, la cui testa « è mirabile, l'altro in età virile; quegli li suoi seguaci con elmi « in capo. Un di costoro in mano ha un'alabarda: l'altro tien « per la briglia un bianco e ben messo cavallo, presso a cui sta « un bertuccione, e si scuopre da lunge una loggia con gente « sopra, che osserva. Le forme qual più, qual meno, sono tutte « superbe: la composizione grandiosa: le tinte più forti, che « delicate. Che se per qualche rispetto avrà forse Paolo or trattato meno accuratamente questo argomento da quello, ch'ei « si facesse altre fiate, segnatamente nel CENTURIONE di Casa Grimani; non è che quest'opera, se nel ben'insieme, siccome dicono, la si riguardi, abbia a tenersi di lui men degna, o non « sua. Tutti gli artefici che operano (dice Raffaele Borghini nel « *Riposo,* lib. II, pag. 126 [1]), non fanno l'opere loro d'una medesima perfezione. In tela, altezza p. 2, once 10 $^1/_2$, larghezza « p. 4, once 3 $^1/_2$ con cornice dorata.

« GESÙ CHE RISUSCITA LA FIGLIA DELL'ARCHISINAGOGO. Quanto « sia esatto l'Autore nella rappresentanza di questo fatto, e di « tutte sue appartenenze, ognuno sel vede, che sa la Storia « al minuto. Una vecchiarda, che da una finestra trovò la via di « appagare la innata nelle femmine curiosità, è invenzion del « Pittore altrettanto bella e a proposito, quantochè non isconcia « od accresce, di là guardando, il prescritto numero degli astanti: « le cui arie di viso, le cui vestimenta e, che è più, le attitudini, « che sieno proprissime, accomodatissime, vivacissime la sola « figura dell'Archisinagogo serve a provare evidentemente. Leggi « in certo modo scritte in quel volto, che appare fra la confidenza e il timore, quelle parole *noli timere, tantummodo crede;*

[1] Firenze, 1730.

« e nel Redentore medesimo quella maestà e quell'imperio tra-
« luce, che lo dimostra divino, così come prende la morta mano
« della fanciulla, o come al Padre riguarda per rinfrancarlo ed
« incoraggiarlo; vedi di Pietro il vero ritratto stessissimo, che
« pieno di ardire e buon zelo si slancia il primo, e si china a
« osservare più da vicino il prodigio; assai bene adombrato e
« caratterizzato Giovanni per il più giovane Apostolo e nella
« sua veste di porpora, e nella scioltezza e sveltezza, onde si
« rizza in punta di piedi, dietro dal maggior Piero, egli pure a
« osservare: in Giacopo ancora non so qual gravità propria degli
« anni, e la maraviglia si vede. Ma che dovrei dir della madre?
« Con quanto affetto nel gaudio non si presta ella ad alzar la
« figlia, che ormai dà segni di vita? Intanto il Pittore fa a bello
« studio cadere un lume assai forte sul braccio preso da Cristo;
« onde ben pare, che questo prima, e più presto degli altri
« membri da lui non tocchi riprenda il primiero suo naturale
« colore, e agli usati uffizi ritorni: considerazione veramente sot-
« tile, veramente stupenda, quantunque inaspettata, e necessa-
« rissima; però non temo di dire, e francamente pronunzio, che
« in via d'espressione qui tutto parla, quanto parlare può mai
« pennello da eccellentissima mano guidato. Tralascio li conve-
« nevoli gesti de' trombettieri, e di quella gente scacciata fuor
« della stanza e di quella casa; e un magnifico padiglione pen-
« dente sul letto della fanciulla, che oltrechè spiega mirabilmente
« e qualifica di per se la persona, a cui serve, fa molto col re-
« sto al ben insieme dell'opera, per parte eziandio del colorito
« assai ben concertata, e di un esquisito sapore. Altezza p. 1,
« once 3, larghezza p. 1 con cornice dorata e cristallo.

« Ritratto di Paolo dipinto da lui. L'effigie, che non è
« altro che il solo busto, in abito grigio e in collane d'oro, di-
« mostra, che aveva egli oramai montati i sessant'anni. La barba
« non molto lunga, così i capelli, che in parte gli mancano d'insù
« la fronte, e quelli e questi cominciano a incanutire: sicchè può
« credersi a buona equità esser questo il ritratto, che per attesta-

« zion del Ridolfi, e del comm. Dal Pozzo dopo la di lui morte ri-
« trovarono i figli fra le altre sue opere in casa. La testa, l'occhio
« particolarmente, son pennellate da gran maestro. In tela, dietro
« a cui leggesi: *Ritratto di Paolo Veronese, dipinto dal me-*
« *demo.* Altezza p. 1, once 7 $^1/_4$, larghezza p. 1, once 4 $^1/_4$, con
« cornice dorata e cristallo ».

[1792]. Nella *Nota* dei 10 quadri che il cav. Giuseppe Rosa, direttore della Galleria Imperiale di Vienna, prometteva al conte Luigi Bartolini Baldelli, in compenso degli altri sei, che il Granduca di Toscana permutava coll' Imperatore, notasi: « ASSUERO « SOTTO TRONO, DAVANTI AD ESSO LA REGINA ESTER, ACCOMPA- « GNATA DA MOLTE FIGURE, opera di Paolo Veronese ». [1]

[1793]. Fu portato, in quest'anno, alla Galleria degli Uffizi di Firenze il quadro di ESTER DAVANTI ASSUERO, che trovavasi nella Reale Guardaroba del Granduca. [2]

[1794]. Fu portato, medesimamente dalla Reale Guardaroba alla Galleria degli Uffizi, il quadretto del MARTIRIO DI SANTA GIUSTINA. [3]

[1795]. Pietro Brandolese, nel suo libro *Pitture, sculture, architetture di Padova* (Padova, 1795), pag. 115, nota che, nel refettorio dei Cappuccini, esisteva, allora, « LA CENA DEL SI- « GNORE, CHE COMUNICA GLI APPOSTOLI, lavoro egregio di Paolo « Caliari Veronese ». [4]

[1] A GOTTI, *Le Gallerie di Firenze* (1870), pagg. 351-54.

[2] *Catal. della R. Galleria degli Uffizi* (1881), pag. 127.

[3] Ivi, pag. 126.

[4] Potrebb'essere quella fatta da Paolo per San Felice di Venezia, di cui così parlava il RIDOLFI (*Vita,* pag. 31):

In San Felice espresse la CENA DEL GIOVEDÌ SANTO, *et e tirata la mensa in prospet-*

[1796]. Dal Poggio Imperiale fu trasportato alla R. Galleria degli Uffizi il quadro rappresentante SANTA CATERINA IN GINOCCHIO, di media grandezza. [1]

[Id.]. Il p. Ireneo Affò, nella sua Guida di Parma, intitolata *Servidor di piazza* (1796), dice che in San Rocco esisteva la pala di Paolo, già citata nella *Guida* di Clemente Ruta, nel 1739.

[1797]. Secondo il p. Giuseppe Marini carmelitano, [2] esistevano in molti palazzi di Verona i seguenti dipinti di Paolo:

In casa Giusti, al giardino, due quadri, l' uno dei quali IL BATTISTA; [3] in casa Ridolfi, IL BAMBINO MOSÈ; [4] in casa Sarego, a San Sebastiano, un ECCE HOMO; [5] in casa Rizzardi, a San Marco, una MADONNA; [6] in casa Bevilacqua, una VENERE E UNA DONNA CON UN CANE; [7] in casa Canossa, un' ADORAZIONE DEI PASTORI. [8]

[Id.]. In quest'anno, da molte città d' Italia vennero tolti, e trasportati in Francia, i più bei capolavori di pittura, tra cui i seguenti quadri di Paolo: [9]

LA TENTAZIONE DI SANT'ANTONIO ABATE, dalla cattedrale di Mantova.

tiva, con Christo nostro Signore in capo, in atto di comunicar gli Apostoli, che ad uno ad uno si prostrano a' suoi piedi.

E potrebb'essere quella che Paolo dichiarò al Santo Uffizio d'aver fatto pei padri della Maddalena. Io tengo, anzi, questa opinione.

[1] *Catal. della R. Galleria degli Uffizi* (1881), pag. 124.

[2] *Indicazione delle chiese, pitture e fabbriche della città di Verona.*

[3] Ivi, pag. 12.

[4] Ivi, pag. 22.

[5] Ivi, pag. 26.

[6] Ivi, pag. 35.

[7] Ivi, pag. 38.

[8] Ivi, pag. 39.

[9] *Catal. de' capi d'opera di pittura, ecc. trasportati dall'Italia in Francia;* Venezia, 1799, presso Antonio Curti q. Giacomo a San Polo; ROMANIN, op. cit., tomo X, pagg. 389-90.

San Sebastiano e San Rocco, dalla Galleria del duca di Parma e Piacenza.

Le Nozze di Cana, da San Giorgio di Venezia.

Cena di Gesù in casa del Fariseo, da' Santi Giovanni e Paolo di Venezia.

Giove che fulmina i Vizi; le Virtù teologali; il Ratto d'Europa; Giunone che sparge tesori su Venezia, dal Palazzo Ducale di Venezia.

La Cena di Gesù in casa di Simone fariseo, da San Sebastiano di Venezia.

La Vergine, col Bambino, e Santa Caterina, da San Zaccaria di Venezia.

Un Ritratto di donna, con un fanciullo che piange; la Sacra Famiglia; due altri quadri, da casa Bevilacqua di Verona.

Il Martirio di San Giorgio e il San Barnaba, che legge l'Evangelo sopra il capo d'un malato, da San Giorgio di Verona.

[1798]. Proveniente dalla Reale Guardaroba, venne trasportato agli Uffizi il quadro della Crocifissione di Gesù Cristo. [1]

[Id.]. Proveniente dalla Reale Guardaroba, venne trasportato agli Uffizi il quadro della Sacra Famiglia, con Santa Caterina. [2]

[1799]. Dalla *Nota dei quadri che, nel 1799, furono tolti dal Reale Palazzo di Pitti e spediti a Parigi*, estratta dalle ricevute originali e dai processi verbali fatti nell'atto della consegna dei medesimi, risulta che dal Quartiere di Pietro da Cortona, quinta sala, detta di Saturno, fu levato il Mosè ritrovato. [3]

[1] *Catal. della R. Galleria degli Uffizi* (1881), pag. 132.

[2] Ivi, pag. 187.

[3] Chiavacci, *Guida ai Musei di Firenze*, pagg. 212-14.

[1810]. L'egregio canonico Giambattista Giuliari nota, in alcuni *Documenti che si riferiscono alla storia della Biblioteca Capitolare di Verona*, [1] che i signori Giuseppe Appiani ed Ignazio Fumagalli, nel 1810, levarono, per ordine del Governo, dalla Galleria Bevilacqua di Verona, un RITRATTO DI DONNA, CON UN FANCIULLO, CHE ACCAREZZA UN CANE, mezza figura al naturale, dipinto da Paolo, per trasportarlo a Brera.

[Id.]. Nella camera da letto di Luigi XIV, a Versaglia, fu collocato il quadro del GIOVE, CHE FULMINA I DELITTI, che decorava la sala del Consiglio dei Dieci a Venezia. [2]

[1813]. Di un dipinto dello SPOSALIZIO MISTICO DI SANTA CATERINA D'ALESSANDRIA parla il Landon (*Ann. du Musée;* Paris, 1813, II° collect., vol. III, pag. 59-60), e così lo descrive: « SANTA « CATERINA D'ALESSANDRIA, INGINOCCHIATA SUR UN FRAMMENTO « DELL'ISTROMENTO DEL SUO SUPPLIZIO, RICEVE DALLE MANI DEL « BAMBINO GESÙ L'ANELLO NUZIALE. La Vergine, seduta vicino « ad un albero, tiene nelle sue braccia il Divin Pargoletto. Di « dietro a questo gruppo, una seguace di Santa Caterina regge « la palma del martirio, che fa riconoscere questa Santa. Vicino « ad essa, alla destra di chi osserva, vi è San Giorgio, in piedi, « che tiene in una mano un'alabarda, e nell'altra la guardia della « sua spada. Il costume di quest'ultimo personaggio è piuttosto « quello di un soldato veneziano che di un guerriero, che vi- « vesse sotto il regno di Diocleziano; ma questa specie d'ana- « cronismo è sì sovente ripetuta nelle composizioni di Paolo Ve- « ronese, e noi ne abbiamo fatto tante volte osservazione, che « si potrà considerare questo nuovo appunto come eccessivo ed « inutile. Per soprappiù, questo piccolo quadro, o piuttosto questo « schizzo finito, di cui le figure non hanno che otto o dieci pol- « lici d'altezza, è d'un effetto e d'un colorito brillante. Il tocco

[1] *Archivio Veneto,* nuova serie, fasc. LX, pag. 479

[2] BOTH DE TAUZIA, *Musée du Louvre;* Paris, 1885, pag. 77.

« ne è molto più accurato che il solito, specie nei piccoli quadri « del Veronese; e, come non ci si ritrova tutto lo spirito, tutto « il fuoco, ond'egli suole animare i suoi minimi pensieri, si potrà, « senza pregiudizio, dubitare se il quadro sia realmente fatto « da questo maestro. Tuttavia la nostra opinione particolare non è « valida: e, lungi di cercare di darle peso, noi ci riferiamo, senza « altra disamina, al catalogo del Museo, che attribuisce questo « quadro a Paolo Veronese ».

[1814]. Il Landon (*Ann. du Musèe;* Paris, 1814, IIe collect., pag. 113), facendo, in un particolare volume, la descrizione della Galleria Giustiniani di Roma, allora trasportata a Parigi, registra una MADDALENA di Paolo, e così ne parla: « La Maddalena è « rappresentata vicina al sepolcro nello sbigottimento e nel do- « lore di non ritrovarvi il corpo di Gesù Cristo. Il fondo di questo « quadro presenta davvicino un sito roccioso: da lontano una « montagna, sulla quale sorgono degli edifizi. Si scorge da lungi « i due Angeli, che apparvero alla Maddalena. Questo quadro, « la cui composizione è ricca d'accessorî, non offre d'altronde « che uno stile e un disegno poco notevoli, e una espressione « comune. Tali difetti sono però compensati dalla verità del co- « lorito e dal merito della esecuzione ».

[Id.]. Da un opuscolo, stampato in Milano (1814) dalla tipografia Bursani,[1] risulta che nella Galleria del generale conte Teodoro Lechi, a Milano, esistevano, a quell'epoca, i seguenti quadri di Paolo, così descritti:

« N. 43. GIOVE E LA GERMANIA. In tela. Alto piedi 4, pollici 6; « largo piedi 7, pollici 7. Giove siede in mezzo ad un gruppo « di dense nubi. Tutto è ignudo, fuorchè il tergo ed i lombi che « un gran manto attortigliato ricopre. Dal suo volto grave e di- « gnitoso si scorge ch'egli è l'arbitro degli uomini e degli Dei.

[1] *Indice e descrizione dei quadri del signor generale conte Teodoro Lechi di Brescia esistenti nella sua casa di Milano,* pagg. 16-38.

« In questa qualità fa padrona la Germania dell'Impero e d'altri « numerosi Stati, additandole il cesareo diadema, le regie corone « e mitre poste al di lui fianco. Questa, sotto la figura di ma- « trona, mostra grandissima sorpresa e sembra rimanga abba- « gliata alla vista di tanti e così preziosi doni. Dietro a Giove, « vaga ninfa che la guarda attentamente e le mostra un dado, « quasi voglia dirle che la sorte le sarà sempre propizia. Da- « vanti, verso il lato destro, due putti che scherzano con una « mitra; e due altri, verso il lato sinistro, che accarezzano « l'aquila, la quale, avendo abbandonato i fulmini, riposa tran- « quillamente sopra una nube. Zodiaco.

« N. 44. Il Tempo e la Religione. In tela. Alto piedi 4, « pollici 6; largo piedi 7, pollici 7. Il Tempo colla falce in mano, « appoggiato sovra un globo che figura la Terra, mira con occhio « d'indignazione la sozza eresia, che giace prostesa sotto le sem- « bianze d'una putida ed orrida vecchia. Questa, sebbene op- « pressa da gravissimi morbi, osa sollevare la fronte a scher- « nirlo. A destra, la Religione sotto le sembianze di donna pia « ed insieme severa, che legge la Bibbia, ed, al suo fianco, un « putto colla verga pastorale. A sinistra, due altri putti, vicino « al Tempo. Un ammasso di nubi forma la base del quadro. « Zodiaco.

« N. 45. Apollo e Giunone. In tela. Alto piedi 4, pollici 6; « largo piedi 4, pollici 3. Assisi sopra nubi. Il primo è in atto « di favellare di cosa grave ed importante: la seconda, in atto « d'ascoltare con grandissimo interesse. Questa non ha nude « che le braccia: quegli ha un manto che non gli copre se non « il tergo e i lombi. Ambedue hanno i loro distintivi, e Apollo « il capo raggiante, come apportatore del giorno. Zodiaco.

« N. 46. Pallade e Marte. In tela. Alto piedi 4, pollici 6; « largo piedi 4, pollici 4. Sembra che abbiano gran fretta d'ar- « marsi per correre al combattimento. Pallade ha di già l'asta « al fianco; e Marte ha di già nudo, nella sinistra, il pugnale. « La prima, colle ignude spalle rivolte, sta allacciando l' imbusto

« al secondo; e questi, appoggiato al suo usbergo, freme d'im« pazienza e dal volto spira un' insana ferocia. Putti ai lati con « rami d'alloro e bellici strumenti. Nubi formano la base del « quadro. Zodiaco.[1]

« N. 47. Pilato. In tela. Alto piedi 4, pollici 1; largo piedi 5, « pollici 4. Il Romano legato, assiso a sinistra, manifesta agli « Ebrei di non voler giudicare Gesù Cristo, lavandosi le mani: « due paggi, uno che versa l'acqua e l'altro con bacile: archi« tettura e varie figure lateralmente. A destra, il Nazzareno, « stretto da un manigoldo, con sembianza che mostra nè d'ap« provare nè disapprovare la condotta del giudice: dietro, scribi « che lo mirano con disprezzo e soldati: davanti, in un piano « inferiore, un membro del Sinedrio in atto di favellare con altro.

« N. 48. Battesimo d'una Santa. In tela. Alto piedi 5, pol« lici 1; largo piedi 3, pollici 5. Si vede la Santa miracolosa« mente trasportata in cielo, fra splendide nubi, ricevere con « umil volto il battesimo dalle mani del Redentore. Un angiolo « le tiene indietro il manto colla mano destra, e nella sinistra « ha la palma, indizio del prossimo di lei martirio. Due altri « angioli assistono al Sacramento e molti, in alto, che sembra « cantino lodi al Signore.

« N. 49. Comunione e Martirio d'una Santa. In tela. Alto « piedi 4, pollici 3; largo piedi 5, pollici 3. La Santa, ginoc« chione, colpita dal carnefice che sta in atto di estrarle il pu« gnale dal petto, mostra più ansietà di ricevere la Divina par« ticola, che dolore per la mortale ferita. A sinistra, venerabile « sacerdote, che le amministra il Sacramento; giovanetto con « torcia accesa e persona che osserva. A destra, vecchia, che si « avanza; gran piazza con piedestallo, che sostiene uno sten« dardo, idolo, villici con armento ed arco in distanza. Rogo « acceso e case con numerosi spettatori ai balconi.

[1] Questa e le tre antecedenti pitture ornavano la sala dei banchetti nel Fondaco dei Tedeschi, in Venezia, di cui già s'è parlato.

« N. 50. Ratto d'Europa. In tela. Alto piedi 2, pollici 8; « largo piedi 3, pollici 7. Giove, sótto la figura di bianco Toro, « porta mollemente sul suo dorso la regia ninfa che si tien salda con « una mano ad uno de' corni. Il rapitore sembra gioire ed assicu- « rare, nel tempo istesso, la giovine spaventata. Questa mostra di « deporre i primi timori, giacchè sta osservando gli scherzi che « fa il suo velo agitato dai venti. Orizzonte e mare tranquillo.

« N. 51. Soggetto sconosciuto. In tela. Per soffitto: ottan- « golato di piedi 4, pollici 3. *Nella parte superiore;* stanno « assise, in mezzo a nubi, tre dive: la prima, in atto di spremer « latte dalla sua destra mammella; la seconda, di porgere un « pomo, abbassandosi; la terza, d'osservare. *Nella parte infe- « riore;* sovra aereo campo, la Fortuna e altre divinità tengono « sospeso in alto Amore, che ha steso il braccio per prendere « l'accennato frutto. Un velo fluttuante cinge i fianchi della « prima. Lunga e ricca veste di color verde, come suolsi dipin- « gere la Speranza, copre la seconda. Ai lati, due amorini con « accese faci.

« N. 91. Mosè tratto dalle acque del Nilo. In pietra la- « vagna. Alto piedi 1, pollici 4; largo piedi 1, pollici 1 $^1/_2$. Il « bambino, tra le braccia d'una regia ancella, sembra vagire. « A destra, la sconosciuta madre lo mira tutta agitata e con « occhio di tenerezza e di compassione, mentre la Principessa « d'Egitto, adorna di ricchissimo manto, si consiglia colle sue « confidenti per trovargli una nutrice che lo allatti. A sinistra, « giù dalla sponda, due donne che scoprirono il fanciullo gal- « leggiante nelle acque, ed un servo nella figura di un moro. « Dietro, alberi maestosi, gran ponte sul Nilo; veduta della città « di Menfi: colli, monti ed orizzonte ».

[Id.]. A San Teonisto di Treviso, fu levata la Cena delle Nozze di Cana e fu portata a Milano, ad ornar le sale di Brera, sostituendovi una mediocre copia del Guarana. [1]

[1] Sernagiotto, *Terza ed ultima passeggiata per Treviso* (1870), pag. 24.

[1815]. Nel Gabinetto di quadri di Giovanni Albarelli, mio prozio, esistevano, nel 1815, i seguenti quadri, che vennero disegnati da Paolo Caliari,[1] mio avo, e illustrati colle relative notizie, che qui pur si trascrivono:

« Ritratto di Paolo fatto da lui stesso. Il pittore ritrasse « se stesso, negli ultimi tempi della sua vita. La vivacità della « carnagione, la grazia, i bei caratteri di testa che distinguono « Paolo ritrovansi nel suo ritratto. Egli è vestito di nero con « collare all'antica, e con nera sopravvesta foderata di martora, « il cui pelo è toccato con somma leggerezza. Tiene sulla mano « sinistra un libro ove si legge il suo nome. Questa pittura è « alta piedi 2, once 5 $^1/_2$, larga piedi 1, once 11.[2]

« Un modelletto dello Sposalizio di Santa Caterina, dipinto « in asse. Altezza once 7, larghezza once 7 $^1/_2$.[3]

« Il modello del Convito del Fariseo in San Giovanni e « Paolo di Venezia. La grandezza e varietà dell'invenzione, la « ricchezza e bizzarria dei vestiti, e la magnificenza nelle ar- « chitetture mostrano a pieno il sempre vago e sublime carat- « tere di quel maestro. Alto piedi 3, once 4, largo piedi 6, once 8.[4]

[1] Era un valentissimo imitatore dei classici del quattrocento, di cui, fra molti altri lavori, si vedono, in Verona, tre bellissime storie della *Passione di G. Cristo,* sotto il famoso trittico del Mantegna, a San Zeno, copiate da lui, per incarico dell'egregio latinista Benedetto del Bene, quando il Governo francese decretò l'asporto degli originali. Di lui pure vedesi, a Vienna, la copia d'una *Madonna* di Benvenuto Garofolo (esistente tuttora a San Tommaso Cantuariense di Verona, ma che dall'Austria si voleva portar via); copia eseguita lì per lì, con tanta finitezza, precisione ed illusione, che la Commissione deputata a levarla, vedendola dentro alla cornice dell'originale, non s'avvide punto del sotterfugio.

[2] Paolo Caliari, Mss. *Gabinetto di quadri, ecc. presso il signor Giovanni Albarelli;* Verona, 1815; *Quadri originali, ecc. presso il signor Giovanni Albarelli;* (Verona, 1818, pag. 14), dove si aggiunge che questo quadro apparteneva alla Galleria Marcello di Venezia.

[3] *Quadri origin. presso il signor Gio. Albarelli;* Verona, 1818, pag. 26.

[4] Ivi, pag. 14.

« L'Annunciazione di Maria Vergine. L'azione è rappre- « sentata in un atrio adorno di marmi e colonnati, ed è da am- « mirarsi principalmente il maestoso vestito e il nobile e insieme « grazioso portamento di Maria Vergine. La leggerezza dell'an- « gelo, il cangiante delle sue vesti e il vago paese in lontananza « accrescono i pregi di questo quadro in tela alto p. 3, once 9, « largo p. 4, once 11 1/2 ».[1]

[1818]. Nel *Giornale Patavino* (tomo XLIX della serie intera, e tomo XVIII della serie II, numero 35), settembre e ottobre 1818, a pag. 188 e seg., si è posto l'*Elenco* delle pitture a fresco, levate dal gentiluomo Filippo Balbi nella villa demolita della Soranza, di cui la massima parte fu portata in Inghilterra.[2]

[1820]. Circa questo tempo, esistevano, in Verona, nella Galleria Caldana, tra molti altri quadri famosi, le seguenti pitture di Paolo:

« Madonna, Bambino, San Zeno, Sant'Antonio, in figure al « naturale, di sua prima maniera, ma ché ha sofferto.[3]

« Gl'Incanti di Medea col vecchio Esone, brillantissima e « nobile composizione, sortita dalla Galleria Moscardo.[4]

« San Rocco, figura al naturale, bizzarramente vestito; era « nella Galleria Giusti al Giardino.[5]

« Ritratto di donna con offizio in mano; era nella Galleria « Bonduri, citato dal cav. Dal Pozzo ».[6]

[1] Paolo Caliari, Mss. *Gabinetto,* ecc.; *Quadri,* ecc., pag. 16.

[2] Cicogna, op. cit., vol. III, pag. 19.

[3] *Descrizione delle opere di pittura raccolte dal signor Francesco Caldana,* pag. 6.

[4] Ivi, pag. 7.

[5] Ivi, pag. 16.

[6] Ivi, pag. 24.

[1822]. Furono fatti restaurare dall'I. R. Governo due quadri, che Paolo eseguì per la chiesa di San Sebastiano, cioè: LA CORONAZIONE DELLA B. V., dal pittore Antonio Floriano, e la MADONNA, che stava sopra il pulpito, al pittore conte Bernardino Corniani.[1]

[1823]. Venne restituito dal Corniani il quadretto di Paolo, e allora si trovò opportuno di collocarlo, per maggior comodo degli studiosi, sopra l'altare del Beato Pietro da Pisa, assicurandolo con punte di ferro, e adornandolo con moderna cornice dorata.[2]

[1824]. Carlo Castone della Torre di Rezzonico, nel suo *Viaggio in Inghilterra,*[3] dice di aver visto, a Londra, un quadro attribuito a Paolo, raffigurante SANT'AGOSTINO, che, « per la finezza « del disegno, del colorito e delle mosse, gli parve un paragone « di pittorico magistero ».

[1828]. Nella nuova *Guida di Venezia,* di mons. Giannantonio Moschini (pag. 200), citavasi come esistente nella sagristia del Redentore, alla Giudecca, una bella tavola di Paolo, col BATTESIMO DI NOSTRO SIGNORE, già ricordata dal Zanetti.[4]

[Id.]. Il Cicogna,[5] parlando dello stesso Moschini, dice che, tra i suoi legati, v'è quello al conte Domenico Michiel del quadretto di Paolo Veronese, con IL PORTAR DELLA CROCE.

[Id.]. Nella magnifica Galleria Capitolina, fondata da Benedetto XIV e arricchita da Pio VII, fra i molti capolavori v'era LA MADONNA CON SANT'ANNA di Paolo Veronese.[6]

[1] CICOGNA, op. cit., vol. IV, pagg. 149-50, nota 2.

[2] Ivi.

[3] Venezia, Alvisopoli, 1824, pagg. 200-1.

[4] *Della pittura veneziana* (1792), pag. 268.

[5] Op. cit., vol. IV, pag. 694.

[6] FRANCESCO MASOTTI, *Guida o Dieci giorni a Roma;* Trieste, 1828, pag. 66.

[1830]. Circa questo tempo, nella Galleria Tanara, in Verona, con altri quadri di Paolo, si ammirava anche il RITRATTO D'UN INCOGNITO SEDUTO.

[1832]. Vennero ristaurati dai pittori Lattanzio Querena e Sebastiano Santi i tre quadri di Paolo del soffitto nella chiesa di San Sebastiano, cioè quello della REGINA ESTER CONDOTTA INNANZI AD ASSUERO, l'altro della INCORONAZIONE DI LEI, e il terzo, IL TRIONFO DI MARDOCHEO, i quali già erano stati in precedenza foderati. [1]

[1834]. Dai pittori Querena e Santi fu data nuova vernice al quadretto di Paolo della MADONNA, a San Sebastiano. [2]

[Id.]. Nella *Guida di Brescia*, stampata, in quest'anno, da Alessandro Sala, a pag. 121, leggesi che, nella Galleria Lechi, esistevano DODICI QUADRI STORICI di Paolo Veronese, e nella Galleria Brognoli, TRE FREGI, CON L'EUROPA, L'ASIA E L'AFRICA PERSONIFICATE E LORO ATTRIBUTI.

[1835]. A spese dell' I. R. Governo fu restaurato il gran quadro di Paolo rappresentante SAN SEBASTIANO, CHE CONFORTA I SANTI MARCO E MARCELLINO AL MARTIRIO, e, poi, l'altro corrispondente del MARTIRIO DI SAN SEBASTIANO. [3]

[1840]. Francesco Zanotto illustrò il quadro della REGINA CATERINA CORNARO e ne parlò, in apposito opuscolo, [4] mostrando che fu lasciato imperfetto da Paolo e compiuto da Carlo. [5]

[1] CICOGNA, op. cit., vol IV, pagg. 149-50, nota 2.

[2] Ivi.

[3] Ivi.

[4] *La regina Catterina Cornaro in atto di cedere la corona di Cipro alla Repubblica Veneziana, dipinto di Paolo Caliari,* illustrato da FRANCESCO ZANOTTO; Venezia, Antonelli, 1840, in-8°.

[5] Il CICOGNA (op. cit., vol. V, pag. 641) a questa notizia aggiunge, che

[Id.]. Secondo il Réveil, nella Galleria dell'Eremitaggio, a San Pietroburgo, conservavasi il CRISTO MORTO (alto 4 piedi, 4 pollici, largo 3 piedi), che Paolo avea fatto per la chiesa dei Santi Giovanni e Paolo, a Venezia, che Carlo I d'Inghilterra acquistò, che, alla sua morte, fu comperato dal duca di Longueville e dalla duchessa fu donato, in seguito, a Le Nain, consigliere di Stato, e che passò, dipoi, nelle mani del grande scudiere di Francia, il conte di Armagnac, e, finalmente, in quelle del Crozat.[1]

[1842]. Il Fantozzi, nella *Nuova Guida di Firenze*, nota che, nel palazzo Martelli, in via della Forca, esisteva un RITRATTO IGNOTO di donna, di Paolo Veronese, e un altro RITRATTO MULIEBRE, nel palazzo dei conti Mozzi.[2]

[Id.]. Secondo il Selvatico,[3] nell'episcopio di Padova, trovavasi, in quest'anno, una piccola, ma bellissima tela di Paolo, rappresentante IL MARTIRIO DI SANTA GIUSTINA, la quale trovavasi già, in addietro, presso l'abate di Santa Giustina.

[1853]. Nell'opuscolo intitolato: *Alcuni quadri raccolti ed illustrati da Giuseppe Riva* (Padova, 1853), leggesi:

« MADONNA CON DUE SANTI, di Paolo, figura più che metà, « grand. nat., alto 93 cm., largo 65 cm.[4]

il detto quadro era posseduto dalla famiglia de' Cornari, abitante già in San Maurizio, che avevalo commesso al Caliari; passato, poscia, di mano in mano, venne in potere del cavaliere Raffaele Vita Treves dei Bonfili, il quale generosamente donavalo a beneficio degli Asili d'infanzia fondati in Venezia. Se ne fece una lotteria; e il quadro fu, parecchi anni dopo, venduto. È duopo però dire, come fedelmente notava lo ZANOTTO, che il valente pittore Lattanzio Querena vi praticò sopra un grande ristauro. Fu inciso in rame da Marco Comirato.

[1] RÉVEIL, *Museo di pittura e scultura*, vol. VIII.

[2] Pagg. 491 e 599.

[3] *Guida di Padova* (1842), pag. 214.

[4] Pag. 23.

« LOT COLLE FIGLIE, di Paolo Veronese. Uomo visto di schiena; « una figlia gli porge un bicchiere, l'altra apparisce alla destra; « mezze figure, grand. nat. Alto 80 cm., largo 60 ». [1]

[1858]. Giuseppe Alvisi, nella sua *Storia di Belluno*, che fa parte dell' *Illustrazione del Lombardo-Veneto* del Cantù, citando (vol. II, pag. 760) parecchie opere d'arte, che furono carpite a quella città, registra anche una SANTA LUCIA, di Paolo Veronese.

[1862]. Sul Boulevard des Italiens, a Parigi, vennero fatte delle esposizioni di preziosi oggetti d'arte, tra i quali quelli della Collezione di Giulio Claye, dov'era anche una TESTA DI NEGRO, del più superbo colore, di Paolo Veronese. [2]

[1864]. Del quadro dell'ULTIMA CENA, conservato nella chiesa di Santa Sofia di Venezia e citato dal Zanetti *(Della pittura veneziana*, 1792, pag. 257), si vedeva, secondo il Bernasconi, [3] una ripetizione, di finissimo lavoro, a Roma, in casa Borghese.

[1880]. In una Esposizione d'arte antica, fatta in Parma, a scopo di beneficenza, il conte Giuseppe Calvi, nella sala dei dipinti, collocò un cartone di Paolo Veronese, raffigurante LA DISPUTA FRA I DOTTORI, che gl'intendenti ammirarono, affermando dover essere al certo di mano di Paolo. [4]

[1884]. In un Ms. in-fol. gr., di pagg. 1151, esistente nel Regio Palazzo di Firenze, che fu compiuto, il 16 luglio 1884, da Fer-

[1] Pag. 26.

[2] *Gazette des Beaux-Arts* (1862), vol. XII, pag. 392.

[3] Op. cit., pag. 329.

[4] *Esposizione parmense di arte antica (aprile 1880), Catalogo*; Parma, 1880, pag. 139, num. 177.

dinando Soldi e che porta il titolo: *Repertorio di documenti e notizie esistenti nell'archivio della già Guardaroba Medicea, quale archivio si conserva a Firenze, nel R. Palazzo Pitti,* da pagina 191 a pagina 196, si leggono i seguenti appunti, risguardanti alcuni quadri di Paolo, [1] su cui, però, chiesi indarno più ampie notizie al cav. abate Giambernardo Piacentini, cappellano di Sua Maestà ed archivista di Palazzo, a Pitti: [2]

« Caliari Paolo.

« Suo quadro rappresentante IL BATTESIMO DI GESÙ CRISTO, « vol. 741, pag. 385.

« Suo quadro rappresentante LA RESURREZIONE DI LAZZARO, « vol. 826, pag. 54, num. 932, pag. 52.

« Suo quadro rappresentante UN UOMO CON BARBA NERA LUNGA, « CAPO SCOPERTO, VESTITO DI PAVONAZZO, ecc., vol. 826, pag. 55.

« Suo quadro rappresentante ADAMO ED EVA SCACCIATI DAL « PARADISO, vol. 826, pag. 55, num. 932, pag. 54.

« Suo quadro rappresentante LA CREAZIONE DI EVA, vol. 826, « pag. 55, num. 932, 55.

« Suo quadro rappresentante LA CROCIFISSIONE DI N. S. GESÙ « CRISTO, vol. 826, 56 — 932, 54.

« Suo quadro rappresentante, quasi a figura intiera, UN UOMO « CON BARBA NERA, LUNGA, POCHI CAPELLI E CAPO SCOPERTO, « VESTITO DI NERO, ecc., vol. 826, pag. 56 — 932, 66.

« Suo quadro rappresentante LA MADONNA CON GESÙ BAMBINO « IN COLLO, SANTA CATERINA E SAN GIOVANNI BATTISTA CHE BACIA « UN PIEDE A GESÙ, vol. 826, pag. 57.

« Suo quadro rappresentante IL MARTIRIO DI SANTA GIUSTINA, « FERITA DA UN MORO, ecc., vol. 826, pag. 57.

[1] Gli ebbi dalla gentilezza del mio valente concittadino conte CARLO CIPOLLA, che, a mezzo del comm. VINCENZO PROMIS, bibliotecario di Sua Maestà in Torino, n'avea fatto ricerca.

[2] In una cortesissima lettera, del 4 luglio 1887, mi rispondeva:

Alle notizie del Soldi non si può trovare che il semplice accenno a modo d'inventario nei volumi conservati in questa Guardaroba Medicea.

« Suo quadro rappresentante UNA DONNA DI MEZZA ETÀ, CON « CAPELLI BIONDI, VESTITA DI NERO, SENZA MANI, ecc., vol. 826, « pag. 58.

« Suo quadro rappresentante EVA CHE PORGE IL POMO AD « ADAMO, vol. 826, pag. 58 — 932, 48.

« Suo quadro uovato rappresentante IL RITRATTO DI UN BAM- « BINO VESTITO DI BIANCO, POCHI CAPELLI CASTAGNOLI, ecc., vol. 826, « pag. 72 — 932, 132.

« Suo quadro rappresentante SANTA CATERINA MARTIRE IN « GINOCCHI, CON LE MANI GIUNTE, GUARDANDO IL CIELO, ecc., vol. 826, « pag. 76.

« Suo quadro rappresentante L'ANNUNCIAZIONE DI MARIA, « 932, 54.

« Suo quadro uovato, rappresentante il RITRATTO DI UN « BAMBINO CON CAPELLI RICCIUTI, LUNGHI, BIONDI, VESTITO DI « BIANCO, 932, 132, 33.

« Suo quadro in carta riportato sull'asse rappresentante LA « MADONNA IN ALTO A SEDERE CON GESÙ BAMBINO TUTTO NUDO, « RITTOLE SUI GINOCCHI, CON UN ANGELO APPRESSO, E DA PIEDI « SAN GIOVANNI BATTISTA, UN SANTO VESCOVO, ecc., 980, 97 — « 1185, 2°, 756.

« Suo quadro dipintovi in prospetto fino a mezzo il RITRATTO « DI UNA FANCIULLINA CON COLLARE D'ORO, APPESOVI UN GIOIELLO, « CON FIORI NELLA MANO DESTRA ED UN LIBRICCINO NELLA SINISTRA, « 995, 84.

« Suo quadro rappresentante TRE DONNE E DUE ANGELI, 995, « 139.

« Suo quadro rappresentante N. S. GESÙ CRISTO, CON QUAT- « TRO DONNE CHE LO STANNO ASCOLTANDO, 995, 139.

« Suo quadro rappresentante SAN BENEDETTO CON PIVIALE E « PASTORALE IN MEZZO A DUE ALTRI SANTI VESTITI PURE DI PI- « VIALE. SAN BENEDETTO POSA SOPRA UNA PREDELLA DI ALTARE « NELLA QUALE È SCRITTO: *Ora pro nobis pater Benedicte*, E « PIÙ SOTTO VI È UN'ARME CON FASCE ROSSE E TURCHINE, IN

« MEZZO AD UNA DATA (forse il 1572). PIÙ BASSO STANNO CINQUE « MONACHE IN GINOCCHIONI ED IN ALTO LA MADONNA CON GESÙ « BAMBINO IN ATTO DI SPOSARE SANTA CATERINA, 1185, 2°, 753.

« Suo quadro rappresentante in figure poco minori del natu- « rale LA SPEDIZIONE DELLA FLOTTA VENEZIANA ALLA PRIMA CRO- « CIATA, 1185, 2°, 753.

« Suo bozzetto di sotto in su rappresentante VENEZIA VE- « STITA DI BIANCO CON MANTO REALE GIALLOGNOLO E TRE PUT- « TINI, UNO DEI QUALI IN ATTO DI PORRE UNA MITRA IN CAPO AD « UN VECCHIO, CHE GENUFLESSO STA PER RICEVERLA. VI SONO « ALTRE FIGURINE, UNA DELLE QUALI VESTITA DI ROSSO CON « SPADA, 1185, 2°, 754.

« Suo quadrettino in tavola rappresentante SANT'AGATA. FI- « GURA PICCOLA IN GINOCCHIO ED INTIERA. LA SANTA È IN ATTO « DI LEGGERE UN LIBRO CHE TIENE APERTO CON UNA MANO, « MENTRE CON L'ALTRA SI REGGE IL MANTO, E TIENE UNA TA- « NAGLIA. IN ALTO VI SONO ANGELI CON UNA CORONA E UNA « PALMA, 1185, 2°, pag. 756 ».

[Id.]. Nel *Catalogo di una Collezione di 250 quadri antichi, maioliche, bronzi, medaglie e oggetti d'arte*, venduti, in Milano, il 15 dicembre 1884, a pag. 19, num. 177, è registrato un quadro di Caliari Paolo Veronese: un CRISTO CHE PORTA LA CROCE, tavola alta m. 0.80, larga 0.75.

Capitolo XXV.

Pregi di Paolo quale inventore — Suoi pregi quale disegnatore — Come facesse i suoi disegni — La *Raccolta dell'Altense* — Notizie di altre *Raccolte* e cenni dei principali disegni.

Paolò Veronese non fu solamente un brillante colorista, fu anche un grande inventore e disegnatore. Nessuno meglio di lui, dice il Gauthier, [1] ha stabilito un'impalcatura umana; presso a lui tutto è al suo posto, tutto si lega, tutto porta. I movimenti partono dal centro dell'azione, si deducono, si sviluppano con un seguito e una logica ammirabile. Questo pittore, che molti riguardano solo come un mago decoratore, si è preoccupato, più che altro, del disegno generale. Checchessia, neppur Michelangiolo, neppure, forse, Raffaello non traccierebbe con una mano più sapiente le grandi linee che circoscrivono le sue figure. Il suo modello, per non essere minuzioso, non lascia niente a desiderare, e i suoi particolari, sì sobrî e sì larghi, mostrano una abilità profonda e consumata, che conosce la potenza di un tocco messo a suo luogo, senza sbagliar mai. Ciò che non si saprebbe abbastanza lodare in Paolo Veronese è la giustezza ed il sentimento della relazione. I suoi toni acquistano, per la giusta posizione, una potenza e uno splendore sorprendente. Egli sapea prima la parte di ciascuno nell'effetto generale, e non posava il colore che con una certezza, per così dire, matematica. Una

[1] *Tableaux à la plume*, pagg. 14-16.

mestica da lui usata non prendeva valore che per la vicinanza di un'altra, e perciò le località si cullavano fra loro con un'armonia senza pari. E poi quale facilità a muovere ciò che, nel linguaggio speciale dell'arte, si chiama le grandi macchine! Quale facilità a distribuire, senza disordine, e, non pertanto, con anima, una folla a piani, a gruppi, a piramidi, e a metterla attorno ad uno di quei banchetti giganteschi, che sembrano le agapi simboliche dell'umanità, in quelle vaste architetture dalle balaustrate e dalle colonne di marmo bianco, che lasciano trasparire e ridere, nei loro interstizî, il cielo azzurro di Venezia, quell'azzurro veneziano, che dovea essere lo sfondo degli Eden e dei falansteri!

Non ci voleva che Michelangiolo per dire che Tiziano disegnava male; parlando tuttavolta in generale della scuola veneziana, l'accusa dell'acerbo e sapiente fiorentino era fondata. Paolo, per altro, quando volle, fu disegnatore gagliardo, chè la sua prima educazione gliene avea istillato l'amore. Ma, in tanta furia di freschi e di tele, con tanta moltitudine di gente, ond'ei popolava le sue creazioni, era impossibile non inciampasse in qualche scorrezione. Le cento trenta persone delle Nozze di Cana, le altre centinaia che trovi nelle varie Cene, nei freschi di Thiene, di Fanzuolo e di Maser, nelle sale del palazzo ducale e nelle tante chiese, non si potevano tenere a modello. Ma guardate lo insieme delle sue figure. Come posan giuste, come si movono spigliate e snelle! Come i suoi scorci, come i suoi sottoinsù sono pronti, facili, fieri, naturali, evidenti! Egli ha profondo il sentimento della forma, ma se non ne ha sempre la delicatezza, se non ha sempre la sapienza del Bonarroti, nè gli accorgimenti inarrivabili del Sanzio, gli è perchè il suo disegno, in una parola, fu quello che dovea essere in un grande colorista. [1]

Li facea egli, per lo più, i suoi disegni, in carta azzurra, segnando, a penna, i contorni con moltissima grazia; e mac-

[1] Aleardi, op. cit., pagg. 31-32.

chiandoli, talvolta, con leggerissimo acquerello. Poi tutto il lavoro facealo, non già come Tiziano e Tintoretto, col bistro e colla matita, ma con semplici lumi di biacca, e con molto brio, ammirabile intelligenza e felicità. [1] Meglio di Tiziano e del Tintoretto, egli riuscì a dare, dunque, a' suoi disegni un po' della bellezza de' suoi quadri, coll' opposizione del bianco dei lumi e delle ombre più cupe sopra una carta che gli serviva da mezzatinta.

Una serie de' suoi disegni fu raccolta dall'Aliense; « onde », come dice il Ridolfi, « per vedere quei disegni ed altri di Mi-« chelangiolo, di Raffaello e del Parmigianino e di Tiziano, egli « veniva spesso visitato dai principi, dagli ambasciatori e dai « francesi pittori che capitavano a Venezia ». [2]

Di molti disegni s' è parlato negli antecedenti capitoli. Ora è d'uopo discorrere di altri ancora.

[1672]. Nel libro delle *Note al Museo Moscardo,* in Verona, leggesi: [3]

« Quattro pezzi di disegni che contengono i quattro fiumi « grandi, cioè L'EUFRATE, IL TIGRI, IL GANGE e IL NILO, in « figure d'uomini co' vasi che versano l'acque, mano di Paolo « Caliari.

« UNA MADONNA COL BAMBINO E SAN GIUSEPPE, mano di Paolo « Caliari.

« UNA MADONNA COL BAMBINO E DUE SANTI, mano di Paolo « Caliari.

« UNA MADONNA COL BAMBINO, SOTTO ALLA QUALE STANNO « DUE SANTI IN PIEDI, mano di Paolo Caliari.

« CRISTO CHE RISUSCITA LAZZARO, CON MOLTE FIGURE, mano « di Paolo Caliari.

[1] ZANETTI, op. cit., tomo I, pag. 259, nota 1.

[2] RIDOLFI, *Meraviglie dell'arte,* vol. II (ediz. seconda), pag. 450.

[3] Verona, Andrea Rossi, 1672, pag. 472.

« TRE FIGURE, a chiaroscuro, mano di Paolo Caliari.

« DUE DONNE E UN PUTTINO, mano di Paolo Caliari.

« MARTIRIO DI SAN GIORGIO, ch'è disegno della pala nella « chiesa di San Giorgio in Verona, mano di Paolo Caliari.

« SAN GIORGIO IN PIEDI, CON LA LANCIA, ED IL DRAGO, mano « di Paolo Caliari.

« SAN GIORGIO INGINOCCHIATO, ARMATO, COL DRAGO, mano di « Paolo Caliari.

« CRISTO CHE CENA CON DUE PELLEGRINI, mano di Paolo « Caliari.

« DUE VESCOVI GENUFLESSI SOPRA UNA CITTÀ, mano di Paolo « Caliari ».

[1713]. Dalla *Descrizione dei disegni della Galleria Gabburri in Firenze* (1722), esistente nella Biblioteca Nazionale di Firenze, [1] risulta che egli acquistò, in Roma, nel 1713, un disegno storiato di lapis nero, sopra carta bianca, finito e ben conservato, alto soldi 6 $^2/_3$ e largo 5 $^2/_3$. [2]

[1722]. Dalla medesima *Descrizione,* ecc. risulta che il Gabburri possedeva, nel 1722, un disegno di lapis nero, lumeggiato sopra carta turchina, per alto soldi 9, largo 6. Figurava UNA FEMMINA VESTITA, A SEDERE, CON UNA MANO APPOGGIATA DOVE ELLA SIEDE, COLL'ALTRA TIENE UNO SCUDO, CHE LE POSA SOPRA UN FIANCO, ED HA LA TESTA SOLAMENTE TOCCATA UN POCO DI LAPIS ROSSO. Disegno originale di Paolo Veronese. [3]

[1767]. Fra le *Lettere pittoriche,* pubblicate dal Bottari e dal Ticozzi, [4] leggesi la seguente, di Pietro Mariette a Tommaso

[1] A. XVIII, n. 33.

[2] CAMPORI, op. cit., pag. 571.

[3] Ivi, pag. 541.

[4] Vol. VIII, pagg. 373-74.

Temanza, in data di Parigi, 5 gennaio 1767, nella quale dà ragguaglio di un disegno di Paolo, con GESÙ A MENSA E SAN GIUSEPPE E LA VERGINE, SERVITI DAGLI ANGELI, e di dodici altri disegni, pur di Paolo: « Ultimamente ne ho acquistato uno che « è uno spavento dell'arte; ed infatti è la cosa più bella che « abbia fatto Paolo Veronese. Convien vederlo, per sentirlo ed « immaginarlo. Il soggetto è Gesù Cristo a mensa con San Gio« seffo, e la Santa Vergine serviti dagli angioli. In fatti, io credo « ch'egli non n'abbia mai fatto un altro nè più ricco, nè più « grazioso: è un disegno de' più gravi, terminato, e ch'è, si può « dire, compiuto in tutte le sue parti. Se voi volete pigliarvi la « briga di leggere la vita di Paolo Veronese scritta dal Ridolfi, « voi troverete la descrizione che ne fa il medesimo pittore, « pag. 507, che incomincia per queste parole: *Pittura prima; « se mai avrò tempo,* e vedrete che questo disegno era stato « fatto da lui, ed ammirerete la mia buona sorte che di tre fa« mosi disegni, di cui fassi menzione in cotesto luogo, io n'abbia « due, perchè io possedeva già quello che è intitolato: *Pittura « quarta.* Oltre di che io possedevo ancora un altro disegno « egualmente perfetto, che apparteneva a Mons. Mozelli (Muselli), « di cui si fa menzione nella pagina precedente, sotto il bel motto: « *Virtus est vitium fugere* ».

« Posso ben dire, che, in fatto di disegni di Paolo Veronese, « io non la cedo presentemente ad alcuno. Ne possedo una doz« zina de' più belli sì gli uni come gli altri ».

[1769]. Di tre altri disegni di Paolo parla un'altra lettera del Mariette a Temanza, in data di Parigi, 12 dicembre 1769. Eccone un frammento: « Appunto in questi giorni ho avuto la « fortuna di aggiungervi un grande e superbo disegno di Paolo « Veronese, di una finezza e di una condizione perfetta. Egli « può star a fronte d'uno de' suoi migliori quadri. Se giammai « aprite il Ridolfi vi ritroverete la descrizione alla pagina 307, « nella Vita di questo pittore incomparabile. Essa incomincia

« così: *Pittura sesta, se io haverò tempo,* ecc. Questo disegno « ed un altro che di già avevo, e di cui il Ridolfi parla nel« l'istesso luogo, rapportando l'istesse parole, con cui il pittore « ha accompagnato il suo disegno, appartenevano per il passato « ai Moselli (Muselli) di Verona. Riconoscerete il secondo disegno « a queste parole: *Infinite sono le forme,* ecc. Io ho pari« mente quell'eccellente disegno che aveva il dottor Curtoni, « che rappresenta LA VIRTÙ CHE FUGGE IL VIZIO; lo stesso Ri« dolfi lo descrive alla pagina 306, e se io vi cito questi tre « preziosi pezzi, è soltanto per darvi un'idea delle mie ricchezze, « che si estendono generalmente a tutte le nostre differenti « scuole ». [1]

[1772]. Lo stesso Mariette, in un'altra lettera a Tommaso Temanza, in data di Parigi, 28 luglio 1772, loda un suo disegno di Paolo e gli scrive: [2] « Si vede nel mio disegno ciò che aveva « prodotto sopra Paolo Veronese lo studio ch'egli avea fatto sui « disegni del Parmigiano; vi si ritrovano le grazie sparse con « la stessa profusione ».

[1818]. Circa a quest'epoca, nella Galleria Caldana, a Verona, vedevasi un disegno con UNA DONNINA CHE VOLGE LE SPALLE, in carta, assai bello. [3]

[1862]. Leone Lagrange, nel *Catalogo dei disegni dei maestri esposti della Galleria degli Uffizi, a Firenze,* notava, al numero 479, « Grande e bello studio della MADDALENA A PIEDI DI « CRISTO NEL CONVITO PRESSO SIMONE ». [4]

[1] BOTTARI e TICOZZI, *Lettere pittoriche,* vol. VIII, pag. 406.

[2] Ivi, pag. 434.

[3] *Descrizione delle op. di pittura racc. dal sig. Francesco Caldana,* pag. 8.

[4] *Gazette des Beaux-Arts* (1862), vol. XIII, pag. 456.

[1868]. Il De Chennevières, in un suo articolo intitolato *Exposition des dessins des maîtres anciens,* dice:[1] « Io noto in « mezzo ai numerosi Veronesi un bel CRISTO MORTO della Col- « lezione Malcolm ».

[1886]. Fra i molti disegni di Paolo, che si vedono nella Reale Galleria di Dresda, il Lermolieff[2] registra un disegno acquerellato, rappresentante IL MARTIRIO D'UN SANTO, e un altro, velato leggermente con acquerello, rappresentante I SANTI ANTONIO, GIROLAMO E UN TERZO, AI QUALI APPARISCE LA SS. VERGINE COL BAMBINO, LIBRATA IN ARIA, E CIRCONDATA DA UNA SCHIERA DI ANGELI.

[1888]. Presso il dottor Leone Corradi vedesi, in Verona, il disegno del MARTIRIO DI SANTA APOLLONIA, anch'esso attribuito a Paolo. È una magnifica composizione, disegnata a penna, su carta bianca. A sinistra di chi guarda, v'è il tiranno seduto in trono, con a fianco dei cortigiani, in costume di guerrieri del cinquecento. A destra, sopra un palco, avvi la Santa, mentre il carnefice mostra al popolo i denti estratti colla tanaglia. Mirabile a vedersi è il cavallo del soldato, che ricorda appunto quello del MARTIRIO DI SAN GIORGIO. È alto 13 cm. e largo 32.

[Id.]. Presso il lodato signor Carlo Cetti, trovasi pure, in Verona, un bel disegno, che vuolsi anch'esso di Paolo, rappresentante IL GIUDIZIO UNIVERSALE, fatto a penna, con lievi ombreggiature, su carta bianca, di formato ovale, alto circa cm. 24 e largo circa cm. 40. La parte superiore è appena accennata a matita nera, però ci s'intravvede, nel mezzo, il Redentore, e, dai lati, un grandissimo corteggio d'angeli, molti dei quali cantano e suonano. Nel mezzo, al disotto del Redentore, v'è un bellissimo gruppo di Santi, atteggiati alla preghiera. A sinistra, v'è

[1] *Gazette des Beaux-Arts* (1868), vol. XIX, pag. 532.

[2] *Opere dei maestri italiani;* Bologna, Zanichelli, 1886, pagg. 225-33.

un bel coro di Martiri, con graziosissimi scorci di donne, che recano in mano gli strumenti del loro supplizio. Più in basso, al lato destro, ed anche nel centro, vi sono dei vaghissimi arcangeli, che, colle trombe, invitano al Giudizio i morti già uscenti dalle zolle, e di cui taluno è sorretto da un angelo e tratto verso il cielo. A sinistra, poi, v'è un gruppo di dannati, che precipitano, sospinti dai demoni, che li percuotono colle verghe e cogli ardenti tizzoni. Se non è opera di Paolo, è, senza dubbio, di qualche suo imitatore o discepolo, tanta è la vigorìa del pensiero, la franchezza e la forza del disegno, massime negli scorci, e tanta è la grazia dei tipi femminili. O Paolo o il Tiepolo ne parrebbè l'autore. A garantirlo, però, del primo mancano la carta cilestrina e i rialzi a biacca. Proviene dalla Galleria Albarelli, ed era citato sotto il nome di Paolo Veronese.

[Id.]. Una preziosa Raccolta di disegni di grandi artisti, tra cui parecchi attribuiti a Paolo, conservasi presso la nobilissima casa dell'onor. deputato conte Marco Miniscalchi Erizzo, in Verona, ereditati in parte dall'estinta casa Moscardo. Vi si ammira:

La Vergine fra due Santi. È in carta cilestrina, alto circa 16 cm. e largo 32, e specialmente nelle teste del vescovo, che sta a dritta, e di Sant'Antonio, che sta a sinistra, scorgesi il carattere del Veronese. La Madonna, che sostiene sulle ginocchia il Bambino, è atteggiata assai nobilmente, ma sovratutto ammirevole è il tipo del Salvatore, benchè presenti le cosce molto sviluppate. I lumi a biacca sono morbidissimi.

Due vescovi in adorazione. È disegnato a penna, con rialzi a biacca, alto circa ventiquattro centimetri e largo trenta. Devono essere due Santi protettori d'una città fortificata, perchè, nello sfondo, sono tratteggiate e torri e mura. Volgono la testa in alto con un fare vivamente espressivo, e sembrano supplicare, per implorar qualche grazia. Benchè le gambe ed i piedi sieno un po' troppo avviluppati, e, direi, confusi in una disordinata abbondanza di panneggiamenti, e non presentino grande accuratezza, pure devono esser della miglior maniera di Paolo.

UN FILOSOFO. Parrebbe Diogene in piedi. Ha la faccia grave o, piuttosto, aggrondata. Il mantello gli copre il fianco destro, il sinistro è nudo, ma, nella parte inferiore, è pure coperto dal lembo, ch'egli raccoglie colla sinistra. Ha i piedi, poi, e le gambe bendati. È in carta azzurrina, disegnato a penna e lumeggiato a biacca: alto circa cm. 20 e largo 14.

GESÙ FRA I DOTTORI. Sebbene, di primo acchito, non si distingua il soggetto di questo disegno, tuttavia si può credere che sia un Cristo fanciullo, nella sinagoga, che, dall'alto di una cattedra, disputi coi rabbini. Alla sua destra, v'è un gruppo di figure, che sembrano ascoltare; davanti a lui, cioè a sinistra, v'è un numero più grande di persone, ma semplicemente schizzate, come le altre, a penna, con qualche ombreggiatura. La carta è cilestrina, alto cm. 16, largo 22.

LA VISITA DI SANTA ELISABETTA. Tre sole sono le figure. Nel mezzo, si vede Santa Elisabetta, che, con bel piglio, va ad incontrare Maria, già grave del celeste portato. Scorgesi, indietro, una mezza figura, ch'è certo San Gioachino. È in carta cilestrina, a penna, e a tocchi di chiaroscuro, alto circa cm. 20, largo 12.

RITRATTO DI DONNA. Il drappo a ricami, che le è assettato in capo, e che le cade sulla fronte e dietro alle spalle, il naso aquilino, l'occhio pensoso fanno credere esser questo il ritratto di qualche matrona, sbozzato da Paolo. È a penna, ombreggiato d'acquerello: circa cm. 20 in alto e 10 in largo. Si vede solo la mezza figura.

DUE FIGURE SIMBOLICHE. Devono aver servito di abbozzo per decorazione di qualche sala da lui dipinta. In ambedue le figure si scorge una grande facilità e sicurezza di disegno. L'una regge un calice velato, l'altra un'idria. Nelle parti inferiori sono un po' trascurate. Ciascuna è alta cm. 12 circa e larga 6.

LA TESTA DEL PRECURSORE. V'è, in mezzo, una donzella dall'abito di foggia orientale, che reca nella destra, sur un piatto, la testa del Battista e si volge, a sinistra, ad un'altra fante, che le accenna col dito la sala d'Erodiade. È in carta bianchiccia, senza lumeggiature, ma a tocchi franchi e sicuri: larga cm. 12, alta 8.

Mosè salvato dalle acque. Il soggetto e tutto l'insieme del paesaggio, delle figure, dei costumi assicurano esser questo un disegno affatto originale del Veronese. È a penna, su carta verdognola, ombreggiato ad acquerello, alto circa cm. 40 e largo 30, ma alquanto deperito. La figlia di Faraone si mostra in uno di quei floridi tipi, eleganti, pieni di grazia fascinatrice, che Paolo mette sempre nelle sue composizioni. Tutto il quadro ha qualche somiglianza con quello della Reale Galleria di Dresda, e si direbbe che è uno schizzo di quello, se non vi mancassero gli alabardieri. Il piccolo Mefistofele c'è.

Caino ed Abele. Sotto un castagno siede tranquillamente la vittima, mentre il fratricida, che l'assale all'improvviso, gli gravita, con la sinistra, sulla testa, ed alza fiero la destra, armata di un troncone di ramo, per vibrargli il colpo mortale. Il nudo dell'uccisore è bellissimo e pieno di espressione. Parrebbe però del Farinati. È a penna, su carta gialla, alto circa 16 centimetri ed 8 largo.

Diana. È un bozzetto a matita nera e rossa, su carta bianca, rappresentante la dea, in forma di cacciatrice, e il cane alla sinistra. È alto circa 22 cm. e largo 12.

La Carità. Una donna d'aspetto matronale, assistita da due paggi, l'uno a destra, l'altro a sinistra, dispensa delle ceste di pane. A dritta, sta, sul davanti, una donna (con un putto presso alle ginocchia) e, a manca, un vecchio, che stendono ambedue la mano per ricevere la sua limosina. È a penna, in carta cilestrina, senza lumi a biacca: alto circa 24 cm. e largo 14.

La Madonna e Sant'Antonio abate. Fra due angioletti, v'è la Vergine, che porta sulle ginocchia il Divin Pargoletto, il quale ha, nella sinistra, il mondo. Al di sotto, in atteggiamento di supplichevole, havvi il santo abate. È in carta gialliccia, a penna, e lumeggiato a biacca: alto cm. 10 circa, largo 6.

Gesù portato al sepolcro. Sono otto figure gagliardamente disegnate a penna su carta gialla, riquadrata e con un contorno a fiori e a frutta, tratteggiato nel lato destro. A dritta di chi osserva, si vedono due bellissime figure, dal tipo orientale, che sorreggono per le ascelle il cadavere del Salvatore, che stanno per collocare nel sepolcro di pietra, scavato sotto una balza di monte. Notevole, per espressione, è la figura, che sta in mezzo al disegno, la quale regge un lembo del funebre lenzuolo e aiuta gli altri al seppellimento. Da piedi, vi sono le Marie, che piangono. Parrebbe uno schizzo del Tintoretto. È alto 16 centimetri e largo 24.

Due figure volanti. Sono in carta bianchiccia, ombreggiate a chiaroscuro e bellamente disegnate a penna. Ambedue si presentano di fianco: quella a destra ha l'aspetto d'una dea, quella a sinistra, d'un angelo, che danza nell'aere. Avranno circa 16 cm. in alto e 8 in largo.

San Francesco d'Assisi. Dentro ad una riquadratura, che ha tutto l'aspetto d'una cornice barocca (con un vaso al di sopra, con quattro stemmi agli angoli), v'è un San Francesco d'Assisi, che implorà le stimmate dal Crocifisso. A sinistra, havvi un devoto dalla lunga barba, dal grande paludamento, che sembra supplicare il Santo medesimo. Il disegno è a penna, con tocchi d'acquerello: in tutto alto 20 cm. e largo 10.

Testa di devoto. È un tipo veramente paolesco. Calva la fronte, lunga la barba e cogli occhi al cielo, sembra essere il ritratto di qualche devoto patrizio, da dipingersi sotto qualche pala commessa all'artista. Benchè a sola matita nera e senza rialzi a biacca, è di una forza grandissima. Alto cm. 22, largo 12.

Leda e il cigno. Colle morbide braccia puntellate sui cuscini, sta Leda sul suo letto, mentre Cupido la guarda e le accarezza, dalla sinistra parte, la chioma, e il cigno le lambisce voluttuosamente le labbra. Non si vede di lei che la schiena e la gamba destra ripiegata, e un po' la sinistra in alto. Il disegno è finissimo; ma non ha i soliti ritocchi a biacca. La carta è bianchiccia: largo 20 cm., alto 12 circa.

Il sacrificio mistico. Nel mezzo, v'è un gran vaso, colle anse figurate da mostri marini, dal quale s'eleva la vampa. A sinistra, un vecchio sacerdote, assistito da una donna, versa del sale o degli aromi nel fuoco, mentre una giovane, che gli sta dinanzi, lo guarda con devota trepidazione, ed altre tre donzelle, che stanno dietro a lei, colle mani giunte e cancellate sul petto, sembrano intrinsecate nella preghiera. È in carta gialla, segnato a penna: alto circa 18 cm. e largo 24.

Le tre Marie. [1] Sono tre donne, in piedi, unite in un gruppo, e paiono le tre Marie sotto alla croce. La prima guarda in alto, la seconda stringe insieme le mani e favella colla prima, la terza, di cui si vede solo la testa, sembra ascoltare e meditare. È disegnato a penna e lumeggiato a biacca. In altezza è 12 cm. circa, in larghezza 6.

Il Martirio di un Santo. Un mucchio di case, una chiesa ottagona, un torrione merlato e delle mura, che si prolungano in lontananza, ecco lo sfondo del quadro, a destra. A sinistra, nella deserta pianura, evvi il Santo, colle braccia legate dietro le reni, mentre il carnefice sguaìna la spada, per decapitarlo. Di dietro al Martire, vedesi giungere un soldato a cavallo. È fatto su carta rossetta, a penna, alto 12 cm. circa e largo 10.

Una figura di Santa. Il disegno è alquanto guasto, ma

[1] Nella *Gazette des Beaux-Arts* (vol. XX, pag. 317), Carlo Éplerussi, parla anch'egli di un gruppo di Sante ai piedi della croce, disegno di Paolo, e di un altro disegno, pur di Paolo, raffigurante tre Dottori disputanti sulle Sacre Scritture. Ecco quello che ne dice, facendo un'appendice all'articolo sui disegni dei maestri antichi:

Dai toni dorati di Palma il Vecchio passiamo alla gamma argentata di Paolo Veronese, degnissimamente rappresentato da due magnifici disegni, un gruppo di Sante ai piedi della croce *e* tre Dottori disputanti sulle Sante Scritture, *studio per un quadro conservato al Museo di Brera, nel quale il Veronese ha messo i suoi bei tipi favoriti di vecchi, inviluppati nei loro ampli mantelli d'un carattere si decorativo, d'un tocco si facile, leggero e splendido. Noi riscontrammo precisamente all'Ambrosiana le copie fatte al* XVI *secolo di questi due disegni. L'uno d'essi ci mostra da ciascun lato della croçe, alla quale Cristo é appeso, un ladrone: il che prova che questa composizione doveva figurare in un grande Calvario.*

quello che di esso rimane ci assicura essere un meraviglioso bozzetto del Caliari. La posa della Santa, l'aria del suo volto sereno e pieno di fede sono espresse con una vigorìa magistrale. La testa d'uomo, che si vede a lei di fianco, e non si può capire se sia di un Battista o di un carnefice, è bellissima. Il resto non si può decifrare. È alto circa 22 cm. e largo 16.

La Fortezza. Viene raffigurata da una giovane donna, seduta, vestita nel costume degli antichi Greci, che porta, nella destra, una freccia, e che ha il volto seriamente atteggiato. Benchè in carta cilestrina e lumeggiato a biacca, nulla presenta di singolare, nulla che accenni alla maestrìa del Veronese. Per altezza è 18 cm. circa, per lunghezza 12.

Lucrezia e Tarquinio. La virtuosa moglie di Collatino è aggredita nel talamo, e sta per fuggire, inorridita; ma, mentr'ella protesta e distende la gamba diritta, l'oppressore l'afferra sotto l'ascella, colla mano sinistra, e la minaccia colla destra alzata. Il letto è all'antica, ornato di graziosi fregi e sormontato da un padiglione. È curioso a vedersi, ritto sull'origliere, dietro a Lucrezia, un canino, simbolo della fedeltà, che sembra guaiolare in sua difesa. È a penna, lumeggiato ad acquerello: alto 24 cm. circa e largo 12.

Il Martirio di Sant'Afra. Come si vede nella famosa pala di Brescia, la Santa è inginocchiata sul palco, che è intorniato da guardie, armate di lancia. Dietro a lei, anzi, curva sopra di lei, verso il braccio destro, v'è una figura di donna; ma non vi si scorge il carnefice. Appiè del patibolo, alla sinistra della Martire, vedesi un vecchio barbuto, dalla lunga tonaca e dal grande cappuccio, che parrebbe un sacerdote pagano o un Sant'Antonio abate, ma si distingue poco, perch'è patito. Il disegno è in carta verdognola, rilevato a biacca: alto circa 22 cm. e largo 34 circa.

Apollo davanti a Marsia. Se non bella, certo maestrevolmente disegnata è la figura del nume, che, colla sinistra in alto, regge il violino e stendè in basso la destra, munita dell'arco, come se fosse dietro a suonare. A sinistra, davanti a lui, sta seduto sopra un ronchione il satiro, in attitudine di chi ascolta e giudica. La testa è molto espressiva. È in carta cilestrina, con bei lumi di biacca e ben conservato: è alto 20 cm. circa e largo 22.

Un fregio con due figure. Due graziose figure femminili siedono, l'una a destra e l'altra a sinistra, sopra una specie di cornice barocca, dalle larghe volute, e appoggiano le braccia sopra un mascherone, che sta in mezzo. Nel centro, come a dire, nel quadro incorniciato, evvi un paesaggio, e, in esso, al primo piano, a destra, tre figure di donne, una delle quali tiene, nella sinistra alta, una spada: nel mezzo, sorge un obelisco: a sinistra, in distanza, si vede un gran fabbricato e degli animali che pascolano. Nella parte inferiore della cornice disegnata, vi è una testa, che regge due festoni di frutta. È in carta bianchiccia e ombreggiato ad acquerello: alto 20 cm. e largo 30.

Alessandro e Filippo. Imberbe quello a destra, barbuto quello a sinistra, sono vestiti tutti e due da guerrieri antichi, senz'elmo in capo, ma armati di lorica. Il primo avrebbe l'aspetto di Alessandro. Benchè un po' sciupati, pure presentano ancora un resto della primitiva bellezza artistica. Il disegno è in carta gialliccia, a penna, con lumi a biacca: alto 20 centimetri circa e largo 16.

Le Nozze di Cana. È a penna, su carta biancastra, rappresentante le Nozze di Cana, fatto con grande facilità sicurezza, ma senz'alcuna di quelle caratteristiche che il Zanetti e il Mariette riscontrarono nei disegni del Veronese. Non v'è nulla di quella grazia, che sì risplende negli altri. Potrebbe essere un primo schema di quella sua stupenda fantasia.

Capitolo XXVI.

Incisori più famosi dei dipinti di Paolo — Stampe anonime.

Benchè il Caliari avesse mostrato attitudine ad ogni arte bella, pure nulla ci conferma quello che alcuno ebbe a scrivere, che egli, cioè, il principe dei pittori nostri, si dilettasse d'incidere taluna delle opere sue.[1] Esisterà bensì qualche stampa in-folio, coll'Adorazione dei Magi, segnata *Paulus Veron. fecit*, ma questa nota indicherà l'autore dell'originale, non già l'incisore. Paolo lasciava il compito di ritrarre a stampa i suoi capolavori a molti insigni calcografi e intagliatori in legno ed in acciaio d'Italia, di Francia, d'Olanda, d'Inghilterra. Gioverà agli studiosi del bello l'averne qui sott'occhio un catalogo.[2]

Abbiati. Martirio di Santa Giustina, col motto: *Jubente R.mo p. D. Peregrino de Ferris abbate, D. Fortunatus Abbiati p. s. Justinæ com. delineavit et sculpsit.*[3]

[1] *Sapienza*, vol. XI, fascicoli 1 e 2, pagg. 115-16 (G. B. C. Giuliari, « Gli artisti veronesi »).

[2] Il Cicogna (op. cit., vol. IV, pag. 235) dice:

Sarebbe utilissimo che qualche raccoglitore ne desse fuori un elenco possibilmente il più completo, aggiungendolo al copioso catalogo delle stampe di mons. Brandes compilato da M. Huber (Lipzia, 1793, tomo I, pag. 42 e seguenti).

[3] Cicogna, op. cit., vol. IV, pagg. 233-34. Il citato signor C. Cetti di Verona possiede un disegno di questo dipinto, che, dalla maniera con cui fu eseguito, parrebbe preparato per una incisione.

Audran. LOT E SUE FIGLIE CHE ESCONO DA SODOMA. Dall'antica Galleria del duca d'Orléans. Incisione di Benedetto Audran. Raccolta del Crozat. In-fol. per traverso.[1]

— CRISTO RISUSCITATO CHE VA A EMMAUS COI DUE PELLEGRINI, inciso da Benedetto Audran, da un quadro originale, ch'era nel Gabinetto del conte de Bruhl. Grande in-fol. ad arco.[2]

Aubert. MARTE DISARMATO DA VENERE, inciso da Michele Aubert.[3]

Aubin A. LEDA COL CIGNO, incisi da Agostino de Saint-Aubin.[4]

Aubin G. G. VENERE CON AMORE, incisione di Gabriele Giovanni Aubin.[5]

Axmann. LA VERGINE COL BAMBINO E LE SANTE BARBARA E CATERINA, che si vedono nel Museo di Vienna, incise da G. Axmann.[6]

Banzati. DEPOSIZIONE DI CRISTO DALLA CROCE, con sotto: *Christus factus est pro nobis,* ecc., disegnata ed incisa da Giacomo Banzati.[7]

Baratti. ANNUNCIAZIONE DI MARIA VERGINE, disegnata da Giuseppe Zocchi e incisa dal Baratti.[8]

[1] BLANC, *Paul Véron.*, pag. 24.
[2] Ivi.
[3] CICOGNA, op. cit., vol. IV, pag. 154.
[4] *Cat. degli ogg. d'arte e d'ant. del Museo civ. di Verona,* pag. 22.
[5] Ivi, pag. 25.
[6] ENGERTH, op. cit.; Wien, 1884, pag. 408.
[7] CICOGNA, op. cit., vol. IX, pag. 153.
[8] Ivi.

Barri. Natività di Gesù Cristo, incisione di Giacomo Barri, ecc., 1667,[1] stampata a rovescio.

— La Maddalena ai piedi di Gesù Cristo, incisione di Giacomo Barri e dedicata ai pittori Coli e Ghirardi lucchesi. Quadro già esistente in Genova.[2]

Bartolozzi. Il Giudizio di Salomone, inciso da Francesco Bartolozzi, 1764, in-fol.[3]

Bartsch. La Salutazione angelica. La Vergine inginocchiata, a dritta, l'angelo in piedi, a sinistra, incisione in-4°, catalogata dal Bartsch nella *Galleria di Vienna.*[4]

Batelli. Il Martirio di Santa Giustina, inciso nell'opera della *Illustrazione di Firenze*, cominciata dal Batelli, nel 1839, e continuata dal Paris (tav. 73).

Beliambe. Il Rispetto, l'Amore felice, l'Infedeltà e il Disgusto, incisioni di Beliambe, Cathelin, Couchet e Pierron.[5]

Bernardi. Il Ritratto di Paolo, disegnato da Saverio Dalla Rosa e inciso da Jacopo Bernardi veronese.

Blaschke. Gesù alla casa di Jairo, che vedesi al Museo di Vienna, incisione di G. Blaschke.

— Ritratto di Caterina Cornaro, che vedesi al Museo Imperiale di Vienna, incisione di G. Blaschke.

[1] Cicogna, op. cit., pag. 153. Il Zanetti (*Pitt. venez.*, 1792, tomo II, pag. 705) dice che esisteva prima nella sacristia della chiesa dei Gesuiti e, a' suoi tempi, era nella Scuola dei tessitori da seta, alla Misericordia.

[2] Cicogna, op. cit., vol. IV, pagg. 233-34.

[3] Ivi, pag. 153.

[4] Blanc, op. cit., pag. 24.

[5] Ivi, pag. 21.

Blooteling. SUSANNA AL BAGNO, NEL SUO GIARDINO, SPIATA DAI DUE VEGLIARDI, L'UNO A DRITTA, L'ALTRO A SINISTRA. Stampa a fondo nero, incisione di A. Blooteling, in-fol.: rara. [1]

Boel C. SAN GIOVANNI BATTISTA, che vedesi a Vienna, nel Museo, inciso da C. Boel nel *Teatro pittorico* del Teniers.

Boel Q. ERCOLE E DEJANIRA, che vedesi nel Museo Imperiale di Vienna, inciso da Q. Boel.

Bonassoni. SANT'ELENA E LA VISIONE DELL'INVENZIONE DELLA SANTA CROCE, incisa dal Bonassoni. [2]

Bonatti. SAN BENEDETTO E ALTRI SANTI, pala che vedesi a Pitti, disegnata da A. Villa, incisa da Gaetano Bonatti nell'opera del Bardi.

Borcht. IL RIPOSO IN EGITTO, inciso da Van der Borcht.

Boulogne. IL MARTIRIO DI SANT'ANDREA. Egli è steso sopra un letto di legno e ammazzato a colpi di bastone, colla scritta: *Paolo Veronese pinse a Venezia.* Acquaforte rarissima. Incisione in-fol. in traverso di L. Boulogne. [3]

Boutroi. LA VERGINE CHE PRESENTA IL BAMBINO GESÙ ALL'ADORAZIONE DI UNA SANTA, VESTITA DI NERO, CON ALTRI SANTI E SAN GIUSEPPE, incisione del Boutroi. Esisteva nel Museo Reale di Parigi. [4]

[1] BLANC, op. cit., pag. 24.
[2] *Chronique des Arts,* 29 mars 1879, pag. 103.
[3] BLANC, op. cit., pag. 23.
[4] BOTH DE TAUZIA, *Musée du Louvre,* p. p., pag. 75.

Brebiette. IL MARTIRIO DI SAN GIORGIO, incisione di Pietro Brebiette.[1]

— IL MARTIRIO DI SANTA CATERINA, incisione di Pietro Brebiette.[2]

Caporali. LA TRASFIGURAZIONE DI GESÙ CRISTO, disegnata dal Bossi (padre), incisa a contorni dal Caporali.[3]

Caracci. IL MARTIRIO DI SANTA GIUSTINA, tavola dipinta da Paolo Veronese per la chiesa dei Benedettini di Padova, in due fogli, uniti uno sotto l'altro, incisione di Agostino Caracci, eseguita nel 1582. Il margine contiene la dedica seguente: *Clar.mo Viro Jacobo Contareno patricio veneto.*[4]

— LO SPOSALIZIO DI SANTA CATERINA, tavola dipinta da Paolo per la chiesa della Santa, in Venezia, incisione di Agostino Caracci, nel cui margine, di sotto, leggesi: *Paulli Caliarij Veronensis inven.* Le prove posteriori portano, a dritta, in fondo: *Agustino Caracci,* e, più basso, portano questo indirizzo: *Antonio Carensanus fo.*[5]

— LA SANTA FAMIGLIA, CON SANTA CATERINA E SANT'ANTONIO ABATE, dipinta da Paolo per la chiesa di San Francesco della Vigna, incisa in-4° da Agostino Caracci, in fondo alla quale leggesi: *Paulli Caliarij Veronensis opus in Ecclesia Sancti Francisci aviniae.* Le lettere *A. C. F.*, che significano *Augustinus Caracci fecit,* sono sulla ruota spezzata di Santa Caterina.[6]

[1] BLANC, op. cit., pag. 23.

[2] Ivi.

[3] CICOGNA, op. cit., vol. IV, pag. 153.

[4] RIDOLFI, *Vita,* pag. 52; CICOGNA, op. cit., pagg. 233-34; GIO. PIETRO BELLORI, *Vite de' pittori* (Pisa, 1821), vol. I, pag. 125; BLANC, op. cit., pag. 22.

[5] RIDOLFI, *Vita,* pag. 52; BELLORI, op. cit., vol. I, pag. 125; BLANC, op. cit., pag. 22.

[6] RIDOLFI, *Vita,* pag. 52; ZANETTI, op. cit., tomo II, pag. 707; BELLORI, op. cit., vol. I, pag. 125; BLANC, op. cit., pag. 22.

— LA PIETÀ, ossia CRISTO MORTO, SOSTENUTO DALLA VERGINE, CON UN ANGELO, CHE GLI SOLLEVA LA MANO SINISTRA, incisa in foglio da Agostino Caracci. In fondo, a sinistra, è scritto: *Agu: Car. fe. - Paolo Calliari Veronese inve. Oratio Bertelli for. 1582.* È bellissima incisione. Le prove posteriori portano quest'altro titolo: *Giacomo Franco Forma.* [1]

— LA VERGINE, CHE PROTEGGE DUE CONFRATELLI, INGINOCCHIATI. Nel margine, in fondo, vi sono otto versi italiani, dei quali, secondo il Gori, Agostino stesso è l'autore, e che cominciano così: *Color che unite,* ecc. *Horatio Bertelli for.* Agostino ha inciso questa stampa con molta arte, durante il suo soggiorno a Venezia. [2]

— La tavola con CRISTO IN CROCE, E, APPIEDI, LE MARIE, dipinta da Paolo, nella chiesa di San Sebastiano, incisione di Agostino Caracci. [3]

Ceyer. MARTIRIO DE' SANTI MARCO E MARCELLINO, inciso a bulino dal Ceyer.

Chataigner. CRISTO PORTATO NEL SEPOLCRO, disegnato da Girod, inciso da Chataigner e Langlois. [4]

— LA VERGINE, SAN FRANCESCO E SAN ZACCARIA, disegnata dal Dumet, incisa da Chataigner e Massard. [5]

— LE NOZZE DI CANA, incise da Chataigner e Niquet. [6]

— LA CENA IN CASA DI LEVI, disegnata dal Defresne, incisa da Chataigner e Niquet. [7]

[1] BELLORI, op. cit., vol. I, pag. 125; BLANC, op. cit., pag. 22. Il ZANETTI (op. cit., tomo II, pag. 710), aggiunge ch'era prima nella chiesa de' Santi Giovanni e Paolo, e, nel 1792, già in Francia.

[2] BELLORI, op. cit., vol. I, pag. 125; BLANC, op. cit., pag. 22.

[3] ZANETTI, op. cit., tomo II, pag. 704.

[4] CICOGNA, op. cit., vol. IV, pag. 153.

[5] Ivi.

[6] Ivi.

[7] Ivi.

— Lot e sue figlie, che escono da Sodoma, disegno di Sebastiano Le-Roy, incisione di Chataigner e di Villerey. [1]

Cochin. Isacco benedicente Giacobbe in luogo di Esaù, col motto: *Paternus amor uxorium superans*, disegno e incisione di Nicola R. Cochin. [2]

— Mosè esposto alle acque del Nilo, ecc., disegnato ed inciso da N. R. Cochin. [3]

— Gesù alle Nozze di Cana in Galilea, incisione di N. R. Cochin, dedicata a Michele de Marolles, celebre amatore del tempo di Luigi XIII, colla scritta: *H. Mauperchi excud.* In-fol. per traverso: raro. [4]

— Magdalena pœnitens ad pedes Christi, Parisiis. Incisione di N. R. Cochin. [5]

— San Sebastiano innanzi a Diocleziano, inciso da N. R. Cochin. [6]

— Il medico Erasistrato che scopre l'amore d'Antioco per la regina Stratonica. Il padre, commosso dall'amor paterno, cede la sua donna al figliuolo. Col motto: *Paternus amor uxorium superans*. Incisione di N. R. Cochin, piccola in-fol. per traverso. [7]

— Alessandro, nella tenda di Dario, consola la regina e le principesse, grande composizione, col titolo: *Alexander Darii Victor,* ecc., incisione del Cochin, in-fol. per traverso: rara. [8]

— La Natività o Adorazione de' pastori, che è così de-

[1] Cicogna, op. cit., vol. IV, pag. 153.
[2] Ivi.
[3] Ivi.
[4] Ivi, pagg. 233-34; Blanc, op. cit., pag. 24.
[5] Cicogna, op. cit., vol. IV, pagg. 233-34.
[6] Ivi.
[7] Blanc, op. cit., pag. 24.
[8] Ivi.

scritta dal Malaspina di Sannazzaro [1] (vol. IV, pag. 84): « Bella « composizione d'appresso Paolo Veronese, ma ove, secondo l'uso « di quei tempi, vedesi introdotto un Santo a ginocchio, che do- « vrebbe essere San Girolamo, poichè a' suoi piedi trovasi il « leone ». Inciso non della sua maniera migliore. Al basso, a sinistra, sta *P. Calliari Veron. in.*, a destra, *N. Cochin del. et fe.*

Coelemans. SOGGETTO ALLEGORICO, colla iscrizione, che la Fortuna è bizzarra e nemica della Virtù, non elevando il merito al più alto grado di gloria; incisione in-fol. di Giacomo Coelemans. [2]

Comirato. LA SACRA FAMIGLIA, CON LI SANTI GIOVANNI FANCIULLO, GIUSTINA, FRANCESCO E GIROLAMO, incisione di Marco Comirato. [3]

— LA VERGINE ASSUNTA IN CIELO NELLA PRESENZA DEGLI APOSTOLI, incisione di Marco Comirato. [4]

— CATERINA CORNARO REGINA DI CIPRO, incisione di Marco Comirato.

— IL CONVITO DI SAN GREGORIO MAGNO, incisione di Marco Comirato. [5]

Costa. LA CENA DELLE NOZZE DI CANA, incisa a bulino da A. Costa.

— LA MADDALENA AI PIEDI DI GESÙ CRISTO, delineata dal Metalli e incisa da A. Costa, nell'opera della *Galleria di Torino* di R. D'Azeglio, vol. IV.

[1] Op. cit.

[2] BLANC, op. cit., pag. 23.

[3] CICOGNA, op. cit., vol. cit., pag. 234

[4] Ivi.

[5] Ivi, pag. 235.

Crozat. PAOLO CHE FUGGE LA VOLUTTÀ E ABBRACCIA LA VIRTÙ, fatto intagliare dal Crozat dal quadro del Veronese posseduto dal duca d'Orléans. [1]

Crucis. NOBILE VENEZIANO, CON BARBA E PELLICCIA, inciso da T. Ver. Crucis. [2]

Custodis. LA RISURREZIONE DI CRISTO, tavola dipinta da Paolo per San Francesco della Vigna, incisione in cui sta scritto: *D. Custodis form. A. V.* [3]

Dala. LO SPOSALIZIO DI SANTA CATERINA, inciso da G. Dala, in Venezia, 1852.

— BATTAGLIA DI LEPANTO, incisa da G. Dala, in Venezia, 1852.

— IL MARTIRIO DE' SANTI MARCO E MARCELLINO, inciso da G. Dala.

— IL MARTIRIO DI SAN SEBASTIANO, di G. Dala.

— LA PRESENTAZIONE AL TEMPIO, disegnata dal Pompignoli, incisa dal Dala, nell'opera del Bardi.

Dal Pedro. IL RATTO D'EUROPA, disegnato da Giovanni Antonio Zanotti Fabris, inciso a bulino, in Venezia, da F. Dal Pedro.

Dal Pian. ALEXANDER DARII VICTOR CLEMENS ET CONTINENS, disegnato da Pasquale Manfredi, inciso da Giovanni Dal Pian (1789). [4]

[1] BOTTARI e TICOZZI, op. cit., vol. VI, pag. 15.

[2] CICOGNA, op. cit., vol. IV, pag. 152.

[3] ZANETTI, op. cit., tomo II, pag. 707, il quale aggiunge che il Custodis era un intagliatore d'Anversa, che abitava in Augusta e per il quale incise più cose Wolfango Killiano.

[4] CICOGNA, op. cit., vol. IV, pag. 153.

Della Via. La tavola dell'altar maggiore di San Sebastiano, incisione di Alessandro Della Via, col disegno di Giambattista Tiepolo, fatto nella sua prima gioventù. [1]

Desplaces. PAOLO VERONESE TRA IL VIZIO E LA VIRTÙ, da un dipinto del Caliari, copiato nel Gabinetto del duca d'Orléans, incisione di Luigi Desplaces, in-fol. Raccolta Crozat. [2]

— LA SAGGEZZA COMPAGNA DI ERCOLE, incisione di Luigi Desplaces, in-fol., copiata da un quadro del Gabinetto del duca d'Orléans. [3] La figura della SAGGEZZA pare il ritratto della moglie dell'autore.

— IL RISPETTO, incisione di Luigi Desplaces, copiata nel Gabinetto del duca d'Orléans, in-fol. quadrato. [4]

— L'AMORE FELICE, incisione di Luigi Desplaces, copiata nel Gabinetto del duca d'Orléans. [5]

— LEDA E GIOVE MUTATO IN CIGNO, incisione di Luigi Desplaces, in-fol., tolta nel Gabinetto del duca d'Orléans. [6]

— RATTO D'EUROPA, copiato nel Gabinetto del duca d'Orléans ed inciso da Luigi Desplaces, in-fol. per traverso. [7]

Didier. LA VERGINE, IL BAMBINO GESÙ, SANTA CATERINA, SAN BENEDETTO E SAN GIORGIO, incisa dal Didier. [8]

Dupont. I DISCEPOLI DI EMMAUS, che si vedono al Louvre, incisi da Henriquel-Dupont. [9]

[1] ZANETTI, op. cit., tomo II, pag. 703; BLANC, op. cit., pag. 23.

[2] BLANC, op. cit., pag. 23. Vedi Crozat.

[3] Ivi.

[4] Ivi.

[5] Ivi.

[6] Ivi.

[7] Ivi.

[8] *Chronique des Arts,* 13 mai 1876, pag. 181.

[9] BOTH DE TAUZIA, *Musée du Louvre,* p. p., pag. 77, seppure non è la copia dello studio di Paolo Delaroche.

Eissner. L'Adorazione dei Magi, che vedesi nel Museo di Vienna, sotto il numero 576, incisa da G. Eissner.

Errami. Ritratto della moglie di Paolo, che vedesi a Pitti, disegnato dal Filati, inciso da L. Errami, nell'opera del Bardi.

Farinati O. La Circoncisione, che è così descritta dal Malaspina di Sannazzaro (vol. II, pagg. 160–61): « Il gran « sacerdote, o il vecchio Simeone sta nel mezzo sovra un gra- « dino, ed innanzi a lui, a ginocchio, vedesi la Vergine che gli « presenta il Bambino Gesù per la sacra funzione; dietro la « Vergine trovasi San Giuseppe. A sinistra l'ara ed i minori « sacerdoti, ed a destra più spettatori, uno de' quali porta due « colombi. Il tutto nell' interno d'un tempio di magnifica archi- « tettura. Grandiosa composizione di Paolo Veronese o Caliari, « ed incisa ad acquaforte da Orazio Farinato, che può dirsi il « suo capo d'opera ». In due fogli.

Flameng. Giove che fulmina i Vizi, inciso a bulino da M. Leopoldo Flameng, nella *Raccolta delle stampe a bulino e ad acquaforte*, pubblicata dalla *Gazette des Beaux-Arts* (1864).

Fossati. Giove che fulmina i Vizi, dipinto da Paolo, nello spazio maggiore della sala del Consiglio dei Dieci, inciso da Davide Antonio Fossati. [1]

Franco. Lo Sposalizio di Santa Caterina, col motto: *Pauli Caliari Veronensis opus in ecclesia D. Caterinae, Venetiis. Giacomo Franco forma.*, in-fol. gr. Può essere anche incisione del Franco. [2]

[1] Zanetti, op. cit., tomo II, pag. 709.

[2] Cicogna, op. cit., vol. V, pag. 443.

Fusella. Il Ritratto di fanciullo (dai capelli corti), che vedesi a Pitti, disegnato dal Gariot, inciso dal Fusella, nell'opera del Bardi.

Grigoletti. Testa di San Zaccaria, tratta dal quadro esistente all'Accademia di belle arti in Venezia, disegnata da Michelangelo Grigoletti (litografia). [1]

— Il Ratto d'Europa, disegnato da Michelangelo Grigoletti (litografia). [2]

Guadagnini. La Sacra Famiglia, che vedesi nella Galleria di Firenze, incisa a bulino da G. Guadagnini. [3]

Guglielmi. Susanna al bagno, quadro che si conserva al Museo di Madrid, litografia di Paolo Guglielmi. [4]

Guillaume. La Giuditta, che vedesi nel Museo di Vienna, incisa da J. Guillaume.

Hollar. La regina Saba, che visita Salomone, che era nella Galleria dell'arciduca Leopoldo, incisa da Venceslao Hollar. [5] Nelle prime prove si vedeva colla cornice e con dei ritratti al di sopra.

Hortemels. Sposalizio di Santa Caterina, esistente nel Gabinetto Crozat, inciso da Federico Hortemels. [6]

[1] Cicogna, op. cit., vol. IV, pag. 153.

[2] Ivi, pag. 154.

[3] F. S. Vallardi, *Manuale del raccoglitore, ecc.*, pag. 339.

[4] Réveil, *Museo di pittura e scultura;* Firenze, Fumagalli, vol. V, tavola 533.

[5] Blanc, op. cit., pag. 23.

[6] Cicogna, op. cit., vol. IV, pag. 233-34.

Houbracken. Ritratto di un nobile veneziano, colla barba lunga e in pelliccia, da una tavola di Paolo alla R. Galleria di Dresda, incisione di J. Houbracken, in-fol. [1]

Hoy. La Giuditta, che ammiravasi a Vienna, incisa da Hoy nel *Teatro pittorico* del Teniers.

Jacob. Le Nozze di Cana, che dalla Collezione del duca di Modena passò nella Galleria di Dresda, incisione di Luigi Jacob. [2]

Jackson. Purificazione di Maria Vergine, incisa in legno da G. B. Jackson. [3]

— Lo Sposalizio di Santa Caterina, incisione in legno di G. B. Jackson. [4]

— La Vergine, seduta sur un trono, in alto, il Bambino nelle sue braccia, e, a' suoi piedi, il piccolo San Giovanni, che tiene una piccola croce. Al basso, Santa Caterina, colla palma, San Francesco e due Padri della Chiesa, incisione a chiaroscuro del Jackson, in-fol. [5]

— Mosè salvato dalle acque dalla figlia del re Faraone, superba composizione col motto: *J. B. Jackson del. sculp. et excud.* Chiaroscuro d'un grande effetto, in-fol. [6]

— La Presentazione al tempio, incisa in senso contrario. Bel chiaroscuro di G. B. Jackson, in-fol. [7]

— Le Nozze di Cana, incise da Jackson. [8]

[1] Blanc, op. cit., pag. 23.

[2] Réveil, *Museo di pittura e scultura*, vol. II.

[3] Cicogna, op. cit., l. c., pag. 153.

[4] Ivi.

[5] Blanc, op. cit., pag. 23.

[6] Ivi.

[7] Ivi.

[8] Both de Tauzia, *Musée du Louvre*, p. p., pag. 76.

Jeurat. Moisè salvato dalle acque, dipinto già esistente nel Gabinetto del re di Francia, in-fol. per traverso, inciso da Edmondo Jeaurat. [1]

— Il Ratto d'Europa, sur un ricco fondo di paesaggio ridente, e, a basso, otto versi francesi. *Paulus Veronensis pinx. Edmundus Jeaurat sculp. Anno 1709,* in-fol. per traverso. [2]

Kessel. La Flagellazione di Gesù, attaccato alla colonna, dipinto già esistente nel Museo di Bruxelles, in-fol. per traverso, inciso da Teodoro Kessel. [3]

— Il San Sebastiano, che si vede nel Museo di Vienna, inciso da T. Kessel.

— Venere e Adone, che vedesi nel Museo di Vienna, incisione di T. Kessel.

Kilian F. A. L'Adorazione dei Magi, esistente nella Galleria di Dresda, in-fol. per traverso, incisa da Filippo Andrea Kilian. [4]

— Cena di Cristo, colla Maddalena, bella composizione del Veronese, con 15 figure, incisa a bulino, in-fol., da Filippo Kilian. [5]

Kilian L. La Risurrezione, incisione in-fol. di Luca Kilian. [6]

— La Trasfigurazione di Cristo sul Tabor, nella quale, a basso, leggesi: *Domine, bonum est hic habitare.* Incisione in-fol. di Luca Kilian. [7]

[1] Blanc, op. cit., pag. 23.

[2] Ivi.

[3] Ivi.

[4] Ferrario, *Le classiche stampe* (1836), pag. 174; Blanc, op. cit., pagina 23.

[5] Blanc, op. cit., pag. 23.

[6] Ivi.

[7] Ivi.

Kilian V. IL BATTESIMO DI GESÙ CRISTO, incisione di Volfango Kilian. [1]

Lallemand. L'INCENDIO DI SODOMA, che si ammira al Louvre, incisione di Giulio Lallemand. [2]

Lasinio. LE MARIE AL SEPOLCRO, disegno di F. Rossi, incisione di Lasinio figlio, nell'*Illustrazione* del Bardi.

— CRISTO, CHE SI CONGEDA DALLA MADRE, disegno di F. Rossi, incisione di Lasinio figlio, nell'*Illustrazione* del Bardi.

Lasne. GESÙ CRISTO NELLA SUA GLORIA, ACCOMPAGNATO DA SAN PIETRO E DA SAN PAOLO, incisione in-fol. di Michele Lasne. [3]

Le Bas. DEPOSIZIONE DI CRISTO DALLA CROCE, incisa a contorni dal Le Bas. [4]

— LA VISITAZIONE DI SANTA ELISABETTA, presso il conte di Morville, incisa da J. Phil. Le Bas. [5]

Le Febre. Cinquanta tavole intagliate all'acquaforte, cavate dai migliori originali del Tiziano e di Paolo, edite in Venezia la prima volta nel 1680, la seconda nel 1682, sotto il titolo: *Opera selectiora quae | Titianus Vecellius Cadubri | ensis et Paullus Caliari | Veronensis inventarunt | et pinxerunt, et quaeque | Valentinus le Febre | Bruxellensis delineavit | et sculpsit.* [6] Le principali, tolte dai dipinti del Veronese, sono:

[1] BLANC, op. cit., pag. 23.

[2] BOTH DE TAUZIA, *Musée du Louvre* (1885), p. p., pag. 74.

[3] BLANC, op. cit., pag. 23.

[4] CICOGNA, op. cit., vol. IV, pag. 153.

[5] Ivi, pagg. 233-34.

[6] ZANETTI, op. cit. (1792), tomo II, pag. 686; BLANC, op. cit., pag. 23.

— La Cena di Gesù presso Simone il lebbroso, incisa in due fogli uniti da Valentino Le Febre. [1]

— La Presentazione al tempio, incisa in-fol. da Valentino Le Febre. [2]

— San Girolamo nel deserto, inginocchiato appiè d'una roccia, dipinto da Paolo per la chiesa degli Angeli, a Murano, inciso in-fol. all'acquaforte da Valentino Le Febre. [3]

— Ratto d' Europa, inciso all'acquaforte, con lettere rovescie, per traverso. [4]

— Ratto d'Europa, inciso nel senso opposto, con queste parole: *Paolo Calliari inventò e dipense. Valentino Le Febre disegnò e scolpì.* In-fol. [5]

— Visitazione di Santa Elisabetta, incisa da Valentino Le Febre.

— Cristo colla Samaritana, inciso da Le Febre, Van Campen stampò. [6]

— Santa Caterina, incisa da Valentino Le Febre. [7]

— San Matteo e San Luca, dipinti nel soffitto di San Niccolò de' Frari, e incisi da Valentino Le Febre. [8]

— Sei fogli di soggetti da soffitti, rappresentanti delle figure allegoriche di donne largamente panneggiate, ornate di simboli, col motto: *Paulus Caliari Veronensis invent. et pinx. V. Le Febre del. et sculp.* In-fol. [9]

— Venezia, collo scettro, che riceve da Giunone gli emblemi della sovranità e della ricchezza, col motto:

[1] Blanc, op. cit., pag. 23.

[2] Ivi.

[3] Zanetti, op. cit., tomo II, pag. 708; Blanc, op. cit., pag. 23.

[4] Blanc, op. cit., pag. 23.

[5] Ivi.

[6] Cicogna, op. cit., vol. IV, pagg. 233-34.

[7] Zanetti, op. cit., tomo II, pag. 705.

[8] Ivi, pag. 707.

[9] Blanc, op. cit., pag. 23.

Paulus Caliarij Veronensis inv. V. Le Febre del. et sculp. ed altre senza parole. [1]

— Uomo vestito all'orientale, che tiene la mano sotto il mento, ed a cui è vicina una bellissima donna, colle mani al petto, inciso da Valentino Le Febre. [2]

— Un sacrificio e la Fede, dipinto nel soffitto del Collegio e inciso dal Le Febre. [3]

— Venezia personificata, coronata dalla Vittoria, circondata da tutte le Virtù, dipinta da Paolo, nella sala del Gran Consiglio. Fogli due, incisi da Valentino Le Febre. [4]

Leonardis. Andrea Contarini, dopo la vittoria riportata sopra i Genovesi, inciso da Jacopo Leonardis, 1787. [5]

Lisebetius. Abraham, preparato a sacrificare Isacco, suo figlio unico, è arrestato da un angelo nelle nuvole, incisione di P. Lisebetius, in-fol. per traverso. [6]

— La Risurrezione di Cristo, che vedesi nel Museo di Vienna, incisione di P. Lisebetius.

— San Nicola vescovo, che vedesi nel Museo Imperiale di Vienna, inciso da P. Lisebetius.

Livi. Il Ritratto del fanciullo (dai capelli più lunghi), che vedesi a Pitti, disegnato dal Gariot, inciso dal Livi.

Lorenzi. Madonna col Bambino, San Giuseppe e Santa Caterina, che abbraccia Gesù, disegnata ed incisa da Lorenzo Lorenzi. [7]

[1] Zanetti, op. cit., tomo II, pag. 709; Blanc, op. cit., pag. 23.

[2] Zanetti, op. cit., tomo II, pag. 709.

[3] Ivi.

[4] Ivi; Blanc, op. cit., pag. 23.

[5] Cicogna, op. cit., vol. IV, pagg. 233-34.

[6] Blanc, op. cit., pag. 24.

[7] Cicogna, op. cit., vol. IV, pag. 153.

— Donna involta nel proprio manto, disegnata da G. Zocchi e incisa da Lorenzo Lorenzi. [1]

— Sposalizio di Santa Caterina, inciso da Lorenzo Lorenzi, quadro alto palmi 6, largo palmi 4, once 11. [2]

Losi. Martirio di Santa Giustina, colla scritta: *Roma apud Carolum Losi, 1773,* fogli due. [3]

Louisa. Una raccolta di stampe di pitture e prospettive di Venezia, incise in foglio grande, con questo frontispizio: *Il gran Teatro delle Pitture | e | Prospettive | di Venezia | in due tomi diviso | 1720.* Fra le 57 incisioni del I tomo, fatte dal Zucchi e da Domenico Rossetti, sui disegni di Silvestro Manaigo e dal Tiepolo, [4] vi sono le seguenti, tolte dai dipinti di Paolo:

— Le Nozze di Cana, incisione dedicata a Luigi Ferro. [5]

— Il San Francesco, dipinto per San Niccolò de'Frari dal Veronese. [6]

— La Presa di Smirne, dipinta da Paolo, nella sala del Gran Consiglio. [7]

— Venezia, Ercole e Nettuno, dipinto di Paolo già esistente nel soffitto del Magistrato delle legne, a San Marco. [8]

— I portelli del vecchio organo di San Geminiano coi due Santi Giambattista e Menna. [9]

[1] Cicogna, op. cit., vol. IV, pagg. 233-34.
[2] Ivi.
[3] Ivi, pag. 153.
[4] Zanetti, op. cit., tomo II, pag. 688.
[5] Cicogna, op. cit., vol. IV, pagg. 233-34.
[6] Zanetti, op. cit., tomo II, pag. 707.
[7] Ivi, pag. 708.
[8] Ivi, pag. 710.
[9] Ivi, pag. 706.

Luciani. LA MADONNA, dipinta da Paolo per la sagristia di San Zaccaria, intagliata da Antonio Luciani, discepolo di Jacopo Piccini. [1]

Maccham. GIOVE CHE FULMINA I VIZI, che ora è al Louvre, inciso dal Maccham. [2]

Männl. La GIUDITTA, che vedesi nel Museo Imperiale di Vienna, incisa da G. Männl. [3]

— UN FANCIULLO, CHE SCHERZA CON UN CANE, che vedesi al Museo Imperiale di Vienna, incisione di G. Männl.

Mantz. GIOVE CHE FULMINA I VIZI, dipinto di Paolo, che ora si trova al Louvre, inciso nell'opera *Les chefs-d'œuvre de la peinture italienne,* di Paolo Mantz.

— RITRATTO DI PAOLO, dipinto da lui stesso, che conservasi alla Galleria degli Uffizi, in Firenze, inciso nell'opera di P. Mantz.

Matham. LA VERGINE CHE SALUTA SANTA ELISABETTA, A CUI FA VISITA, col motto: *Zachariæ Christi genetrix,* ecc. *Paolo Veronese inv. Jacobus Matham incise, I. C. Vischer formò.* [4]

— LA SANTA FAMIGLIA, COLLO SPOSALIZIO DI SANTA CATERINA E DUE ANGELI, CHE SUONANO, E COL PICCOLO SAN GIOVANNI, CHE PRESENTA L'ANELLO AL BAMBINO GESÙ, incisa a bulino, in-fol. per traverso, da J. Matham. [5]

Meloni. REBECCA CHE DÀ DA BERE AGLI ARMENTI, disegnata ed incisa da Anton Francesco Meloni, con sotto il distico, che comincia: *Dum dedit armentis,* ecc. [6]

[1] ZANETTI, op. cit., tomo II, pag. 706.
[2] BOTH DE TAUZIA, *Musée du Louvre,* p. p., pag. 76.
[3] ENGERTH, *Gemälde,* ecc., pag. 405.
[4] BLANC, op. cit., pag. 22.
[5] Ivi.
[6] CICOGNA, op. cit., vol. IV, pag. 153.

Meyrau. GOVERNANTE DI PAOLO, dipinta da lui medesimo, incisa da J. Meyrau.[1]

— REBECCA CHE RICEVE I DONI DA ELIEZER, SERVO D'ABRAMO, esistente al Louvre, incisione di J. Meyrau.[2]

Mitelli. MARTIRIO DI UN SANTO (1575), disegnato ed inciso da Gioseffo Maria Mitelli.[3]

— IL MARTIRIO DI SAN SEBASTIANO, incisione di Gioseffo Maria Mitelli.[4]

— IL MARTIRIO DI SAN MARCO E MARCELLINO, incisione di Gioseffo Maria Mitelli.[5]

— LA NATIVITÀ DEL SIGNORE, dipinta da Paolo, nel soffitto dell'Umiltà, di cui il Malaspina di Sannazzaro (*Catalogo*, vol. II, pag. 220) fa la seguente descrizione: « È rinchiusa in uno spazio « fatto in forma di croce, e questa iscritta in un ottagono. Nel « mezzo sta la Vergine col Bambino in braccio, ne' traversali, i « pastori con alcuni animali, nel braccio della croce superiore os- « servasi una capra, una cesta ed una botte. All'angolo sinistro « leggesi: *Paulus Caliaris Veronensis Inventor,* e nell'opposto, « a destra, *Joseph M.ª Mitellus Del. et Sculp.* ».[6]

— LE NOZZE DI CANA, che ora si trovano a Parigi, incisione del Mitelli.

— LA CENA DEL SALVATORE PRESSO SIMONE IL FARISEO, COLLA MADDALENA, CHE STA AI PIEDI DI CRISTO, quadro dipinto da Paolo per la chiesa di San Sebastiano, a Venezia, incisione all'acquaforte di Gioseffo Maria Mitelli (1660), dedicata al signor Gioseffo Canobbio.[7]

[1] BLANC, op. cit., pag. 24.
[2] Ivi.
[3] CICOGNA, op. cit., vol. IV, pag. 153.
[4] ZANETTI, op. cit., tomo II, pag. 704.
[5] Ivi.
[6] ZANETTI, op. cit., tomo II, pag. 707; BLANC, op. cit., pagg. 22-23.
[7] BLANC, op. cit., pagg. 22-23.

Monaco. Il MOSÈ SALVATO DALLE ACQUE, pittura di Paolo, già posseduta dai Grimani ai Servi, incisa da Pietro Monaco.[1]

— IL CENTURIONE, già di casa Grimani, inciso da Pietro Monaco.

Nani. IL BATTESIMO DI CRISTO, disegnato da A. Nani.[2]

Normand. MARTIRIO DI SAN GIORGIO, inciso a contorni da C. Normand.[3]

— I PELLEGRINI DI EMMAUS, incisione a contorni di C. Normand.[4]

— LA MADONNA COL BAMBINO, SAN GIUSEPPE E SAN GIOVANNI, E, PIÙ SOTTO, I SANTI GIROLAMO, CATERINA E FRANCESCO, incisione a contorni di C. Normand.[5]

— ESTER DAVANTI ASSUERO, incisione a contorni di C. Normand.[6]

— RATTO D'EUROPA, incisione a contorni di C. Normand.[7]

— PERSEO E ANDROMEDA, incisione a contorni di C. Normand.[8]

— GIOVE CHE FULMINA I VIZI, incisione a contorni di C. Normand.[9]

Pacini. ASSUNZIONE DELLA MADONNA, incisione all'acqua tinta di Santi Pacini.[10]

Paradisi. RITRATTO DI DANIELE BARBARO, disegnato da A. Muzzi, inciso dal Paradisi per l'*Illustrazione* del Bardi.

[1] CICOGNA, op. cit., vol. IV, pag. 235.
[2] Ivi, pag. 153.
[3] Ivi.
[4] Ivi.
[5] Ivi.
[6] Ivi.
[7] Ivi.
[8] Ivi, pag. 154.
[9] Ivi.
[10] Ivi, pag. 153.

Passini. La GIUDITTA, che ammirasi nel Museo di Vienna, incisa da G. Passini. [1]

Patina. Raccolta d'incisioni di celebri autori, stampate in-folio, che ha per titolo: *Pitture scelte e dichiarate da Carla Patina,* ecc. (1691), [2] tra cui le seguenti, tolte dai dipinti di Paolo:

— SAN SEBASTIANO DAVANTI AL TIRANNO, incisione della Patina. [3]

— LA NATIVITÀ DEL SIGNORE E SAN GIROLAMO, dipinta da Paolo per la chiesa di San Giuseppe, in Venezia, incisa dalla Patina. [4]

— IL GIUDIZIO DI PARIDE, dipinto nel Fondaco dei Tedeschi, inciso dalla Patina. [5]

— SELEUCO ED ANTIOCO, dipinti nel Fondaco dei Tedeschi, incisi dalla Patina. [6]

Pazzi. Il RITRATTO DI PAOLO, che si vede nella Collezione di Pitti, disegno del Campiglia, incisione del Pazzi, nel *Museo fiorentino* (vol. I) del Gori.

Payne. CRISTO ALLA CASA DI JAIRO, che vedesi nel Museo di Vienna, inciso da A. H. Payne.

Perini. VENEZIA, dipinta da Paolo, disegno di Antonio Mezzani e incisa, a contorni, da Matteo Perini. [7]

— LA GEOMETRIA E L'ARITMETICA, disegnate da Antonio Mezzani, incise da Matteo Perini. [8]

[1] ENGERTH, op. cit., pag. 405.
[2] ZANETTI, op. cit., tomo II, pag. 687.
[3] Ivi, pag. 703.
[4] Ivi, pag. 708.
[5] Ivi, pag. 709.
[6] Ivi.
[7] CICOGNA, op. cit., vol. IV, pag. 153.
[8] Ivi, pag. 154.

— La Musica, disegnata da Antonio Mezzani, incisa da Matteo Perini.[1]

Picart. Andrea Palladio, disegnato da B. Picart e da lui pure inciso (1716).[2]

Picchianti. San Zaccaria, colla Madonna, il Bambino, Santa Caterina e San Giovanni, disegnato da Francesco Petrucci, inciso da Giovanni Domenico Picchianti.[3]

Piccioni. L'Adorazione dei pastori, che è così descritta dal Malaspina di Sannazzaro (vol. II, pag. 342): « Qui la « Vergine, a sinistra e seduta, innalza sulle braccia il Bambino « per mostrarlo ai pastori ivi accorsi, che a ginocchio lo con« templano e adorano. Alquanto indietro scorgonsi indicati da « un lato un bue e dall'altro l'asino, ed in alto alcuni cherubini « intorno ad una colonna cui è raccomandata la capanna. Al « basso ed a sinistra, leggesi: *Paulus Cal.ⁱ Veronensis pinxit:* « a destra *Ma. Picc.ⁱ F.* Nel margine poi, ove è la dedica, tro« vasi il nome intiero dell'incisore, cioè *Matteo Piccioni* ».

Pizzi. Convito di San Gregorio Magno, inciso da Luigi Pizzi (1808).[4]

Prenner. Giuditta e Oloferne, quadro del Museo di Vienna, inciso a rovescio, con, a basso, dei versi latini e il nome dell'autore: *Antonio Giuseppe De Prenner del. et incidit 1773:* piccolo in-fol.[5]

1 Cicogna, op. cit., vol. IV, pag. 154.

2 Ivi, pag. 152.

3 Ivi, pag. 153.

4 Ivi, pagg. 233-34.

5 Blanc, op. cit., pag. 24.

— La Donna adultera, che si vede nel Museo di Vienna. [1]

— Cristo e la Samaritana, che si vede nel Museo di Vienna. [2]

— I primi parenti cacciati dall'Eden, che si vedono nel Museo di Vienna. [3]

— Il Sacrificio di Abramo, che si vede nel Museo di Vienna. [4]

— L'Adorazione dei Magi, che si vede nel Museo di Vienna al num. 576. [5]

— La Vergine e due Sante, che vedesi nel Museo di Vienna. [6]

— Lo Sposalizio di Santa Caterina, che vedesi nel Museo di Vienna. [7]

— Cristo davanti la casa di Jairo, che vedesi nel Museo di Vienna. [8]

— La Risurrezione di Cristo, che vedesi nel Museo di Vienna. [9]

— Il vescovo San Nicola, che vedesi nel Museo di Vienna. [10]

— Il Martirio di San Sebastiano, che vedesi nel Museo di Vienna. [11]

— Ercole e Dejanira, che vedesi nel Museo di Vienna. [12]

— Venere e Adone, che vedesi nel Museo di Vienna. [13]

[1] Engerth, op. cit., pag. 399.
[2] Ivi.
[3] Ivi, pag. 403.
[4] Ivi, pag. 404.
[5] Ivi, pag. 407.
[6] Ivi, pag. 408.
[7] Ivi.
[8] Ivi, pag. 409.
[9] Ivi, pag. 411.
[10] Ivi.
[11] Ivi, pag. 412.
[12] Ivi, pag. 413.
[13] Ivi.

— Il RITRATTO DI CATERINA CORNARO, che vedesi nel Museo di Vienna. [1]

— Il RITRATTO DI MARCANTONIO BARBARO, che vedesi nel Museo di Vienna. [2]

— LUCREZIA PRONTA A FERIRSI IL SENO COL PUGNALE, quadro del Museo di Vienna, con, a basso, sei versi latini e il nome dell'autore: *De Prenner del. et incidit 1733:* piccolo in-fol. [3]

— GIOVANE, A MEZZA FIGURA, CHE TIENE UN CANE NELLE SUE BRACCIA, dalla Galleria di Vienna, col motto: *Paulus Veron. pix. von Prenner del. et incid.:* piccolo in-fol. [4]

— SANTA CATERINA DELLA RUOTA, che è così descritta dal Malaspina di Sannazzaro *(Catalogo,* vol. I, pagg. 240–41): « A « destra la Vergine seduta col Bambino sulle ginocchia, che si « slancia verso Santa Caterina come per andare nelle di lei braccia. « Nel margine al mezzo leggesi: *Paolo Veronesi pinxit* e a destra « *V. Prenner inc.* ».

Prévost. LE NOZZE DI CANA, che si vedono al Louvre, incise dal Prévost. [5]

— IL CONVITO PRESSO SIMON FARISEO, che trovasi al Louvre, inciso dal Prévost. [6]

Quéverdo. CRISTO CHE PORTA LA CROCE, disegnato dall'Alberti, inciso da Quéverdo e Lavale. [7]

Raab. VENEZIA TRIONFANTE, incisa a bulino dal Raab.

[1] ENGERTH, op. cit., pag. 415.
[2] Ivi, pag. 416.
[3] BLANC, op. cit., pag. 24.
[4] Ivi.
[5] BOTH DE TAUZIA, *Musée du Louvre,* p. p., pag. 76.
[6] Ivi.
[7] CICOGNA, op. cit., vol. IV, pag. 153.

Ravenet. Vénus et Adonis, dalla Galleria di mons. Dupille, incisione di S. R. Ravenet. [1]

Révoil. La Maddalena, quadro di Paolo Veronese, già esistente nel palazzo Durazzo, a Genova, incisa e descritta dal Révoil nella *Galerie des arts et de l'histoire* (t. IV, pag. 297*bis*). [2]

Robillard. Una Sacra Famiglia, pubblicata dal Robillard e da Enrico Laurent, nell'opera *Description,* ecc.

Rocco. Il Convito in casa di Levi, inciso da A. Rocco. [3]

Rosaspina. Il Battesimo di Cristo, che è a Pitti, disegnato da A. Daverio, inciso da F. Rosaspina, nell'opera del Bardi.

Sacchi. L'Adorazione dei Magi, incisa all'acquaforte (1649) dal quadro di Paolo Veronese, fatto per la chiesa di San Silvestro, a Venezia. A sinistra, in fondo, sur un gradino, si legge: *Paulus Veronensis inv.* e, sul margine, a basso, v'è la dedica del Sacchi a Donato Corregio. [4]

— L'Adorazione dei Magi, dove la capanna è formata in un vasto edifizio rovinato, incisa colla punta, alla maniera dei pittori, da Carlo Sacchi. [5]

— La Cena in casa del Fariseo, incisa da Carlo Sacchi in rosso, fogli due. [6]

Sadeler. Il Cristo morto, che esisteva nella chiesa dei Santi Giovanni e Paolo, inciso da Egidio e Giusto Sadeler. [7]

[1] Cicogna, op. cit., vol. IV, pagg. 233–34.

[2] R. D'Azeglio, *Studi sulle arti del disegno,* vol. II, pag. 457, nota 1.

[3] Cicogna, op. cit., vol. IV, pag. 254.

[4] Blanc, op. cit., pag. 22.

[5] Ivi.

[6] Cicogna, op. cit., vol. IV, pag. 153.

[7] Zanetti, op. cit., tomo II, pag. 710.

Saenredam. GESÙ CRISTO AL BANCHETTO DI SIMONE FARISEO, dal famoso quadro de' Santi Giovanni e Paolo, in Venezia, col motto: *Suprema Christus coeli,* ecc. - *P. Verones. inve. J. Saenredam sculp.* Tre pezzi uniti per il largo.[1]

— IL CONVITO IN CASA DI LEVI, incisione di Giovanni Saenredam, in tre fogli uniti per il largo, con sei versi latini in fondo.[2]

Saiter. RATTO D'EUROPA, già esistente in casa del nobil uomo Contarini, disegnato da V. Le Febre, scolpito da Gottifredo Saiter, appresso Teodoro Viero, in-fol.

— LA PRESENTAZIONE, scolpita a bulino da Gottifredo Saiter.

Scalvinoni. LE NOZZE DI CANA, incise da Giambattista Scalvinoni.[3]

Schiavoni. I SANTI MARCO, MARCELLINO E SEBASTIANO, incisi da Michele Schiavoni.[4]

Schweigkart. Terza edizione della *Raccolta* del Le Febre, colle piante ritoccate da Giovanni Adamo Schweigkart di Norimberga (1749).[5]

Scotto. IL CONVITO DELLA MADDALENA, che ammirasi nel Museo di Torino, inciso da Girolamo Scotto.

Siegl. GIUNONE, affresco che vedesi a Maser, presso a Treviso, incisa da K. Siegl per l'opera del Lützow, *I tesori dell'arte in Italia,* pubblicata dalla ditta Treves di Milano, 1886.

[1] BLANC, op. cit., pag. 22.

[2] Ivi.

[3] ZANETTI, op. cit., tomo II, pag. 704; CICOGNA, op. cit., vol. IV, pagine 233-34.

[4] CICOGNA, op. cit., vol. IV, pagg. 233-34.

[5] BLANC, op. cit., pag. 23.

Smith E. SUSANNA E I VECCHIONI, che vedesi al Museo del Louvre, incisa da E. Smith.

Smith G. AMORE E PSICHE, dal Veronese, le cui prime prove sono avanti il panneggiamento, posto sulla figura dell'Amore, incisione di Giovanni Smith. [1]

Steifensand. L'ADORAZIONE DEI MAGI, incisa a bulino da H. Steifensand, a Düsseldorf.

Temini. IL CONVITO DE' SANTI GIOVANNI E PAOLO, inciso da Giovanni Temini. [2]

Thomassin. GESÙ CRISTO A TAVOLA, A EMMAUS, CON DUE SUOI DISCEPOLI, da un quadro ch'era nel Gabinetto del re di Francia, a Versailles, grande composizione di tutta una famiglia veneziana, incisa da Simone Thomassin, in-fol. per traverso. [3]

Troyen. L'ADORAZIONE DEI RE, incisione di Giovanni Troyen, in-fol. per traverso. [4]

— GESÙ CHE GUARISCE I MALATI, da un dipinto di Paolo (largo 4 piedi e 3 pollici, alto 3 piedi e 2 pollici), che si vede nella Galleria del Belvedere, a Vienna, incisione in-fol. per traverso di Giovanni Troyen. [5]

— I NOSTRI PROGENITORI CACCIATI DALL'EDEN, CHE ABITANO UNA TERRA INCOLTA. Adamo piglia dell'acqua a una sorgente; Eva, tutta nuda, allatta uno de' suoi bambini; incisione di Giovanni Troyen, in-fol. per traverso, dalla Galleria di Bruxelles. [6]

[1] FERRARIO, *Le classiche stampe* (1836), pag. 331.
[2] ZANETTI, op. cit., tomo II, pag. 705.
[3] BLANC, op. cit., pag. 23.
[4] Ivi.
[5] Ivi.
[6] Ivi.

— La Vergine, col Bambino, e le Sante Barbara e Caterina, dipinto di Paolo, che trovasi nel Museo di Vienna, inciso da G. Troyen, nel *Teatro pittorico* del Teniers.

Unger. La Giuditta, che vedesi a Vienna, nel Museo, incisa da W. Unger. [1]

— Gesù nella casa di Jairo, che vedesi nel Museo Imperiale di Vienna, incisione di W. Unger.

— La Vergine col Bambino e le Sante Barbara e Caterina, dipinto di Paolo, che trovasi a Vienna, nel Museo, inciso da W. Unger. [2]

Vaillant. Il Cristo portato al sepolcro, accompagnato da San Giovanni, dalla Vergine e dalla Maddalena; in lontananza si vede Giuseppe d'Arimatea; a fondo nero; incisione in-fol. di W. Vaillant. [3]

Valesi. La Madonna col Bambino e angeli, che suonano, col motto: *Causa nostræ letitiæ,* ecc., disegnata da Antonio Valesi. [4]

Vanni. Le Nozze di Cana, dal famoso quadro di Paolo ch'era a San Giorgio, in Venezia, e che adesso è al Louvre, incise da Giovambattista Vanni, colla data 1637 e colla dedica al Granduca di Toscana. Alta p. 19, l. 3, larga p. 25, l. 1. Rarissima stampa preziosa. [5]

Vendramini. Lo Sposalizio di Santa Caterina, opera di Paolo, ch'era già presso l'abate Celotti, indi nella Galleria del

[1] Engerth, op. cit., pag. 405.

[2] Ivi, pag. 408.

[3] Blanc, op. cit., pag. 24.

[4] Cicogna, op. cit., pag. 153.

[5] Ferrario, op. cit., pag. 358; Blanc, op. cit., pag. 24.

cav. Pesaro, a Londra, incisione in rame di Giovanni Vendramini di Bassano.[1]

Villamena. La Purificazione della Madonna, dipinta da Paolo sui portelli dell'organo di San Sebastiano, incisione incominciata da Agostino Caracci e terminata dal Villamena, in-fol. per traverso; rara.[2] Nel margine leggesi (come nota F. S. Vallardi, *Manuale*, ecc., pag. 273): *Franciscus Villamena assisias œre incisum.*

Vischer. La Risurrezione di Cristo, dalla pittura di Paolo, fatta per la chiesa di San Francesco dalla Vigna, incisa da Cornelio Vischer. A basso, v'è una banderuola, sulla quale è scritto: *Ego et Pater unus sumus.* Dal Gabinetto de' Reynst.[3]

Vitali. Cupido disarmato da Venere, da un dipinto di Paolo, inciso da P. Vitali.[4]

Viviani. Santa Cristina confortata dagli angeli nella prigione, incisione del Viviani.[5]

— La Vergine coronata dalla SS. Trinità, incisa da Antonio Viviani.[6]

— Santa Cristina che rifiuta di adorare gli idoli, incisa dal Viviani.[7]

— Vittoria dei Veneziani sopra l'armi del Turco, alle Curzolari, ottenuta per l'intercessione di Santa Giustina, incisa dal Viviani.[8]

[1] Cicogna, op. cit., vol. IV, pag. 235.

[2] Zanetti, op. cit., tomo II, pagg. 703-4; Blanc, op. cit., pag. 23.

[3] Zanetti, op. cit., tomo II, pagg. 707-8; Blanc, op. cit., pag. 23.

[4] *Catal. degli ogg. d'arte e d'antich. del Museo Civ. di Verona,* pag. 23.

[5] Cicogna, op. cit., vol. IV, pag. 234.

[6] Ivi.

[7] Ivi.

[8] Ivi.

— Il RITRATTO D'UN IGNOTO, che vedesi a Pitti, disegnato da A. Villa e inciso da A. Viviani nell'opera del Bardi.

Volpato. LA MADDALENA A' PIEDI DI GESÙ CRISTO, dal quadro di Paolo, ch' era in casa Durazzo, incisa da Giovanni Volpato, 1772. [1]

Vosterman. VENERE E ADONE CON AMORE, incisione in piccolo fol. del Vosterman. [2]

— SANT' ELENA seduta ai piedi d'una colonna, in profonda meditazione davanti alla Santa Croce, portata in aria da due angeli, incisione del Vosterman. Bella stampa. [3]

Zanetti. Alcuni affreschi, nel libro del Zanetti, *Pitture a fresco che stanno nel palazzo Trevisani, poi Donato,* a Murano, dipinti da Paolo, tra i quali:

— La CIBELE.

— La GIUNONE.

— DUE AMORI CHE SMORZANO DUE FACELLE.

— DUE ALTRI AMORI CHE TENTANO DI RAPIRSI LE PALME, e alcuni finti cammei. [4]

Zancon. L'OFFERTA DELLA REGINA, dipinta da P. Veronese, in Caldogno, in casa Caldogno, disegnata ed incisa da Gaetano Zancon. [5]

— L'ADORAZIONE DEI MAGI, dalla pittura di Paolo, esistente in Santa Corona, a Vicenza, incisione di G. Zancon. [6]

[1] CICOGNA, op. cit., vol. IV, pagg. 233-34.

[2] BLANC, op. cit., pag. 23.

[3] Ivi.

[4] ZANETTI, op. cit., tomo II, pag. 710.

[5] *Opere scielte dei più celebri pittori;* Verona, 1809.

[6] Ivi.

— VULCANO E VENERE, affresco di Paolo, esistente in Caldogno, inciso da G. Zancon. [1]

— SAN BARNABA, che esisteva in San Giorgio, a Verona, incisione di G. Zancon. [2]

— LA MADONNA, CON ALCUNI SANTI, dipinta da Paolo per la famiglia Marogna, incisa da G. Zancon. [3]

— LA VERGINE, SAN GIOVANNI BATTISTA E ALTRI SANTI, dipinta da Paolo per la chiesa di San Fermo, in Verona, incisa da G. Zancon. [4]

— RITRATTO DI PAOLO, dipinto da lui medesimo, che esisteva in casa dei conti Moscardo, a Verona, inciso da G. Zancon. [5]

— VISITAZIONE DEI RE MAGI, disegnata ed incisa a contorni da G. Zancon. [6]

— CRISTO MORTO FRA DUE ANGELI, disegnato ed inciso a contorni da G. Zancon. [7]

— SAN MARCO, già esistente presso la nobile famiglia Ferro di Padova, disegnato ed inciso a contorni da G. Zancon. [8]

— DONNA NUDA CHE ABBRACCIA UN VECCHIO, disegnata a contorni da G. Zancon. [9]

— CONVITO DI SAN GREGORIO MAGNO, inciso da G. Zancon. [10]

Zompini. SAN GIROLAMO, SAN LORENZO E SAN NICOLÒ, dipinto fatto da Paolo per la chiesa di Sant'Jacopo dell'Orio, in Venezia, inciso da Gaetano Zompini. [11]

[1] *Opere scielte dei più celebri pittori;* Verona 1809.
[2] *Raccolta di 60 stampe,* n. 6.
[3] Ivi, n. 10.
[4] Ivi, n. 21.
[5] Ivi, n. 32.
[6] CICOGNA, op. cit., vol. IV, pag. 153.
[7] Ivi.
[8] Ivi.
[9] Ivi, pag. 154.
[10] Ivi, pagg. 233-34.
[11] ZANETTI, op. cit., tomo II, pag. 707.

Zucchi. VENEZIA DOMINATRICE PERSONIFICATA, E, SOTTO, ERCOLE E NETTUNO, coll'iscrizione: *Venezia nel trono, Ercole e Nettuno,* ecc. *Silvestro Manaigo delin. Andrea Zucchi scul.* Incisione in-fol. orizzontale. [1]

— I DUE VESCOVI GEMINIANO E SEVERO, disegnati da Silvestro Manaigo, incisi da Andrea Zucchi. [2]

— SAN MENNA CAVALIERE, disegno di Silvestro Manaigo e incisione di Andrea Zucchi.

— SAN GIOVANNI, disegno di Silvestro Manaigo e incisione di Andrea Zucchi.

Zuliani. SANTA CRISTINA NEL LAGO DI BOLSENA, incisa da Giovanni Zuliani. [3]

Wagner. LA MADONNA, dipinta da Paolo per la sagristia di San Zaccaria, incisa da Giuseppe Wagner, discepolo di Lorenzo de Cars, [4] col motto: *Archetypum extat in sacrario Monialium S. Zaccheriae.*

Woernle. IL TEMPO E LA STORIA, affresco nella villa Maser, presso a Treviso, incisi da W. Woernle all'acquaforte, per l'opera del Lützow, *I tesori dell'arte in Italia,* pubblicata dalla ditta Treves di Milano, 1886.

— LO SPOSALIZIO DI SANTA CATERINA, pala magnifica, che si conserva nella chiesa di Santa Caterina, a Venezia, inciso all'acquaforte per l'opera del Lützow suddetta.

Wolfgang. SACRA FAMIGLIA, composta della Vergine, del Bambino Gesù, di San Giuseppe e del piccolo San Giovanni,

[1] BLANC, op. cit., pag. 22.
[2] CICOGNA, op. cit., vol. IV, pag. 153.
[3] Ivi, pag. 234.
[4] ZANETTI, op. cit., tomo II, pag. 706.

ed, oltre a ciò, evvi pure Santa Caterina, che già ha in dito il mistico anello. Incisione a maniera nera di molta forza, anzi, alquanto cruda, che ben mostra essere questo artista non ancor abbastanza esperto in tal nuovo modo d'incidere. Nel piccol margine inferiore leggesi, a sinistra: *P. Veronese Pinx.*, e, a destra: *Georg. Andreas Wolfgang f.* [1]

Altre incisioni dei capolavori del Veronese si vedono, senza nome, nelle principali raccolte di stampe o nelle opere illustrative dei Musei. Fra le più notevoli sono le seguenti:

ADORAZIONE DEI MAGI (quella della Galleria Nazionale di Londra).

BANCHETTO DI LEVI, avanti lettera.

DOGE SEDUTO IN TRONO, circondato da consiglieri. [2]

DIVAE JUSTINAE MARTIRIUM, etc. [3]

VISIO SANCTI PETRI. [4]

CHRISTUS INFANS PRAESENTATUR PONTIFICI. [5]

SAN GIOVANNI CHE BATTEZZA CRISTO, incisione piccola molto graziosa. [6]

Il SAN GIROLAMO NELLA CAPANNA, della chiesa di Sant'Andrea di Venezia. [7]

[1] MALASPINA DI SANNAZZARO, *Catalogo di una Raccolta di stampe antiche*, vol. I, pag. 203.

[2] CICOGNA, op. cit., vol. IV, pag. 153.

[3] Ivi.

[4] Ivi.

[5] Ivi.

[6] ZANETTI, op. cit., tomo II, pag. 707.

[7] Ivi, pag. 708.

Capitolo XXVII.

Pitture di Paolo a Venezia, nei Palazzi, nei Conventi, nelle Chiese, all'Accademia di Belle Arti.

Venezia, sede prediletta di Paolo, Venezia, la sua fata ispiratrice, anche oggidì, dopo tante e tante vicissitudini, ci mostra

Come le gemme in un ricamo d'oro [1]

gran copia dei lavori di quel genio. Se non moltissimi palazzi, che destarono l'entusiasmo non solo d'illustri italiani, ma anche di famosi stranieri, tra cui il Byron, lord Ruskin, Oscar Mothes, il Kugler, G. M. Thomas, l'Yriarte, Enrico Simonsfeld [2] ed altri, molte e molte chiese sorridono pur tuttavia dello splendore della sua grandezza, brillano del gaio e carezzante colorito della sua tavolozza.

Palazzi. Nella *Libreria vecchia*, che ora fa parte del Palazzo Reale, trovasi, al sesto scompartimento del soffitto della sala, quel famoso dipinto che meritò al Veronese, oltre il pagamento, gli elogi del Tiziano é una collana d'oro, quel dipinto che rappresenta l'Onore, la Musica e le Matematiche.

[1] Ariosto, *Orlando furioso*, c. XXXIX, stanza 17.

[2] Questo celebre storico, nella sua recentissima opera: *Das Fondaco dei Tedeschi in Venedig* (Stuttgart, 1887, tip. Cotta, tom. II), accenna agli affreschi di Paolo eseguiti dentro in quelle sale, e li mette insieme coi lavori fatti fare e pagati dai mercanti tedeschi.

Nel *Palazzo Reale,* vedesi il soffitto d'una sala con VENEZIA, ATTORNIATA DA ERCOLE, CERERE ED ALCUNI AMORINI, e un quadro con CRISTO AGONIZZANTE.

Nel *Palazzo Ducale,* vedesi, in un ovale, nel centro del soffitto, nella sala del Gran Consiglio, una delle più splendide pitture del gran mago della pittura veneziana, rappresentante L'APOTEOSI DI VENEZIA, [1] e, nello scompartimento a destra, volgendo le spalle al *Paradiso* del Tintoretto, si vede LA DIFESA DI SCUTARI, SOSTENUTA, NEL 1474, DA ANTONIO LOREDAN CONTRO MAOMETTO II, e, nello scompartimento a sinistra, L'ESPUGNAZIONE DI SMIRNE, OTTENUTA, NEL 1471, DA PIETRO MOCENIGO; [2] e, fra le due finestre, IL RITORNO DI ANDREA CONTARINI, DOPO LA VITTORIA SUI GENOVESI. [3] Nella seconda sala della Biblioteca, vedesi il dipinto del soffitto coll'ADORAZIONE DE' MAGI, che anticamente ammiravasi nella chiesa di San Niccolò dei Frari. [4] Nella sala della Bussola, si vedono delle FIGURE in chiaroscuro, attorno al camino. Nella sala dei Capi, si vede il soffitto coll'ANGELO CHE SCACCIA I VIZI E ACCOGLIE LE VIRTÙ. Nella sala del Consiglio dei Dieci, vedesi, nel quinto scompartimento ovale del soffitto, UN VECCHIO, SEDUTO PRESSO UNA LEGGIADRA FEMMINA. Nella sala del Collegio, vedesi, sopra il trono, CRISTO IN GLORIA, LA FEDE, VENEZIA, SANTA GIUSTINA, E POI SEBASTIANO VENIER E AGOSTINO BARBARIGO, con dei chiaroscuri laterali e intorno al camino; e, nel soffitto, verso la porta, NETTUNO E MARTE; e, verso il trono, LA GIUSTIZIA E LA PACE; e, nel centro, LA FEDE,

[1] P. JOANNE, op. cit. (Paris, 1883), pag. 518.

[2] Secondo il BLANC (op. cit., pag. 18), questi due ottagoni sono ancora più belli dell'APOTEOSI DI VENEZIA; nell'uno il colore è armonioso, chiaro e gaio; nell'altro è serio, discreto, temperato; i paesaggi e gli sfondi sono ammirabili.

[3] Nota il GAUTHIER (*Voyage en Italie,* pag. 122) che questo quadro, benchè fatto da Paolo nella sua vecchiezza, è sempre degno del maestro.

[4] *Venezia e le sue lagune,* vol. II, parte II, pag. 359; SELVATICO e LAZZARI, *Guida di Venezia,* pag. 56.

con alcuni fregi a chiaroscuro. Nella sala dell'Anticollegio, vedesi, in sulla parete, in faccia alle finestre, lo stupendo quadro del RATTO D'EUROPA (in cui, come dice P. Joanne, l'artista sembra aver superato se medesimo per lo splendore del colorito), e, nel soffitto, VENEZIA IN TRONO, CON, A LATO, LE VIRTÙ, a chiaroscuro.

A *Casa Foscari,* ammirasi il soffitto coll'AURORA.

Conventi. Nel cortile del pozzo del convento di San Giorgio, fra la cappella di San Benedetto e il fabbricato del coro notturno, che servì a sala del Conclave nell'elezione di papa Pio VII, vedesi tuttavia un affresco, attribuito a Paolo, raffigurante MOSÈ, CHE SCENDE DAL SINAI, COLLE TAVOLE DELLA LEGGE.

Chiese. Nella *Chiesa di San Giuliano,* al primo altare a destra, vedesi la pala col CRISTO MORTO, SOSTENUTO DAGLI ANGELI, E ALCUNI SANTI, e, nella cappella del Sacramento, a sinistra, L'ULTIMA CENA.

Nella *Chiesa di San Pietro di Castello*, sopra la porta vicina al terzo altare, nella navata di destra, vedesi SAN PIETRO E SAN PAOLO.

Nella *Chiesa de' Santi Giovanni e Paolo,* presso al sepolcro del generale Orazio Baglioni, vedesi L'ADORAZIONE DEI PASTORI, deteriorata per cattivi restauri. [1]

Nella *Chiesa di San Francesco della Vigna*, alla quarta cappella, a destra, vedesi la pala colla RISURREZIONE DI CRISTO, e, alla prima cappella del braccio destro di chi guarda alla porta, la pala colla VERGINE E QUATTRO SANTI. [2]

Nella *Chiesa de' Santi Apostoli,* vedesi, nella parete sinistra della cappella maggiore, IL CADER DELLA MANNA.

[1] P. JOANNE, op. cit., pag. 527.

[2] Rilevo con dispiacere, dai *Giornali* di Venezia, che questa magnifica tela va deperendo ogni dì più che l'altro.

Nella *Chiesa di Santa Caterina,* all'altar maggiore, vedesi il bellissimo capolavoro delle MISTICHE NOZZE DI SANTA CATERINA.

Nella *Chiesa di Sant' Jacopo dell' Orio,* alla cappella maggiore, sopra la porta della sagristia, vedesi un ovale rappresentante LA FEDE, LA SPERANZA E LA CARITÀ, e, attorno ad esso, I DOTTORI DELLA CHIESA, e, dopo l'ultimo altare, il dipinto con SAN LORENZO, SAN GIROLAMO E SAN NICCOLÒ.

Nella *Chiesa di San Sebastiano,* al secondo altare, a destra, vedesi un quadretto colla MADONNA, SANTA CATERINA E UN RITRATTO; nel quarto altare, la pala col CRISTO IN CROCE E LE MARIE;[1] alla cappella maggiore, la pala colla VERGINE IN GLORIA E QUATTRO SANTI,[2] e, alla parete destra, il MARTIRIO DI SAN SEBASTIANO, e, a quella sinistra, il meraviglioso capolavoro col MARTIRIO DE' SANTI MARCO E MARCELLINO; sulla faccia esterna dei portelli dell'organo (disegnato pure da Paolo), LA PURIFICAZIONE DELLA VERGINE; e, nella faccia interna, LA PROBATICA PISCINA.[3] In sagrestia, nel mezzo del soffitto, v'è L' INCORONAZIONE DELLA VERGINE, e, in quattro comparti laterali, GLI EVANGELISTI,[4] e, al secondo altare, a sinistra, la pala col BATTESIMO DI CRISTO; e, nel soffitto della chiesa, i tre scompartimenti, con ESTER CONDOTTA AD ASSUERO, ESTER INCORONATA, IL TRIONFO DI MARDOCHEO.[5]

Nella *Chiesa di San Pantaleone,* nella seconda cappella, a destra, si vede SAN PANTALEONE CHE GUARISCE UN FANCIULLO.

Nella *Chiesa di San Luca,* sull'altar maggiore, si vede LA VERGINE E SAN LUCA.[6]

[1] Nella *Guida* di SELVATICO e LAZZARI (pag. 217), vi si aggiunge la data 1565.

[2] Ivi (pag. 218), vi è la data 1558.

[3] Ivi, vi è la data 1560.

[4] Ivi, vi è la data 1555.

[5] Ivi (pag. 219), vi è la data 1556.

[6] P. JOANNE (op. cit., pag. 531) dice ch' è un *quadro annerito.*

Accademia di Belle Arti. Vedesi EZECHIELE, figura intiera, a chiaroscuro, alto m. 4.15, largo 0.60;[1] ISAIA, altro chiaroscuro, alto 4.15 e largo 0.60;[2] LA VERGINE IN GLORIA E SAN DOMENICO CHE DISTRIBUISCE CORONE DI ROSE, tela alta 1.76, larga 3.15;[3] SANTA CRISTINA CONDANNATA ALLE VERGHE, tela alta 2.05, larga 1.46;[4] IL POPOLO DI MIRA CHE VA INCONTRO A SAN NICOLÒ, sfondo di soffitto;[5] GESÙ CROCIFISSO FRA I DUE LADRONI, E POPOLO, tela alta 2.85, larga 4.45;[6] L'ANNUNCIATA, tela alta 2.70, larga 5.35;[7] SAN LUCA E SAN GIOVANNI, tela alta 1.02, larga 3.13;[8] SAN MARCO E SAN MATTIA, tela alta 2.00, larga 3.15;[9] SANTA CRISTINA NEL LAGO DI BOLSENA, tela alta 1.53, larga 2.85;[10] L'ASSUNTA;[11] SANTA CRISTINA VISITATA DAGLI ANGELI NELLA PRIGIONE, tela alta 1.55, larga 2.75;[12] IL PARADISO;[13] LA VERGINE, SAN GIUSEPPE, DA UN LATO, SAN GIAMBATTISTA, SOPRA UN PIEDESTALLO, E, NEL PIANO, SANTA GIUSTINA, SAN FRANCESCO E SAN GIROLAMO, tela alta 3.28, larga 1.90;[14] SANTA CRISTINA INCITATA ALL'ADORAZIONE DEGLI IDOLI, tela alta 2.00, larga 1.97;[15] IL CON-

[1] Da San Niccolò dei Frari, detto *della Latuga.*

[2] Idem.

[3] Da San Pietro Martire di Murano.

[4] Da Sant'Antonio di Torcello.

[5] Da San Niccolò dei Frari, detto *della Latuga.*

[6] Idem.

[7] Dalla Scuola dei mercanti, alla Madonna dell'Orto. Sulle basi delle colonne, che sostengono l'arco, vi sono due stemmi. L'uno rappresenta un braccio di ferro armato di mazza ferrata, l'altro un leone rampante che porta un giglio.

[8] Da San Niccolò dei Frari, detto *della Latuga.*

[9] Idem.

[10] Da Sant'Antonio di Torcello.

[11] È alta m. 3.95, larga m. 1.94 ed esisteva nella soppressa chiesa di Santa Maria Maggiore.

[12] Da Sant'Antonio di Torcello.

[13] Dalla chiesa d'Ognissanti.

[14] Dalla sagrestia di San Zaccaria.

[15] Da Sant'Antonio di Torcello.

VITO DI LEVI, alto 5.95, largo 12.77;[1] LA BATTAGLIA DELLE CURZOLARI,[2] quadro alto 1.70 e largo 1.40; SAN GIROLAMO, tela alta 0.46, larga 0.35;[3] MARTIRIO DI SANTA GIUSTINA, tela alta 0.22, larga 0.32;[4] L'ISTITUZIONE DEL SOCCORSO, tela alta 2.40, larga 2.60.[5]

Sono attribuiti pure al Caliari due schizzi, che si trovano nel Museo Correr, rappresentanti, l'uno, LA TENDA DI DARIO, l'altro, IL RATTO DI PROSERPINA.

[1] Dal monastero de' Santi Giovanni e Paolo.

[2] Da San Pietro Martire di Murano.

[3] Presenta il carattere di un bozzetto.

[4] Dalla chiesa di San Michele di Murano.

[5] Dalla chiesa del Soccorso.

CAPITOLO XXVIII.

Pitture di Paolo sparse in molti luoghi d'Italia.

Dopo Venezia, che è il più bel trionfo del Rinascimento, ed in cui (come si è visto) pompeggia sovrano il Veronese, in molte altre città della Penisola si ammirano delle pregiate opere del suo pennello.

Albettone (provincia di Vicenza) possiede, nel palazzino Salvi, dei bellissimi AFFRESCHI, restaurati dal Busato.

Bari possiede, nella cattedrale, un quadro rappresentante SANTA CATERINA.

Bassano possiede, nel Museo, una ventina di disegni, più o meno autentici, [1] due quadretti di soggetto romano, l'uno con

[1] Ecco l'*Elenco dei disegni*, colle notizie e coi giudizi relativi, quale mi venne favorito graziosamente dall'onor. MUNICIPIO di quella città:

1. ANGELO IN GINOCCHIO. *Acquerello su carta cerulea. È pregiato per la gran maestria adoperata nel muover delle pieghe.*

2. TESTA DI DONNA. *A matita su carta cerulea.*

3. IL PRESEPIO. *Acquerello e biacca su carta cerulea. Sembra esser questo lo schizzo del celebre quadro di Paolo che era collocato nella cappella del Rosario in S. Giovanni e Paolo di Venezia, accanto al* San Pietro Martire *del Tiziano e che, con quello, perì nel deplorabile incendio avvenuto nel 1866; quadro a lungo descritto dal Boschini. Apparteneva in origine alla celebre Raccolta di disegni di casa Rezzonico di Bassano. Ne fece acquisto il conte Giuseppe Riva, che in qualche punto lo restaurò di sua mano*

LA TOALETTA DI CLEOPATRA, l'altro con ANTONIO FERITO A MORTE, PORTATO DAGLI SCHIAVI, già di proprietà del Canova[1] (i quali,

e lasciò scritto: «Mi vanto possedere lo schizzo di una celebre opera di Paolo». *Certo è che questo disegno è uno dei più belli della Collezione Riva, ora posseduto da questo Museo, e l'ex-Direttore Prof. Trivellini, nel compilarne l'*Elenco, *lo segnò colla qualifica di* «prezioso».

4. MEZZA FIGURA DI DONNA. *A matita su carta cerulea. Non sembra gran cosa, forse perchè molto guasto.*

5. TESTA DI DONNA. *A matita su carta cerulea. Questi due disegni piuttosto che di Paolo sono da attribuirsi alla sua scuola.*

6. IL CONCILIO DEI NUMI. *Acquerello. Questo disegno è un dei pochi della Collezione Riva che sono esposti e viene perciò continuamente ammirato dai visitatori intelligenti.*

7. ZEFFIRO E FLORA CON AMORINI, NINFE E FAUNI. *A penna e acquerello. Anche questo è uno dei pochi esposti e viene assai lodata la sua bellezza. Nell'*Elenco *è segnato* « magnifico ».

8. TESTA D'UOMO CON BARBA. *A penna e lapis bianco e rosso. È bello, ma alcuno dubita ch'esso sia di Paolo.*

9. TESTA DI SANTO. *A guazzo.*

10. FREGIO DI SALA O NOBIL CAMERA. *Acquerello su carta cerulea.*

11. SANT'ELENA. *Acquerello su carta cerulea. Contiene la sola figura della Santa inginocchiata in atto di adorare la Croce rinvenuta. È bello, ma guasto, e fu ritoccato dal celebre disegnatore Giovanni Volpato.*

12. CORI D'ANGELI. *A lapis e penna.*

13. TESTA D'EURO CHE SOFFIA. *A lapis su carta cerulea. Molto guasto.*

14. UNA CENA. *Acquerello. Cristo è in piedi in mezzo agli Apostoli e ai discepoli, e sta distribuendo loro il pane Eucaristico. Sono sedici mezze figure sotto ad un padiglione sostenuto da colonne. È una bellissima composizione che ricorda le solite* CENE *del celebre autore. In uno degli Apostoli si ravvisa il ritratto di Paolo. La testa di Cristo ch'era alquanto guasta fu riparata da Giovanni Volpato.*

15. VENERE ED AMORE. *A penna. Venere sdraiata e seminuda sta porgendo il fascio delle freccie al bambino Amore. Bello e ben conservato.*

16. MADONNA CON BAMBINO, I SANTI ROCCO E ANTONIO, UN PAPA ED UN VESCOVO. *Acquerello. Molti asseriscono esistere quest'opera di Paolo in una pubblica Galleria di Firenze. È molto bello, ma assai ristaurato.*

17. DONNA CON CANESTRO DI FIORI IN CAPO. *Acquerello.*

18. SAN MARCO E SAN GIOVANNI. *Acquerello. Sono due piccoli e pregevoli rotondi su carta cerulea, ma molto guasti.*

19. LA MADONNA « CONFRATERNITATIS ». *A lapis. La Vergine sta in alto fra le nubi in atto di stendere il suo manto con ambe le mani sopra alcuni devoti, uomini e donne, che sono in atto d'implorarla. Questo bellissimo disegno era assai guasto e fu ritoccato a penna da Giovanni Volpato.*

20. TESTA DI VECCHIO TENENTE IN BOCCA UN COLTELLO. *A lapis su carta cerulea.*

[1] O. BRENTARI, *Guida storico-alpina di Bassano*, pagg. 56 e 62; P. JOANNE, op. cit., pag. 447.

per la loro dimensione, sono rarissimi), [1] una MADONNA COL BAMBINO E DUE SANTI, [2] e un LOT COLLE FIGLIE. [3]

Bergamo possiede, nell'Accademia del conte Carrara (sala II, 97), una SANTA CRISTINA, e (sala III, 130), UNA GITA SUL BRENTA. [4]

Bologna possiede, nel Monte di Pietà (sala delle adunanze), un CRISTO MORTO. [5]

[1] Secondo OTTONE BRENTARI (*Il Museo di Bassano illustrato,* 1881, pag. 186), il principe Esterházy offrì a monsignor G. B. Sartori-Canova, per questi due quadretti, 200 luigi d'oro.

[2] Il prof. BRENTARI, a pag. 51 del suo libro: *Museo di Bassano* (1881), dà un giudizio assai poco favorevole di questo dipinto; ma il conte GIUSEPPE RIVA, intelligente cultore e distinto scrittore di arti belle, così ne parla in un suo opuscolo (*Alcuni quadri raccolti e illustrati,* ecc.; Padova, Penada, 1853, pag. 23) già citato:

Esso non è che un pezzo di una pala d'altare, che, per quanto raccolsi, stavasi nella chiesa di una nobil villeggiatura presso Mantova. Giunta nelle mani di rozzo professore, pensò questi riservarsi la sola Madonna, in mezzo, e troncarvi il rimanente che coprì poi di un color simile a quello del campo sopra, preferendo ad una grandezza incomoda, restrigerlo in quella d'un quadro da stanza. Purgatolo io dell'imbratto, comparvero le due teste di Santi con porzione del busto; e questi non saprei dire chi fossero. Checchè siasi, la pittura parrebbemi del più bel tempo di Paolo ed è sì ben conservata che non par di tre secoli.

[3] In aggiunta a quello che di questo dipinto ne dice il BRENTARI, a pag. 53 del suo *Museo di Bassano,* ecco ciò che ne scrisse il conte GIUSEPPE RIVA nel ricordato opuscolo (pagg. 26-27):

Ci sono opere d'autore ignoto, altre d'incerto, ed altre da cui esso subito sfolgora e si fa palese, siccome è questa di Paolo. Era un ovato, da me poi adattato in cornice quadra, e parrebbe che l'autore si fosse piccato di farsi veder capace a restringere in sì piccolo spazio la storia di Lot e delle sue figlie in mezze figure e al naturale; sforzo d'ingegno al pari audace e ben condotto. Vi pose innanzi il padre ignudo visto di schiena; la qual parte dell'ignudo fu sempre la favorita di questo Maestro, facendola assai spesso ricomparire nelle sue più belle invenzioni; qui veramente bellissima, per disegno e sapore robusto di carnagione. Il quadro intero non avea che piccoli danni.

[4] P. JOANNE, op. cit., pag. 333. Questo quadro è riprodotto in una bellissima incisione ad acquaforte, che trovasi nell'opera del LÜTZOW, *I tesori dell'arte in Italia.*

[5] CORRADO RICCI, *Guida di Bologna* (Zanichelli, 1886), pag. 179.

Bonavigo (provincia di Verona) possiede, nella chiesa parrocchiale, all'altar maggiore, una pala colla NASCITA DI SAN GIOVANNI BATTISTA, che, sebbene da parecchi attribuita a Paolo, ne conserva poche impronte, essendo molto deperita.[1]

Brescia possiede, nella chiesa di Sant'Afra, al secondo altare a sinistra, IL MARTIRIO DI SANT'AFRA,[2] e, nelle Gallerie Lechi e Fenaroli, il MOSÈ SALVATO DALLE ACQUE e LO SPOSALIZIO DI SANTA CATERINA.[3]

Brogine (provincia di Padova) possiede, nel palazzo già Lazzaro, ora Salom, degli AFFRESCHI.

Caldogno (provincia di Vicenza) possiede MOLTI PREZIOSI AFFRESCHI, in casa del conte Ascanio Pagello.

Castelfranco (provincia di Treviso) possiede, nella sagristia della chiesa di San Liberale, tre affreschi, levati dal Balbi alla Soranza, cioè, nel soffitto, IL TEMPO E LA FAMA, e, sopra le porte, LA GIUSTIZIA e LA TEMPERANZA.

Cataio (provincia di Padova) possiede, nella villa Obizi, e, propriamente, nella stanza che divide le due terrazze, alcuni mirabili AFFRESCHI.

Cremia (provincia di Como) possiede, nella chiesa parrocchiale, un SAN MICHELE.[4]

Fanzuolo (provincia di Treviso) possiede, nella villa Emo, dei resti di bellissimi AFFRESCHI.

[1] LANCENI, *Divertimento pittorico,* parte II, pag. 129.
[2] P. JOANNE, op. cit., pag. 380.
[3] ODORICI, *Guida di Brescia,* pag. 154.
[4] P. JOANNE, op. cit., pag. 311.

Firenze possiede, nella Galleria degli Uffizi, il RITRATTO AUTOGRAFO,[1] e, nel riparto della Scuola Veneziana (sala I), SANTA CATERINA, IN GINOCCHIO, INCATENATA PRESSO LA RUOTA DEL SUO MARTIRIO, di grandezza media;[2] l'ANNUNCIAZIONE, gran quadro, con bel fondo d'architettura, opera non compita, di grandezza naturale;[3] IL MARTIRIO DI SANTA GIUSTINA, largo p. 4, on. 6 $^1/_2$, alto on. 4;[4] LA REGINA ESTER DAVANTI ASSUERO, gran composizione con molti personaggi di grandezza naturale;[5] un Ri-

[1] Di questo RITRATTO (del cui acquisto l'ab. Appollonio Bassetti, segretario del Granduca, incaricava, nel 18 gennaio 1680, il marchese Carlotti di Verona e che, nel 19 ottobre 1686, fu mandato a Firenze) così sta scritto nell'opera del ZANNONI e MONTALVI, stampata dal Molini (serie III, vol. I, pagg. 207-8):

Questo ritratto e certamente uno dei più pregiabili della Collezione. La mossa della figura, come si rileva dall'incisione, è piena di spirito, con moltissima espressione nella testa; tutta la figura è eseguita con vaghezza e verità di colorito.

[2] *Cat. della R. Galleria degli Uffizi* (1881), pag. 124, dov'è notato: *Proveniente dal Poggio Imperiale.*

[3] Ivi, pag. 125.

[4] ZANNONI e MONTALVI, ecc., nella *Galleria di Firenze* (Firenze, Molini, serie I, vol. II, pagg. 1-2), ne fanno la seguente descrizione:

Sta genuflessa nel mezzo la Santa vicina a spirar l'anima per mano di un manigoldo affricano, che le immerse fieramente un pugnale nel seno. Ella è regalmente vestita, e con la destra stesa, e la sinistra raccolta, rivolge gli occhi moribondi al cielo in atto di offrirsi, piena di affetto e di rassegnazione, in olocausto al Signore. Alla sua dritta due Presidi in abito orientale si mostran compresi di maraviglia e stupore a tanta fortezza; mentre al lato opposto due gentiluomini di varia età, con le facce meste e dimesse esprimon dolore, e commiserazione. Non si vuol guardare scrupolosamente in questa pittura a qualche difetto nell'andamento delle linee della composizione, o nel disegno dei corpi: chè non è già cosa studiata e perfetta; ma sivvero uno di quegli esperimenti, in parte abbozzato, coi quali il Caliari si andava accingendo alla grand'opera che poi condusse nella chiesa di Santa Giustina di Padova, nota abbastanza per la bella stampa intagliata dal Caracci. È abbozzato a tempera, e finito a olio; metodo frequentemente adoprato da Paolo, e che aggiunto alla facilità del pennello, produce quel brio, trasparenza e freschezza di tinte, in che consiste il sommo pregio di questo dipinto: cui molta lode ancora proviene dall'espression degli affetti, onde animata è ciascuna figura, e soprattutto la principale.

[5] *Cat. della R. Galleria degli Uffizi* (pag. 127), dov'è notato: *Proveniente dal R. Guardaroba nel 1793.*

TRATTO D'UOMO, a mezza figura, di grandezza media; (sala II), uno studio della TESTA DI SAN PAOLO, di grandezza naturale;[1] LA CROCIFISSIONE DEL SIGNORE SUL CALVARIO, con molte figure ed un effetto severo adattato al soggetto;[2] (Scuola Italiana), UNA DONNA IN ABITO BIANCO E DIVERSE ALTRE FIGURE, bozzetto, in piccole proporzioni; LA VERGINE COL BAMBINO GESÙ, SAN GIOVANNI ED UN VESCOVO, bozzetto, con piccole figure;[3] SANT'AGNESE, IN GINOCCHIO, E DUE ANGELI, piccolo bozzetto; LA PRUDENZA E LA SPERANZA, LEGATA DA CUPIDO, in piccole figure; un BUSTO DI DONNA, colla testa volta in basso, studio di grandezza naturale; (Tribuna), una SACRA FAMIGLIA, CON SANTA CATERINA;[4] e, fra

[1] LA SOCIETÀ EDITRICE e PARIS ne hanno fatto l'incisione.

[2] *Cat. della R. Galleria degli Uffizi* (pag. 132), dov'è notato: *Proveniente dal R. Guardaroba nel 1798.*

[3] È precisamente il bozzetto della pala di San Fermo a Verona, com'io stesso ho potuto constatare.

[4] ZANNONI e MONTALVI, ecc., nell'opera della *Galleria di Firenze* (serie I, vol. II, pagg. 85-88), ne dànno questa descrizione:

Quadro in tela, largo p. 5, on. 4 1/2, alto p. 4, on. 4. — Opera è questa della più squisita maniera di Paolo, degna veramente che tra le molte di si egregio pennello, ond'è ricco il granduca, a lei si desse in preferenza l'onore di risedere nella Tribuna di questa R. Galleria. E assai ci grava che delle tante e si varie bellezze, ond'essa rifulge, non possiamo che poca parte presentarne nella stampa qui posta di fronte; chè troppo imperfetta rimane al nostro bisogno una semplice delineazione di contorni, e, ciò che questa non rende, malamente il supplisce la penna, scarso sussidio in quelle cose, nelle quali giudice è l'occhio. Serva pertanto la stampa a far conoscere il gusto della composizione, il bel contrasto e la varietà delle mosse e l'ingegnoso aggruppamento di cinque figure, grandi almen quanto il vero, riunite in uno spazio a proporzioni ristrettissimo, senza ombra di angustia e di affollamento, talchè sembri che, senza alcuna fatica dell'artefice, elleno stesse sieno andate spontaneamente a collocarsi ai lor posti. Ma non sia poi chi presuma di dar, con parole, adeguata idea di quella facilità di esecuzione, di quel brio di pennello, di quel giuoco d'ombre e di lumi, di quella gustosa armonia di colori, di quello spirito, di quella venustà e leggiadria, che solo può arrivare a comprendere colui che abbia veduto e gustato le opere più perfette del Veronese. Le mosse dei chiari son distribuite per modo che restino principalmente illuminate le teste della Madonna, di Santa Caterina e di San Giuseppe; mentre il San Giovannino vedesi involto e sbattimentato in un'ombra gagliarda, e il Bambinello Gesù, che pure è il protagonista della storia, non riceve che un lume secondario nella parte inferior del suo corpo, restando la testa e il petto di lui nella mezza tinta. Questo peraltro non toglie che l'occhio dello spettatore vada subito a posarsi sopra di esso;

i disegni, uno studio bello e grande della MADDALENA AI PIEDI DI CRISTO, ch'è nella CENA DI SIMONE. Nel palazzo Pitti (sala di Apollo), si vede il RITRATTO DI SUA MOGLIE, vestita di nero, con un velo bianco al seno e un vezzo al collo, di forma ovale, alt. m. 0.74 e larg. 0.57; [1] (sala di Giove), un RITRATTO D'IGNOTO,

chè l'accorto pittore, oltre all'averlo collocato nel centro del quadro, in luogo ove non e troppo imbarazzato dai circostanti oggetti, ha fatto che in lui tendano tutte le linee della composizione, e verso di lui sian rivolte le azioni delle altre figure. E potrebbe anche osservarsi che, a fermar su di esso l'attenzion di chi guarda, non poco contribuisce lo scorcio difficilissimo di quel tenero corpicciuolo, con tanta bravura e felicità disegnato. Meravigliosa è poi l'arte con la quale son distribuiti i colori, perchè, aiutati dai peregrini accidenti del chiaroscuro, producono l'effetto più armonioso a un tempo e brillante. I panni, lucidissimi e vaghi, accordano a perfezion colle carni, e son dolcemente avvicinati fra loro per via di tinte affini e intermedie, le quali rompono i passaggi di salto da un colore intero ad un altro. Ma perchè la composizione tutta acquistasse la profondità e diminuzione conveniente alla rispettiva distanza degli oggetti, spiegò Paolo nella più vicina figura di Santa Caterina tutta l'amenità e lo sfarzo del suo incantatore pennello, lumeggiandone con liberi e spiritosi colpi la testa, la bionda fluttuante capigliatura, e la cangiante striata stoffa che le serve di manto. I volti, infine, muliebri particolarmente, non mancano di nobiltà e di bellezza, ma di quella bellezza che Paolo desunse mai sempre dai tesori inesausti della natura e che più generalmente piace ed alletta, della così detta bellezza ideale, perchè non essendo mai scompagnata dalla verità, si fa comprender da tutti. Questo bel quadro venne in potere della casa Medicea nel 1654, con una partita di altri 73 pezzi di pittura che il cardinal Leopoldo comprò da Paolo Del Sera. Di tale acquisto fa parola il Boschini nella sua Carta del navegar pittoresco *(vento V, pag. 369), ove, descrivendo alcune di quelle pitture, esalta questa sopra tutte le altre. Forse il Del Sera l'aveva avuta antecedentemente dai conti Vidman, presso i quali sembra che esistesse quando scriveva le sue* Vite *il Ridolfi.*

[1] CHIAVACCI, *Guida della R. Galleria del Palazzo Pitti* (1881), pag. 23. Se ne vede l'incisione nell'*Illustrazione della Galleria Pitti,* di L. BARDI (tomo III), dove evvi la descrizione fattane da quell'esimio scrittore che fu PIETRO THOUAR, il quale, tra l'altre cose, dice:

La donna amata e scelta da un uomo così specchiato aver dovea quelle doti, che, a preferenza della bellezza, dell'oro e della nascita, sono desiderate nella buona madre di famiglia. E chi non direbbe contemplandone le sembianze ch'ella fu tale? Additano esse indole generosa e piacevole, modestia e decoro appariscono nel contegno e nelle vesti; sicchè al primo vederla tu la tieni in concetto d'accorta massaia e di saggia matrona; e pare che il marito effigiandola in età avanzata avesse voluto appunto premiarla dopo che lo ebbe secondato bene nell'educare i figliuoli. Così vedendo essi in che stima ella fosse tenuta da lui, dovevano sempre più rispettarla. I biografi di Paolo non parlano di questa moglie, nè citano l'epoca del ritratto. Anche in quest'opera sono

alto m. 0.96, largo 0.85, mezza figura, veduta di terza, con capelli corti e barba lunga e nera, vestito d'abiti ornati di pelli, colle mani intrecciate e appoggiate ad uno dei bracciuoli del seggio ov'è seduto;[1] LE MARIE AL SEPOLCRO, CON DUE ANGIOLI,

manifeste la facilità e la naturalezza del Veronese, proprie solo dei grandi maestri, essendochè egli « non poneva mai in fallo il pennello e rendeva le figure sue a' secondi colpi finite ». L'impasto dei colori è florido, vivace, e maravigliosamente s'accosta al vero; poche ombre unite a un gran numero di mezzetinte, impercettibili a chi non ha l'esercizio dell'arte, danno rilievo alle parti; molta anima traspare dagli occhi, e i capelli sono condotti con massima cura, avvegnachè altrettanta non se ne palesi nel resto; ma anche la biancheria è da notarsi per essere dipinta bene con tono delicato e leggero; sicchè questo non è già l'ultimo tra i dieci quadri del Veronese che sono nella celebre Galleria palatina.

Anche il TAINE (*Voyage en Italie;* Paris, 1874, vol. II, pag. 179) parla di questo RITRATTO, sbrigliando, forse, un po' troppo l'umore faceto. Scrive, infatti, così:

Talvolta la verità è così viva che il ritratto, senza che il pittore lo immagini, attinge il più alto punto comico. Tale è quello che il Veronese ha fatto di sua moglie. Essa ha quarantotto anni, l'aria d'una pensionata di corte, un doppio mento e una pettinatura da cagna; colla sua veste di velluto nero, che si scollaccia sul petto, in quadro, in una cornice di pizzi, essa presentasi pomposamente, e ostenta a tutti i suoi abbigliamenti; ampia persona, ben conservata, bene sviluppata, maestosa e di gaio umore, e di cui la carne rossiccia e la bonarietà perfetta e il rotondeggiamento ricorda, per dir così, le belle dindie approntate per lo spiedo.

[1] CHIAVACCI, op. cit., pag. 55. Nell'opera del BARDI (tomo IV), il padre TANZINI delle Scuole Pie ne fa questa descrizione:

La movenza tutta di quest'ignoto, che sta sopra seggio signorile, rivela un cospicuo personaggio, il quale forse onorò uno dei più luminosi posti nella sua patria. All'atteggiamento ben corrisponde l'espressione del volto animato. Tu credi, tanto è naturalmente imitato il vero, ch'egli stia a udire qualche importante quistione, la quale dal suo senno devesi decidere; sì bene in quegli occhi e in quella leggiera inclinazione del capo è indicata l'attenzione. Severa, non truce è l'aria del volto, e incute rispetto e soggezione, ma non disgusta. Certo, se si aggrottasse il folto sopracciglio, e l'ira accendesse quell'occhio a fior di testa, potrebbe incuter terrore anche senza far motto un uomo di siffatta fisonomia. In una parola, in lui tu vedi persona non volgare; e massimamente la forma della fronte, che rammenta un po' quella che la tradizione suole attribuire a San Paolo, e che ne' ritratti vedesi di San Francesco di Sales, rende la sua fisonomia molto dignitosa. La ricchezza delle vesti e la lor forma potrebbe, per avventura, dar qualche lume sopra la classe sociale a cui appartenne; chè, a quei giorni, ogni ceto, ogni carica avea le sue divise; ma di ciò gli eruditi. In quanto alla esecuzione troverai facilmente molta verità nelle carni bene accordate colle tinte del

VESTITI DI BIANCO, IN ATTO DI ANNUNZIAR LORO CHE IL CRISTO È RISORTO, quadro alto m. 0.91, largo 0.66, a figura intera;[1] GESÙ CHE SI CONGEDA DALLA MADRE, che sta seduta accanto alla Maddalena ed a Marta, mentre la moglie di Zebedeo è al sommo della scala, che dà ingresso al palagio, alto m. 0.92, largo 0.67, a figura intera;[2] (sala dell'Iliade), IL BATTESIMO DI GESÙ CRISTO,

fondo e delle sfarzose vestimenta; e sopra di tutto ti colpirà la vita impressa dal grande artista in questa mezza figura, che nulla presenta della forzata movenza di chi sta a modello per farsi ritrarre.

[1] CHIAVACCI, op. cit., pag. 66. Il padre TANZINI, nell'opera del BARDI (tomo II), così la descrive:

Vedesi, nel fianco del Golgota, la tomba del Vincitore della morte, e i due Angeli vestiti di bianco, i quali alle Marie, venute a spargere unguenti sul cadavere di Cristo, annunziano ch'egli è risorto. Sono ambedue raggianti di celeste luce. Delle tre donne chi rimane atterrita e quasi dà indietro, chi rimane estatica, chi mira ancora ansiosa il sepolcro. Quest'ultima è la tenera Maddalena. Non violenti movenze qui vedi, perchè la fede illumina quelle menti; perchè sebbene questo sia il maggiore e le sorprenda, pure son usate a vedere e credere prodigi. Le annesse bellissime incisioni basteranno a dare un'idea più chiara della maniera colla quale son composti i due quadri; ma spogliati della magia del colorito non faranno forse l'impression della pittura.

[2] CHIAVACCI, op. cit., pag. 67. Il padre TANZINI, nell'opera del BARDI (tomo II), così descrive questo quadro:

Bella è la composizione, grande la naturalezza, il tono spiritoso e ardito, ma che, a giusta distanza, dà idea del vero. Il colore usato riccamente ed a proposito, sebbene qui l'artista non siasi curato di gran fusione ed impasto, produce un bell'effetto, e, a prima vista, fa scorgere la mirabile scuola veneta. Esaminando a parte a parte questo quadro scorgonsi molte bellezze di pensiero, oltre quelle già notate d'esecuzione. Sebbene il sacro testo non faccia parola della separazione di Gesù da Maria prima d'andare a patire, questo è un tema patetico e solenne per l'immaginazione d'un artista. Si può supporre che la Vergine fosse in Betania coll'affettuosa Maddalena, con Marta e colla Madre di Giovanni e Giacomo, quando venne il Redentore a dirle essere omai giunta l'ora di placare, colla sua morte, l'Eterno. Situazione dolorosa! Entrò bene il nostro Paolo nel soggetto. Nel volto, nelle movenze delle donne pietose leggi lo sbigottimento, la meraviglia: e, se osservi bene quella tela, vedrai nell'incerto sguardo della moglie di Zebedeo, e nell'ansiosa attenzione di Maddalena un'interna tempesta nell'anima. Maria è seduta, ed esterrefatta non osa fissare gli occhi in volto al Figlio. La sua fisonomia e tinta del pallore di morte, e quel dolore, che non ha parole, v'impresse indelebili traccie. Gesù, nella sua maestà di Figlio di Dio, mostra pure una ineffabil angoscia: si vede che conforta, ma con gli accenti di chi molto soffre e molto deve soffrire. Marta sollecita di correre a preparare un trattamento al Divino Maestro, in udire il triste annunzio, rimane immobile in mezzo alla scala, che dà ingresso al palagio. La scena non può esser più vera e concettosa.

alto m. 1.93, largo 1.32, figure di grandezza naturale;[1] SAN BENEDETTO IN ESTASI, CON ALTRI SANTI, alto m. 1.97, largo 1.35,

[1] CHIAVACCI, op. cit., pagg. 93-94. Ecco quello che ne dice il TANZINI nell'opera citata del BARDI (tomo I):

Quando alla vista della pittura di un fatto, noto a noi, crediamo di esser presenti ad esso, e siamo costretti a dire: «Non poteva accader che così», l'artista giunse alla perfezione, e superando l'arte emulò la natura. Il Battesimo di Gesù Cristo per mano di San Giovanni avvenuto presso Betabara, nel Giordano, rappresentato da Paolo Veronese, ci sembra appunto un'opera di tal fatta. In un ristretto ramo del fiume, povero d'acque, e presso la sponda, scorgesi, inginocchiato sopra un masso, il Redentore colle braccia conserte al petto, colla testa e gli omeri piegati in umile attitudine, e il Precursore, che, facendo l'atto di appoggiarsi colla sinistra ad un tronco, come se temesse vacillar dinanzi alla maestà nascosa nell'Uomo-Dio, colpito dalla voce dell'Eterno, che dice: Questi è il mio figlio diletto, nel quale io mi compiaccio *(San Matteo, c. III), stende la destra sul capo di Gesù versando l'acqua battesimale. Tre Angeli, in forma di giovanetti, assistono al mistero. Il primo di essi con una veste giallognola, veduto quasi di schiena, s'inginocchia innanzi al Re della gloria, e, tenendo un panno bianco, aspetta il momento di asciugare i piedi del Salvatore, immersi nell'onde. L'altro, se dee giudicarsi dal poco che se ne vede, e, specialmente, dal moto del destro braccio, pare che giunga le mani in segno di adorazione ed osserva il Battista. E parimenti lo mira attento l'Angelo, che sta genuflesso dietro a Cristo. Il divino Spirito, in forma di candida colomba, cinta di dorata luce, apparisce tra i folti alberi, che chiudono questa maestosa rappresentanza. La ristrettezza dell'area su cui Paolo dovea dipingere gl'impedì di popolar la sua scena colle turbe, come fece il Poussino, e frenò la sua vivace immaginazione, usata a spiegarsi ricchissima, qual si vede nelle sue* NOZZE DI CANA *e nella* CENA DI LEVI. *Ma la stessa ristrettezza, invece di nuocere all'effetto, sembra che l'abbia in qualche maniera accresciuto; imperocchè, coll'accordo di un magico colorito, colla distribuzione delle figure, le quali occupano la massima parte del campo, ha ottenuto che, sebben non sian che poco più di due terzi del vero, sembrino della grandezza naturale. Pare che l'esimio artista abbia fatto questo quadro perchè non sia veduto da vicino; mentre l'esecuzione ne è franca tanto ed ardita, che talvolta pochi tocchi maestri sopra una tinta andante bastano a mostrare alla debita distanza, con gran verità, le parti stesse più difficili della faccia. E forse, trasportato dalla viva sua fantasia e dall'aver egli avuto in mira un piccante effetto totale, che, con inestimabil bravura, ottenne, non si è curato in qualche parte di una gran finitezza e di un severo disegno, lo che apparisce nella mano destra dell'Angelo tra San Giovanni e il Redentore. Le carni di questo morbide e di un vago colorito fanno un bel contrapposto con quelle aduste del severo Precursore. Sembra che debban cedere al tatto, non tanto per la verità del colore e per la perfetta imitazione dei piani, quanto per il meccanismo con cui son fuse le tinte per mezzo di una maniera ineffabile di girare il pennello. Nulla avvi di duro, il rilievo è vero; e se portiamo l'occhio, già pieno dell'illusione di questo dipinto, sopra altre tele anche dei famosi maestri, in quelle vediamo figure dipinte, figure vive in questa di Paolo. Tanto effetto, degno della meditazione degli artisti, nasce specialmente dal modo qui tenuto nell'usare i contrapposti.*

a figura intera;[1] il RITRATTO DI DANIELE BARBARO, veduto di faccia, con capelli corti, barba e baffi lunghi e grigi, veste nera e sopravveste foderata di ermellino, la quale egli si regge colla destra, tenendo nella sinistra un fazzoletto, e, nel fondo, architettura, alto m. 1.37, largo 1.09 e a mezza figura;[2] (sala di

Infatti la parte chiara del nudo nel Cristo stacca dall'ammanto azzurro-cupo dell'Angelo che gli sta a tergo, e dal panno lacchigno, di cui è cinto ai lombi e che gl'involge tutta la coscia destra. Fanno risaltare la figura del Precursore la pelle di cammello, una specie di manto rosso, e i tronchi degli alberi. E questi col tono caldo della densa frappa e degli aspri tronchi, fanno apparir chiara di viva luce e sparsa di candide nubi leggiere quella parte di cielo che si mostra, sebbene sia di tinte alquanto robuste, onde risalti meglio la delicatezza delle carni degli Angeli e del Salvatore. Questi ed infiniti pregi, che il solo artista consumato può conoscere e degnamente apprezzare, non lasciando che l'estatico osservatore si fermi sui panneggiamenti, forse un poco triti, e sulle fisonomie degli Angeli, forse non troppo celesti, rendono il presente quadro degno di sostenere la celebrità del suo autore colla gagliardia e verità del colorito, a fronte di tanti capi d'opera raccolti nella Galleria de' Pitti, i quali gareggiano tra loro di preminenza.

[1] CHIAVACCI, op. cit., pag. 97, dove dice:

Sta il Santo in piedi sopra un gradino, ove è dipinto uno stemma e l'iscrizione: Orà pro nobis Pater Bened. MDLXXII. *Veste l'abito pontificale e tiene nella mano sinistra il pastorale. Ai lati sono i due primi discepoli Mauro e Placido. Genuflesse, in avanti, sono varie vergini; tra le quali Santa Scolastica, avente ai piedi una colomba. Nell'alto è rappresentato lo Sposalizio di Santa Caterina.*

[2] CHIAVACCI, op. cit., pag. 105. EUGENIO ALBÈRI ne parla, nell'opera del BARDI (tomo I), in questi termini:

Al nome della famiglia di cui si raffigura in questa tela il principale decoro, s'inchina riverente il pensiero italiano; conciossiachè non solo, per lunghi secoli, giovasse questa colle opere al municipio nativo, ma coi tesori delle lettere e delle scienze all'onore perpetuo di tutta Italia. Daniele Barbaro nacque in Venezia il dì 8 febbraio dell'anno 1513 e fu solo del suo nome battesimale, e non contemporaneo di un altro Daniele, come opinano alcuni. Mandato all'università di Padova, studiò con molto amore le matematiche, e appresso la botanica; per affetto alla qual disciplina, nel 1540, fondò ivi, o promosse l'istituzione del giardino botanico. Fu poi ne' magistrati della sua patria, la quale, nel 1548, lo delegò ambasciatore al re Edoardo VI d'Inghilterra. Durava in tal dignità, quando il pontefice Giulio III lo nominò coadiutore al patriarca d'Aquileia; per la qual occasione più particolarmente si volse agli studi teologici. Intervenne al Concilio di Trento, ed ivi fece prova di molto zelo per gl'interessi della Chiesa. Morì in Venezia il 12 aprile del 1570. Fu Daniel Barbaro uomo universale ed in ogni scienza profondo, con esempio non infrequente a' suoi tempi, ai nostri rarissimo, non so se per intolleranza degli animi, o meglio per la troppa difficoltà di conseguire i confini, ai nostri giorni sì estesi, dello scibile umano.

Giove), il RITRATTO DI UN FANCIULLO, alto m. 0.19 e largo 0.20, in mezza figura, di forma rotonda, veduto di faccia, con capelli lunghi e inanellati, collare basso e vestito bianco; [1] altro RITRATTO DI UN FANCIULLO, alto m. 0.19, largo 0.20, a mezza figura, in forma rotonda, che, veduto di faccia, mostra i capelli corti, il collare bianco e il vestito del medesimo colore; [2] LA PRESEN-

Ebbe ad amici i più celebri letterati dell'età sua, fra' quali il Bembo, il Varchi, Sperone Speroni, Bernardo Tasso, Pietro Aretino, Niccolò Franco e il cardinal Navagero. Abbiamo di lui un commento latino all'opera di Porfirio; un altro, nel medesimo idioma, alla versione che il celebre Ermolao Barbaro, suo prozio, fece della Rettorica di Aristotele; *una versione italiana di* Vitruvio; *un* Trattato o pratica della prospettiva; *e fra tante opere gravi la* Predica dei Sogni, *in versi settenari, edita sotto nome di un padre Hypneo, e nella cui prefazione confessa di avere scritto quel libercolo singolarissimo quasi sognando; o veramente, secondo un uso dei letterati di allora, per riposare lo spirito in qualche ameno argomento. Tale fu l'uomo che questa tela di Paolo ci rappresenta. La dignità della persona, ritratta, meravigliosamente si accorda allo stile grandioso del dipintore, il quale ha, con mirabile industria, procacciato che alla gravità di quel volto rispondano l'atteggiamento, il vestiario, e il fondo stesso ove campeggia quella nobil figura.*

[1] CHIAVACCI, op. cit., pag. 126.

[2] CHIAVACCI, op. cit., pag. 126. Nell'opera del BARDI (tomo I), DOMENICO GAZZADI, da Sassuolo, parla di questo e dell'antecedente in questa guisa:

E chi tornando col pensiero all'età degli innocenti trastulli e delle vergini speranze non sente godersi l'animo racconsolato? A chi non destan trasporti d'amore e di tenerezza oltremodo soavissimi le ingenue grazie dei fanciulletti che fanno carezzevole festa? Oh! le costoro piacevolezze non sono bugiarde: non le dà un vile interesse ad usura: vengon dal cuore: e ci tornan perciò caramente dilette, e c'inebbriano d'allegrezza. Quando io mi reco o sui ginocchi od in collo una di queste amabili creaturine, quando ella mi guarda, ed io la guardo, quando ella mi sorride ed io le sorrido, quando io la interrogo e mi risponde, quando scorgo e ricevo baci ed amplessi, tutta allora dimentico l'orrenda serie de' miei disastri, e mi riconcilio agli uomini, che tante volte m'ebbero crudelmente offeso o con ingratitudini o con perfidie. Chiunque percorra, osservando la Galleria palatina, benchè ad alti sentimenti e ad alti pensieri meravigliosamente rapito da grandi subietti, che d'ogni parte o sulle tavole o sulle tele trova dipinti, pure, giunto a questi due piccoli tondi, che non altro presentano che due ritratti infantili, dalla memoria dei primi anni e dalla violenza dei cari affetti sarà intrattenuto; come appunto interviene ad ogni uomo che passa con vicenda gratissima dalle impetuose e tumultuanti emozioni del mondo alle dolcezze e all' incanto della domestica vita. Qual mano fu mai che ne condusse il disegno, e qual pennello gli animò colle tinte? Sono opera di quel famoso che nella veneta scuola primeggiò col Vecellio, son opera di Paolo Veronese; nè penano ad avvisarlo coloro che intendono e sentono l'arte; i quali vi riconoscono a colpo d'occhio l' impasto, e la vivezza del

TAZIONE AL TEMPIO, quadro alto m. 1.16 e largo 1.38, a figura intera, rappresentante la Vergine, genuflessa, che ha in braccio il Divino Pargoletto, in atto di presentarlo al sacerdote, assistito da due leviti, e, più indietro, San Giuseppe, che tiene in mano una candela accesa, e, a destra, in ginocchio, una figura, che regge una carta scritta, e, dietro a questa figura, un altare, sul quale sono due vasi.[1]

Genova possiede una GIUDITTA, in casa Brignole, e, in casa Doria e altrove, un SANSONE, L'ADORAZIONE DEI MAGI, L'ANNUNCIAZIONE, LO SPOSALIZIO DI SANTA CATERINA, LA NATIVITÀ.[2]

Latisana (provincia di Udine) possiede, nella chiesa abbaziale, una gran tela, col BATTESIMO DI GESÙ CRISTO.[3]

Lecce possiede, nella chiesa di San Pasquale, un bel quadro coi SANTI FILIPPO E GIACOMO.[4]

colorito che fu a quegli artefici singolare. Graziosi tuttadue di sembianze, belli di forme, e freschi di carnagione, come vediam d'ordinario i fanciulli, e tuttadue pel contrasto dei lumi e dell'ombre benissimo rilevati e pressochè vivi. Ma il carattere delle fisonomie vi è diverso. Con quel zazzerino piuttosto breve, con quella sua fronte ampia e scoperta, con que' suoi occhi grandi e pensosi, l'uno appar serio e direbbesi passionato: l'altro più specioso, di una foltissima chioma che trasparente e inanellata gli ondeggia pel collo, più rubicondo e paffutello di guancie, e più vispo ed ardito nel guardo, mostrasi invece gaio ed allegro: talchè, a guardarli, quello suscita malinconia, e questo fa ridere il cuore; anche il tempo che fu ingiurioso, pur troppo, sul primo, e benigno, per buona sorte, al secondo, contribuisce a produrre nell'animo degli osservatori le contrarie impressioni di mestizia e di gioia.

[1] CHIAVACCI, op. cit., pag. 126.

[2] BOTH DE TAUZIA, *Musée du Louvre*, pagg. 73-74; DANTES, *Dictionn. biograph.*, pag. 1030.

[3] G. D. CICONI, *Udine e sua provincia*, pag. 443; A. FEDER, nel *Bollettino di arti, industrie e curiosità veneziane*, anno II (1878-79), pagg. 47 e 49.

[4] Devo questa notizia al prof. ANTONIO FIORENTINO, il quale mi scriveva come anche a Melpignano, piccolo paese nelle vicinanze di Lecce, presso la famiglia De Luca, esistono altri due quadri del nostro medesimo autore.

Lendinara (provincia di Rovigo) possiede, al Santuario, una ASCENSIONE AL CIELO DEL SALVATORE.

Magnadole (provincia di Treviso) possiede, nell'antica villa Giunti, qualche resto di AFFRESCHI.

Maser (provincia di Treviso) possiede, nella villa Barbaro, poi del doge Manin, ora Giacomelli, degli AFFRESCHI assai ben conservati e, sopra tutti, quello dell'OLIMPO, che è il più meraviglioso.

Milano possiede, nella Pinacoteca di Brera (sala III), IL BATTESIMO DI GESÙ CRISTO, [1] LA CENA IN CASA DEL FARISEO, tela magnifica, ch'era, in Venezia, nel convento di San Sebastiano; [2] SAN GREGORIO E SAN GIROLAMO; [3] L'ADORAZIONE DEI MAGI, [4] che apparteneva alla chiesa d'Ognissanti in Venezia; [5] SANT'AMBROGIO E SANT'AGOSTINO; [6] SANT'ANTONIO ABATE ED ALTRI SANTI, pala, rappresentante il santo eremita sur un trono, San Cornelio papa, un paggio, che porta il Vangelo, ed un chierico, alta m. 2.76 e larga 1.88, che apparteneva alla chiesa di Sant'Antonio di Torcello; [7] IL REDENTORE NEL GIARDINO DEGLI ULIVI, SOSTENUTO DA UN ANGELO; [8] e, nell'arcivescovado, IL PADRE ETERNO, CIRCONDATO DA ANGELI. [9]

[1] P. JOANNE, op. cit., pag. 271.

[2] Ivi.

[3] Ivi.

[4] Ivi; SACCHI, *Guida in Italia* (1873), pag. 56.

[5] P. JOANNE, op. cit., pag. 271; T. V. PARRAVICINI, *Le arti del disegno in Italia,* pag. 355.

[6] P. JOANNE, op. cit., pag. 271; SACCHI, op. cit., pag. 57; PARRAVICINI, op. cit., pag. 355.

[7] P. JOANNE, op. cit., pag. 271.

[8] Ivi.

[9] SACCHI, op. cit., pag. 66

Modena possiede, nella Galleria, un RITRATTO.

Monopoli possiede, nella chiesa cattedrale, un quadro, largo circa metri 1.50 ed alto circa metri 2.30, rappresentante LA VERGINE, COL BAMBINO, E ALCUNI SANTI. In alto, è effigiato l'Eterno Padre, e, subito sotto ad esso, evvi la colomba. A destra e a sinistra della Vergine, si vedono due angeli, che sembrano diradare le nubi: indi, più sotto, a sinistra di chi guarda, v'è una santa regina, che offre un cestino di fiori; a destra, v'è un santo monaco, che sostiene una croce. Sotto queste figure, si veggono gli apostoli Pietro e Paolo, il primo a sinistra, l'altro a destra; e, infine, sotto a San Paolo, vi sono dei volumi, sui quali è scritto: *Paulus Veronensis inv. et pin.* [1]

Montagnana (provincia di Padova) possiede, nella cattedrale, una bella TRASFIGURAZIONE.

Montebaroccio (provincia di Pesaro) possiede, nella chiesa matrice di San Vito, un quadro della MADONNA DEL ROSARIO (contornato dai quindici misteri), nel quale vedesi, a mano destra della Vergine, San Domenico, a sinistra, Santa Caterina, al di sopra, due angeli, in atto d'incoronare la Madre di Dio, e, al disotto, quattro figure e due putti, rappresentanti la famiglia del marchese Del Monte, feudatario del paese. [2]

Murano (provincia di Venezia) possiede, nella chiesa di San Pietro, al terzo altare, un SAN GIROLAMO NEL DESERTO. [3]

[1] Il maggiore cav. GIUSEPPE GERVASI, a cui devo la conferma di questa notizia, aggiunge che il quadro fu malamente ritoccato e incrostato di vernice, per cui trovasi adesso ridotto in uno stato compassionevole, ad eccezione delle teste, le quali si conservano ancora belle.

[2] Sono debitore di questa notizia a due egregie persone, che mi è grato ricordare: il nobile signor MICHELE GRAZIANI di Sant'Angelo in Vado e la gentile signora GINEVRA BONI di Montebaroccio.

[3] SACCHI, op. cit., pag. 136; P. JOANNE, op. cit., pag. 562.

Napoli possiede, secondo il Siret, [1] due quadri di Paolo, cioè il Mosè salvato dalle acque e il Ritratto del cardinal Bembo; ma forse ne possiede cinque, [2] cioè quelli che don Carlo di Borbone portò seco a Napoli colla Raccolta di 260 dipinti e degli altri ingenti tesori, onde fu spogliata la reggia farnesiana.

Padova possiede, nella chiesa di Santa Giustina, all'altar maggiore, il Martirio di Santa Giustina, [3] e, nella chiesa di San Francesco, alla cappella maggiore, l'Ascensione di Gesù Cristo, e, nel Museo Civico, uno schizzo del Martirio di Santa Giustina, [4] il Martirio dei Santi Primo e Feli-

[1] *Dictionn.*, pag. 157.

[2] Benchè una *lettera* inviatami dall'illustre comm. Vito Fornari mi attesti che nel Museo di Napoli non si trovano originali di Paolo, e solo due copie tratte da due quadri di lui, cioè il Centurione alla presenza di Gesù e il Mosè salvato dalle acque del Nilo; pure, dopo il mio ultimo viaggio (agosto 1887) a Napoli, ardisco sospettare che gli originali del Caliari, più o meno stimabili, possano essere cinque, vale a dire i cinque registrati nell'*Inventario di Parma* (1734). Che, dunque, due sieno il Mosè e il Centurione, attribuiti da Domenico Monaco (*Guida al Museo Nazionale;* Napoli, 1876, pagg. 178-79) alla scuola di lui, e gli altri sieno il Gesù morto in grembo della Madre, attribuito (idem, ibidem, pag. 191) alla scuola di Palma il Giovane, e Diana e Endimione, attribuito da Achille Migliozzi (*Nuova Guida*, ecc., pag. 194) a Luca Cambiaso, e il Ritratto del cardinale Bembo, attribuito (id., ibid., pag. 185) alla scuola di Tiziano, col titolo Ritratto di un cardinale.

[3] Dice una birba tradizione che Paolo facesse in questo dipinto quella gloria così numerosa e punto artistica, per aver avuto di mira, un po' troppo, una proposta dell'abate committente, cioè *tante figure e tanti bei zecchini!* Può essere: io però non lo credo.

[4] P. Joanne, op. cit., pag. 479. È alto m. 1.02, largo m. 1.32. L'egregio cav. Alessandro Romanin, assessore anziano di quell'onor. Municipio, dandomene gentile ragguaglio, aggiunse:

Quantunque Carla Caterina Patina nel suo libro (Pitture scelte e dichiarate, *Colonia, 1691, pag. 113*), *offrendone la incisione, la giudichi un'altra opera di Paolo, pure è ritenuta comunemente siccome il modello della parte inferiore della grande pala.*

CIANO,[1] L'ASSUNZIONE,[2] CRISTO FRA I LADRONI, CON LE MARIE E SAN GIOVANNI, APPIEDI DELLA CROCE.[3]

Parma possiede, nella sua Pinacoteca, un quadretto, alto m. 0.52, largo 0.92, rappresentante LA FAMIGLIA DI DARIO DINANZI AD ALESSANDRO, che gli si attribuisce, e DUE BOZZETTI minori, raffiguranti un vescovo per ciascuno.[4]

Rimini possiede, nella chiesa di San Giuliano, la pala rappresentante IL MARTIRIO DI SAN GIULIANO.[5]

Roma possiede, all'Accademia di San Luca, una SUSANNA[6] e una VENERE;[7] nella Collezione Capitolina del palazzo dei

[1] È alto m. 3.46, largo 1.90. Di questo, come dell'antecedente, non si ha documenti comprovanti l'autore.

Pure (dice il cav. ROMANIN) *avendo tutti i caratteri della composizione del celebre pittore, ed essendo costantemente ricordati dalle Guide vecchie e recenti, debbono ritenersi indubbiamente fatture di Paolo.*

[2] È alta m. 2.57, larga m. 1.50.

[3] È su pietra del paragone, alto m. 0.64, largo 0.38.

[4] Anche queste notizie le devo all'esimio cav. CASA.

[5] SACCHI, op. cit., pag. 172.

[6] BÆDEKER, *Italie* (II; Coblenz, 1872), pag. 187; NIBBY, *Itin. di Roma* (1877), pag. 56.

[7] BÆDEKER, op. cit., pag. 187; SACCHI, op. cit., pag. 249; NIBBY, *Itin. di Roma*, pag. 56. Il TAINE (*Voyage en Italie*, vol. I, pagg. 199-200) parla di esso, descrivendo il quadro di UNA DONNA DAVANTI A UNO SPECCHIO, in questi termini:

Il Veronese viene ultimo, un decoratore, scevro delle rozzezze virili e gigantesche a cui giunge Tiziano, il più sapiente di tutti nell'arte di distillare e combinare i piaceri che il puro colore, co' suoi contrasti, colle sue gradazioni, colle sue miscele, può dare agli occhi. Il suo quadro rappresenta una donna occupata ad acconciarsi davanti a uno specchio, che è tenuto da un amorino. Un cortinaggio violetto avviva colle sue tinte appassite la bella carnagione incorniciata nel lino. Un piccolo lembo posa la sua estremità delicata sopra la mollezza ambrata del petto. I capelli rossastri s'indietreggiano in ricci sopra la fronte, in sulle tempie. Si vede uscire dalla camicia il seno e

Conservatori, IL RATTO D'EUROPA,[1] LA VERGINE, CON DEGLI ANGELI[2] e una MADDALENA;[3] nel Vaticano (Galleria dei quadri, sala IV), IL SOGNO DI SANT'ELENA;[4] nel palazzo Borghese, SAN GIAMBATTISTA NEL DESERTO,[5] SANT'ANTONIO, CHE PREDICA AI PESCI,[6] e VENERE, CON UN SATIRO E UN AMO-

la coscia. In questo vago rossore vinoso, su questi fondi di foglia morta, annegati, semispenti, tutta la carne, penetrata d'una luce interiore, solleva le sue rotondità e la sua polpa con un fremito che sembra una carezza.

[1] BÆDEKER, op. cit., pag. 222. È opera meravigliosa e assai ben conservata.

[2] Ivi.

[3] NIBBY, op. cit., pag. 47; G. ROBELLO, *Curiosités de Rome* (1854), vi aggiunge anche (pag. 464) LA VISITA DELLO SPIRITO AGLI APOSTOLI e L'ASCENSIONE DEL REDENTORE.

[4] BÆDEKER, op. cit., pag. 267. Questo quadro è così descritto nell'opuscolo *Galleria di quadri al Vaticano* (Roma, tip. Puccinelli, 1853, pagg. 62-63):

L'augusta donna, vestita di un ricchissimo manto imperiale con diadema in capo, siede dormente appoggiando la guancia al braccio sinistro. Avanti ad essa, alquanto di fianco, un grazioso angeletto regge la croce, lasciando libera la veduta di così bella figura, che, quantunque sola, basta ad empir la tela con una magnificenza veramente meravigliosa. È questa un'opera insigne di Paolo Veronese, di quel Paolo, che fece la delizia di Guido, sino a fargli dire, che non Guido, ma Paolo avrebbe voluto esser potendo. Non è un quadro di composizione, che era il suo forte, è una sola figura degna di lui, degna di un raro pennello, se non corretto, sommamente gaio, immaginoso, magnifico, e tutto proprio, onde singolare si rese ed inimitabile. Il solo Rubens sembra che sortisse un genio capace di rivaleggiare col genio e l'immaginazione di Paolo. Questo quadro era nella galleria dell'eccell. casa Sacchetti, da cui fu acquistato da Benedetto XIV, che lo collocò nella pinacoteca capitolina, da dove è passato al Vaticano.

[5] NIBBY, op. cit., pag. 208. Quest'opera non è finita; ma, come mi scriveva l'egregio signor PIANCASTELLI, direttore del Museo Borghese (e com'io stesso potei constatare di veduta):

..... è un'opera che veramente reca onore al Veronese per la luce, per lo smalto del colore, che sembra dipinto adesso, e per quella bravura facile e disinvolta del pennello tutta propria di Paolo.

[6] È citato anche dal RIDOLFI, ma, a dire il vero, io non mi arrischierei di aggiudicarlo a Paolo: mi parrebbe di fargli un torto. Il LERMOLIEFF lo ritiene di un imitatore, e il PIANCASTELLI trova che «il fare vi è timido, piccolo il pennello e povera la composizione». Io direi altrettanto.

RINO;[1] nel palazzo duca Pamphyli, una DEPOSIZIONE DI CROCE,[2] UN ANGELO SUONANTE IL TAMBURELLO[3] e il RITRATTO DI LUCREZIA BORGIA;[4] nel palazzo Corsini, alla Lungara, LO SPOSALIZIO DI SANTA CATERINA;[5] nel palazzo Colonna, un RITRATTO, in costume veneziano.[6]

Romanziol (provincia di Treviso) possiede dei bellissimi AFFRESCHI nell'antica villa Da Mula.

Saletto (provincia di Padova) possiede una pala rappresentante IL ROSARIO.

Thiene (provincia di Padova) possiede, nella villa Colleoni Porto, dei magnifici AFFRESCHI.

Torino possiede, nella R. Pinacoteca, LA REGINA SABA E SALOMONE, MOSÈ SALVATO DALLE ACQUE,[7] e il famoso CONVITO COLLA MADDALENA, IN CASA DEL FARISEO; e, in casa D'Arche, poi Castellani, GIOVE CHE SCACCIA SATURNO DAL CIELO.[8]

[1] A questo quadro, di cui, come osserva il PIANCASTELLI, «non è contrastata la paternità», troverei da aggiungere una GIUDITTA e una SANTA GIUSTINA, che ho già segnalato a Sua Ecc. il principe Paolo Borghese, ma che nel *Catalogo della Galleria* risultano d'ignoto autore.

[2] SACCHI, op. cit., pag. 282; NIBBY, op. cit., pag. 22.

[3] NIBBY, op. cit., pag. 25.

[4] ROBELLO, op. cit., pag. 482; SACCHI, op. cit., pag. 282; NIBBY, op. cit., pag. 26. Il TAINE (op. cit., vol. I, pag. 264) ne dà questa breve descrizione:

Rappresenta Lucrezia Borgia, in velluto nero, il seno un po' discoperto, con delle trine dentellate al corsetto e alle maniche, grossa, già matura, i capelli volti indietro, un fronte basso, l'aria composta e uno sguardo singolare. Tale era quando il Bembo le inviava i periodi e le proteste delle sue lettere cerimoniose.

[5] ROBELLO, op. cit., pag. 484.

[6] BÆDEKER, op. cit., pag. 126; NIBBY, op. cit., pag. 149.

[7] G. STEFANI e D. MONDO, *Guida* (Torino, 1852), pag. 190; DU PAYS, *Italie et Sicile* (1870), pag. 9.

[8] G. STEFANI e D. MONDO, op. cit., pag. 211.

Verona possiede, nel Civico Museo, il RITRATTO D'UN DOGE, [1] il RITRATTO DI BONUCCIO MOSCARDO, il RITRATTO DI SUA MOGLIE, CHE PORTA UN CANINO SUL BRACCIO DESTRO, IL BATTESIMO DI CRISTO, [2] il superbo RITRATTO DI PACE GUARIENTI, datato 1556, [3] una DEPOSIZIONE DI CRISTO, [4] alcuni avanzi degli AFFRESCHI di casa Contarini; [5] LA MUSICA, bellissimo affresco trasportato in tela, [6] una piccola MADONNA COL BAMBINO, [7] la COPERTA D'UNA SPINETTA, [8] e LA VERGINE, CON SAN GIAMBATTISTA E SAN LODOVICO, che si trovava in San Fermo Maggiore; [9] nella chiesa di San Giorgio in Braida, il famoso MARTIRIO DI SAN GIORGIO, già portato a Parigi; nella chiesa di San Paolo di Campo Marzo, la magnifica pala di casa Marogna, colla VERGINE E IL BAMBINO, SOPRA UN PIEDESTALLO, E PARECCHI SANTI; in casa Canossa, la COPIA DELLA MADONNA DELLA PERLA DI RAFFAELLO; in casa Miniscalchi-Erizzo, molti preziosi DISEGNI AUTOGRAFI; in casa Cetti uno schizzo, in miniatura, della MADDALENA, che parrebbe della sua mano, e che apparteneva ai frati di San Nazaro; in casa Tanara-Lavelli, L'ADORAZIONE DEI MAGI e il RITRATTO D' IGNOTO,

[1] Ci si vede ancor qualche cosa di paolesco, ma è stato ritoccato assai malamente.

[2] P. JOANNE, op. cit., pag. 423. I cattivi restauri hanno, si può dire, tolto ogni orma di originalità a questo quadro, il cui soggetto vedesi quasi egualmente trattato da Paolo in un'altra pala a Pitti.

[3] Ivi.

[4] Era nella chiesa di Santa Maria della Vittoria a Verona e fu portato a Parigi.

[5] Solamente le due figure isolate di donna serbano il carattere del Caliari, gli altri io li giudicherei anteriori, e di men pregiato pennello.

[6] Dono del pittor Lorenzo Muttoni.

[7] Apparteneva alle monache del sobborgo di San Michele, poi faceva parte della Collezione Bernasconi.

[8] Rappresenta LA MUSICA COLLE NOVE MUSE, CHE PER ISVARIATI ATTEGGIAMENTI SUONANO E CANTANO; MENTRE LE ARPIE RUBANO LA MUSICA, E, FUGGENDO, VOLAN VIA.

[9] P. JOANNE, op. cit., pag. 420.

con un fanciullo; in casa Ravignani Scolari, un bellissimo bozzetto della FAMIGLIA DI DARIO, che taluni attribuiscono a Paolo; in casa dei conti Sparavieri, due RITRATTI della famiglia Emilei;[1] in casa Sarego, a San Sebastiano, un ECCE HOMO, di forma oblunga e con tre figure.

Vicenza possiede, a Monte Berico, la famosa CENA DI SAN GREGORIO MAGNO; al Museo Civico, LA BEATA VERGINE, COL BAMBINO, E SAN GIUSEPPE; a Santa Corona, L'ADORAZIONE DEI MAGI, CON SEGUITO ED ANGELI, IN ALTO; in Santa Croce, IL DIVIN PADRE, APPOGGIATO ALLA CROCE, SU CUI È INCHIODATO GESÙ CRISTO, LO SPIRITO SANTO ED ANGELI, E, SOTTO, SAN PIETRO E SAN PAOLO, colla data 1573.

Zelarin (provincia di Treviso) possiede degli AFFRESCHI nel palazzo Rubbi.

Zerman (provincia di Treviso) possiede, nella chiesa, una pala della MADONNA COL BAMBINO, SANTA LUCIA, SANTA CATERINA, SAN PIETRO APOSTOLO E SAN FRANCESCO D'ASSISI, e un affresco con SANT'ELENA, sulla facciata di essa chiesa, e degli altri AFFRESCHI, in due capitelli e sul palazzo Da Riva, ora Zugliani.

[1] Da un *Catalogo ms.* fatto, al principio di questo secolo, dai valenti pittori SAVERIO DELLA ROSA e AGOSTINO UGOLINI, esistente presso il conte Luigi Sparavieri, risulterebbe che, in detta casa, si vedessero allora quattro quadri attribuiti a Paolo, o alla sua scuola, l'uno colla SAMARITANA AL POZZO (quasi al naturale), il secondo con VENERE, CHE SCHERZA CON AMORE, il terzo con un modello della CENA IN CASA DEL FARISEO, il quarto con un modello del MARTIRIO DI SAN GIORGIO.

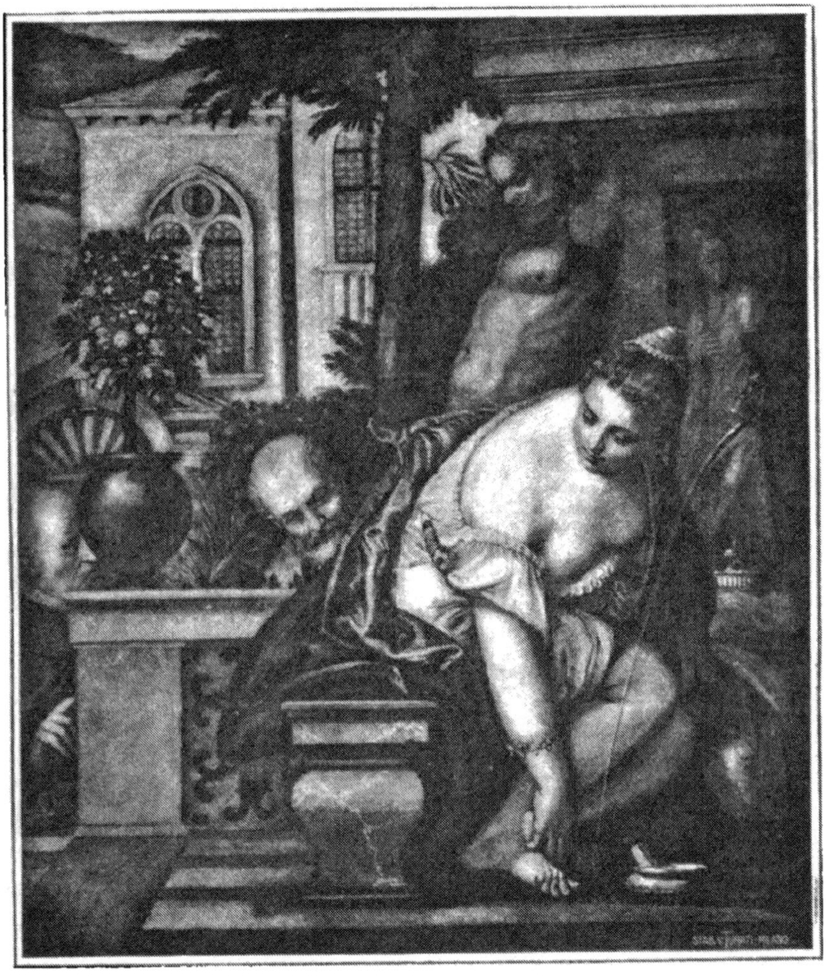

SUSANNA AL BAGNO

R. Galleria di Dresda.

CAPITOLO XXIX.

Capolavori di Paolo sparsi in molti luoghi d'Europa.

Tutte le più ragguardevoli città d'Europa si onorano di avere qualche dipinto di Paolo.[1]

Berlino possiede, secondo il Siret,[2] il CRISTO MORTO, PIANTO DAGLI ANGELI, e, secondo il Dantes,[3] GIOVE, IL TRIONFO DELLA RELIGIONE, MINERVA E MARTE, e una DEPOSIZIONE DALLA CROCE.

Bordeaux possiede, nel Museo, L'ADORAZIONE DEI MAGI,[4]

[1] Potrebbesi dire che non faceva esagerazione MAURIZIO MORO, quando, ne' suoi *Pomposi fregi di Verona* (Verona, 1611, pag. 41), consacrò al Caliari la seguente ottava:

E quel Paulino, ch'avvivò le tele,
Diè lo spirto, e la voce à muta imago:
E col pennello, e con la man fedele
Corse col suo valor da l'Indo al Tago.
Quel Paulin, che lasciolla in gran querele
Morendo; che già fu d'honor sol vago.
Che le tele spiranti, i suoi colori
Incoronò di trionfali allori.

[2] *Dictionn.* (1866), pag. 157.

[3] *Dictionn. biogr.* (1875), pag. 1030.

[4] RICHARD, *Guide en France* (1876), pag. 417.

la Sacra Famiglia, [1] un'altra Sacra Famiglia, [2] la Donna adultera, [3] Venere e Amore. [4]

B r u n s w i c h possiede, nel Museo, il quadro sotto il numero 171. [5]

B r u x e l l e s possiede Giunone, tela quadrilunga, ch'era già nel soffitto della sala del Consiglio dei Dieci, [6] e uno schizzo delle Nozze di Cana. [7]

C a e n possiede, nel Museo di pittura, Giuditta, che ritorna dopo aver tagliata la testa d'Oloferne, [8] l'episodio della Fuga in Egitto, [9] e un Sant'Antonio abate, quadro magnifico. [10]

D e e p - D e e n (presso Dorking) possiede, nella Galleria acquistata da Tommaso Hope, dei bei quadri di Paolo, che già appartenevano a Filippo Égalité. [11]

D r e s d a possiede, nella sua Galleria, la migliore raccolta

[1] Richard, op. cit., pag. 417.

[2] Ivi.

[3] Siret, op. cit., pag. 157; Richard, op. cit., pag. 417.

[4] Richard, op. cit., pag. 417.

[5] Andrea Michel, *Le Musée de Brunswich,* nella *Gazette des Beaux-Arts,* vol. XXXV, pag. 24.

[6] Siret, op. cit., pag. 157.

[7] Ivi; Viardot, *Musées d' Espagne, d'Angleterre et de Belgique,* pagina 356.

[8] Richard, op. cit., pag. 814.

[9] Ivi.

[10] Ivi. Questo è, senza dubbio, quello che Paolo ebbe fatto per commissione del card. Ercole Gonzaga, nel duomo di Mantova.

[11] Carlo Yriarte, *Les protraits de César Borgia,* nella *Gazette des Beaux-Arts,* vol. XXXVI, 364° livraison.

dei quadri di Paolo, anzi, al dire del Lermolieff,[1] in nessuna Galleria pubblica del mondo, non eccettuate quelle del Louvre e di Venezia, Paolo Caliari è così bene rappresentato come qui. Il Siret[2] ne novera quattro, otto il Dantes,[3] sei il Blanc;[4] ma sono più del doppio, vale a dire, Dresda possiede: LA RISURREZIONE DI CRISTO,[5] GESÙ IN CROCE, FRA I DUE LADRONI,[6] un altro GESÙ IN CROCE,[7] il RITRATTO DI DANIELE BARBARO, patriarca eletto d'Aquileia,[8] IL CENTURIONE,[9] MOSÈ SALVATO,[10] SUSANNA AL BAGNO,[11] L'ADORAZIONE DEI MAGI,[12] GESÙ CRISTO AD EMMAUS,[13]

[1] *Opere dei maestri italiani* (Bologna, Zanichelli, 1886), pag. 199.

[2] *Dictionn.*, pag. 157.

[3] *Dictionn. biogr.*, pag. 1030.

[4] *Paul Véron.*, pag. 21.

[5] È un quadro alto m. 1.36, largo 1.02.

[6] Da una *lettera* dell'egregio dott. EMILIO VOGEL di Berlino, rilevo che questo è quel quadro che fu comprato, nel 1741, da Ventura Rossi, nella casa Grimani Calergi, a Venezia. È alto m. 0.47, largo m. 0.35.

[7] Fu comprato, come mi scrive il VOGEL, dal Riedel da Praga, al prezzo di 3000 marchi. È alto m. 0.985, largo m. 0.765.

[8] È alto m. 1.33 e largo m. 1.02. Fu comprato, secondo il VOGEL, nel 1744, da Ventura Rossi, nella casa Grimani Calergi, a Venezia, e fu restaurato dal Palmaroli.

[9] È alto m. 1.77 e largo m. 2.75. Fu comprato, secondo il VOGEL, nel 1747, da Zanetti e Guarienti, nella casa Grimani dei Servi, a Venezia, e fu restaurato, nel 1857, dallo Schirmer.

[10] È alto m. 1.76, largo 2.75. Secondo il VOGEL, fu fatto per il duca Guglielmo di Mantova e fu restaurato, nel 1827, dal Palmaroli.

[11] Tela alta m. 1.26, larga 1.06. Secondo il VOGEL, fu comprato da Rigaud e Le Len, nel 1742, alla vendita Carignan, a Parigi, per 4500 lire. Dev'essere quello che, nel 1632, figurava nell'*Inventario di Roberto Canonici*, citato dal CAMPORI, *Raccolta di cataloghi*, pag. 120.

[12] Alta m. 2.05, larga 4.48. Secondo il VOGEL, fu comprato in Modena e restaurato dallo Schirmer.

[13] Alto m. 1.19, largo 1.81. Secondo il VOGEL, fu comprato in Modena e restaurato dal Palmaroli.

LE NOZZE DI CANA,[1] IL SAMARITANO,[2] IL RATTO D'EUROPA,[3] LA PRESENTAZIONE DI GESÙ AL TEMPIO,[4] GESÙ CHE PORTA LA CROCE,[5] LA FAMIGLIA CONCINA DAVANTI ALLA VERGINE,[6] LA MORTE DI SANTA CATERINA D'ALESSANDRIA,[7] VENERE E ADONE[8] e LEDA COL CIGNO.[9]

Grenoble possiede, nel Museo, la bellissima tavola con GESÙ CHE GUARISCE L'EMOROISSA.[10]

[1] Alto m. 2.05, largo 4.51. Secondo il VOGEL, fu comprato in Modena e restaurato dal Palmaroli nel 1827.

[2] Alto m. 1.67, largo 2.53. Secondo il VOGEL, fu comprato a Modena.

[3] Alto m. 3.21, largo 2.89. Secondo il VOGEL, fu comprato a Venezia, nel 1745, dall'Algarotti, presso la figlia del negoziante d'oggetti d'arte Negrenzi, per 300 zecchini.

[4] Alto m. 1.83, largo 4.15. Secondo il VOGEL, fu comprato, nel 1747, da Ventura Rossi, in Venezia, dalla casa Bonfadini. Il GUARIENTI, nel suo *Abecedario,* però, lo giudicò di Carletto, e il RUMHOR, invece, lo reputa di Paolo Farinati.

[5] Alto m. 1.61, largo 4.09. Secondo il VOGEL, fu comprato a Modena e restaurato, nel 1857, dallo Schirmer.

[6] Alto m. 1.65, largo 4.16. Secondo il VOGEL, fu comprato in Modena e restaurato dal Palmaroli, nel 1827, e dallo Schirmer, nel 1856. Nel libro del dottor GIULIO MOSEN, intitolato *Die Dresdener Gemälde-Gallerie* (Dresden und Leipzig, 1834, pag. 58), è indicato sotto il nome IL CONVERTITO. Il LERMOLIEFF aggiunge (op. cit., pag. 199) che lo schizzo di questo quadro, già fotografato da Philpot, num. 415, trovasi nella Collezione dei disegni della Galleria degli Uffizi, a Firenze, sotto il nome di Tiziano. Da un libretto, poi, del cav. E. VOLPI (*Zig-zag per Venezia;* Venezia, 1887, pag. 81, nota) si rileva come il signor Vittorio Ceresole, console elvetico, riscontrò in questa tela i *Ritratti di Girolamo e Giovanni Coccina di Bergamo* ed anche la facciata del loro palazzo.

[7] Alto m. 0.655, largo 0.81. Secondo il VOGEL, fu comprato, nel 1742, dal De Brays e Araignon, dalla Collezione Carignan, a Parigi, per lire 4000.

[8] Alto m. 0.77, largo 0.71.

[9] Alto m. 1.07, largo 0.92. Secondo il VOGEL, fu comprato, nel 1744, da Ventura Rossi, in Venezia, dalla casa Grimani Calergi.

[10] RICHARD, op. cit., pag. 216.

Haya possiede uno schizzo sulla carta col MARTIRIO DEI SANTI COSMA E DAMIANO.[1]

Lilla possiede, nel Museo, L'ELOQUENZA E LA SCIENZA[2] e IL MARTIRIO DI SAN GIORGIO.[3]

Lione possiede, nel Museo, MOSÈ SALVATO DALLE ACQUE,[4]

[1] *Notice des tableaux du Musée Royal à la Haye,* pag. 29; SIRET, op. cit., pag. 157.

[2] LUIGI GONSE, in un suo articolo stampato nella *Gazette des Beaux-Arts* (vol. VI, secondo periodo, pagg. 113-14), che ha per titolo *Le Musée de peinture à Lille,* così ne parla:

Sono due frammenti decorativi, due lunette per l'incastratura d'un soffitto del palazzo Barbarigo, ove furono acquistate nel 1857. Sur un fondo di cielo azzurro si distaccano in iscorcio le figure allegoriche dell'Eloquenza e della Scienza; due donne di grandezza naturale, a mezza figura, disegnate con brio, in vesti di broccato verde lucido dai toni argentini, delle perle ai capelli, sorridenti, bionde, fantastiche, con quel tipo di cui il Veronese usa e abusa, come d'una formola rossiniana, che si addice, del resto, a lui così bene.

[3] Ecco la descrizione che ne fa il GONSE nell'articolo citato:

Dei tre quadri il più importante è IL MARTIRIO DI SAN GIORGIO, *ripetizione letterale, e in mezza grandezza, della celebre tela che si vede ancor oggi nella chiesa di San Giorgio a Verona. Io l'ho davanti agli occhi. È una scena animata, nella quale il pittore ha saputo far entrare, con la sua destrezza abituale di composizione, dei cavalli aristocratici e pieni di fuoco e una brillante architettura e una statua d'Apollo che il Santo rifiuta d'adorare, e davanti alla quale va eseguita la sentenza di Diocleziano; poi San Giorgio in ginocchio, spogliato della sua armatura, in mezzo a una folla di carnefici e di persone curiose, gli occhi volti al cielo, che si spalanca e lascia discendere un gruppo aereo e luminoso di belle femmine dalle spalle lucide e dalle cangianti stoffe; linee ondeggianti e accumulate, cui annega un vapore argentino iridegglato dai toni d'ametista. Non si può immaginare niente di più radioso e di più gaio di quei toni chiari. La copia del Museo di Lilla è, secondo me, del Veronese medesimo: essa ha tutti i caratteri dell'autenticità: ma è un po' meno seducente perchè ingiallita dalla vernice. M. Villot non esita di vedervi una copia fatta dal Tiepolo, e il Lanzi dice che Tiepolo fece dei grandi studi su Paolo.*

[4] È alto m. 1.26, largo 1.12. E. C. MARTIN DAUSSIGNY, *Notice des tableaux du Musée de Lyon,* 1877 (pag. 110), dice che fu donato dal Governo, nel 1803, e che apparteneva al Gabinetto del re Luigi XIV, e ne reca la descrizione seguente, tolta dal *Catalogo Artaud:*

La Figlia di Faraone, riccamente vestita alla maniera veneziana, getta uno sguardo

BETSABEA AL BAGNO,[1] L'ADORAZIONE DEI MAGI[2] e LA CASTA SUSANNA.[3]

Londra possiede, nella Galleria Nazionale, LA CONSACRAZIONE DI SAN NICOLA,[4] IL RATTO D'EUROPA, L'ADORAZIONE DEI

di protezione sul bimbo, che i suoi servi hanno scoperto sopra le acque del Nilo. Delle donne, degli arcieri e un nano sono presenti a questa scena, che il pittore ha rappresentato più volte.

[1] È alto m. 2.27, largo 2.37. Secondo il DAUSSIGNY (op. cit., pag. 110), fu donato dal Governo, nel 1811, e ne parla così:

Sorpresa dal re Davidde, e in atto di avvilupparsi in un ampio drappo, ella testifica il suo sbigottimento alle strane proposte del re. Nel fondo si vede la ricca colonnata di un palazzo.

[2] È alto m. 1.28, largo 2.88. Lo DE STENDHAL (Enrico Beyle), *Mémoires d'un touriste* (1854, prem. série, pag. 157), dice che:

..... è un quadro benissimo conservato e che piace subito: bei colori della scuola veneziana: freschezza talvolta esagerata dal Rubens. Il fiammingo dà a una gamba di vecchio il colore rosato che presenta quasi sempre il braccio di una fanciulla.

E il DAUSSIGNY (op. cit., pag. 110) aggiunge che fu donato dal Governo, nel 1803, e lo descrive così:

Maria presenta Gesù all'adorazione dei Re Magi: San Giuseppe solleva una parte di lino che lo toglie ai loro sguardi. I tre Re Magi e i loro paggi, che portano dei presenti, sono vestiti alla maniera veneziana. Questi ultimi sono coperti di giustacuori stemmati davanti e di dietro.

[3] L. CLEMENTE DE RIS, nel suo articolo *Notes sur les Musées de Marseille et de Lyon,* inserito nella *Gazette des Beaux-Arts,* secondo periodo, vol. XXIV (1881), pagg. 95-96, ne parla nel modo seguente:

LA CASTA SUSANNA *non è già un Paolo Veronese di primo ordine; ma è un Paolo Veronese ben autentico. Susanna è assisa al piè d'una statua. Due procuratori veneziani, facendo l'officio dei due vecchioni, sono ben più intesi a far osservare le pieghe dei loro sontuosi vestiti che a compromettere la virtù di Susanna, che non ne sembra del resto molto ritrosa. Io ignoro l'origine di questa tela, che il Catalogo del 1862 non registra neanche. Essa non figura nel novero di quelle inviate da Parigi nel 1802 e nel 1811. Io non ho sott'occhio l'opera del Ridolfi, per cercare se ne fa menzione. Ai piedi di Susanna c'è un vaso coperto d'uno scudo ovale, portante in argento una fascia con dei motti, l'arma dei Contarini, io credo.*

La medesima composizione si vedeva anche nella Galleria Tanara, in Verona, non sono molti anni.

[4] Il REISET, nel suo articolo intitolato: *Une visite aux Musées de Londres en 1876,* al capo XXII (*Gazette des Beaux-Arts,* vol. XV, secondo

MAGI,[1] LA FAMIGLIA DI DARIO, INGINOCCHIATA DAVANTI AD ALESSANDRO,[2] LA MADDALENA e SANT'ELENA.[3]

Madrid possiede, nel Museo del Prado, VENERE E ADONE,[4]

periodo, pagg. 590-91), dice che questo quadro di buono e nobile stile dovea essere in origine bellissimo, ma allora era molto patito, e avea bisogno d'una politura prudente e d'un completo restauro.

[1] Apparteneva alla chiesa di San Silvestro, a Venezia. Ne parla la *Rivista enciclopedica italiana,* anno II (Torino, 1856), vol. V, pagg. 127-28 e il REISET (scritto cit.), il quale aggiunge che fu fatta da Paolo, nel 1573, per la chiesa di San Silvestro e che fu acquistata, nel 1855, per 50 mila franchi.

[2] È uno dei più bei quadri di quella Galleria, checchè ne dica il VIARDOT, (*Merav. della pittura antica italiana;* Milano, Treves, pagg. 297-98), il quale oserebbe preporre, a questa magnifica tela, alcuni ritratti di Rembrandt.

[3] Alta m. 1.97, larga 1.14. Se la Santa non fosse rappresentata dormiente, sull'ora del crepuscolo, dubiterei della sua originalità. Quand' io la vidi nella Galleria Nazionale non la riconobbi subito per opera di Paolo: non ci vidi nulla del solito sfarzo e della caratteristica vivacità della tavolozza del Veronese.

[4] D. PEDRO DE MADRAZO, nel suo *Catalogo descriptivo é historico de los cuadros del Prado de Madrid* (1872), p. primera, pag. 294, ne fa la seguente descrizione:

Alto 2.12, largo 1.91. Geloso Marte dei favori che concedeva Venere al bell'Adone, si trasformò in cinghiale, e, in una selva, stando il suo rivale alla caccia, lo assalì furioso e lo ammazzò. La innamorata deessa, abbandonata al pianto per la morte prematura del grazioso cacciatore, lo convertì, in sua vece, nel fiore che piglia il nome di anemone, il quale, col suo colore di sangue, ricorda il triste caso. Reclinato Adone in grembo alla deessa, al piè d'un albero, fra i cui rami piove un raggio di sole fino al bel gruppo, dorme tranquillo sotto la mano dell'amata, che gli tocca dolcemente il capo, e lascia cadere il braccio sopra la tromba da caccia, che porta al petto. Serve di letto al suo corpo una florida zolla. Copre la parte inferiore del corpo di Venere un vestito azzurro fiorito di giallo. Un braccialetto d'oro e un vezzo di perle sono l'unico ornamento della parte superiore e del bel sembiante, imporporato dal calor dell'estate, alla cui espressione voluttuosa dà rilievo la crespa chioma d'oro, liberamente arricciolata, formante al vertice del capo una graziosa ghirlanda. La mesta deessa fa aria all'addormito amante con un ventaglio, e volge il viso a un amorino, che, con sollecita premura, disvia dal cacciatore un vezzoso cane, che gli si avvicina come per istimolarlo a partire, mentre un altro segugio, cucciato a terra, riposa allato di Adone, per la durata fatica. Sfondo: paese frastagliato e pieno di frescura, con bella bosca-

GESÙ, NEL TEMPIO, CHE DISPUTA FRA I DOTTORI, [1] GESÙ E IL

glia; dal pedale di un pioppo si vede pendere una testa di cinghiale. Figure di grandezza naturale.

Anche il VIARDOT, tutt'altro che favorevole giudice dei quadri di Paolo, fa di questa tela il più magnifico elogio. Dice egli, infatti, così (*Les Musées d'Espagne, d'Angleterre et de Belgique*, pag. 51):

È una Venere e Adone, che eccita, per la somiglianza del soggetto, un interessante confronto con un dipinto di Tiziano e che lo sostiene onorevolmente. La composizione, però, è concepita in altra maniera. Il bel cacciatore (veramente bello questa volta, perchè non è Filippo II) è ancora addormentato nelle braccia della dea, che veglia amorosamente su lui, e, con un ventaglio di piume, rinfresca il suo sonno. Vicino ad essa, Amore giovinetto contrasta, con tutte le sue forze, con un vigoroso cane, che vorrebbe, ai primi bagliori del giorno, svegliare il suo padrone. Tutto questo gruppo è splendido; è disegnato con una perfetta eleganza, e il Veronese non ha mai trovato un colorito più naturale, più grazioso, più fascinante. Quale difficoltà e quale felicità in quel raggio di sole nascente che penetra lo spesso fogliame del bosco, per illuminare il corpo e il viso della bella dea! E che vigore, che trasparenza nel medesimo tempo nelle parti ombreggiate! Che conoscenza e che giusta applicazione del chiaroscuro! Malgrado alcuni leggieri difetti, notàti nei panneggiamenti e nello scorcio del corpo di Adone, il quadro tutto intero è una delle opere più distinte del Museo di Madrid.

[1] Alto m. 2.36, largo 4.30. D. PEDRO DE MADRAZO lo descrive (op. cit., pagg. 296-97) nel seguente modo:

Il pittore ha rappresentato il momento in cui Gesù, fanciullo di dodici anni, parlò dalla cattedra, ascoltandolo i Dottori dei Farisei, meravigliati e commossi da diversi affetti. La scena, in cui si compie questo memorabile fatto, è un sontuoso tempio dello stile del Rinascimento, che presenta, nella sua parte alta, una galleria continua, sostenuta da pilastri e colonne abbinate, e, nella parte inferiore, una decorazione di pilastri corintii e una porta con frontone adorno di statue. La cattedra, dalla quale parla il Redentore adolescente, sorge sopra tre corpi cilindrici fregiati di bassorilievi, tra due colonne striate di diaspro sorgenti sopra basi ben adornate di sculture. La divide dai sedili, che occupano i Dottori della legge, un parapetto di marmo, sul quale uno di essi appoggia un libro. Di fronte alla cattedra, seguendo la forma circolare, havvi uno spazioso balcone, sostenuto da una elegante colonnata corintia. I Dottori o Scribi cingono la cattedra da tutte le parti: nove di essi occupano i seggi, vestiti con capricciose vesti talari di ricche sete di color cangiante, e quattro con turbanti non meno capricciosi, però di pittoresca e graziosa forma e vistose stoffe, copiate, senza dubbio, dal vero. In questo gruppo ha dovuto introdurre il Veronese il ritratto di un personaggio veneziano di qualche conto, nella figura che sta in piedi, vestito di nero, con bella barba bianca e la croce di Gerusalemme al petto e un lungo bastone nodoso in mano. Un altro gruppo di Scribi occupa la diritta e la spalliera della cattedra di Gesù: tre di essi, con mozzette gialle e verdi, seduti sulla spaziosa base di una colonna; gli altri in piè e alcuni con gran libri in mano. La figura di Gesù è un modello di grazia, intelligenza e serenità. Quantunque seduto di fronte al gruppo di destra,

CENTURIONE,[1] SUSANNA E I VECCHIONI,[2] IL MARTIRIO DI SAN GI-

la parte superiore del suo corpo tien volta la faccia allo spettatore. Ha la mano destra alzata a livello del viso, e la volge a sinistra, in bel modo, all'altezza del fianco. Tutta la sua aria dinota la divina verità che l'anima, e nelle fisonomie de' suoi uditori si scorge l'impero che li soggioga. In fondo, sulla porta, sta la gente che presenziò a tanto singolare certame, tra cui si vede Nostra Signora, che, accompagnata da San Giuseppe, andava desolata cercando il divino Fanciullo perduto.

Aggiunge, poi, che possa essere quello che esisteva, al tempo del Ridolfi, in casa Contarini, a Padova. Di questo dipinto fa pure un bell'elogio il VIARDOT, colle seguenti parole:

Questo soggetto conveniva meravigliosamente al pittore delle CENE. *Egli potè cingere d'una magnifica architettura l'azione che ha luogo nel tempio di Gerusalemme: potè collocare e variare a suo agio i gruppi dei pontefici, degli scribi, dei farisei che ascoltano con sorpresa e terrore la parola del Fanciullo-Dio, e i suoi parenti, che ritrovano, dopo tre giorni d'inquietudine, il precoce dottore in lizza cogli interpreti officiali della legge. Senza avere le dimensioni enormi delle* NOZZE DI CANA *o del* CONVITO PRESSO A LEVI, *il quadro di Madrid ne ha tutta l'importanza. Vi si trova altresì la magnifica simmetria d'una vasta e teatrale composizione, la ricerca e il buon gusto degli ornamenti, la giustezza, la vivacità, la splendidezza del colore, e, in fine, la varietà e la verità dei ritratti. Vi ha soprattutto, nella parte destra, un gruppo d'una dozzina di dottori che si vede vivere e che si ascolta parlar fra loro.*

[1] Alto m. 1.92, largo 2.97. Il DE MADRAZO (op. cit., pagg. 297-98) così ne scrive:

Sta il Centurione inginocchiato fra due soldati, che lo sostengono sopra il marmoreo pavimento d'una spaziosa loggia, dinanzi al Salvatore, che, accompagnato da due Apostoli e altra gente, si volge verso lui, mentre sta proseguendo il suo cammino. Ai soldati, che sostengono il Centurione, segue un paggetto, che porta l'elmo di lui. Altri soldati vengono da una sontuosa galleria, ricca di marmi e di diaspri, e sono tutti armati; e uno di essi solleva una bandiera rossa. Nel gruppo di Gesù e degli Apostoli vi ha due figure coperte, una con un turbante e un'altra con un cappuccio di strana forma. Lo sfondo è uno splendido fabbricato del Rinascimento con terrazza chiusa a balaustrata nella parte alta d'un padiglione di marmo bianco e delle persone sovr'essa.

Nota, poi, come potrebb'essere quello che Paolo ha eseguito per la famiglia Contarini in Padova, perchè anche quello presentava le figure alla grandezza naturale.

[2] Alto m. 1.51, largo 1.77. Così ne parla il DE MADRAZO (op. cit., pagine 298-99).

In un vago giardino, a cui serve di sfondo un marmoreo palazzo, adorno di spaziosi terrazzi, si vede un elegante bagno di capricciosa architettura, nel quale Susanna, posta a piè giunti sopra un seggiolone di pietra, fra due colonne, copre frettolosamente l'ignudo suo corpo con un drappo di broccato e volge lo sguardo con indigna-

NESIO,[1] LA VERGINE E DUE SANTI,[2] LA MADDALENA PENITENTE,[3]

zione ai due vecchioni che la stavan spiando. Questi, già dentro al parapetto che separa il bagno dal giardino, la minacciano perchè ceda ai loro desideri; però ella, vincendo la natural timidezza del suo sesso, piena di generoso ardimento, rinfaccia a loro la turpe azione. Il seggiolone di pietra e ornato di teste di leone: sopra uno de' suoi bracciuoli si vede l'abito della casta matrona, e, al suo piede, il vaso dei profumi, di forma antica, con dei rilievi. È, alla sinistra, la vasca del bagno aperta nel suolo, in cui si versa un filo d'acqua che scorre dalla parte alta del seggiolone, e nel suo centro zampilla una fonte.

Osserva, quindi, che le figure sono meno che al naturale, e ch'egli sospetta che possa essere o quello fatto da Paolo per il cavalier Gussoni, o per casa Bonalda, o quello che, al tempo del Ridolfi, si conservava presso il pronipote del grande artista, Giuseppe Caliari.

[1] Alto m. 2.48, largo 1,82. Ecco come lo descrive il DE MADRAZO (op. cit., pag. 300):

La scena rappresenta il supplizio imposto al Santo. Nel centro, sopra una specie di palco, lo si vede, rivestito d'un manto azzurro foderato di ermellino (che avea usato per rappresentare la sua parte) fra le braccia del boia, il quale, appoggiato ad una grande spada, aspetta l'ordine della esecuzione. A sinistra, sta un sacerdote, in atto di sollecitarlo a fare ossequio agli dèi del paganesimo, e, alla dritta, stanno, vegliando il palco, i soldati, che lo hanno condotto al luogo del supplizio, tra cui si distingue un guerriero armato, col capo scoperto e calzoni di velluto cremisino, vestito alla veneziana, che mostra il dorso carico d'uno scudo di ferro.

Aggiunge ch'è di grandezza naturale.

[2] Alto m. 1.57, largo 1.37. Leggesi nel DE MADRAZO (op. cit., pag. 301):

La Vergine tiene il suo Divin Figlio sopra un cuscino posto in cima ad un piedestallo: lo adorano Santa Lucia e un Santo martire, armato, che mostra la croce di Santo Stefano al petto e la palma nella destra. Sfondo: portico e nuvole. Mezza figura di grandezza alquanto minore del naturale.

[3] Alto m. 1.22, largo 1.5. Così ne parla il DE MADRAZO (op. cit., pagina 301):

Ha la parte superiore del corpo quasi nuda, il seno coperto dall'abito e dalla matassa dorata della sua bella capigliatura. Il vestito di seta cremisi, di già aperto, che nasconde la sua parte inferiore, e tagliato e mostra un poco le coscie. Illumina la sua graziosa faccia e parte del collo un raggio di lume celestiale, lasciando il resto nella penombra. Ella, con gli occhi fissi al cielo e le mani incrociate al petto, va ad inginocchiarsi davanti un crocifisso, che è piantato in un macigno, con un libro aperto e un teschio al piede. Sfondo: nuvole, rupi e allori. Figura di più di mezzo corpo e grandezza naturale.

MOSÈ SALVATO DALLE ACQUE,[1] GESÙ ALLE NOZZE DI CANA,[2]

[1] Alto m. 0.56, largo 0.43. Il DE MADRAZO (op. cit., pagg. 301-2) ne fa questa descrizione:

Una giovane bella e di nobil sangue presenta il bambino Mose, testè raccolto dal fiume, a Termutis, la figlia di Faraone, che lo vagheggia sorridendo, circondata da altre donne, fra le quali si trova un buffone, dalle gambe ricurve all'infuori, suonatore di clarinetto. La principessa è in atteggiamento di ordinare che si protegga il pargoletto, cui una donna avanzata negli anni va a coprire con un pannolino. Porta la illustre egiziana un abito splendido di broccato, e adorna la sua chioma e il suo collo un prezioso vezzo di perle. Non meno abbigliate, secondo il loro stato, si mostrano le damigelle della sua comitiva. Una giovane etiope vedesi alla sinistra, come uscente dal fiume con la cesta in cui ritrovarono il bimbo, e due gagliardi fanciulli giocano e si sollazzano sopra la fresca erba, al margine del Nilo. Sfondo: vago paesaggio con un monte di lontano, e al piè una borgata, in riva al fiume, sul quale archeggia un ponte di pietra. Cielo con vapori e nuvole.

Nota, quindi, ch'egli crede sia quello che, al tempo del Ridolfi, apparteneva ai marchesi Dalla Torre di Verona, perchè, appunto, è, come quello, in piccola tela.

[2] Alto m. 1.27, largo 2.09. Questa è la descrizione del DE MADRAZO (op. cit., pagg. 303-4):

In un sontuoso cenacolo, con dei colonnati all'intorno e aperto verso un giardino, stanno mangiando, sedute a una mensa semicircolare, dieci persone, due delle quali, Gesù Cristo e Maria, occupano il centro. Otto servienti, molto ben vestiti, le assistono in piedi: gli uni pongono sulla tavola i vasellami della credenza, gli altri ricevono gli ordini dei commensali ed altri ancora, giovani paggi, somministrano l'acqua e il vino. Il padrone di casa, seduto a destra della Vergine, ascolta come pensieroso quello che gli dice una fantesca, la qual pare avvertirlo che si è finito il vino: il banchetto, infatti, è giunto alle frutta. La Vergine, che udì l'avviso, lo comunicò sottovoce a Gesù, toccandogli soavemente la mano. Alla dritta del padron della casa, stanno i due sposi, ella molto elegantemente abbigliata di broccato granata e oro, con vezzo di perle, tenendo una coppa in mano; egli col vestito di raso listato a color ciliegia e giallo e colla sopravveste verde. Uno dei paggi coppieri è vestito di stoffa d'oro. Alla destra, fra i valletti, sta, in piedi, un individuo di faccia rotonda, barba negra, fronte calva e occhi sporgenti, che sembra il ritratto del pittor vicentino Giambattista Maganza. Alla sinistra, allato della mensa, pure in piedi, sta un altro personaggio che dinota, col suo contegno, di volgersi, con qualche dettato o sentenza, ai commensali. Forse l'autore ha voluto rappresentare il maggiordomo, al quale diedero da gustare il vino miracoloso per ordine di Gesù, o un poeta nell'atto di recitare un epitalamio. Il suo abito composto di giubba e calzoni di raso bianco ricamato, calze gialle, e cappa verde, con frangia d'oro gettata sopra la spalla, è molto elegante e vistoso. Pare il ritratto del medesimo Paolo Veronese nel fiore della sua giovinezza.

Aggiunge ch'era nel monastero di San Lorenzo.

Gesù e il Centurione (più piccolo dell'antecedente),[1] il Calvario,[2] la Donna adultera,[3] il Giovane tra il Vizio e la Virtù,[4]

[1] Alto m. 1.43, largo 1.36. Il De Madrazo (op. cit., pag. 304) così ne parla:

Sta il Centurione prostrato in terra, in un atteggiamento che rivela la sua umiltà e la sua viva fede, e lo sostengono per le braccia due soldati. Gesù, circondato da' suoi Apostoli, volge il viso verso uno di essi, come pronunciando le parole del sacro testo: In verità vi dico, che nessuno in mezzo ad Israele ha avuto una fede tanto grande.

[2] Alto m. 1.30, largo 1.25. Il De Madrazo (op. cit., pag. 304) così ne parla:

Pendono dalle croci i cadaveri del Redentore e dei due ladroni, e parecchi soldati a piede e a cavallo sviano le turbe che hanno assistito alla crocifissione. Uno di loro minaccia colla punta della lancia una donna, e Longino, sopra un cavallo bianco, dà un colpo di lancia al sacro cadavere di Gesù.

Aggiunge ch'era nel monastero dell'Escuriale.

[3] Alto 1.03, largo 1.18. Il De Madrazo (op. cit., pagg. 304-5) così lo descrive:

Gesù sta in atto di scendere una gradinata con due de' suoi discepoli, e, al piè di essa, gli presentano la donna adultera due uomini, che la tengono come in arresto per ordine degli Scribi, i quali sono rappresentati a sinistra del Salvatore, in aspetto di interrogarlo. Uno di questi, vestito di zimarra e mozzetta bruna, porta in mano la Legge scritta: l'altro tiene un saio di color giallo sopra una giubba chermisina. L'adultera è una bella veneziana, bene acconciata e abbigliata, con ricche sete cangianti di carmino e oro. Il soldato che la custodisce porta sopravvesta bianca ricamata, brache azzurre e morione tedesco di ferro. Fondo: architettura con galleria e balaustrata.

Aggiunge, poi, come alcuni critici lo tengano per opera di Paolo Farinati ed altri l'attribuiscano al Zelotti.

[4] Alto m. 1.01, largo 1.74. Dice il De Madrazo, op. cit., pagg. 305-6:

Rappresenta il Vizio una bella cortigiana e disonesta, simile a quella che Salomone, nei suoi Proverbi, *dipinge, seduta nell'atrio o vestibolo d'un elegante e sontuoso edifizio, con abbasso un ampio cortinaggio di broccato, mostrando all'adolescente la casa dei piaceri, che, con ridente giardino, lo invita; e l'austera Virtù sta effigiata sotto la forma di un'altra donna, povera e timorata, già avanti negli anni, coperta d'un largo manto e coronata di lauri, simbolo della sua vittoria contro le cattive passioni. Il sentiero per dove conducesi essa al giovane è aspro, roccioso e deserto; egli, senza aiuto, pare che si inclini a seguitarla. Porta il giovane un vestito tutto rosso di ruvidi panni e calze attillate e una catenella d'oro al collo.*

Aggiunge, poi, che egli argomenta dover essere il quadro citato dal Ridolfi come proprietà di Gio. Battista Sanuto di Venezia e descritto nella maniera seguente:

Un pensiero della Virtù in forma di vecchia coronata d'alloro, e della Lascivia, nel cui mezzo è posto piccolo fanciullo di quella famiglia, invitandolo ognuno a se.

ABRAMO CHE SACRIFICA ISACCO, [1] CAINO ERRANTE COLLA SUA FAMIGLIA, [2] L'ADORAZIONE DEI RE MAGI, [3] un RITRATTO DI DONNA, [4] un secondo RITRATTO DI DONNA, [5] un terzo RITRATTO

[1] Alto m. 1.29, largo 0.95. Così lo descrive il DE MADRAZO (op. cit., pagg. 306-7):

Giunto a un altare di pietra, sulla cima di una collina, Isacco, inginocchiato e colle braccia incrociate, in umile posa, sopra una specie di catasta fatta di tronchi d'alberi, aspetta rassegnato, che da suo padre Abraham si scarichi il colpo di morte sul suo collo, da Abraham, il quale, in piedi al suo lato e afferrandolo dalla spalla sinistra, leva la destra armata. Un angelo, che scende dal cielo, lo rattiene, fermandogli il braccio, e gli ordina di sacrificare il capretto, che, appiè del patriarca, sta ficcato dentro in una macchia. Alla dritta, al basso della collina, sta appoggiato ad un albero l'asinello col quale Abraham fece il suo viaggio.

[2] Alto m. 1.05, largo 1.53. Nell'opera del DE MADRAZO (pag. 307) v'è questo cenno:

La moglie di Caino, seduta sopra una pietra, dà la poppa al bimbo che tiene in grembo, e favella con suo marito, che le sta dallato, in piedi, colle spalle rivolte, e vestito di pelli, e con un palo in mano. Sfondo: paese roccioso e deserto.

Aggiunge, poi, che fu malamente attribuito a Tiziano.

[3] Alto m. 1.60, largo 1.40. Il DE MADRAZO (op. cit., pag. 307) così ne parla:

Sotto una tettoia appoggiata alle rovine di una grande costruzione romana, gloriosamente invasa da angeli e serafini che calan dal cielo in un raggio di luce, sta la Vergine, seduta sopra un trespolo, col Bambin Gesù in grembo, cui adorano riverenti i santi Re. Due di questi, prostrati già al suolo, gli offrono i loro donativi; il terzo tiene nella mano il cofanetto, e sta in piedi come aspettando il momento per tributare il suo omaggio al Dio testè nato. I paggi, coi cavalli e i cammelli, occupano il secondo piano a sinistra, e alla destra sta San Giuseppe col bue e alcuni pastori.

Aggiunge che certuni il credono di Paolo Farinati.

[4] Alto m. 1.14, largo 1. Così ne parla il DE MADRAZO (op. cit., pag. 308):

Fronte bianca, colore animato, occhi vivi e azzurri, faccia rotonda, capigliatura dorata, pettinata; tien tre fiori sopra l'orecchia destra. Espressione volgare: età di circa 20 anni. Sta seduta, colle mani sopra i bracciuoli d'un seggiolone di noce dalla spalliera bassa. Porta un vestito verde di seta, lavorato e attillato, e adorno di cintura azzurra: camicetta trasparente, e collare di grosse perle. Figura di mezzo corpo e grandezza naturale.

[5] Alto m. 1.10, largo 0.93. Il DE MADRAZO (op. cit., pag. 308) ne fa la seguente descrizione:

Rappresenta 30 anni di età: ha il colore vivace, la chioma e gli occhi neri, le labbra delicate: volta la faccia alla sua dritta, assisa sopra una poltrona a bracciuoli,

DI DONNA,[1] un quarto RITRATTO DI DONNA,[2] un quinto RITRATTO DI DONNA.[3]

Manchester possiede quattro grandi tele, rappresentanti IL RISPETTO, L'AMOR FELICE, L'INFEDELTÀ e IL DISGUSTO (provenienti dalla Galleria d'Orléans, e già, prima, della regina

di noce, coi guanti piegati nella mano destra, che posa sopra uno dei bracciuoli, e con la sinistra posa sopra il cuscino. Porta un abito di velluto nero coi risvolti fregiati di raso bianco e bottoni di stelle d'oro nelle maniche, attillate e ornate di pizzi, e camicetta alta, di collo liscio, e gran collare di perle, e cintura di pallottole a filigrana con un fiocco all'estremità. Mezza figura di grandezza naturale.

[1] Alto m. 1.21, largo 0.98. Nella sua opera così ne discorre il DE MADRAZO (pagg. 308-9):

Sta seduta e volta il viso a sinistra. Figura di aver circa 26 anni: fronte bruna, buon colore, gesto aggradevole, occhi e cigli di color pardo oscuro, capigliatura rossigna, alta sulla fronte. Ha un abito ricco di broccato incarnatino con fiori gialli contornati di nero: corpo aperto fino alla cintura, che mostra un busto pieghettato di batista e cordoncino cremisi, maniche di seta bianca. L'apertura del vestito, gli orli delle maniche e le maniche stesse sono guernite di batista, liscia, a cannoncelli, che forma al collo un voluminoso ventaglio. Nei capelli ha dei fili di perle, e un vezzo di perle al collo, dal quale pende una catena, con una medaglia d'oro, il cui stemma è inciso. La mano sinistra la tiene sopra il bracciuolo della poltrona, e ha una pezzuola nella destra, con cui accarezza una cagnolina. Più che mezza figura: grandezza naturale.

[2] Alto m. 1.17, largo 0.92. Ecco come lo descrive il DE MADRAZO (op. cit., pag. 309):

Faccia piena, occhi bruni, capigliatura molto rossa, raccolta e sparsa di grosse perle. Dell'età di 25 anni. Ha il vestito verde, colle maniche bianche orlate d'oro, sopravveste nera, fregiata e acconciata con dei gioielli sulle spalle, e una specie di cordon d'oro attorcigliato alla cintura con una delle sue estremità nella mano destra. Mezza figura di grandezza naturale.

[3] Alto m. 0.63, largo 0.57. Dal DE MADRAZO (op. cit., pagg. 309-10) abbiamo la seguente descrizione:

Volta verso sinistra: fisonomia nobile, di espressione melanconica: faccia bianca, capegli rossi, alti e ricciuti, con un velo gialliccio che le copre la sommità del capo e parte della fronte. Età di circa 50 anni. Abito nero, alto di collo e gorgiera a lattuga, con bottoniera d'argento, piccola e a due file; fazzoletto molto stirato e gialliccio, e nella mano sinistra una lente dal manico molto largo. Anelli in tutti i diti, meno il medio. Busto di grandezza naturale.

Cristina di Svezia),[1] uno schizzo di DIANA E ATTEONE,[2] uno SPOSALIZIO DI SANTA CATERINA,[3] I VENDITORI CACCIATI DAL TEMPIO, una REBECCA AL POZZO, una NINFA CHE SI LEVA UNA SPINA,[4] IL SALVATORE E SAN GIOVANNI,[5] una MADDALENA AI PIEDI DI GESÙ.[6]

Marsiglia possiede LA CARITÀ.[7]

Monaco possiede, nella Pinacoteca Reale, LA GIUSTIZIA E LA PRUDENZA, figure intere,[8] L'AMORE, SOTTO LA FIGURA DI UNA MADRE, CON TRE BAMBINI,[9] LA FEDE, SEDUTA SUR UN ALTO TRONO, E, DAVANTI AD ESSA, LA DEVOZIONE, INGINOCCHIATA,[10] LA FORZA, CHE POSA IL PIEDE SUR UN PEZZO DI COLONNA IONICA, e LA TEMPERANZA, CHE TIENE, CON UNA MANO, UN VASO D'ARGENTO VUOTO, E, NELL'ALTRA, UN VASO D'ORO CHIUSO,[11] un RITRATTO DI DONNA, DALL'ABITO SCURO, CON ISMANIGLI DI PERLE

[1] Il BLANC (op. cit., pag. 21) dice di averle viste nel 1857 e ch'erano bellissime, e che furono già incise da Cathelin, Couché, Beliambe e Pierron, e che appartenevano a lord Damby.

[2] Il BLANC (op. cit., pag. 21) dice che fu inviato da M. Augerstein.

[3] Secondo il BLANC (op. cit., pag. 21), era proveniente dalla chiesa del Cristo ad Oxford.

[4] Di proprietà (secondo il BLANC, op. cit., pag. 21) di lord Yorborough.

[5] Tolto dal Gabinetto di M. Peter Norton. Così il BLANC, op. cit., pag. 21.

[6] Giusta il BLANC (op. cit., pag. 21), proveniva dal palazzo Durazzo di Genova, e poi era proprietà di miss Bourdett Coutts. Non credo esatto.

[7] SIRET, *Dictionn.*, pag. 157.

[8] RODOLFO MARGGRAFF, *Pinacothèque Royale de Munich*, pag. 57, dove aggiunge che forse furono compiute da Carletto e Benedetto.

[9] R. MARGGRAFF, op. cit., pag. 57, dove aggiunge: « Forse compiuto da Carletto e Benedetto ».

[10] R. MARGGRAFF, op. cit., pag. 58, dove aggiunge: « Forse compiuto da Carletto e Benedetto ».

[11] R. MARGGRAFF, op. cit., pag. 58, dove aggiunge: « Forse compiuto da Carletto e Benedetto ».

E UN FAZZOLETTO NELLA MANO SINISTRA,[1] LA SACRA FAMIGLIA,[2] LA MORTE DI CLEOPATRA,[3] figura fino ai ginocchi di grandezza naturale, IL RIPOSO IN EGITTO,[4] L'AMORE, COLLA FARETRA D'ORO PIENA DI FRECCE, CHE TIENE INCATENATI DUE CANI GRIGIO-TIGRATI,[5] L'ADORAZIONE DEI MAGI, col gruppo della Madonna e del Bambino illuminato da un raggio, in alto,[6] e IL CENTURIONE DI CAFARNAUM, inginocchiato, che implora dal Salvatore di guarirgli il suo servo malato.[7]

Montpellier possiede, nel Museo Fabre, LO SPOSALIZIO DI SANTA CATERINA.[8]

Nantes possiede un RITRATTO DI DONNA.[9]

Nimes possiede, nel Museo, fondato nel 1824, alcuni SCHIZZI.[10]

Parigi possiede, al Louvre, L'INCENDIO DI SODOMA,[11] dove si vede, in un paesaggio, al primo piano, a sinistra, un angelo

[1] R. MARGGRAFF, op. cit., pag. 59.

[2] R. MARGGRAFF (op. cit., pag. 65) ne dà la seguente descrizione:

Il Bambin Gesù, seduto sui ginocchi di Maria Santissima, tiene un cardellino in mano. Figure quasi fino al ginocchio.

[3] R. MARGGRAFF, op. cit., pag. 66.

[4] R. MARGGRAFF (op. cit., pag. 67) dice ch'è segnato col nome di Paolo, e ne dà questa descrizione:

Maria Santissima, seduta presso una macchia di palme, sporge la mammella al pargoletto Gesù: di fianco v'è San Giuseppe con un piatto e una tazza. Degli angeli raccolgono dei frutti, degli altri custodiscono la biancheria.

[5] Ivi, pag. 71.

[6] Ivi, pag. 175.

[7] Ivi, pag. 189.

[8] RICHARD, op. cit., pag. 381.

[9] SIRET, *Dictionn*, pag. 157.

[10] RICHARD, op. cit., pag. 377.

[11] Alto m. 0.93, largo 1.20. Secondo il BOTH DE TAUZIA (*Musée du Louvre;* Paris, 1885, 1re part., pag. 74), apparteneva al Gabinetto del duca di

che conduce le due figlie di Lot: al secondo piano, Lot e un angelo; nel fondo, la moglie di Lot cangiata in statua di sale, e l'incendio della città; SUSANNA E I DUE VECCHIONI, [1] dove si vede Susanna, seduta, a sinistra, sull'orlo d'un bacino, e, a destra, i due vecchiardi; SVENIMENTO DI ESTER, [2] dove si vede Assuero,

Liancourt. Il LANDON (*Ann. du Musée;* Paris, 1806, tomo 11, pagg. 39-40) l'avea già descritto così:

Lot è costretto a fuggire da Sodoma divorata dai fuochi del cielo. È condotto da un angelo, ma la sua età rallenta i suoi passi, e non segue che a pena e da lontano le figlie, di cui una reca le provvigioni del viaggio, e l'altra s'appoggia all'angelo, che la guida per rimettere i suoi sandali disordinati dalla precipitosa fuga. Da lontano si vede la moglie di Lot cangiata in istatua di sale. Ella fu trasformata così per aver disobbedito ai voleri di Dio, voltandosi indietro a contemplare l'incendio di Sodoma. Questo quadro è un po' meno di tre piedi in altezza e largo tre piedi e otto pollici. È d'uopo considerarlo come uno schizzo fatto con una facilità piena di calore da un uomo abituato a cercar piuttosto l'effetto che a far delle opere compiute con cura. Non si può non pertanto nascondere il merito di questo lavoro. La donna che porta i panieri ha una espressione di paura bene spiccata: è ben mossa e i suoi panni sono acconciati con gusto. L'angelo ha un carattere d'ingenuità, ma non quanto si addice a un inviato dal cielo. Fece bene l'artista a dare a questa figura un abito leggiero. Niente di più naturale e di piu grazioso, alla sua volta, vi è della ragazza che assetta il calzare. Fu un ardimento l'aver tentato di riprodurre una intenzione così semplice. Quest'atto mal eseguito non offrirebbe che un obbiettivo ridicolo, e allora si avrebbe forse anche qualche cosa di affettato. Non è che del genio l'essere franco, senza mai parer grossolano; e l'esempio che ci dà qui Paolo Veronese potrà avere un gran novero d'infelici imitatori; perchè molti dei giovani artisti, a forza di cercar d'essere veri, divengono bizzarri e di pessimo gusto. Questa figura è d'altronde perfettamente disegnata e quindi contribuisce a dar eleganza all'azione. L'espressione di Lot è vaga; l'angelo, che l'accompagna, ha, come l'altro, il difetto d'essere coperto di panneggiamenti. Gli animali sono accessorî che occorre usar bene; il cane che il pittore ha posto in questa composizione è visibilmente inutile, poichè esso non piglia parte all'azione delle figure principali. Questo quadro, che si distingue per un tocco pieno di sentimento, per una grande finezza di toni, per un disegno facile e per un effetto armonioso fa lamentare che Paolo Veronese sia stato impedito di terminarlo.

[1] Alto m. 1.98, largo 1.98. Figure di grandezza naturale. Secondo il BOTH DE TAUZIA (op. cit., pagg. 74-75), facea parte della Collezione di Luigi XIV, e il BLANC (op. cit., pag. 20) aggiunge che ne esiste una riproduzione presso il duca di Devonshire con qualche variante.

[2] Alto m. 2.00, largo 3.10. Figure di grandezza naturale. Secondo il BOTH DE TAUZIA (op. cit., pag. 75), apparteneva alla Collezione di Luigi XIV. Il

seduto, a destra, sur un trono, fra quattro personaggi, e, a sinistra, Ester che sviene, sostenuta da due donne, e un nano, che sta appiè del trono; LA SACRA FAMIGLIA, CON SAN GIORGIO, SANTA CATERINA D'ALESSANDRIA E SAN BENEDETTO,[1] dove si vede la Vergine, che, seduta sur un trono, presenta l' Infante Gesù all'adorazione di San Benedetto, inginocchiato, a destra, e, di fianco a questi, Santa Caterina d'Alessandria, e, a sinistra, San Giorgio, che s'avanza verso il trono, e da ciascuna parte una colonna di marmo, e, dietro al trono, una tenda rameggiata in oro; LA VERGINE SEDUTA NELL' INTERNO DI UN PALAZZO, CHE PRESENTA IL BAMBINO GESÙ ALL'ADORAZIONE DI UNA SANTA MARTIRE, VESTITA DI NERO, E DUE ALTRI SANTI E SAN GIUSEPPE;[2]

LANDON, nel 1807 (*Ann. du Musée,* tomo 14, pag. 68), ne porgea la seguente descrizione:

Questo soggetto è uno dei più favorevoli che possano fornire le Sante Scritture all'arte della pittura, se si preferisca ai movimenti severi, le dolci emozioni e un'aggradevole varietà di figure d'ogni carattere e di ogni età e dei costumi sontuosi e dei bei fondi d'architettura. Nulla più si conveniva al genio speciale di Paolo Veronese, e, sotto questo aspetto, egli si giovò del soggetto medesimo. Un effetto piccante, delle ricche stoffe d'oro e d'argento, trattate con un facile pennello, e delle belle carnagioni e delle teste mirabilmente dipinte fanno dimenticare un momento che il suo gusto nel disegno, che le sue espressioni non hanno tutta l'energia, tutta la nobiltà che richiedono i suoi personaggi.

[1] Alto m. 0.90, largo 0.90. Secondo il BOTH DE TAUZIA (op. cit., pag. 75), apparteneva alla Collezione di Luigi XIV; e quindi alla Collezione del conte di Brienne. Il LANDON (op. cit., II° coll., tomo III, pag. 69), nel 1813, così la descriveva:

La Vergine, seduta sur un trono, occupa il centro della composizione. Il Bambin Gesù è in piedi sui ginocchi di sua madre. Presso la Vergine, Santa Caterina d'Alessandria, che porta la palma del martirio, presenta al Salvatore San Benedetto, il quale gli fa omaggio. Dall'altra parte del gruppo principale v'è San Giorgio, armato della sua lancia. Un vasto cortinaggio, d'una stoffa dovíziosamente ricamata, lascia intravedere una parte di cielo, e serve di sfondo alle figure. Esse sono circa due piedi e mezzo d'altezza. Questo quadro è brillante per colorito e d'un tocco accurato.

[2] Alto m. 0.51, largo 0.43. Tela incollata sul legno. Il BOTH DE TAUZIA (op. cit., pag. 75) lo ascrive prima alla Collezione di Luigi XIV, indi al conte di Brienne. Il LANDON (*Ann. du Musée;* Paris, 1811, II° coll., tomo II, pag. 123)

LE NOZZE DI CANA, che furono dipinte per il refettorio di San Giorgio Maggiore a Venezia, nel 1563;[1] LA CENA PRESSO SIMONE IL FARISEO;[2] GESÙ CRISTO CHE CADE SOTTO IL PESO DELLA

vi riscontrava il tono locale, i contrasti, il pennello sicuro e sostanzioso e il genere d'effetto che distingue la maniera notissima del Veronese.

[1] Alto m. 6.66, largo 9.90. Figure più grandi che il naturale.

[2] Alto m. 4.54, largo 9.74. Figure di grandezza naturale. Il BOTH DE TAUZIA (op. cit., pag. 76) ricorda che fu dipinto, dal 1570 al 1575, per il refettorio dei padri Serviti, a Venezia, e che fu donato dalla Repubblica di Venezia a Luigi XIV, nel 1665. Di questa CENA aveva fatto già menzione nella *Gazette des Beaux-Arts*, 1868 (vol. XXIV, pag. 293), ARMANDO BASCHET, riportando questa notizia:

Nel Catalogo ragionato fatto per ordine di Sua Maestà di Francia nel 1572 dal Lépicié, istoriografo dell'Accademia reale di pittura, leggesi la seguente descrizione: LA PENITENZA O LA MADDALENA AI PIEDI DI GESÙ CRISTO PRESSO SIMONE IL FARISEO. *Questa tavola ha 14 piedi e 5 pollici di altezza e 30 piedi e ½ di larghezza. È dipinta in tre parti, e fu data al Re dalla Repubblica di Venezia. Figure grandi al naturale. Fu incisa da Valentino Le Febvre. Questa grande composizione è divisa in due gruppi principali divisi dall'atrio di un salone, ricco di colonne e di due credenze. I. gruppo: A dritta della tavola, e nel secondo piano, Nostro Signore e Simone, il fariseo, occupano i primi posti d'una mensa in forma di ferro di cavallo. La Maddalena, prostrata ai piedi di Gesù Cristo, glieli bagna delle sue lagrime e glieli asciuga co' suoi capelli. La sua espressione e il suo atteggiamento fanno sentire la contrizione perfetta. È il trionfo della grazia. Simone è visto per di dietro. Scandalizzato di ciò che avviene, guarda il Salvatore e gli mostra la sua indignazione. Gesù Cristo previene il suo pensiero, e sembra, col suo gesto, riferirgli la Parabola del creditore e del debitore. Altri farisei prosontuosi. Dinanzi a questo gruppo sta la maggiordonna, che fa contrasto colle altre figure, ed ordina l'apparecchio del banchetto e riceve un piatto che un moretto le presenta per deporlo sulla mensa. Più basso, un paralitico si trascina a pena sui ginocchi e implora la carità dall'architriclino: un grosso cane è vicino a lui. II. gruppo: Dal lato opposto v'è un'altra mensa della medesima forma della prima. Un uomo, vestito di porpora, e la testa coperta d'un zucchettino rosso, occupa lo spazio principale: egli sembra rispondere alle obiezioni e dietro a chiarire, con amorevolezza, l'azione della donna peccatrice. Gli Apostoli, mescolati con gli amici di Simone, sono a sinistra di questo personaggio, e dalla varietà delle loro espressioni si riconoscono i differenti sentimenti, donde i loro cuori sono compresi. Tutte le figure di questo secondo gruppo sono sedute, come quelle del primo. Così il pittore, per bilanciare la sua composizione, ha ancora collocato sul dinanzi una donna in piedi, appoggiata a una colonna. Ella tiene il suo bimbo e sporge la testa con vivacità, per non perder nulla della sua conversazione. Il fondo rappresenta degli spettatori, una magnifica architettura, e due angeli con un cartello.*

CROCE, [1] dove si vedono due carnefici, che sostengono la croce che il Cristo, inginocchiato, porta in ispalla e la Vergine svenuta, a sinistra, nelle braccia d'una delle sante donne, e, in fondo, Gerusalemme; CRISTO FRA I DUE LADRONI, [2] dove si vede il Cristo, in croce, fra i due ladroni, e la Vergine, inginocchiata e circondata dalle sante donne, e, a dritta, in fondo, Gerusalemme; I PELLEGRINI DI EMMAUS, [3] dove si vede, nel mezzo, Gesù Cristo, seduto a tavola, fra i discepoli, che benedice il pane, e, a dritta, Paolo Veronese, in piedi, sua moglie e i suoi fanciulli, e due bambini, che giuocano con un cane, davanti alla tavola, e, a sinistra, nel fondo, un paesaggio e la città; GIOVE

[1] Alto m. 0.58, largo 0.71. Secondo il BOTH DE TAUZIA (op. cit., pag. 76), apparteneva alla Collezione di Luigi XIV. Il LANDON (*Ann. du Musée,* 1804, tomo VI, pagg. 85-86) ne dà questa illustrazione:

Cristo cade sotto il peso dell'istromento del suo supplizio. Simone e un altro giudeo cercano di sollevare il pondo che l'accascia. In un piano più basso, la Vergine sviene nelle braccia della Maddalena. Si vede, all'orizzonte, una parte della città di Gerusalemme. Questo quadro potrà essere considerato come uno schizzo a riguardo della sua poca estensione e della maniera affrettata, ond'è eseguito, se questa maniera non è quella che Paolo Veronese ha costantemente adottato nelle sue opere. La testa di Cristo ha della freddezza; l'atteggiamento di questa figura ha dell'affettato e del teatrale. I due personaggi che l'accompagnano sono egualmente privi di carattere, e questo difetto è molto più notevole in quanto che il gruppo della Vergine e della Maddalena ha molta espressione. È inutile rilevare gli anacronismi. Paolo Veronese sembra non aver mai dato a questo l'attenzione necessaria. Il colore del quadro è degno d'uno dei primi maestri della scuola veneziana. Per verità, il cielo e l'architettura sono di toni troppo falsi e crudi, che nocciono all'effetto dell'insieme; ma l'opera potrà aver molto sofferto. Le carnagioni sono vigorose, e i panni d'un aspetto brillante. La tunica di Cristo è di color lacca, e il suo mantello è azzurro. Il vestito dei due giudei è rosso bruno. La Vergine ha un abito violetto. Quello della Maddalena è di color cangiante, giallo nel chiaro, e fondaccio di vino le ombre. Tutti questi panni sono dipinti con molta facilità, ma si desidererebbe qualche tocco più accurato.

[2] Alto m. 1.02, largo 1.02. Secondo il BOTH DE TAUZIA (op. cit., pagg. 76-77), apparteneva alla Collezione di Luigi XIV.

[3] Alto m. 2.90, largo 4.48. Secondo il BOTH DE TAUZIA (op. cit., pag. 77), è segnato *Paolo Veronese,* e apparteneva alla Collezione di Luigi XIV. Da una nota, poi, di EDMONDO BONAFFÈ sulle Collezioni del Richelieu, pubblicata nella *Gazette des Beaux-Arts* (1882, vol. XXVI, pag. 12), risulta che stava collocato nel gran Gabinetto del cardinale di Richelieu.

CHE FULMINA I DELITTI,[1] dove si vede, in alto, Giove, armato di fulmine, che è appoggiato sopra un'aquila, e, al disotto di lui, un genio e cinque figure personificanti i delitti; SAN MARCO CHE CORONA LE VIRTÙ TEOLOGALI,[2] dove si vede il Santo, sostenuto nell'aria da degli angeli, che tiene in mano una corona d'oro, e, abbasso, le tre Virtù teologali e i loro attributi; il RITRATTO DI UNA GIOVANE,[3] dove si vede appunto una giovane, in piedi, vestita di nero, vista quasi di faccia, fino a mezza gamba, e un fanciullo che scherza con un cane, che è alla sua sinistra.

Pietroburgo possiede, secondo il Siret,[4] sei quadri, cioè: IL RIPOSO IN EGITTO, LA PESCA MIRACOLOSA, MOSÈ ESTRATTO DAL NILO, una SACRA FAMIGLIA, L'ADORAZIONE DEI MAGI e un SAN GIORGIO; ma, secondo il Dantes,[5] possiede solo i tre ultimi e un quadro colla RISURREZIONE.

Rennes possiede, nel Museo, PERSEO CHE LIBERA ANDROMEDA.[6]

[1] Alto m. 5.61, largo 3.30, di forma ovale. Figure più grandi del naturale. Di questo dipinto, che decorava la sala del Consiglio dei Dieci, a Venezia, ha parlato ALESSANDRO TARDIEU nel *Constitutionnel*, vendredi, 11 février 1859 (44ᵉ année, num. 42), nella seconda facciata, alla quarta, quinta e sesta colonna, sotto il titolo *Beaux-Arts*, e PAOLO MANTZ ne ha fatto un articolo, inserito, col relativo disegno, nella *Gazette des Beaux-Arts*, tome deuxième (1859), a pag. 34 e seguenti.

[2] Alto m. 3.30, largo 3.17. Figure più grandi del naturale. Anche di questo quadro, che decorava il soffitto della sala della Bussola, a Venezia, e che fu manomesso dal Gerard, parla il TARDIEU nell'articolo citato.

[3] Alto m. 1.15, largo 0.95. Figure di grandezza naturale. Secondo il BLANC e il BOTH DE TAUZIA, facea parte della Galleria Bevilacqua di Verona.

[4] *Dictionn.*, pag. 157.

[5] *Dictionn. biograph.*, pag. 1030.

[6] RICHARD, *Guide en France* (1876), pag. 777. Questo quadro apparteneva, nel 1803, al Museo di Parigi e veniva così descritto dal LANDON (*Ann. du Musée*, tome quatrième, pagg. 105-106):

Paolo Veronese ha fatto poche tavole così carezzate in tutte le loro parti come questa. Egli non vi ha introdotto il Pegaso. Perseo non è sostenuto in aria che da delle ali poste

Rouen possiede, nel suo Museo, SAN BARNABA CHE GUARISCE I MALATI.[1]

Vienna possiede, al Belvedere, CRISTO CHE ASSOLVE LA ADULTERA,[2] dove si vedono i farisei che si allontanano, l'uno dopo l'altro, e dov'è uno sfondo, con dei porticati; CRISTO E

ai talloni e al cappello, così come si rappresenta Mercurio. Egli va a colpire il mostro nel momento in cui esso apre una gola enorme per divorarlo. La figura di Perseo si presenta molto leggiadra. L'Andromeda non merita meno elogi: lo spavento è dipinto sul suo viso e in tutto il suo atteggiamento. Ella contempla, con una attenzione inquieta, la lotta che deve decidere della sua vita. L'espressione di questa figura dev'essere vieppiù notata in quanto che Paolo Veronese non ha dato a questa parte importante dell'arte la cura che merita. Del resto i pregi, che lo mettono in riga dei più celebri artisti, brillano qui in tutto il loro splendore. Il colore del quadro è eccellente. È dipinto con ammirabile facilità, e l'artista ha sparso sulla figura d'Andromeda delle larghe mezzetinte che concorrono all'armonia dell' insieme.

Questo quadro era nel Gabinetto del re.

[1] Il RICHARD (op. cit., pag. 843) lo giudica *bellissimo*. Senza dubbio esso è quello che si trovava sull'altare, sotto l'organo della chiesa di San Giorgio in Braida, a Verona, e che il LANCENI (*Divertim. pittorico*, parte I, pag. 200) chiamò *insigne*.

[2] Alto cm. 144, largo 289. Secondo il *Catalogo storico del Museo Imperiale di Vienna* di EDOARDO ENGERTH (Vienna, 1884, parte I, pagg. 398-99), apparteneva alla Raccolta Buckingam e fu comprato, con altri nove quadri di Paolo, nel 1648, ad Anversa, per la Corte di Vienna, ed esisteva già sotto il num. 9, in Praga, fino al 1723. Egli lo descrive così:

Cristo ha assolto l'Adultera: i farisei, umiliati, dopo averla condotta davanti a lui, s'allontanano gli uni dietro gli altri. La donna rimane, e, giusta il racconto di San Giovanni, Gesù dice ad essa: « Va e non peccar più per l'avvenire ». Questo momento, cioè la fine del racconto, qui è rappresentato. Nel mezzo del quadro stanno Cristo e l'Adultera sopra un pavimento, in sull'entrata del tempio, le cui gradinate, conducenti in alto, sono ostensibili a sinistra. I farisei salgono le scalinate di destra dell'atrio, allontanandosi. Cristo, di cui si vede la testa in profilo e l' intera persona, porta un abito rosso ed un mantello azzurro. Egli parla con loro, mentre sta dinanzi a lui la donna, e tiene le braccia allargate. L'Adultera, una donna bionda, sta colla mano sinistra sul petto e colla destra va sollevando il suo piccolo manto azzurro a striscie bianche. La sottoveste è di color rosa pallido. Dietro all'Adultera sta la sua serva. Tra i farisei si scorge da vicino un vecchio in abito verde collo strascico e che porta in testa un cappuccio rosa. Egli si regge con un bastone, e presso a lui v'è un guerriero con caschetto ed alabarda. A sinistra dell'entrata, un altro soldato s'appoggia al tempio, in

LA SAMARITANA,[1] dove si vede Gesù che si trattiene colla Samaritana, vicino al pozzo di Giacobbe, e, in fondo, un vasto paesaggio; IL CENTURIONE DI CAFARNAO,[2] dove si vede il detto Centurione, che si presenta, con dei soldati, davanti a Cristo; SUSANNA E I DUE VECCHI,[3] dove si vede la casta donna e i due

mantello rosso, e ancora più avanti v'è una figura maschile, che volta le spalle all'osservatore. Nello sfondo si vedono degli sbiaditi edifizi e, al di sopra, delle nuvole brune. Undici figure, quasi alla grandezza naturale.

[1] Alto cm. 143, largo 289. Secondo EDOARDO ENGERTH (op. cit., pag. 399), apparteneva alla Raccolta Buckingam, come l'altro, sotto il num. 6, e ne fa la seguente descrizione:

Il mezzo del quadro viene occupato da una lunga e bassa vasca. A destra sta la Samaritana. Ella ha posto la secchia di rame sopra gli orli pietrosi della fontana, ed impugna la pesante catena di ferro, colla mano sinistra. La sua sottovesta è d'un azzurro chiaro, il soprabito rosso smorto e giallo, la sua capigliatura bionda. Cristo siede a sinistra e la donna di rimpetto, e pone il piede sinistro sopra la ghiera più bassa del pozzo. Egli indossa un vestimento rosso pallido e il mantello azzurro, e ha un fazzoletto bianco, a guisa di sciarpa, sopra la sua spalla sinistra. Ha la testa in profilo, la mano destra la tiene al petto, sopra il mantello, la sinistra l'allarga, quasi in atto declamatorio, verso la Samaritana. Dietro al pozzo stanno alcuni alti alberi con delle larghe frondi, e fra essi si intravede una bella prospettiva di paese. Figure di grandezza quasi al naturale.

[2] Alto cm. 141, largo 286. Secondo l'ENGERTH (op. cit., pag. 400), apparteneva alla Raccolta Buckingam, sotto il num. 2, e così egli lo descrive:

Cristo sta circondato da tre de' suoi discepoli, presso una balaustrata di pietra, e, verso di lui, tiene ambo le mani distese il Centurione. Il Salvatore porta un lungo abito rosso, e dagli omeri gli pende un mantello azzurro: la sua faccia è in tre quarti di profilo, e volta la parte destra allo spettatore. Il genuflesso Centurione, un vecchio dalla prolissa barba bianca, allarga le due mani supplicando e mirando in su il Signore. Giace davanti a lui uno scudo sul suolo. Due guerrieri stanno dai lati del prosteso capitano con un elmo ornato di pennacchio e coi mantelli gialli e la picca nelle mani. Nel mezzo, sullo sfondo, veggonsi due uomini con un cavallo sellato, e quindi si mira, in lontananza, un edifizio di pietra e due alte colonne davanti a quello. Figure quasi di grandezza naturale.

[3] Alto cm. 140, largo 280. Secondo l'ENGERTH (op. cit., pag. 400), faceva parte anch'esso della Raccolta Buckingam, sotto il num. 3, e così egli lo descrive:

Susanna, spogliata, cerca nascondersi col succinto suo vestito di color glauco e tiene la destra sul petto, e rivolge la bionda testa verso ai due vecchi dissoluti, in modo

tentatori, e un piccolo cane; LA FUGA DI LOT DA SODOMA,[1] dove si vede Lot, che fugge, insieme colle figlie e colla moglie, e due angeli: REBECCA AL POZZO,[2] dove si vede il servo di

ch'ella apparisce di profilo, e, colla parte sinistra, si mostra all'osservatore. I due vecchi portano il pallio rosso, e ciascuno stende a lei la mano sinistra; il più lontano, stando indietro, le offre dei fiori, colla destra. Davanti agli uomini, sul margine della vasca, v'è un piccolo cane, che latra contro i tentatori. Nello sfondo, tra due bianche colonne di marmo, un cancello, e, in lontananza ed in basso, una magnifica fabbrica del Rinascimento tutta di candida pietra, e, nell'angolo, un barboncino bianco e bruno. Figure quasi di grandezza naturale.

[1] Alto cm. 138, largo 296. Secondo l'ENGERTH (op. cit., pag. 401), apparteneva, cogli altri, alla Raccolta Buckingam, sotto il num. 4, e così egli ne parla:

In mezzo a una selva selvaggia, s'affrettano i fuggiaschi. Davanti si vede un angelo, che conduce le due figlie di Lot. Quella a destra, in abito verde-giallo e corpetto verde, calpesta, col piè dritto, un macigno, il quale è situato presso il tronco di un albero, e l'angelo tiene, colla sua destra, la sinistra di lei in alto, come per esserle di aiuto a salire. La seconda figlia di Lot, a sinistra dell'angelo, in abito rosso e leggiera sopravveste, tiene, colla mano sinistra, un paniere infilato in un forte e comodo bastone, al quale è raccomandato un altro paniere, di cui però non si vede che l'estremità. Molto indietro viene Lot. L'angelo, che lo accompagna, è vestito di bianco e giallo e distende il braccio destro, additando la via. Con la sinistra tiene la mano destra di Lot, il quale, colla sinistra, solleva la sopravveste oscura. Più lungi, nello sfondo, scorgesi la bianca persona della moglie di Lot, la quale, rivoltandosi, divenne statua di sale. Affatto da lontano si vede la città di Sodoma, sopra la quale piove fuoco dal cielo. Figure quasi di grandezza naturale.

[2] Alto cm. 140, largo 283. Secondo l'ENGERTH (op. cit., pag. 401), faceva parte anche questo quadro della Raccolta Buchingam e portava il num. 5. Egli così lo descrive:

Eliezer servo di Abramo coglie Rebecca al pozzo. Porta ella un abito rosso, ha il petto coperto di camicia bianca, le braccia ignude e il capo rivolto ad Eliezer, mostrando la parte destra in tre quarti di profilo. Davanti a lei c'è il puteale di pietra, e, dietro, un servo che conduce il cammello. Ella è in procinto di fregiare le sue braccia con dei monili d'oro, che vengono a lei presentati da Eliezer, il quale li riceve da un servo in ginocchio. Dietro ad Eliezer sta un cammello. Tra gli alberi, che appariscono nello sfondo di mezzo, si scorgono gli edifizi d'una città, ed affatto all'orlo del quadro si vedono le teste di due cammelli, uno dei quali sta bevendo.

Nel 1804, nel Museo di Versaglia, esisteva un quadro del medesimo soggetto, e faceva parte della Collezione del re, nel salone di Ercole. Leggesi, infatti, nel LANDON (op. cit., vol. VI, pag. 93) la seguente illustrazione:

La tavola di Paolo Veronese offre le bellezze e i difetti, che caratterizzano questo maestro. L'espressione delle figure è press'a poco nulla, e il costume è puramente di

Abramo e Rebecca e dei cammelli, e la prospettiva di una città; AGAR ED ISMAELE, dove si vede la ripudiata sposa di Abramo, che regge il moribondo figliuolo, e un angelo, che le mostra la via della sorgente;[1] ESTER DAVANTI ASSUERO,[2] dove si vede il

fantasia; ma il colorito ha molta forza, e tutte le parti sono eseguite con una grande facilità. I cammelli, che il pittore ha introdotto con ragione nel luogo del fatto, sono della specie conosciuta sotto il nome di dromedari. Questi animali, che, senza dubbio, sono stati studiati dal vero, sono perfettamente disegnati. La forma del pozzo, e quella delle case è d'un gusto moderno, che non si può convenire con quella del tempo nè del paese, ove l'azione ebbe il suo svolgimento; ma Paolo Veronese, spesso inesatto nelle sue composizioni, sa nascondere i suoi difetti con delle bellezze di primo ordine. Questa tavola fa parte della Collezione del re. È ancora nel castello di Versaglia, nel salone di Ercole. È sulla tela: le figure sono al naturale.

[1] Alto cm. 142, largo 285. Secondo l'ENGERTH (op. cit., pag. 402), figurava nel Catalogo Buckingam, col num. 8. Egli ne parla così:

In mezzo ad una verde oasi, sotto un albero, siede, sopra una pietra, Agar, ripudiata da Abramo. Il vestimento, che le copre soltanto mezzo il petto, lascia anche il braccio sinistro affatto ignudo. Alza la mano sinistra alla testa, la quale, in tre quarti di profilo, rivolge la parte destra all'osservatore. Un mantello di colore arancio, intrecciato al suo braccio destro, ricopre la parte inferiore del suo corpo, di cui si vede solo il piede sinistro, nudo. Colla mano destra sostiene il figlio Ismaele, che, stanco e trafelato, giace al suolo, a' suoi piedi. Il ragazzo appoggia la testa in grembo a lei, la sinistra mano sulle ginocchia, e volge lo sguardo all'angelo, che apparisce alla sinistra di Agar, librandosi in sulle ali, e, con ambedue le mani, le mostra la via che conduce alla sorgente.

[2] Alto cm. 140, largo 286. Secondo l'ENGERTH (op. cit., pagg. 402-3), figurava nella Raccolta Buckingam, sotto il num. 10. Egli ne dà questa descrizione:

Ester comparisce, riccamente adorna, davanti al re. Il suo abito bianco è ricamato d'oro, una fila di perle le gira fra le chiome bionde, a sommo del capo. Porta un vezzo sul petto e una fila di perle circondale il collo. È accompagnata da due damigelle, le quali stanno a' suoi fianchi e sono abbigliate alla medesima foggia. Una damigella la seguita, ma di essa non si vede che la testa. Tra Ester ed il re sta Mardocheo, in abito verde e mantello rosso, che egli tiene raccolto colla mano destra, appoggiata all'anca. Davanti a Mardocheo sta un nano di corte, vestito di verde e rosso e colla giubba ricamata di perle, il quale tiene rivolta la testa verso il re, e caccia le mani in alto. Assuero siede sopra un trono molto elevato, e, intorno a lui, sopra un giro di sedie più basse, stanno i grandi del regno, cogli occhi fissi ad Ester. Il re abbassa lo scettro, in segno della sua grazia. Un candido tempio, sorretto da colonne, dà rilievo alla figura di Ester: dietro a Mardocheo v'è un araldo, presso il quale si scorge la parte inferiore d'una statua d'oro, e, accanto Assuero, una prospettiva con un cielo sparso di nuvole.

re Assuero, che, sedendo sul trono, circondato da' suoi consiglieri, presenta uno scettro d'oro alla regina Ester, che è accompagnata da tre damigelle; ADAMO ED EVA CACCIATI DALL'EDEN,[1] dove si vede un bosco ed Eva, che, seduta all'ombra, allatta uno de' suoi bimbi, mentre Adamo attinge dell'acqua ad una fontana; IL SACRIFICIO D'ABRAMO,[2] dove si vede il patriarca colla spada alzata sopra Isacco, e, giù in basso, un servo con un giumento: GIUDITTA,[3] dove si vede l'eroina ebrea, riccamente

[1] Alto cm. 124, largo 174. L'ENGERTH (op. cit., pag. 403) dice che apparteneva alla Raccolta dell'arciduca Leopoldo Guglielmo, come apparisce dall'*Inventario del 1659*, num. 84. Egli ne porge la seguente descrizione:

In mezzo ad un gruppo di alberi sorge una tettoia formata con delle frasche, alla cui ombra siede Eva, che stringe al petto un bambino, mentre l'altro giace a' suoi piedi. Ella s'appoggia col braccio destro, e volge la testa indietro, osservando, nella parte dinanzi dello sfondo, Adamo, che, inginocchiato, attinge acqua ad una fontana. È desso vestito d'una pelle d'animale, ed appoggia la sinistra, che tiene sopra del capo, ad un tronco d'albero, e distende la destra verso la fonte, cavando un po' d'acqua con un vaso. Dietro a lui si vede, sopra la terra, la testa d'una vacca, e, molto indietro, nel bosco sta un cervo. Nello sfondo di mezzo, si scorge un armento e i verdeggianti alberi d'una boscaglia. Una capra sta presso la testa del bambino, che giace al suolo, il quale, alzando il braccio sinistro, guarda in alto l'animale.

[2] Alto cm. 102, largo 167. L'ENGERTH (op. cit., pagg. 403-4) dice che apparteneva anch'esso alla Raccolta dell'arciduca Leopoldo Guglielmo, come apparisce dall'*Inventario del 1659*, num. 85, ma che, però, allora, era più grande, di modo che dell'angelo si vedea di più, e l'ariete era affatto visibile. Così egli lo descrive:

Le rovine di un edifizio, del quale è ancora in piedi una finestra di pietra, dividono il quadro in due parti. Sopra una di esse sta in ginocchio il giovane Isacco, ignudo il petto, china la testa, le braccia incrociate davanti. Vicino a lui v'è Abramo, che volge le spalle all'osservatore, ed ha l'abito verde ed il mantello giallo. Tiene la sinistra sul capo del figlio ed alza, colla destra, una spada, la quale viene a lui tolta da un angelo volante, di cui si vede soltanto le braccia ed una parte dell'ondeggiante vestito. Nella parte anteriore dello sfondo, si scorge, in un cespuglio, un ariete, il quale deve essere immolato in luogo suo. Sopra l'altra parte, presso la finestra, sorge l'altare di pietra pel sacrificio, col fuoco che arde. Molto più abbasso, vedesi un asino ed un servo, che tiene la sinistra sopra la sella dell'animale, ed il capo volto sopra la spalla destra. Una fosca contrada ed un cielo bigio e annuvolato ne formano lo sfondo.

[3] Alto cm. 111, largo 100. L'ENGERTH (op. cit., pagg. 404-5) dice ch'è indicato nell'*Inventario* della Raccolta dell'arciduca Leopoldo Guglielmo, e

abbigliata, colla testa d'Oloferne in mano e una schiava negra, che tiene il sacco per riceverla, e, nello sfondo, la tenda del generale nemico del popolo di Dio; L'ANNUNCIAZIONE,[1] dove si vedono dei magnifici colonnami, e, in alto, una gloria d'angeli;

potrebbe esser quello che il Ridolfi riferiva già in possesso del pronipote del Veronese. Ne fa poi la seguente illustrazione:

Giuditta comparisce come una giovane e florente donna, con capelli biondo-chiari, occhi neri e magnifici vestimenti. Un velo ondeggia dalla sua testa, una fila di perle le adorna il collo, ricchi e vaghi bottoni tengono chiuse le sue corte maniche, una catena d'oro sta intorno alle sue ignude spalle ed un corpetto, a liste azzurre, lascia vedere qualche cosa del seno. Una veste gettata indietro, sopra gli omeri, mostra una gonna bianca. Il suo petto è alquanto inclinato, la sua testa si volge verso la spalla sinistra. Le maniche rimboccate lasciano le braccia scoperte, le quali essa tiene distese reggendo il capo d'Oloferne. Un po' indietro, a sinistra di Giuditta, sta la sua nera schiava, in attitudine di ricevere la testa. Ella è vestita di verde ed ha una benda gialliccia legata sul capo. La sua ottusa fisonomia mostra in profilo la sinistra parte. Un padiglione di verdi cortine, gallonate in giallo, forma lo sfondo, e, a sinistra, v'è una parete oscura.

Sopra di questo medesimo quadro il BOSCHINI (*La Carta del navegar pittoresco;* Venetia, per li Baba, MDCLX, vento I, pag. 41) avea scritto le seguenti quartine:

Paulo per gratia la Giudit Ebrea
Porzi inanzi ala vista a chi m'ascolta,
Fata con arte e con dotrina molta
De trabucante e singular monea.

Veramente a retrar tanta belezza,
Altro che Paolo no giera bastante,
Perchè a imitar le grazie tute quante
Che voleva el pitor de la vaghezza.

[1] Alto cm. 276, largo 188. Secondo l'ENGERTH (op. cit., pagg. 405-6), venne portato, nel 1816, dalla chiesa di Sant'Antonio di Torcello. Egli la descrive così:

In una rotonda, costruita di colonne e travature, sta genuflessa la Vergine, a destra, in un inginocchiatoio, tenendo aperto colla mano destra un libro: la sinistra l'appoggia al petto. Ella mira in alto allo Spirito Santo, il quale, in forma di colomba, dentro una gloria, e circondato da cherubini e piccoli angeli, sopra essa apparisce. Uno degli angeli tiene un ramo di fiori. A sinistra, si fa innanzi l'angelo messaggiere del mistero a Maria, ed ha i capelli biondi ed inanellati e veste panni ondeggianti, gialli e bianchi. La testa la rivolge a lei e vedesi di profilo: nella sinistra reca un ramo di gigli ed alza la destra al cielo.

L'ADORAZIONE DEI MAGI,[1] dove si vede un ricco porticato ed una vasta gradinata, e, dietro ai Re Magi, un gran seguito di cavalieri; L'ADORAZIONE DEI MAGI,[2] dove si vede la Vergine, dentro un presepio, col Bambino, che stende le braccia ai re dell'Oriente, e, poi, un cane, un puledro e dei lanzichenecchi; LA VERGINE, SANTA CATERINA E SANTA BARBARA,[3] dove si vede

[1] Alto cm. 272, largo 189. L'ENGERTH (op. cit., pag. 406) ne porge la seguente illustrazione:

Davanti ad un portico, sorretto da colonne, siede Maria sopra una gradinata di pietra e tiene in grembo il Santo Bambino, cui San Giuseppe, alla destra della Vergine, appoggiato ad un parapetto e curvato, amorosamente contempla. Il più vecchio dei re, in abito bianco e sopravveste di broccato d'oro, s' inginocchia nel mezzo, ai piedi di Maria. Egli presenta un vaso d'oro e riceve da Maria il lembo del suo velo, da baciare. Lo strascico del suo paludamento è portato da un ragazzo vestito di bianco. Gli altri due re sono in procinto di deporre i loro regali. Nel mezzo, molto indietro, si vede un seguito di gente armata a cavallo, e dall'altra parte un cammello.

[2] Alto cm. 117, largo 80. Secondo l'ENGERTH (op. cit., pagg. 406-7), apparteneva, come apparisce dall'*Inventario del 1659*, alla Collezione dell'arciduca Leopoldo Guglielmo, e così egli lo descrive:

La Santa Vergine è assisa dentro ad una gradinata di pietra e tiene Cristo Bambino al seno, il quale, mezzo inginocchiato, si piega e distende i suoi bracciolini verso i Magi, che l'adorano. Il primo di questi, un vecchio, gli si inginocchia immediatamente davanti, avviluppato in un mantello di broccato d'oro. Dietro a lui, sta un altro re, nero, con un collare d'armellino sopra le spalle, un gran vaso di oro in mano e gran turbante in testa. Viene, dopo, il terzo re, e una maschia figura del servo, e a destra, nella parte anteriore dello sfondo, un paggio, vestito di bianco, volta, con graziosa movenza, le spalle all'osservatore. Dietro la Madonna, sta San Giuseppe, contemplando l' incontro. A sinistra sono in parte visibili un cane e un puledro, il quale è tenuto da un lanzichenecco, di cui appena si vede i piedi e la punta dell'alabarda.

[3] Alto cm. 69, largo 85. L'ENGERTH (op. cit., pag. 407) dice che è una delle più gentili pitture del Veronese, e che l'arciduca Leopoldo se la procacciò dalla Collezione dell'antico ambasciatore britannico, presso la Repubblica di Venezia, visconte Basile Filding. La descrive in questo modo:

Nel mezzo del quadro, sta assisa la Santa Vergine, sopra un trono, che sorge fra due colonne, e tiene, con ambe le mani, Cristo Bambino sopra il grembo, mentre Santa Barbara e Santa Caterina, stando ai lati del trono, presentano alla Madonna due monache vestite di nero. Maria porta un abito rosso pallido ed un mantello azzurro scuro, foderato di giallo e un bianco fazzoletto in testa, che le cade sopra le spalle e sul seno. Ella guarda abbasso sopra la monaca genuflessa alla sua destra, che tiene le mani incrociate sul petto ed alza lo sguardo verso Maria. Dietro a questa religiosa

che ciascuna delle Sante presenta alla Vergine una religiosa inginocchiata; LO SPOSALIZIO DI SANTA CATERINA,[1] dove si vede la Madonna, seduta sur un trono, col Bambino Gesù, sui ginocchi, il quale dà l'anello nuziale a Santa Caterina, di cui un angelo sostiene un braccio, e, a sinistra, Santa Agnese, inginocchiata, con una palma in mano; CRISTO PRESSO LA CASA DI JAIRO,[2]

sta Santa Barbara, in abito giallo e mantello rosso. Ella si piega, si curva abbasso su di essa, tenendo nella destra un ramo di palma e una spada ed abbracciando leggiermente, colla sinistra, la sua protetta. A sinistra di Maria, s' inginocchia la seconda monaca. Il Bambin Gesù alza la manina destra per benedire, e, colla sinistra, riceve il ramo di palma che Santa Caterina presenta a lui. Egli guarda, nel tempo stesso, la monaca genuflessa a' suoi piedi, la quale piega le mani e mira in alto verso lui. Santa Caterina, che è dietro la religiosa, si curva sopra di lei e l'abbraccia colla sinistra, che, contemporaneamente, tiene il ricco mantello di color azzurro chiaro. Sopra la bionda capigliatura, che sembra dorata, è posta sopra l'occipite una larga corona, e una semplice fila di perle sta intorno al suo collo, ed a' suoi piedi, nell'angolo del quadro, si vede in parte lo strumento del suo martirio.

[1] Alto cm. 68, largo 78. Secondo l'ENGERTH (op. cit., pag. 408), apparteneva alla Collezione dell'arciduca Leopoldo Guglielmo, come apparisce nell'*Inventario del 1659.* Egli ne dà la seguente illustrazione:

Nel mezzo di un porticato, fra due archi aperti, attraverso i quali si scorge l'azzurra volta del cielo, sta assisa Maria, tenendo Cristo Bambino al seno, il quale appunto pone l'anello nel dito a Santa Caterina, che sta genuflessa a destra di Maria. Un angelo, con un ramo di gigli, sostiene il braccio della Santa. A sinistra della Santissima Vergine, s' inginocchia Santa Agnese. Ella tiene la mano destra al petto, nella sinistra distesa tiene un ramo di palma, un agnello giace ai piedi di lei sopra uno dei gradini di pietra del trono.

[2] Alto cm. 102, largo 80. ERASMO ENGERTH (*Cat. abrégé*, 1870, pag. 4) lo giudicò uno dei suoi capolavori, quanto alla bellezza della composizione e alla profondità dell'espressione. E questo viene confermato anche da EDOARDO ENGERTH (op. cit., pagg. 408-9), che, dopo aver detto che apparteneva alla Collezione dell'arciduca Leopoldo Guglielmo, ne fa la seguente descrizione:

Cristo è in quella d'entrare nella casa di Jairo, e, stando a destra, sul pianerottolo d'una terrazza, guernita da un parapetto di ferro, si rivolge alla donna inginocchiata sopra il primo gradino, la quale ha sciolto il suo vestimento per conseguire, col mezzo di questo contatto, la guarigione. Egli mostra, in profilo, il lato sinistro all'osservatore. La genuflessa viene sostenuta da due ancelle. Ella medesima, in abito bianco e sopravveste gialla, con un ristretto fazzoletto, a liste azzurre, stende ambe le mani, e guarda in alto al Salvatore con divota espressione. Egli tiene, con la sinistra, pendente in basso, l'azzurro mantello, il quale gli copre, in gran parte, la rosea sot-

dove si vede Gesù, che guarisce la donna malata, la quale, al suo entrar nella casa di Jairo, aveva toccato il lembo del suo abito; CRISTO A BETANIA, [1] dove si vede Gesù, a tavola, presso Simone il lebbroso, e la Maddalena, prostrata davanti a lui, che gli profuma i piedi e glieli unge e glieli asciuga co' suoi capelli; LA RISURREZIONE DI CRISTO, [2] dove si vede il Salvatore

toveste, e si rivolge, alzando la mano all'ammalata. Taluno de' suoi discepoli lo accompagna e prende parte alla scena. Il nobile aspetto del Signore comparisce tra le due teste di Pietro e di Paolo. Pietro, in mantello giallo, sta sopra la balaustrata della scala, e contempla, con interesse, la donna. A sinistra, più in giù, si vedono parecchi malati, un uomo quasi nudo, che viene portato, ed un cieco, il quale siede sopra uno dei gradini con un bastone curvo in mano, e, a destra, sotto le scale, una giovane donna col suo bimbo, ed un uomo con un turbante in testa.

[1] Alto cm. 207, largo 526. Secondo l'ENGERTH (op. cit., pagg. 409-10), si trovava prima nella Collezione dell'arciduca Ferdinando, nel castello d'Ambras, in Tirolo, poi nel castello dell'arciduca Sigismondo, ad Innsbruck, ed era in due pezzi, ma ne fu messa in dubbio l'originalità. Ecco come egli lo descrive:

La composizione e la cosa sostanziale del lavoro, poichè i commensali siedono a due singole tavole, divisi in due gruppi. Alla mensa di destra, è assiso Cristo con tre altri uomini, che lo guardano in faccia, e che hanno il mantello giallo e l'abito rosso. Proprio nella parte anteriore dello sfondo, sopra una scranna, siede un uomo, presso il quale sta un cane, e quest'uomo indossa un abito rosso, e porta un turbante giallo. Egli volta le spalle allo spettatore, e pare esser l'ospite Simone o Lazzaro. Dirimpetto ad esso siedono due altri, dei quali uno è egualmente vestito di rosso, e l'altro è appena visibile, e, dietro le grandi colonne dell'edifizio, evvi ancora una persona. Davanti al Signore s'inginocchia al suolo Maria, la sorella di Lazzaro, e davanti a lei si vede un vaso d'unguento, e, mentre che, colle mani, abbraccia i piedi del Salvatore, li asciuga ella colla sua lunga e bionda capigliatura. All'altra mensa è tutto apparecchiato pei discepoli, alcuni dei quali siedono ancora, altri sono alzati in piedi, e fra essi Giuda, la cui figura si vede intera. Egli porta sopra il vestito oscuro un mantello rosso, che in parte casca sulla spalla sinistra, in parte sulla sedia, da cui egli s'è appunto alzato, e sulla cui spalliera posa ancora la mano destra. La sinistra la protende verso Maria. Molte altre persone poi sono in piedi a sinistra della tavola, ed affatto dinanzi sta presso una colonna una giovane donna, che porta un bambino sul braccio sinistro. Essa è veduta dalle spalle e guarda a sinistra. La camicia scollacciata lascia vedere il seno, una sopravvesta gialla e posta sul suo abito oscuro. Sotto la tavola vedesi un cane ed il vano fra le due mense mostra una lontana prospettiva.

[2] Alto cm. 115, largo 73. Secondo l'ENGERTH (op. cit., pagg. 410-11), era già nella Collezione dell'arciduca Leopoldo Guglielmo, e da lui viene descritto così:

A sinistra, due angeli alzano il coperchio di pietra del sepolcro, dal quale esce il

che esce dalla tomba, mentre due angeli ne levano la pietra; SAN GIOVANNI BATTISTA, [1] dove si vede il Precursore, seduto, che guarda in alto; SAN NICOLA, [2] dove si vede il santo vescovo, in abito pontificale, e, in distanza, un bastimento; SAN SEBASTIANO, [3] dove si vede il santo martire attaccato ad una colonna e colpito da due freccie; LUCREZIA CHE SI UCCIDE, [4] dove si vede

Salvatore, che si vede sospeso in alto. Presenta esso l'intera persona, leva la mano destra, mentre la sinistra la pone sul manto rosso, per tenerlo raccolto. Lo sguardo lo volge in alto, e una splendida aureola gli circonda il capo e gli illumina la persona, che sta come in un cerchio bigio sopra una pesante nuvola. Sul davanti, a destra, sopra la gradinata del sepolcro, al margine del quadro, evvi la testa armata d'elmo e la parte superiore del corpo di un guerriero, posto a guardia, il quale, preso da sgomento, è caduto al suolo. La pittura sembra essere un frammento.

[1] Alto cm. 89, largo 58. Secondo l'ENGERTH (op. cit., pag. 411), si trova nell'*Inventario* dell'arciduca Leopoldo Guglielmo, e ne dà la seguente descrizione:

Egli siede sopra un rosso trespolo unito insieme, e l'agnello è vicino a lui. La sua destra mano l'appoggia al ginocchio e con essa tiene la croce di canna. L'alzato braccio sinistro è poi nascosto in parte dalla cornice. Rivolge la faccia sulla spalla sinistra, e lo sguardo il fissa in alto. È vestito di una pelle d'animale e d'un manto rosso. Sembra essere un frammento.

[2] Alto cm. 114, largo 56. Secondo l'ENGERTH (op. cit., pag. 411), si trovava nella Raccolta dell'arciduca Leopoldo Guglielmo. Egli così lo descrive:

Il vescovo è rappresentato ne' suoi più solenni indumenti, in atto di moversi, tenendo nella destra il pastorale ed il libro con un fregio d'oro e colla sinistra appoggiata al manto. Il suo sguardo è supino, il corpo in profilo, e volta all'osservatore il lato sinistro. Lo sfondo presenta il mare con un bastimento, che voga, ed il cielo sparso di nuvole. Sembra un frammento.

[3] Alto cm. 114, largo 71. Secondo l'ENGERTH (op. cit., pag. 412), apparteneva alla Collezione dell'arciduca Leopoldo Guglielmo. Ne dà egli questa descrizione:

San Sebastiano è appoggiato ad una colonna, alla quale son legate, con delle corde, le braccia. È pressochè nudo, e due freccie gli forano il petto e le cosce. Lo sfondo mostra la cima di un albero e delle nuvole in cielo.

[4] Alto cm. 107, largo 92. Secondo l'ENGERTH (op. cit, pag. 412), proviene dalla Raccolta dell'arciduca Leopoldo, ma da taluno fu creduto di Leandro Bassano, da tale altro del Zelotti. Egli così lo descrive:

Lucrezia è rappresentata come una bionda donna, con dei vezzi di perle ai capelli e intorno al collo, e colle spalle e le braccia nude abbellite da monili. Abbassa ella

la casta sposa romana, riccamente abbigliata, che si spinge il pugnale nel petto e si uccide; ERCOLE E DEJANIRA,[1] dove si vede il centauro Nesso, che rapisce Dejanira, e, passando un fiume, vien colpito da uno strale, che Ercole gli slancia addosso dalla riva; VENERE E ADONE,[2] dove si vede l'una e l'altro assisi in una foresta, che favellano insieme; UN GIOVANE TRA LA VIRTÙ E IL VIZIO,[3] dove si vede tre figure di grandezza naturale, due di donna ed una d'uomo, che fugge dall'una per darsi

la testa verso la spalla destra, e tiene, colla sinistra davanti al seno, il cascante abito verde e si caccia, colla destra, il pugnale nel petto. Il fondo è oscuro.

[1] Alto cm. 68, largo 53. Secondo l'ENGERTH (op. cit., pagg. 412-13), proviene anch'esso dalla Raccolta dell'arciduca Leopoldo Guglielmo. Così è descritto da lui:

In una landa selvosa, si vede Ercole in procinto di slanciare un dardo sul centauro Nesso. Egli sta inclinato in avanti, coll'arco nella sinistra e il dardo nella destra, e guarda al fuggente centauro, il quale si vede, con Dejanira tra le braccia, arrivare all'altra sponda e saltar fuori dall'acqua.

[2] Alto cm. 68, largo 53. Secondo l'ENGERTH (op. cit., pag. 413), apparteneva alla Raccolta dell'arciduca Leopoldo Guglielmo e facea riscontro al precedente. Ne fa egli la seguente descrizione:

In un bosco profondo ed oscuro, sono assisi Venere e Adone. Egli la tiene sulle ginocchia, le posa la sinistra sulla spalla, la destra sul petto. Ella accarezza con una mano il capo di lui e gli sorride, mentre coll'altra mano allontana un gentile e piccolo amore. Ambedue sono ignudi. Un panno giallo, a guisa di padiglione, è in alto raccomandato agli alberi, e dei cani giacciono allato alla coppia che si vagheggia.

[3] Alto cm. 187, largo 149. Secondo l'ENGERTH (op. cit., pagg. 413-14), apparteneva all'arciduca Leopoldo Guglielmo, e così egli lo descrive:

Il vizio, rappresentato in una giovane riccamente vestita, sta sopra una sfinge di pietra. Egli porta, sui capelli biondo-chiari, un piccolo serto di fiori bianchi, il suo vago corpetto, fregiato di gemme, è assai bene attillato, ed aperto molto: il colore è giallo. S'inchina esso all'uomo, che sen fugge, e protende la mano destra, con un artiglio, verso di lui. Il giovane, vestito tutto di bianco, si getta in braccio alla virtù, la quale è a destra, in grave atteggiamento. Ha una corona di lauro nei biondi capelli, e, con la destra, tiene il giovane, e, colla sinistra, solleva il suo cascante mantello di raso. Porta un abito verde ulivo ed un mantello bigio. Il giovane, che ha con Paolo Veronese qualche rassomiglianza, volge il capo scoperto verso la spalla destra, contro lo spettatore, cui guarda. Dalla sua gamba destra pende un pezzo di calzoni stracciati giù in basso. Un cielo sparso di nubi forma lo sfondo, e dai lati si vedono degli alberi.

in braccio all'altra; il RITRATTO DI CATERINA CORNARO,[1] dove si vede la famosa regina di Cipro, nel ricco costume del suo tempo, la quale tiene, nella mano sinistra, il pendaglio della sua cintura d'oro e due freccie, e prende, colla diritta, un arco, ch' è sopra una tavola coperta di velluto; il RITRATTO DI MARCANTONIO BARBARO;[2] dove si vede il veneto diplomatico, presso una finestra, con una carta in mano; un RITRATTO DI DONNA,[3] dove

[1] Alto cm. 124, largo 79. Secondo l'ENGERTH (op. cit., pagg. 414-15), questo quadro ora fu creduto del Tintoretto, ora di Tiziano, ora di Paolo. Ne fa questa descrizione:

Ella sta ad una tavola, coperta d'un tappeto persiano, colla parte destra e collo sguardo rivolti all'osservatore, in tre quarti di profilo. Il suo ricco abito nero, fregiato di perle e d'una catena d'oro, lascia libero un poco il seno, che, in parte, è coperto dalle trine. Colla sinistra tiene il suo cinturino d'oro e due strali, e si sporge colla destra per pigliar su un arco, ch'è presso di lei. Porta una gran croce d'oro incrostata di pietre preziose sul petto, e una corona smerlata ed un velo adornano la sua bionda capigliatura. Le sue braccia sono coperte soltanto di velo, fuorchè in avanti, e le corte maniche sono abbellite da bottoni d'oro. Un'oscura parete ed una cortina verde formano lo sfondo.

[2] Alto cm. 122, largo 100. Secondo l'ENGERTH (op. cit., pagg. 415-16), apparteneva, giusta l'*Inventario del 1659*, all'arciduca Leopoldo Guglielmo, benchè attribuito ora al Tintoretto, ora a Tiziano. Ne porge la seguente descrizione:

Sta egli ad una finestra, dalla quale si prospetta il Bosforo. La sua vesta è alla foggia orientale, sottoveste rossa e caffettano bruno con liste argentine. Egli guarda lo spettatore, al quale tiene rivolta, in tre quarti, la faccia e la parte sinistra. Con un piccolo anello nel dito, la mano sinistra pende in giù lungo il corpo con questa iscrizione: I. M. O. domino Mehemet Musulmanorum (Imperatoris) visirio amico (nostro) optimo; *ma le parole poste nel parentesi, essendo al margine esteriore del quadro, coll'andar del tempo, vennero distrutte, e si conoscono solo per le vecchie citazioni e pel senso del contesto.*

[3] Alto cm. 107, largo 90. Secondo l'ENGERTH (op. cit., pag. 416), si trovava registrato nell'*Inventario* di Praga del 1718. Egli lo descrive così:

Una giovane donna coi capelli biondi dorati, in tre quarti di profilo, tiene lo sguardo e la parte sinistra volta allo spettatore. Una semplice fila di perle le sta intorno al collo, delle goccie di perle pendono dai suoi orecchini. Una gonna alquanto bruna lavorata in rosso e oro è allacciata al suo bianco farsetto. Sopra le spalle porta un collare bianco listato in oro. Pende dal suo braccio sinistro una catenella d'oro ed ha fregiati di anella il quarto dito della sinistra e il mignolo della destra. Vezzeggia

si vede una giovane bionda, che vezzeggia con ambe le mani un airone; e, finalmente, il RITRATTO D'UN FANCIULLO, CON UN CANE,[1] dove si vede appunto un fanciullo che accarezza un cagnolino.

Wörlitz (provincia di Dessau) possiede, nella villa del duca di Anhalt-Dessau, CADMO, CHE SEMINA, PER ORDINE DI MINERVA, DENTI DI DRAGONE[2] ed EUROPA, CHE ADORNA IL TORO.[3]

ella con ambe le mani un grand'airone, che le sta dinanzi, e sporge il lungo becco verso un fiore bianco, ch'ella porta al seno. Dei coltrinaggi formano lo sfondo.

[1] Alto cm. 56, largo 45. Secondo l'ENGERTH (op. cit., pag. 416), apparteneva alla Raccolta dell'arciduca Leopoldo Guglielmo e si trova nell'*Inventario del 1659,* ma sembra un frammento, ed ha molto sofferto. Egli così lo descrive:

Sta il fanciullo davanti ad una colonna. Abbraccia un piccolo cane e rivolge la faccia, piegandola molto sopra la destra spalla. Un rosso giubbettino ed un mantello giallo formano il suo abbigliamento.

[2] Alto cm. 34, largo 37 AGOSTINO DI RODE (*Descriz. della villa e del giardino inglese di Wörlitz,* 1788) lo attribuisce a Paolo, benchè il dottor GUGLIELMO HOSAUS, nel suo recente *Catalogo dei tesori d'arte a Wörlitz,* scriva, che altri pensa d'attribuirlo a Carletto.

[3] Alto cm. 34, largo 37. AGOSTINO DI RODE (op. cit.) lo attribuisce, come l'altro, a cui fa riscontro, a Paolo, e così pure pensa anche il dottor HOSAUS, che però, nel suo *Catalogo,* aggiunge come altri l'attribuisca a Carletto.

Conclusione.

Vuolsi, generalmente, che l'artista, come l'idea, sia figlio dell'età, del luogo, delle circostanze che attraversa, e che ne sia anzi il risultamento armonico. Tale, ma in modo supremo, fu Paolo. Egli sentiva, amava, credeva conforme alla sua epoca, viveva della vita esuberante de' suoi tempi, e dalla sua fantasia e dal suo cuore, così temperati, attinse quell'ispirazione che può chiamarsi in lui idealismo e verismo, perchè era plasma, vita, forza, fuoco, fiamma, luce, grazia. La nota del suo genio, la sua originalità egli l'ha trovata studiando con lungo amore [1] e operando indefesso. Parve una magìa [2] e nessuno de' suoi celebri discepoli gliene potè strappare il segreto, perchè nessuno seppe interrogare la sfinge, quella sfinge, che avea sempre dei sorrisi di vergine unicamente per lui.

Poeta verista della tavolozza, possedette Paolo, meglio di moltissimi altri Italiani, che già si resero insigni, la intuizione com-

[1] I suoi contemporanei lo chiamavano, per vezzo, *Paolino*, perchè sin da giovinetto guadagnò popolarità e nomèa d'artista.

[2] In tutti i palazzi e conventi, dov'egli dipinse, ho trovato sempre la tradizione d'aver lui lavorato colà, quando vi fu relegato per misteriosi delitti. Credo che l'abbia creata il volgo, che vedeva in lui qualcosa di eccessivamente straordinario, quel volgo che avea, in addietro, battezzato per maghi Virgilio, papa Silvestro II, Dante, l'Ariosto, il Tasso ed altri sterminati ingegni. Infatti nessun documento la conferma.

piuta e devota del reale, unita alla fermezza della mano e all'onestà del disegno. Lavorò in patria, lavorò per la sua repubblica e, senza uscire dai lembi delle lagune, lavorò per principi stranieri e lontani, destando sempre e dappertutto la più grande ammirazione. Fu lodato in vita, sublimato dopo morte. Sulle tele e sulle pareti egli avea scritto le sue frasi decisive, quasi fosser di bronzo, ed anche oggi, dopo tre secoli, la fiammella della immortalità sventola visibile su quei meravigliosi dipinti. Che se in parecchi di essi par di scorgere della sprezzatura, in quella medesima sprezzatura si nasconde la indagine faticosa della perfetta rivelazione del vero. Alcune sue arditezze possono bensì dagli ignari venire scambiate per acrobatismi, ma sono acrobatismi di difficoltà cercate, direi così, colla civetteria di chi sa superarle. Alcuni di quei suoi contrasti di tinte parranno bensì talvolta tentativi da ebbro, ma sono, invece, realtà sovranamente riescite, sono glorificazioni dell'arte, in cui si accordano due motivi affatto disparati: il naturale e il sovrannaturale, il volgare e l'aulico, il nuovo e il classico. Dalle sue pitture si sprigionò e si sprigiona tuttavia la più serena bellezza, la più dolce freschezza ideale, la più dignitosa e più splendida magnificenza della immaginazione. Quei broccati, quei velluti, quelle pelliccie, quei vasi luccicanti, quegli arredi sontuosi, quegli edifizi superbi, quegli sprizzi di luce aurea, argentea, diamantina, di cui egli decorava i suoi affreschi e le sue tavole, non erano per lui che gli accessorî indispensabili d'una idea. Ma la grandezza del suo genio molto più ancora che nello spazio ch'egli abbracciava e nel soggetto ch'egli vagheggiava, fu nella maniera onde lo svolgeva. E questa grandezza la si deve argomentare innanzi tutto dal poco che gli è costata ogni sua opera, anche più vasta e prodigiosa. Sembra, infatti, che, per iscoprire e prodigare al mondo tante dovizie, egli non facesse altro che concepirle nella sua mente; dappoichè i suoi fantasmi e i suoi gruppi si distribuiscono facili e naturali in ogni sua composizione, a quel modo che si produssero rapidi sotto il suo pennello. E tale è l'armonia di tutte quelle parti sì numerose, sì brillanti, sì ardite che attesta proprio un solo getto, una sola percezione, un solo colpo d'occhio. Felicità così peculiare è appunto uno dei doni più sublimi della natura, una delle prerogative del genio, che non si ereditano, nè si trasmettono mai.

I secoli adunque daranno perpetua lode a Paolo. La mente umana correrà sempre inebriata alle sue ricche, popolose, multiformi concezioni intellettuali ed organiche, a quelle parvenze luminose, a quelle vive, strane e gagliarde figure d'uomini, a quelle soavissime e tanto flessuose figure di donna, dagli occhi stellanti, dai capelli biondi e baciati dal sole, a quei diorami, che si proiettarono dinanzi alla sua fervida fantasia e che s'incarnarono poi così superbamente dal suo divino pennello. Correrà sempre inebriata a quei misteri profumati, che guizzano, scaturiscono, esalano del continuo dallo sfondo argentino de' suoi capolavori. E tutti i giovani artisti, pensando a Paolo Veronese, penseranno vivaddio! all'epoca loro, all'Italia nuova, e sentiranno sempre, coll'elevazione del pensiero, la febbre del lavoro: sentiranno serpeggiare in ogni lor fibra il fremito dell'entusiasmo: sentiranno battere il cuore all'appello santo della Musa dell'Arte.

INDICI

INDICE DEGLI AFFRESCHI NOMINATI

INDICE DEI QUADRI NOMINATI

INDICE DEI DISEGNI NOMINATI

INDICE DELLE INCISIONI

DELLE OPERE DI PAOLO

INDICE GENERALE

INDICE DELLE TAVOLE

2103 060

Lightning Source UK Ltd.
Milton Keynes UK
UKHW051016100322
399865UK00006B/392

9 781295 781843